生涯探索

CAREER EXPLORATION

觉醒与成长之旅

主编 李海艳

Career Exploration:
A Journey of Self-Discovery
and Growth

厦门大学出版社 国家一级出版社
XIAMEN UNIVERSITY PRESS 全国百佳图书出版单位

图书在版编目（CIP）数据

生涯探索 ：觉醒与成长之旅 / 李海艳主编.
厦门 ：厦门大学出版社，2024.8（2025.7重印）.
ISBN 978-7-5615-9480-3

Ⅰ. G647.38

中国国家版本馆 CIP 数据核字第 20249P1J98 号

责任编辑　刘一莹　张　洁
美术编辑　蔡炜荣
技术编辑　朱　楷

出版发行　厦门大学出版社
社　　址　厦门市软件园二期望海路 39 号
邮政编码　361008
总　　机　0592-2181111　0592-2181406(传真)
营销中心　0592-2184458　0592-2181365
网　　址　http://www.xmupress.com
邮　　箱　xmup@xmupress.com
印　　刷　厦门市竟成印刷有限公司

开本　787 mm×1 092 mm　1/16
印张　30.75
字数　585 千字
版次　2024 年 8 月第 1 版
印次　2025 年 7 月第 3 次印刷
定价　68.00 元

厦门大学出版社
微信二维码

厦门大学出版社
微博二维码

前　言

　　"逝者如斯夫，不舍昼夜"，时间如同河水般奔流不息，人生短暂而珍贵。光阴荏苒，我们需要不断反思、不断追问：我在乎什么？我适合什么？我热爱什么？我能够做什么？人生的旅途不仅有对物质的追求，更有对内心深处自我的唤醒与探索。

　　从古至今，智者孜孜不倦地探索着人生的意义与方向。在《逍遥游》中庄子描绘了大鹏展翅翱翔九天的壮丽景象，表达了人们对自由和广阔天地的向往。在《论语》中孔子讲"知之者不如好之者，好之者不如乐之者"，提倡在热爱中追求真理与自我实现。每个人的生命旅程，都是一次独特的体验，而人生的每一个阶段，都是对自我的探索和成长的磨炼。

　　四年的大学生活，是人生中至关重要的一段时光。这段时间不仅是知识积累的关键时期，更是自我认知和能力提升的关键时期。大学是人生的又一个重要转折点，未来的职业选择和人生方向都需要在这段时间里进行深思熟虑的规划。大学生生涯规划教育不仅能为大学生指明方向，更会影响他们的人生观、价值观，决定他们未来的学习、生活和事业发展。

　　"凡事预则立，不预则废"，在职业发展的道路上，规划与准备尤为重要。许多大学生在面临职业选择时，常常因为缺乏明确的目标和有效的规划而感到迷茫和困惑。近年来，尽管我们从西方引进了许多职业教育理论，但在实际应用中，仍然缺乏切实可行的方法和步骤，导致许多大学生的职业意识薄弱、职业能力不足，严重影响他们的职业发展前景和他们对社会的贡献。

　　本书正是基于这一现实需求，对生涯规划进行了系统的梳理和深入的探讨。本书首先对生涯规划的基本概念进行概述，然后从兴趣、性格、能力和价值观几个方面，带领大学生进行深度的自我探索，帮助他们向内审视自我，向外探索世界，最后引导大学生进行职业生涯的规划和管理。此外，秉承"致知在格物，物格而后知至"的实践精神，传授时间管理、有效沟通、压力管理等实用技能，旨在通过实用的教学方法，唤醒大学生的生涯意识，帮助他们进行科学的职业生涯规划。

本书由李海艳、江思华、黄俊毅、王淑云、杨聪斌、王仲辉、林雪治、庄文韬等共同编写，具体分工如下：李海艳负责第一章至第五章，江思华负责第六章，黄俊毅负责第七章，王淑云负责第八章和第九章，杨聪斌负责第十章和第十一章，王仲辉负责第十二章，林雪治负责第十三章，庄文韬负责第十四章。

本书在编撰过程中参考和借鉴了大量生涯管理方面的文献资料，在此对相关作者表示诚挚的谢意。正是这些前辈的智慧和努力，给予编写组极大的启发和帮助，使得本书能够更加丰富和全面。

在编写过程中，各位编者都竭尽全力、精心打磨，力求内容准确翔实。然而，由于水平有限，加之时间仓促，书中难免存在不足和疏漏之处。在此，恳请广大读者对本书提出宝贵意见，以便我们在后续的修订中不断完善，使本书能够更好地服务于读者，真正成为帮助大家进行生涯规划的实用指南。

"道阻且长，行则将至；行而不辍，未来可期。"前行的路上可能会遇到挫折，但只要坚持不懈，未来必定充满希望。愿你在本书的陪伴下，找到自己的人生方向，唤醒内心深处的力量，激发无尽的潜能，成就辉煌的未来。让我们共同踏上这段充满希望和挑战的生涯探索之旅，书写属于自己的精彩人生篇章。

编写组

2024 年春于厦门大学

目　录

第一章 生涯规划概论

本章概要

1. 生涯规划的定义与意义：介绍生涯规划的基本概念、起源、内涵与外延，并探讨其在个人发展中的角色和重要性，包括自我实现、职业满意度和社会经济发展。

2. 生涯规划理论的演变：回顾生涯规划理论的发展历程，涵盖经典生涯理论、现代生涯理论和综合生涯发展理论，阐述这些理论对生涯规划实践的影响。

3. 生涯规划的基本步骤：概述生涯规划的核心步骤，包括自我认知、外部信息收集、目标设定与决策以及行动计划与实施，为后续章节的详细讨论奠定基础。

4. 生涯规划的实际应用：通过对成功与失败案例的分析，展示生涯规划的实际应用，提供实际操作的参考和启示。

开篇故事

从迷茫到清晰——小嘉的生涯规划之旅

小嘉坐在校园的草地上，周围的同学们或在嬉戏玩闹，或在紧张复习，而他却陷入了深深的思考。迈入大四的他，正面临人生的重大抉择——毕业后该何去何从？从小到大，小嘉一直是个勤奋的学生，成绩优异，但对于未来的职业方向，他却感到一片迷茫。周围的同学们有的决定考研，有的早已拿到了心仪公司的 offer，而他却迟迟拿不定主意。每每想到这，他的心里便多了几分焦虑和不安。

一次偶然的机会，小嘉在图书馆借阅到一本关于生涯规划的书。这本书仿佛为他打开了一扇新的窗户，让他看到了生涯规划的重要性和必要性。于是，他决定系统地学习生涯规划的知识，帮助自己走出迷茫，找到前行的方向。

小嘉的生涯规划之旅从自我认知开始。通过书中的指导，他参加了一系列自我评估测试，包括霍兰德职业兴趣测试和16PF人格测验。这些测试结果让小嘉对自己的兴趣、性格和能力有了更深入的了解。他发现自己在逻辑分析和解决问题方面能力较强，同时对创造性工作充满热情。这些信息为他指明了可能适合的职业方向。

接下来，小嘉开始收集外部信息。他积极参加学校举办的职业讲座，与校友和职场前辈进行交流，了解不同行业的发展前景和职业要求。他还利用网络资源，浏览招聘网站和职业发展论坛，获取最新的行业动态和岗位需求。这一阶段的努力，让小嘉逐渐形成了对职业世界的全面认识。

在收集大量信息的基础上，小嘉开始设定职业目标。他运用SMART目标管理法，使自己的目标具体化、可量化、可实现，有相关性和有时间限制。最终，他决定在毕业后进入一家创新型科技公司，担任数据分析师，并预计在三年内晋升为团队主管。这一清晰的目标不仅为他带来了动力，也让他感到未来的道路不再那么模糊。

有了目标，小嘉制订了详细的行动计划。他列出了需要掌握的技能和知识，包括学习高级数据分析技术、提高编程能力、参加相关职业培训和获得行业认证。同时，他积极投递简历，参加招聘会，争取实习和面试机会。在这个过程中，他运用书中介绍的决策模型，理性分析每一个机会的利弊，做出最适合自己的选择。

然而，生涯规划并非一帆风顺。在行动过程中，小嘉也遇到了许多挑战和挫折。有一次，他面试了一家心仪的公司，却因缺乏相关经验而被拒绝。这让他感到沮丧，但他没有气馁，而是从失败中总结经验，继续提升自己的能力。他还学会了如何管理职场压力，保持心理健康，以更好的状态迎接每一次机会。

小嘉认识到职业生涯的道路不会总是平坦的，有时需要面对各种不确定性和挑战。他加入了学校的创业社团。在那里，他不仅学到了很多实战经验，还结识了一群志同道合的朋友。他们互相鼓励，共同进步，这种支持系统让小嘉在追求职业目标的道路上更加坚定。

通过在社团中的实践，小嘉还接触到了许多成功的创业案例，这些经历让他对数据分析和创业的结合有了新的认识。他开始思考，是否可以利用自己的数据分析技能，帮助更多的初创公司实现数据驱动的增长？于是，他调整了自己的职业目标，决定先在一家创新型科技公司积累经验，再尝试创业。

经过一年的努力，小嘉终于如愿以偿地进入了一家知名科技公司，担任数据分析师。回顾自己的生涯规划历程，小嘉感慨良多。正是因为有了清晰的规划并坚定地执行，他才从迷茫中走出来，找到属于自己的职业方向。

几个月后，小嘉在工作中表现出色，逐渐得到了上司和同事们的认可。他不仅完成了自己的工作任务，还主动提出了一些数据分析的改进方案，帮助公司提升了运营效率。每当看到自己的建议被采纳并产生实际效果时，小嘉内心充满了成就感和满足感。

通过小嘉的故事，我们可以看到生涯规划的重要性及其实际应用。生涯规划不仅能帮助我们明确职业目标，还能指导我们有效地利用资源，制订可行的行动计划，克服困难，实现自我价值。在本章中，我们将深入探讨生涯规划的定义、理论、步骤、工具与资源，以及未来的发展趋势，帮助更多像小嘉一样的年轻人找到自己的职业方向，活出属于自己的精彩人生。

第一节　生涯规划的定义与意义

一、生涯规划的定义

（一）生涯规划的概念与起源

生涯规划，顾名思义，是指个人对自己职业生涯进行科学合理的规划和设计，以实现职业目标和个人发展的过程。它不仅涵盖了职业选择的初期决策，还包括职业发展中的持续调整和优化。在现代社会中，生涯规划已经成为个人职业发展的重要组成部分，影响着每一个人在职场中的表现和成长。

生涯规划的概念最早起源于 20 世纪初期的职业指导运动。当时，随着工业革命的推进，社会经济结构发生了深刻变化，大量新兴职业涌现，人们的职业选择变得更加复杂和多样化。在这种背景下，职业指导逐渐成为一门独立的学科，并在实践中得到了广泛应用。

职业指导的先驱之一是美国的弗兰克·帕森斯（Frank Parsons），他被誉为"职业指导之父"。1908 年，帕森斯在波士顿创办了世界上第一家职业指导中心，并在 1909 年出版了《选择职业》（*Choosing a Vocation*）一书。在书中，帕森斯提出了职业指导三要素理论，即了解自己、了解职业和理性决策，这一理论后来成为职业指导和生涯规划的基础。

随着时间的推移，生涯规划的概念逐渐演变和发展。20世纪中叶，职业心理学和职业发展理论相继出现，进一步丰富了生涯规划的理论基础。职业心理学关注个体的兴趣、能力、人格特质等心理因素对职业选择的影响，而职业发展理论则探讨个体在职业生涯不同阶段的成长和变化规律。

其中，唐纳德·舒伯（Donald E. Super）的职业彩虹理论对生涯规划的发展产生了重要影响。舒伯认为，职业生涯是一个动态的、连续的过程，个体在不同的生命阶段会经历不同的职业角色和发展任务。他将职业生涯划分为成长、探索、确立、维持和衰退五个阶段，并提出了职业成熟度的概念，强调个体在职业选择和发展中的主动性和持续性。

20世纪后期，随着全球化和信息技术的快速发展，职业环境发生了深刻变化，职业不再是固定的终身选择，而是变得更加灵活和多样化。生涯规划的内涵也随之扩展，不仅关注职业选择和发展，还涉及个人生活的各个方面，包括教育、家庭、健康等。因此，生涯规划被赋予更为广泛的意义，成为个人全面发展的重要途径。

（二）生涯规划的内涵和外延

生涯规划的内涵主要包括以下几个方面：

（1）自我认知：了解自己的兴趣、能力、价值观和个性特质，是生涯规划的起点。通过自我评估，个体可以更好地认识自己的优势和劣势，明确自己的职业目标和发展方向。

（2）职业探索：了解职业世界的多样性和变化，是生涯规划的重要内容。职业探索包括收集职业信息、了解行业发展趋势、认识不同职业的工作内容和要求等。通过职业探索，个体可以找到适合自己的职业领域和岗位。

（3）目标设定：根据自我认知和职业探索的结果，设定明确的职业目标和发展计划。职业目标应具有具体性、可行性和挑战性，并分为短期、中期和长期目标。通过目标设定，个体可以明确努力的方向和动力。

（4）决策与行动：在生涯规划中，决策和行动是关键环节。个体需要根据职业目标，制订具体的行动计划，包括选择教育培训、寻找实习和工作机会、积累职业经验等。通过持续的行动和反馈，个体可以不断调整和优化自己的职业路径。

（5）职业发展与调整：职业规划是一个动态的过程，个体在不同的生命阶段会面临不同的职业发展任务和挑战。生涯规划不仅关注职业的初始选择，还包括职业发展中的持续调整和优化。个体需要不断学习和适应，保持职业竞争力，实现职业的可持续发展。

生涯规划的外延则涉及更为广泛的领域，包括教育规划、生活规划、家庭规划等。在现代社会中，职业与生活的界限变得越来越模糊，生涯规划不仅是职业选择的问题，还涉及个人生活的各个方面。成功的生涯规划，不仅能够帮助个体实现职业目标，还能够提升生活质量，促进个人的全面发展。

二、生涯规划的意义

生涯规划不仅是对职业生涯的安排，更是对个体一生发展的一种系统化设计。下面将从自我实现与个人成长、职业满意度与工作生活平衡、社会经济发展与职业流动性三个方面，详细探讨生涯规划的重要性。

（一）自我实现与个人成长

1. 生涯规划助力自我实现

自我实现是个体在职业生涯中追求的终极目标之一。通过生涯规划，个体能够清晰地了解自己的兴趣、能力、价值观和个性特质，从而找到最适合自己的职业方向。在职业生涯的每一个阶段，生涯规划都能为个体提供明确的指导和支持，帮助个体实现自我价值。

◆ 案例 1-1

小李在大学期间对计算机科学产生了浓厚的兴趣，但他并不确定自己是否适合从事这一行业。通过职业兴趣测试和性格评估，小李发现自己在逻辑思维和问题解决方面有很强的能力，这些能力非常适合计算机科学领域。于是，他决定在计算机科学领域深耕细作。经过几年的努力，小李成为一名优秀的软件工程师，并在行业内获得了认可。他通过职业规划实现了自我价值，找到了职业发展的方向和动力。

2. 生涯规划促进个人成长

生涯规划不仅有助于职业选择，还能促进个体的全面发展和成长。在进行生涯规划的过程中，个体需要不断学习和提升专业技能和综合能力，从而适应职业发展的需求。通过生涯规划，个体能够明确自己的职业目标，制订详细的学习和发展计划，不断提升自己的职业素质和竞争力。

◆ 案例 1-2

小王是一名年轻的市场营销专员，他希望在职业生涯中不断成长和进步。通过生涯规划，小王制订了详细的职业发展计划。他参加了多种与市场营销相关的培训课程，提升了自己的专业技能；同时，他还积极参与公司的市场调研和项目策划工作，积累了丰富的实践经验。通过不断的学习和实践，小王不仅在职业技能上得到了提升，还在职业素质和综合能力上有了显著进步。

（二）职业满意度与工作生活平衡

1. 提高职业满意度

职业满意度是指个体对自己所从事的职业及其环境的满意程度。提高职业满意度不仅能提升工作效率，还能增强个体的职业成就感和幸福感。通过生涯规划，个体能够找到最适合自己的职业方向，选择符合自己兴趣和能力的职业，从而提高职业满意度。

◆ **案例 1-3**

张女士是一名金融分析师，她在一家知名金融公司工作了几年，但始终感觉工作压力大，职业满意度不高。通过职业规划，张女士发现自己对风险管理有着浓厚的兴趣，并且在这一领域具有较强的分析能力。于是，她决定投身风险管理行业。经过一段时间的学习和培训，张女士成功转型，并在新的岗位上找到了职业成就感和幸福感。她的职业满意度得到了显著提高，工作效率也随之提升。

2. 促进工作与生活的平衡

工作与生活的平衡是指个体在职业发展过程中，能够合理安排工作时间和生活时间，既能实现职业目标，又能享受个人生活。通过生涯规划，个体能够明确职业目标和发展方向，制订合理的工作和生活计划，从而实现工作与生活的平衡。

◆ **案例 1-4**

李先生是一名软件开发工程师，他在一家科技公司工作多年，由于常常加班，工作压力大，导致工作与生活失衡。通过职业规划，李先生重新审视了自己的职业目标和生活需求，制订了新的职业发展计划。他开始注重时间管理，合理安排工作任务，避免加班。同时，他还规划了自己的业余时间，参加健身和旅行活动，提升了生活质量。通过职业规划，李先生不仅在职业上取得了进步，还实现了工作与生活的平衡。

（三）社会经济发展与职业流动性

1. 促进社会经济发展

生涯规划不仅对个体有重要意义，对社会经济发展也具有深远影响。通过生涯规划，个体能够选择符合社会需求的职业，提升自己的职业素质和竞争力，从而为社会经济发展做出贡献。同时，生涯规划还能够促进人力资源的合理配置，提高社会整体的生产力和经济效益。

◆ **案例 1-5**

某高科技公司为了提升员工的职业素质和竞争力，推行了一项全面的职业规划计划。通过职业兴趣测试、能力评估和职业发展咨询，公司帮助员工明确职业目标，制订职业发展计划。员工在职业规划的指导下，不断提升专业技能和综合能力，为公司的创新和发展做出了重要贡献。公司的生产力和经济效益显著提升，公司也成为行业内的领军企业。

2.增强职业流动性

职业流动性是指个体在职业生涯中，能够根据自身需求和社会环境的变化，灵活调整职业方向和岗位。通过生涯规划，个体能够及时了解职业市场的动态和发展趋势，提升自己的职业适应能力和流动性，从而在职业变动中保持竞争力。

◆ **案例 1-6**

小陈是一名项目管理者，他在一家大型建筑公司工作多年。随着市场环境的变化，建筑行业面临新的挑战和机遇。通过职业规划，小陈了解到可再生能源行业的发展前景，决定转型为可再生能源项目管理者。他通过参加相关培训课程，提升了自己的专业技能和行业知识，并成功转型。通过职业规划，小陈增强了自己的职业流动性，适应了市场的变化，保持了职业竞争力。

生涯规划的重要性体现在多个方面：它不仅帮助个体实现自我价值和个人成长，还提高了个体的职业满意度，促进了工作与生活的平衡；同时，生涯规划对社会经济发展和职业流动性也具有重要意义。通过科学的生涯规划，个体能够明确职业目标，提升职业素质，灵活应对职业变动，实现职业发展和个人价值的最大化。

第二节　生涯规划理论的演变

一、经典生涯理论

生涯规划作为一门学科，其理论基础源远流长。经典生涯理论的形成和发展，不仅奠定了生涯规划的基础框架，也为现代生涯理论的创新和应用提供了丰富的资源和指导。在这一节中，我们将回顾经典生涯理论的历史发展，概述其主要理论，并探讨这些理论对生涯规划实践的影响。

（一）生涯理论简要回顾

生涯理论的发展可以追溯到 20 世纪初期，当时工业革命的迅猛发展催生了大量新的职业岗位，使社会结构和职业环境发生了深刻变化。面对新的职业选择和职业指导需求，职业心理学和职业指导学科应运而生，为生涯规划理论的发展奠定了基础。

20 世纪初，职业指导运动在美国兴起。"职业指导之父"弗兰克·帕森斯在 1908 年创办了波士顿职业指导局，并在 1909 年出版了《选择职业》（*Choosing a Vocation*）一书，提出了职业指导三要素理论，即了解自己、了解职业和理性决策。帕森斯的理论强调职业选择应基于个体的兴趣、能力和职业要求相匹配，这一思想成为后来生涯规划理论的基石。

20 世纪中期，随着心理学的发展，生涯理论进入了一个新的阶段。心理学家开始关注个体在职业生涯中的发展过程，提出了一系列职业发展理论。这些理论不仅探讨了职业选择的决策过程，还研究了个体在职业生涯不同阶段的成长和变化规律。

（二）主要经典生涯理论概述

1. 霍兰德职业兴趣理论

霍兰德职业兴趣理论（Holland's theory of vocational interest）是由美国心理学家约翰·霍兰德（John L. Holland）在 20 世纪 50 年代提出的。霍兰德认为，职业选择是个体兴趣和职业环境相匹配的过程。他将个体的职业兴趣划分为六种类型，即现实型（Realistic）、研究型（Investigative）、艺术型（Artistic）、社会型（Social）、企业型（Enterprising）和常规型（Conventional），简称 RIASEC。

霍兰德职业兴趣理论的核心观点是"人职匹配"（person-environment fit）。他认为，不同的职业环境对个体的兴趣、能力和价值观有不同的要求，个体应选择与自己兴趣类型相匹配的职业环境，从而提升职业满意度和职业成就感。霍兰德的理论在职业指导和生涯规划中得到广泛应用，通过职业兴趣测试（如霍兰德六角形模型），个体可以了解自己的职业兴趣类型，找到适合自己的职业方向。

2. 舒伯的生涯彩虹理论

生涯彩虹理论（career rainbow theory）是由美国心理学家唐纳德·舒伯在 20 世纪 50 年代提出的。舒伯认为，职业生涯是一个动态的、连续的过程，个体在职业生涯中会经历不同的发展阶段和职业角色。

舒伯将职业生涯划分为五个主要阶段，即成长阶段（growth stage）、探索阶段（exploration stage）、确立阶段（establishment stage）、维持阶段（maintenance stage）和退出阶段（decline stage）。在每一个阶段，个体都有不同的发展任务和职业目标，需要根据自身的兴趣、能力和环境变化，不断调整和优化职业规划（如图 1-1）。

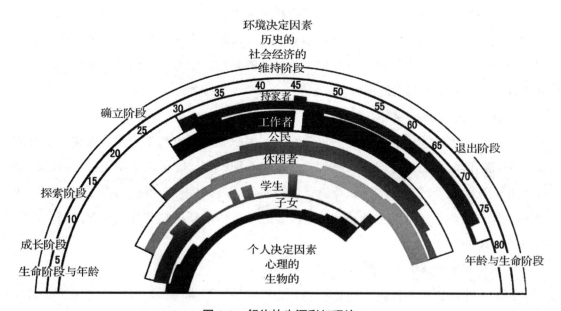

图 1-1 舒伯的生涯彩虹理论

舒伯的生涯彩虹理论还引入了"职业成熟度"（career maturity）的概念，强调个体在职业生涯中的主动性和持续性。通过提高职业成熟度，个体可以更好地应对职业变迁和挑战，实现职业发展和个人成长。

3. 班杜拉的社会认知职业理论

社会认知职业理论（social cognitive career theory）是由加拿大心理学家阿尔伯特·班杜拉（Albert Bandura）在 20 世纪 70 年代提出的。班杜拉的理论基于社会认知理论，强调个体在职业选择和职业发展中的认知过程和行为。

班杜拉的社会认知职业理论提出，个体的职业选择和发展受到自我效能感（self-efficacy）、结果期望（outcome expectations）和个人目标（personal goals）三个核心因素的影响。自我效能感指个体对自己能否成功完成某一任务的信念，结果期望指个体对某一行为可能带来的结果的预期，个人目标则是个体对职业成就和发展的具体期望。

通过提升自我效能感和保持积极的结果期望，个体可以增加对职业选择和发展的信心，设定和实现更高的职业目标。班杜拉的理论强调个体在职业生涯中的主动性和自我调节能力，具有重要的实践指导意义。

（三）经典生涯理论对生涯规划的影响

1. 提供科学的自我评估方法

霍兰德职业兴趣理论、舒伯的生涯彩虹理论和班杜拉的社会认知职业理论等经典生涯理论，为个体提供了科学的自我评估方法。通过职业兴趣测试、人格测评和自我效能感评估等工具，个体可以更好地了解自己的兴趣、能力、价值观和职业倾向，从而为职业选择和生涯规划提供科学依据。

2. 强调人职匹配的重要性

经典生涯理论强调人职匹配的重要性，认为职业选择应基于个体的兴趣、能力和职业环境的匹配。霍兰德职业兴趣理论的人职匹配模型，能帮助个体找到与自己兴趣类型相匹配的职业环境，实现职业满意度和职业成就感提升。舒伯的生涯彩虹理论则强调个体在职业生涯中的主动性和持续性，鼓励个体不断调整和优化职业规划，以适应职业环境的变化。

3. 强化职业发展的动态过程

舒伯的生涯彩虹理论将职业生涯划分为不同的发展阶段，强调职业发展的动态过程。通过识别和理解不同阶段的职业任务和目标，个体可以更好地规划和管理自己的职业生涯，避免职业停滞和职业倦怠。班杜拉的社会认知职业理论则强调个体在职业生涯中的主动性和自我调节能力，帮助个体应对职业变迁和挑战，实现职业发展的持续进步。

4. 提升个体的职业决策能力

经典生涯理论为个体提供了科学的职业决策方法和工具，帮助个体在职业选择和职业发展中做出理性和科学的决策。通过霍兰德职业兴趣测试和舒伯的职业成熟度评估，个体可以了解自己的职业倾向和职业成熟度，做出最适合自己的职业选择。班杜拉的社会认知职业理论则强调个体的自我效能感和结果期望，通过提升自我效能感和保持积极的结果期望，个体可以增加对职业选择和发展的信心，设定和实现更高的职业目标。

5. 促进职业指导和生涯规划实践

经典生涯理论为职业指导和生涯规划提供了具体的方法和工具。在职业指导和生涯规划实践中，职业指导师可以运用霍兰德职业兴趣理论、舒伯的生涯彩虹理论和班杜拉的社会认知职业理论等经典生涯理论，帮助个体进行科学的自我评估和职业决策，提高职业满意度和职业成就感。

6. 强调职业教育的重要性

经典生涯理论还强调职业教育在职业选择和职业发展中的重要作用。通过职业教育和培训，个体可以获得职业所需的知识和技能，提高职业竞争力和职业发展潜力。霍兰德职业兴趣理论和舒伯的生涯彩虹理论都鼓励个体通过职业教育和培训，不断提升自己的职业能力和职业素质。

总的来说，经典生涯理论为生涯规划的理论和实践提供了坚实的基础。霍兰德职业兴趣理论、舒伯的生涯彩虹理论和班杜拉的社会认知职业理论等经典生涯理论，不仅丰富了生涯规划的内涵和外延，也为个体提供了科学的自我评估和职业决策方法，帮助个体实现职业满意度和职业成就感提升。在现代生涯规划中，这些经典生涯理论依然具有重要的指导意义和实践价值。

二、现代生涯理论

随着社会经济的快速发展和职业环境的不断变化，传统的生涯理论在解释和指导现代职业发展方面显得不足。因此，许多新兴的现代生涯理论应运而生，这些理论强调职业生涯的多样性、动态性和复杂性，并在职业规划和职业发展中得到了广泛应用。以下我们将介绍一些具有代表性的现代生涯理论，并探讨它们的创新与应用。

（一）新兴理论介绍

1. 建构主义生涯理论

建构主义生涯理论（constructivist career theory）由马克·萨维卡斯（Mark Savickas）在20世纪90年代提出。该理论强调个体在职业生涯中的主动性和创造性，认为职业生涯是个体与环境互动、自我探索和意义建构的过程。建构主义生涯理论认为，每个人都是自己职业生涯的作者，通过不断讲述和重新定义自己的职业故事，个体可以发现自己的职业目标和方向。

建构主义生涯理论特别关注个体的职业叙事和自我反思，通过职业故事的讲述和分析，帮助个体理解自己的职业发展过程，发现职业生涯中的潜在问题和机会。萨维卡斯提出的职业生涯建构访谈（career construction interview）是一种重要的职业指导工具，通过引导个体讲述自己的职业故事，职业指导师可以帮助个体发现和重构自己的职业意义，从而实现职业目标和个人成长。

2. 生涯混沌理论

生涯混沌理论（chaos theory of careers）由澳大利亚学者罗伯特·普莱尔（Robert

Pryor）和吉姆·布莱特（Jim Bright）在21世纪初提出。该理论借鉴了混沌理论和复杂系统理论，认为职业生涯是一个复杂的、非线性的、动态的系统，充满了不确定性和不可预测性。

生涯混沌理论强调职业生涯中的偶然性和非确定性，认为个体在职业生涯中应保持开放的心态，灵活应对各种变化和挑战。普莱尔和布莱特提出了职业适应性（career adaptability）的概念，强调个体在职业生涯中应具备应对变化、调整目标和持续学习的能力。

生涯混沌理论还强调个体在职业生涯中的创造性和创新性，鼓励个体在职业选择和职业发展中大胆尝试，拥抱不确定性和变化，通过不断探索和创新，实现职业目标和个人成长。

（二）现代生涯理论的创新与应用

现代生涯理论在职业规划和职业发展中具有重要的创新与应用价值。以下是一些具体的应用案例和方法。

1. 职业叙事与建构主义生涯理论的应用

建构主义生涯理论强调职业叙事和自我反思，通过职业故事的讲述和分析，个体可以发现自己的职业目标和方向。职业指导师可以运用职业生涯建构访谈，引导个体讲述自己的职业故事，帮助个体发现和重构职业意义。

例如，职业指导师可以通过问一些开放性的问题，如"你如何看待自己过去的职业经历？""你认为这些经历对你的职业选择有什么影响？""你对未来的职业发展有什么期待？"等，引导个体讲述和反思自己的职业故事。在这个过程中，个体可以发现自己的职业兴趣、价值观和能力，明确职业目标和发展方向。

2. 职业适应性与生涯混沌理论的应用

生涯混沌理论指出职业生涯具有偶然性和非确定性，强调职业适应性的重要性。职业指导师可以帮助个体提高职业适应性，增强应对变化和挑战的能力。

例如，职业指导师可以通过职业适应性训练，帮助个体发展应对变化、调整目标和持续学习的能力。职业适应性训练包括情景模拟、问题解决、目标设定和行动计划等活动，帮助个体在职业生涯中保持开放的心态，灵活应对各种变化和挑战。

3. 创新与灵活性在现代生涯规划中的应用

现代生涯理论强调个体在职业生涯中的创造性和创新性，鼓励个体在职业选择和职业发展中大胆尝试，拥抱不确定性和变化。职业指导师可以通过创新思维训练，帮助个体发展创造性和创新性思维，探索新的职业机会和发展方向。

例如，职业指导师可以通过头脑风暴、创意工作坊和创新项目等活动，激发个体的创造性思维，鼓励个体在职业选择和职业发展中尝试新的方法和策略，发现和利用职业生涯中的机会和资源。

三、综合生涯发展理论

在现代生涯理论的基础上，综合生涯发展理论（integrative career development theory）进一步整合了各种生涯理论的核心观点和方法，为个体提供了更全面、系统的职业规划和职业发展指导。综合生涯发展理论强调不同生涯理论之间的互补性，主张通过整合不同理论的优势，提供个性化的职业指导和生涯规划服务。

（一）综合生涯发展理论在生涯规划中的应用

1. 自我评估的多维度整合

综合生涯发展理论强调自我评估的多维度整合，认为个体在职业选择和职业发展中应全面了解自己的兴趣、能力、价值观和个性特质。职业指导师可以通过整合霍兰德职业兴趣测试、16PF人格测验等多种评估工具，帮助个体进行全面的自我评估，了解自己的优势和劣势，明确职业目标和发展方向。

2. 职业探索的多元化整合

综合生涯发展理论强调职业探索的多元化整合，认为个体在职业探索中应了解不同行业和职业的多样性和变化。职业指导师可以通过整合职业信息资源、行业研究、职业访谈和职业体验等多种方法，帮助个体进行全面的职业探索，找到适合自己的职业领域和岗位。

3. 目标设定与行动计划的系统化整合

综合生涯发展理论强调目标设定与行动计划的系统化整合，认为个体在职业规划中应设定具体、可行的职业目标，并制订详细的行动计划。职业指导师可以通过整合SMART目标管理法、决策模型、项目管理工具等多种方法，帮助个体设定明确的职业目标，制订详细的行动计划，确保目标的实现和职业发展的持续进步。

（二）不同理论之间的互补性

1. 霍兰德职业兴趣理论与建构主义生涯理论的互补

霍兰德职业兴趣理论强调人职匹配的重要性，通过职业兴趣测试帮助个体找到与自己兴趣类型相匹配的职业环境。建构主义生涯理论则强调职业叙事和自我反思，通过职业故事的讲述和分析，帮助个体发现和重构职业意义。

例如，职业指导师可以首先通过霍兰德职业兴趣测试，帮助个体了解自己的职业兴趣类型，然后通过职业生涯建构访谈，帮助个体讲述和分析自己的职业故事，发现和重构职业意义，找到适合自己的职业方向。

2. 生涯彩虹理论与生涯混沌理论的互补

生涯彩虹理论强调职业生涯的发展阶段和职业成熟度，通过识别和理解不同阶段的职业任务和目标，帮助个体规划和管理自己的职业生涯。生涯混沌理论则强调职业生涯中的偶然性和非确定性，提出职业适应性的重要性，帮助个体应对变化和挑战。

例如，职业指导师可以首先通过舒伯的职业生涯发展阶段评估，帮助个体识别和理解自己的职业阶段和职业任务，然后通过职业适应性训练，帮助个体提高应对变化和挑战的能力，实现职业目标和职业发展的持续进步。

3. 社会认知职业理论与建构主义生涯理论的互补

社会认知职业理论强调个体在职业生涯中的主动性和自我调节能力，通过提升自我效能感和保持积极的结果期望，帮助个体增加对职业选择和发展的信心。建构主义生涯理论则强调职业叙事和自我反思，通过职业故事的讲述和分析，帮助个体发现和重构职业意义。

例如，职业指导师可以首先通过提升个体的自我效能感和积极的结果期望，增加个体对职业选择和发展的信心，然后通过职业生涯建构访谈，帮助个体讲述和分析自己的职业故事，发现和重构职业意义，实现职业目标和个人成长。

综上所述，现代生涯理论和综合生涯发展理论为生涯规划的理论和实践提供了新的视角和方法。综合生涯发展理论则通过整合不同生涯理论的优势，为个体提供了更全面、系统的职业指导和生涯规划服务。

在现代生涯规划中，这些理论不仅丰富了生涯规划的内涵和外延，也为个体提供了科学的自我评估、职业探索、目标设定和行动计划方法，帮助个体提高职业满意度和职业成就感。

◆ 小贴士

自我效能感（self-efficacy）

1. 什么是自我效能感

自我效能感是由心理学家班杜拉提出的一个概念，指个体对自己在特定情境中成功执行某一行为的能力的信念。换句话说，自我效能感是个体对自己是否有能力完成某项任务或达到某一目标的信心和判断。

班杜拉认为，自我效能感主要来源于以下四个方面：

（1）直接经验：通过亲身经历成功或失败，个体获得对自己能力的直接评价。

（2）替代经验：通过观察他人成功或失败的经验，个体对自己的能力产生推测。

（3）言语劝说：通过他人的鼓励或劝说，个体对自己能力的信心得到增强。

（4）生理和情感状态：个体的生理反应和情感状态，如紧张、焦虑等，也会影响其自我效能感。

2. 自我效能感的影响

自我效能感在个体的生活和工作中起着重要作用，影响着个体的动机、情绪和行为。

（1）影响选择行为

自我效能感高的人更倾向于选择具有挑战性的任务，而自我效能感低的人则可能避免这些任务。因此，自我效能感会影响个体在职业选择、学业选择以及其他生活决策中的行为。

◆ **案例 1-7**

小张是一名对编程有兴趣的学生，但由于在过去的编程经历中遇到了困难，他对自己的编程能力产生了怀疑。通过参加编程培训课程，他获得了一些成功的编程项目经验，自我效能感得到了提升，因而最终决定选择计算机科学专业，并在该领域取得了优异的成绩。

（2）影响坚持和努力

自我效能感高的人在面对困难时更有可能坚持下去，并投入更多的努力以克服困难。相反，自我效能感低的人可能在遇到挑战时容易放弃。

◆ **案例 1-8**

小李是一名篮球爱好者，但他在初期的比赛中常常表现不佳。教练的鼓励和多次训练取得的进步，使小李的自我效能感逐渐增强，他开始更加努力训练，并在比赛中表现得越来越好，最终成为球队主力。

（3）影响应对策略

自我效能感高的人在面对压力和挑战时，更倾向于采用积极的应对策略，如寻求帮助、积极思考和解决问题。自我效能感低的人则可能采用回避、逃避等消极应对策略。

◆ **案例 1-9**

小王在大学期间遇到了一门难度较大的课程，起初他觉得自己无法通过这门课程的考核，经过教授的鼓励和辅导班的帮助，小王的自我效能感提高了。他开始采用积极的学习策略，如制订详细的学习计划和多参加小组讨论，最终成功通过了考核。

（4）影响心理健康

自我效能感高的人更容易保持积极的情绪状态，减少焦虑和抑郁等负面情绪。自我效能感低的人则更容易受到负面情绪的影响，心理健康状况较差。

◆ **案例 1-10**

小刘在新公司工作时感到压力很大，初期的表现也不如预期，通过公司的培训和同事的帮助，他的自我效能感逐渐提升。他学会了更好地管理时间和调节压力，逐渐适应了工作环境，并在工作中表现得越来越好，心理状态也随之改善。

3. 自我效能感与潜力的激发

自我效能感在个体潜力的激发中起着关键作用，高自我效能感不仅能激发个体的内在潜力，还能帮助个体在职业发展和个人成长中取得更大的成就。

（1）激发内在动机

高自我效能感能激发个体的内在动机，使其在面对任务时充满信心和动力。个体相信自己能够完成任务，从而更愿意投入时间和精力，积极迎接挑战。

◆ **案例 1-11**

小陈一直梦想着开办自己的公司，但由于缺乏经验，一直犹豫不决。通过参加创业培训课程的学习和与成功创业者交流，小陈的自我效能感得到了提升，他开始相信自己有能力实现梦想，并积极筹备创业事宜。最终，小陈成功创办了自己的公司，并取得了显著的成就。

（2）增强学习效果

高自我效能感能够提高个体的学习效果。在学习过程中，自我效能感高的人更能专注于学习任务，采用有效的学习策略，从而取得更好的学习成绩。

◆ **案例 1-12**

小赵是一名职业培训师，在培训过程中发现，一些学员在面对新知识和技能时有畏惧情绪，学习效果不佳。他通过鼓励和引导，帮助学员提升自我效能感，使他们相信自己有能力掌握新知识和技能。结果，学员们的学习效果显著提高，培训达到了预期的效果。

（3）激发创新和创造力

高自我效能感能够激发个体的创新和创造力。个体在面对未知领域和新问题时，敢于尝试和探索，从而产生新的想法和解决方案。

◆ **案例 1-13**

小张是一名科研工作者，他在研究过程中遇到了许多困难和挑战。起初，他对自己的研究能力感到怀疑，但通过导师的指导和团队的支持，他的自我效能感逐渐增强。小张开始大胆尝试新的研究方法，最终取得了突破性的研究成果。

总的来说，自我效能感在个体的职业发展和个人成长中具有重要作用。通过提升自我效能感，个体能够增强内在动机，提高学习效果，激发创新和创造力，从而实现自我价值和潜力的最大化。在实际应用中，通过亲身体验、观察他人、接受鼓励以及调节生理和情感状态，个体可以不断提升自己的自我效能感，迎接职业和生活中的各种挑战。

第三节　生涯规划的基本步骤

生涯规划是一项复杂而系统的工作，涉及多个环节和步骤。通过科学的生涯规划，个体可以更好地了解自己，明确职业目标，制订切实可行的行动计划，从而在职业生涯中取得成功。本节将详细介绍生涯规划的基本步骤，重点探讨自我认知和外部信息收集的过程和方法。

一、自我认知

自我认知是生涯规划的起点，也是最关键的一步。只有清晰地了解自己的兴趣、能力、价值观和个性特质，才能找到适合自己的职业方向。自我认知不仅有助于职业选择，还能提升个体的自我意识和自我接纳水平，为个人成长和发展奠定基础。

（一）自我认知的重要性

1. 明确职业方向

通过自我认知，个体可以了解自己的兴趣、能力和价值观，从而明确职业方向。每个人都有独特的兴趣和能力，只有选择符合自己兴趣和能力的职业，才能在职业生涯中获得成就感和满足感。例如，一个对科学研究充满热情且具备相关能力的人，选择科研工作将有助于其实现职业目标和个人价值。

2. 提升职业满意度

选择适合自己的职业，不仅能发挥自身优势，还能减少职业倦怠和工作压力，提高工作效率和职业满意度。职业满意度的提升，反过来又能增强个体的职业成就感和幸福感，促进个人的全面发展。

3. 制定切实可行的职业目标

自我认知有助于设定切实可行的职业目标。通过了解自己的兴趣、能力和价值观，个体可以设定具体、可行的职业目标，并根据目标制订详细的行动计划。这种明确的目标和计划，可以指导个体在职业生涯中的每一步，减少迷茫和困惑，增强职业发展的动力和信心。

4. 增强职业适应能力

在职业生涯中，个体可能会面临各种变化和挑战，如职业变迁、职场压力和工作生活平衡问题等。通过自我认知，个体可以了解自己的优势和劣势，确定应对变化和挑战的策略，提高职业适应能力和职业竞争力。

（二）自我认知的基本方法

1. 职业兴趣测试

职业兴趣测试是了解个体职业兴趣的重要工具。常见的职业兴趣测试包括霍兰德职业兴趣测试（Holland code）、斯特朗职业兴趣量表（Strong interest inventory）等。通过这些测试，个体可以了解自己的职业兴趣类型，找到适合自己的职业方向。例如，霍兰德职业兴趣测试将职业兴趣划分为六种类型，每种类型对应不同的职业领域和岗位，个体可以根据测试结果，选择与自己兴趣类型相匹配的职业。

2. 性格测评

性格测评是了解个体性格特质的重要方法。常见的性格测评工具包括16PF（sixteen personality factor questionnaire）和大五人格测验（big five personality test）等。通过这些测评，个体可以了解自己的性格特点，如外向性、开放性、尽责性、宜人性和情绪稳定性等，从而为职业选择和生涯规划提供参考。例如，16PF将个体性格分为16种因素，包括乐群性、聪慧性、情绪稳定性、恃强性、兴奋性等，每个因素对应不同的职业倾向和工作环境。个体可以根据测评结果，选择适合自己的职业方向和工作方式。

3. 能力评估

能力评估是了解个体能力水平的重要工具。常见的能力评估方法包括心理测验、情景模拟和能力倾向测验等。通过这些评估，个体可以了解自己的认知能力、情绪管理能力、沟通能力和问题解决能力等，从而为职业选择和生涯规划提供科学依据。例如，能力倾向测验可以评估个体在逻辑思维、语言表达、数字运算和空间想象等方面的能力水平，个体可以根据评估结果，选择符合自己能力特点的职业领域和岗位。

4.价值观分析

价值观分析是了解个体职业价值观的重要方法。职业价值观是个体在职业选择和职业发展中追求的核心信念和价值导向。常见的价值观分析工具包括职业价值观量表（work values inventory）、职业价值观问卷（work values questionnaire）等。通过这些分析，个体可以了解自己的职业价值观，如成就感、收入、稳定性、挑战性、工作环境和人际关系等，从而为职业选择和生涯规划提供参考。例如，一个重视成就感和挑战性的人，可能更适合选择具有高挑战性和高成就感的职业，如创业、科研和管理等职业。

二、外部信息收集

外部信息收集是生涯规划的关键步骤之一，通过收集和分析职业信息，个体可以了解职业世界的多样和变化，找到最适合自己的职业领域和岗位。外部信息收集不仅有助于职业选择，还能提高个体的职业适应能力和职业竞争力。

（一）外部信息收集的重要性

1.了解职业市场需求

通过外部信息收集，个体可以了解职业市场的需求和变化，找到具有发展前景和职业机会的行业和岗位。职业市场需求的变化，往往反映了社会经济的发展趋势和产业结构的调整情况，个体需要根据职业市场的需求，选择具有发展潜力和职业机会的职业领域。例如，随着信息技术的快速发展，数据科学、人工智能和网络安全等新兴职业领域，正在成为职业市场的热点，个体可以选择这些具有发展前景的职业领域。

2.识别职业发展机会

通过了解不同行业和职业的发展前景和职业路径，个体可以找到适合自己的职业发展机会。职业发展机会的识别，不仅有助于职业选择，还能帮助个体制订职业发展计划，实现职业目标，提升职业成就感。例如，通过了解某一行业的发展趋势和职业路径，个体可以找到适合自己的职业机会和发展方向，如从技术岗位发展到管理岗位、从专业岗位发展到跨领域岗位等。

3.提高职业决策的科学性

通过收集和分析职业信息，个体可以做出科学的职业选择和职业决策。职业决策的科学性，不仅有助于职业选择的成功，还能减少职业变迁的风险和成本，提高职业满意度和职业成就感。例如，通过了解某一职业的工作内容、工作环境、薪酬待遇和职业发展前景，个体可以做出科学的职业选择，避免盲目跟风和职业误判。

4. 增强职业适应能力

通过了解职业世界的多样和变化，个体可以提高职业适应能力和职业竞争力。职业适应能力的提高，不仅有助于职业选择的成功，还能帮助个体应对职业变迁和职业挑战，实现职业发展的持续进步。例如，通过了解某一职业的工作要求和职业素质，个体可以提前准备和提升自己的职业能力，增强职业适应能力和职业竞争力。

（二）有效的信息收集方法

1. 文献和资料查阅

文献和资料查阅是获取职业信息的重要方法，通过查阅学术文献、行业报告、职业指南和职业网站等资料，个体可以了解不同行业和职业的发展前景和职业要求。文献和资料查阅不仅有助于职业选择，还能为职业发展提供科学依据和参考。

2. 职业访谈和调研

职业访谈和调研是获取职业信息的有效方法，通过与行业专家、职业指导师、职业从业者和校友进行访谈和调研，个体可以了解职业世界的真实情况和职业经验。职业访谈和调研不仅有助于职业选择，还能为职业发展提供经验和指导。

3. 职业体验和实习

职业体验和实习是获取职业信息的实践方法，通过参与职业体验和实习项目，个体可以亲身体验职业世界的工作内容和工作环境，了解职业的实际情况和职业要求。职业体验和实习不仅有助于职业选择，还能为职业发展提供实践经验和职业技能。

4. 网络资源和社交媒体

网络资源和社交媒体是获取职业信息的便捷方法，通过利用职业网站、职业论坛、职业社交媒体和职业应用程序等网络资源，个体可以方便快捷地获取职业信息和职业机会。网络资源和社交媒体不仅有助于职业选择，还能为职业发展提供实时的信息和资源。

5. 职业指导和咨询服务

职业指导和咨询服务是获取职业信息的专业方法，通过寻求职业指导师和职业咨询师的帮助，个体可以获得专业的职业指导和职业咨询服务。职业指导和咨询服务不仅有助于职业选择，还能为职业发展提供专业的指导和支持。

简而言之，生涯规划的基本步骤包括自我认知和外部信息收集，这两个步骤相辅相成，构成了生涯规划的基础。通过自我认知，个体可以了解自己的兴趣、能力、价值观和个性特质，明确职业目标和发展方向。通过外部信息收集，个体可以了解职业世界的多样和变化，找到适合自己的职业领域和岗位。自我认知和外部信息收集的有效结合，不仅有助于职业选择的成功，还能提高个体的职业适应能力和职业竞争力，实现职业的持续发展。

三、目标设定与决策

在完成了自我认知和外部信息收集的基础上，生涯规划的下一步是设定职业目标与做出职业决策，以及制订行动计划与实施。这些步骤不仅帮助个体明确职业方向，还提供了具体的行动指南，确保职业目标的实现。

设定职业目标和做出职业决策是生涯规划中至关重要的环节。明确的职业目标和科学的决策过程可以减少个体在职业生涯中的迷茫和困惑，增强职业发展的动力和信心。

（一）设定职业目标的方法

1.SMART 目标管理法

SMART 目标管理法是一种常用的目标设定工具，强调目标应具体的（specific）、可量化（measurable）、可实现（attainable）、相关性（relevant）和有时间限制（time-bound）。通过 SMART 目标管理法，个体可以将职业目标具体化，明确每一步的行动步骤，并设定时间限制，提高目标实现的可能性。

具体的（specific）：目标应明确具体，避免模糊。例如，"提高自己的编程能力"是一个模糊的目标，而"在半年内掌握 Python 编程语言"则是一个具体的目标。

可量化（measurable）：目标应具备可量化的标准，便于评估进展和成果。例如，"在半年内掌握 Python 编程语言，并通过相关认证考试"是一个可量化的目标。

可实现（attainable）：目标应具有现实性和可行性，避免设定过高或过低的目标。例如，"在一个月内成为高级程序员"是不现实的，而"在两年内提升为中级程序员"则是可实现的目标。

相关性（relevant）：目标应与个体的职业发展方向和长远目标相关，避免无关的目标。例如，"学习烹饪技巧"可能与一个 IT 从业者的职业发展无关，而"学习高级数据分析技术"则是相关的目标。

有时间限制（time-bound）：目标应设定明确的时间限制，便于规划和管理。例如，"在半年内掌握 Python 编程语言"设定了明确的时间限制，有助于提高时间管理水平和目标实现的效率。

2. 分阶段目标设定法

分阶段目标设定法是指将职业目标分为短期、中期和长期目标，逐步实现。这种方法有助于个体在职业生涯中循序渐进，实现职业目标，提高职业成就感。

短期目标：短期目标通常为 1 ～ 2 年内的目标，强调具体的职业技能和经验积累。例如，"在一年内完成数据分析师的入职培训，并参与公司项目"是一个短期目标。

中期目标：中期目标通常为 3 ～ 5 年内的目标，强调职业发展和职位晋升。例如，"在三年内提升为数据分析团队的主管"是一个中期目标。

长期目标：长期目标通常为 5 年以上的目标，强调职业成就和长期规划。例如，"在 10 年内成为行业知名的数据科学家，并领导一个技术团队"是一个长期目标。

3. 逆向目标设定法

逆向目标设定法是指从终极目标出发，逆向推导每一步的行动计划。这种方法有助于个体明确每一步的具体行动，逐步实现终极目标。

例如，一个想要成为高级数据科学家的人，可以从终极目标出发，逆向推导每一步的行动计划。

终极目标：成为高级数据科学家。

5 年目标：担任数据科学团队的负责人。

3 年目标：提升为中级数据科学家，并领导小型项目。

1 年目标：完成高级数据科学课程，并获得相关认证。

当前行动：参加数据科学培训课程，积累实践经验。

（二）决策模型与策略

1. 决策树模型

决策树模型是一种常用的职业决策工具，通过构建决策树，个体可以系统地分析决策节点上各种选择的利弊，做出科学的职业决策。

例如，一个考虑转行的数据分析师，可以通过决策树模型分析各种选择的利弊。

决策节点：是否转行

选择 A：继续从事数据分析工作

利：已有经验和技能，职业发展稳定。

弊：工作压力大，缺乏新鲜感。

选择 B：转行到数据科学

利：职业前景广阔，薪资水平高。

弊：需要重新学习，职业转换风险大。

选择 C：转行到市场分析

利：工作内容多样，职业发展机会多。

弊：需要积累新的行业经验，初期薪资较低。

2.SWOT 分析法

SWOT 分析法是一种常用的职业决策工具，通过分析个体的优势（strengths）、劣势（weaknesses）、机会（opportunities）和威胁（threats），个体可以全面了解自己的职业选择环境，做出最适合自己的职业决策。

例如，一个考虑创业的数据科学家，可以通过 SWOT 分析法分析自己的职业选择环境。

优势（strengths）：丰富的数据分析经验，较强的技术能力，广泛的人脉资源。

劣势（weaknesses）：缺乏创业经验，管理能力不足，资金有限。

机会（opportunities）：数据科学领域快速发展，市场需求旺盛，政策支持。

威胁（threats）：市场竞争激烈，技术更新快，创业风险大。

3. 决策平衡单法

决策平衡单法是一种常用的职业决策工具，通过列出各种职业选择的优缺点，个体可以厘清思路，提高决策的准确性和合理性。

例如，一个考虑进修的数据科学家，可以通过决策平衡单法分析各种选择的优缺点。

选择 A：继续工作

优点：积累工作经验，保持收入稳定。

缺点：缺乏进一步学习的机会，职业发展受限。

选择 B：攻读硕士学位

优点：提升学历和专业知识，增加职业发展机会。

缺点：需要投入大量时间和金钱，暂时失去收入。

选择 C：参加短期培训课程

优点：快速提升专业技能，保持工作收入。

缺点：培训效果有限，职业发展受限。

四、行动计划制订和实施

（一）制订行动计划

行动计划应包括具体的行动步骤、时间安排、资源配置和评估标准。通过制订详细的行动计划，个体可以明确每一步的具体任务和目标，提高行动的效率和效果。

例如，一个想要提升为数据科学主管的数据分析师，可以制订如下行动计划。

行动步骤：学习高级数据分析技术，参加数据科学培训课程，积累项目管理经验，提升沟通和领导能力。

时间安排：半年内完成高级数据分析课程，一年内积累项目管理经验，两年内提升为数据科学主管。

资源配置：报名参加数据科学培训课程，寻求职业指导和职业咨询，参加项目管理和领导力培训。

评估标准：通过数据科学认证考试，获得项目管理经验，提升沟通和领导能力。

（二）分阶段实施行动计划

行动计划应分阶段实施，逐步实现职业目标。通过分阶段实施行动计划，个体可以在每一个阶段实现具体的目标和任务，确保行动计划的顺利推进。

例如，一个想要创业的数据科学家，可以分阶段实施如下行动计划。

第一阶段：市场调研和项目策划（3个月）

　　任务：进行市场调研，制订创业计划，确定项目方向和目标。

第二阶段：团队组建和资源筹备（6个月）

　　任务：组建创业团队，筹备创业资金，搭建技术平台。

第三阶段：产品开发和市场推广（1年）

　　任务：开发产品，进行市场推广，初步获取客户。

第四阶段：业务扩展和公司发展（2年）

　　任务：扩展业务，提升市场份额，推进公司发展。

（三）评估与调整行动计划

行动计划的评估与调整是确保目标实现的重要步骤。通过定期评估行动计划的进展，个体可以发现问题和不足，及时进行调整和优化，确保行动计划的顺利推进。

例如，一个想要创业的数据科学家，可以定期评估和调整如下行动计划。

第一阶段（3个月）：市场调研和项目策划，评估市场调研和创业计划的效果，调整项目方向和目标。

第二阶段（6个月）：团队组建和资源筹备，评估团队组建和资源筹备的进展，调整团队结构和资源配置。

第三阶段（1年）：产品开发和市场推广，评估产品开发和市场推广的效果，调整产品功能和市场策略。

第四阶段（2年）：业务扩展和公司发展，评估业务扩展和公司发展的进展，调整业务模式和发展战略。

设定职业目标、做出职业决策，以及制订和实施行动计划，是生涯规划的重要步骤。通过科学的目标设定方法和决策模型，个体可以明确职业方向，做出科学的职业决策。通过制订详细的行动计划和有效的实施策略，个体可以将职业目标转化为具体的行动步骤，确保目标的实现。

第四节　生涯规划的实际应用

生涯规划的理论和方法在实际应用中可展现出其真正的价值。通过分析成功和失败的案例，探讨生涯规划在不同阶段的应用，我们可以深入理解生涯规划对职业发展的影响，从中汲取经验和教训，指导自身的职业生涯规划。

一、成功案例

成功的生涯规划案例能够展示科学规划、合理决策和有效行动的力量，为我们提供宝贵的参考和启示。以下是几个具有代表性的成功案例：

◆ **案例1-14**

张丽毕业于师范大学，是一名中学教师。她热爱教学，但在几年的教学工作中，张丽发现传统教学方法难以满足学生多样化的学习需求。她意识到教育科技在提升教学效果方面的巨大潜力，于是开始关注教育科技领域的发展。

1. 自我认知和职业探索

张丽首先进行了自我认知，发现自己具备强烈的创新意识，热爱教育事业，同时具备较强的学习能力和管理能力。她通过职业兴趣测试和性格测评，确认了自己的职业倾向，并深入研究了教育科技行业的发展趋势和市场需求。

2. 目标设定和决策

基于自我认知和职业探索的结果，张丽决定转型为教育科技创业者。她设定了明确的职业目标：在三年内创办一家教育科技公司，开发适合中学生的在线学习平台。

她制订了详细的行动计划，包括学习编程和项目管理技能、参加创业培训、积累行业资源等。

3. 行动计划制订和实施

张丽积极参加各类培训课程，提升自己的技术和管理能力。她利用业余时间开发在线学习平台的原型，并通过网络平台和行业展会宣传自己的项目。经过一年的努力，张丽的在线学习平台逐渐受到市场认可，获得了几家投资公司的关注。

4. 成果与启示

张丽最终成功创办了自己的教育科技公司，并获得了风险投资。她的在线学习平台在市场上取得了显著成绩，帮助众多中学生提升了学习效果。张丽的成功案例展示了科学生涯规划的重要性，通过合理的自我认知、目标设定和行动计划，个体可以实现职业目标，获得职业成就。

◆ 案例 1-15

李强是一名机械工程师，毕业于理工大学。他在一家制造企业工作了五年。但随着人工智能和大数据技术的发展，李强发现数据科学在工业领域的应用前景广阔，他决定转型为数据科学家，以提升自己的职业竞争力和发展前景。

1. 自我认知和职业探索

李强通过自我认知发现自己具备较强的逻辑思维和数学能力，对数据分析和技术创新充满兴趣。他通过职业兴趣测试和能力评估，确认了自己在数据科学领域的职业潜力。李强开始系统学习数据科学知识，了解数据科学在工业领域的应用场景和职业机会。

2. 目标设定和决策

李强设定了明确的职业目标：在两年内成为数据科学家，参与工业大数据项目的研发和应用。他制订了详细的学习计划，包括学习编程语言（如 Python 和 R）、掌握数据分析工具（如 SQL 和 Hadoop）、参加数据科学培训课程等。

3. 行动计划制订和实施

李强按照计划，系统学习数据科学知识和技能。他参加了多个在线培训课程，获得了数据科学相关的认证。同时，李强在工作中主动参与公司数据分析项目，积累实践经验。他还积极参加数据科学社区的交流活动，扩大职业网络，获取更多的职业信息和机会。

4. 成果与启示

经过两年的努力，李强成功转型为数据科学家，并在一家知名科技公司找到了理想的工作。他参与了多个工业大数据项目的研发和应用，取得了显著成绩。李强的成功案例展示了科学生涯规划和持续学习的重要性，通过合理的目标设定和有效的行动计划，个体可以实现职业转型，提升职业竞争力。

二、失败案例

失败的生涯规划案例同样具有重要的参考价值。通过分析失败案例，我们可以识别生涯规划中的常见问题和陷阱，避免重复类似的错误，优化自己的职业生涯规划。

◆ 案例 1-16

刘敏曾是一家大型公司的营销经理，拥有丰富的市场营销经验。她在工作中积累了广泛的人脉资源，对市场动态有敏锐的洞察力。几年前，刘敏决定辞职创业，开办一家电商公司，但最终以失败告终。

1. 自我认知和职业探索

刘敏在决定创业前，缺乏深入的自我认知和职业探索。她虽然具备营销经验和人脉资源，但对创业的风险和挑战缺乏足够的认识和准备。她忽视了创业需要综合管理能力和对市场趋势的深度把握，导致在创业过程中遇到了许多未料到的问题。

2. 目标设定和决策

刘敏在目标设定上过于理想化，缺乏实际可行性。她设定的目标过高，期望在短时间内取得巨大成功，没有充分考虑市场竞争和自身资源的限制。她在决策过程中缺乏科学的评估和分析，导致创业初期投入大量资金和精力，而收效甚微。

3. 行动计划制订和实施

刘敏的行动计划缺乏系统性和可操作性。她在创业过程中盲目追求市场热点，频繁调整经营策略，导致公司资源浪费和团队士气低落。她在面对市场竞争和经营压力时，未能及时调整策略和优化资源配置，最终导致公司运营困难，难以为继。

4. 结果与反思

刘敏的创业最终以失败告终，公司倒闭，她也背负了巨额债务。这一失败案例提醒我们，在生涯规划中，必须进行充分的自我认知和职业探索，设定实际可行的目标，并制订系统的行动计划。同时，在面对职业选择和转型时，要充分评估风险和挑战，避免盲目决策和资源浪费。

◆ 案例 1-17

汪洋是一名软件工程师，毕业于知名大学。他在一家大型 IT 公司工作了几年，职业发展顺利。然而，由于公司内部调整和个人职业目标不明确，汪洋逐渐失去了对工作的热情，陷入了职业迷茫。

1. 自我认知和职业探索

汪洋在职业发展中缺乏深入的自我认知和职业探索。他虽然具备技术能力和工作经验，但对自己的职业兴趣和长远目标不明确，导致在面对公司内部调整和职业变动时，感到无所适从。此外，他也未能及时进行自我评估和职业探索，找出适合自己的职业方向。

2. 目标设定和决策

汪洋在职业目标设定上缺乏明确性和持续性。他在职业发展中未能设定具体的职业目标和行动计划，导致在面对职业变动时，缺乏明确的方向和动力。他在决策过程中也缺乏科学的评估和分析，导致在职业选择上摇摆不定，难以做出有效的决策。

3. 行动计划制订和实施

汪洋的行动计划缺乏系统性和执行力。他在职业发展中未能制订具体的行动计划，导致在面对职业变动时，缺乏有效的应对策略和措施。他在工作中逐渐失去了热情和动力，职业发展停滞不前，最终陷入职业迷茫。

4. 结果与反思

汪洋在职业发展中经历了长时间的迷茫和困惑，未能实现职业目标和获得职业成就。这一失败案例提醒我们，在生涯规划中，必须进行深入的自我认知和职业探索，设定明确的职业目标，并制订系统的行动计划。同时，在面对职业选择和变动时，要保持积极的心态和主动性，及时进行调整和优化。

总之，生涯规划案例为我们提供了宝贵的经验和教训。通过分析成功案例，我们可以学习科学的生涯规划方法，明确职业目标，制订详细的行动计划，实现职业目标和提高职业成就感。通过分析失败案例，我们可以识别生涯规划中的常见问题和陷阱，避免重复类似的错误，优化自己的职业生涯规划。

三、生涯规划在不同阶段的应用

不同人生阶段的生涯规划对职业发展也有不同的影响。无论是学生时期，还是职业初期、中期和晚期，科学合理的生涯规划能帮助个体明确职业目标，制订行动计划，实现职业目标和个人价值。接下来将探讨生涯规划在不同阶段的应用，结合具体案例，提供有深度、有启发性的参考。

（一）学生时期的生涯规划

学生时期是生涯规划的起步阶段，这一阶段的生涯规划不仅为未来职业发展奠定基础，也有助于个人成长和能力提升。

1. 自我认知与兴趣探索

学生时期的生涯规划首先需要进行自我认知和兴趣探索。学生应通过各种方式了解自己的兴趣、能力和价值观，以便在未来的职业选择中找到适合自己的方向。常见的方法包括参加职业兴趣测试、性格测评和能力评估，参与社团活动和课外实践，了解自己的兴趣点和擅长领域。

◆ 案例 1-18

小华是一名高一学生，对未来的职业方向感到迷茫。在学校的职业指导老师的帮助下，小华参加了职业兴趣测试和性格测评，发现自己对科技和工程充满兴趣，同时具备较强的逻辑思维和动手能力。为了进一步探索自己的兴趣，小华积极参与学校的科技社团和机器人竞赛，通过实践活动提升了对科技和工程的兴趣和理解。这一过程不仅帮助小华明确了未来的职业方向，还培养了他的实际操作能力和团队合作精神。

2. 职业信息收集与目标设定

学生时期的生涯规划还需要进行职业信息收集和目标设定。学生应了解不同行业和职业的发展前景、工作内容和职业要求，以便为未来的职业选择提供参考。在此基础上，学生可以设定明确的职业目标，并制订相应的学习和发展计划。

◆ 案例 1-19

小李是一名大二学生，主修经济学。他对金融行业有着浓厚的兴趣，希望未来成为一名金融分析师。为了实现这一目标，小李开始系统地收集金融行业的信息，了解金融分析师的职业要求和发展前景。他参加了学校的金融俱乐部，参与金融模拟比赛，积累实践经验。同时，小李还主动联系校友和行业前辈，参加职业讲座和行业会议，拓展职业网络。在深入了解金融行业后，小李设定了明确的职业目标：毕业后在一家知名金融公司实习，并在三年内考取特许金融分析师（CFA）认证。

3. 学习与能力提升

学生时期的生涯规划还需要注重学习和能力提升。学生应根据职业目标制订学习计划，选修相关课程，学习专业知识和技能。同时，学生应积极参加课外活动和实践项目，培养综合能力和职业素质。

◆ 案例 1-20

小王是一名计算机科学专业的学生，他希望未来成为一名软件工程师。为了实现这一目标，小王制订了详细的学习计划，选修了多门编程和软件开发课程，掌握了C++、Java 和 Python 等编程语言。同时，小王积极参加学校的编程竞赛和开源项目，积累实践经验。通过持续的学习和实践，小王不仅提升了专业技能，还培养了团队合作和项目管理能力，为未来的职业发展打下了坚实基础。

（二）职业初期的生涯规划

职业初期是个体从校园迈向职场的重要阶段，这一阶段的生涯规划需要注重职业适应和职业发展。

1.职业适应与工作体验

职业初期的生涯规划首先需要关注职业适应和工作体验。个体应尽快适应职场环境，熟悉工作流程和岗位职责，通过实际工作积累经验，提升职业能力。同时，个体应积极参与团队合作和公司活动，建立良好的人际关系，增强职场适应能力。

◆ **案例 1-21**

小刘是一名刚毕业的市场营销专业学生，他在一家知名广告公司找到了一份市场专员的工作。入职初期，小刘感到工作压力较大，任务繁重。为了尽快适应职场环境，小刘积极向同事请教，熟悉公司的工作流程和岗位职责。他还主动参与公司组织的培训和团队活动，提升专业技能和团队合作能力。通过持续的努力，小刘逐渐适应了职场环境，并在市场推广项目中表现出色，获得了同事和上司的认可。

2.职业目标与发展规划

职业初期的生涯规划还需要明确职业目标和发展规划。个体应根据自己的兴趣和职业需求，设定阶段性的职业目标，并制订详细的发展计划。通过不断学习和积累经验，个体可以逐步实现职业目标，提升职业成就感和满足感。

◆ **案例 1-22**

小张是一名软件工程师，刚进入一家互联网公司工作。他希望在三年内成为公司的技术主管。为了实现这一目标，小张制订了详细的发展规划。首先，他通过在线课程和公司培训，系统学习了高级编程技术和项目管理知识。其次，小张在工作中主动承担更多的责任，参与公司重要项目的开发和管理，积累项目管理经验。最后，小张积极参加行业会议和技术交流活动，拓展职业网络，提升职业竞争力。经过三年的努力，小张成功晋升为公司的技术主管，实现了职业目标。

（三）职业中期的生涯规划

职业中期是个体职业发展的关键阶段，这一阶段的生涯规划需要注重职业深化和职业转型。

1. 职业深化与专业提升

职业中期的生涯规划首先需要关注职业深化和专业提升。个体应在已有的职业基础上，进一步增加专业知识储备，提升专业技能，增强职业竞争力。通过持续学习和深耕专业领域，个体可以在职业发展中取得更大的成就。

◆ **案例1-23**

李明是一名资深的金融分析师，已经在金融行业工作了10年。他希望在职业中期进一步提升专业能力，成为行业的专家。为了实现这一目标，李明参加了多个高级金融培训课程，深入学习金融模型和风险管理技术。他还通过行业协会和专业论坛，积极与行业专家交流，获取最新的行业动态和研究成果。通过持续的学习和实践，李明在金融分析领域取得了显著成绩，成为公司首席分析师，并在行业内获得了广泛认可。

2. 职业转型与多元发展

职业中期的生涯规划还需要关注职业转型和多元发展。个体在职业中期可能会面临职业瓶颈和发展限制，此时可以考虑通过职业转型，寻找新的职业方向和发展机会。职业转型不仅可以打破职业发展的瓶颈，还能为个体带来新的挑战和成长。

◆ **案例1-24**

王芳是一名市场营销经理，已经在市场营销领域工作了15年。随着市场环境的变化，她感到职业发展遇到了瓶颈，工作热情逐渐下降。为了寻求新的职业突破，王芳决定进行职业转型，进入教育培训领域。她首先进行自我评估，确认了自己的教育背景和培训能力。然后，王芳参加了与教育培训相关的课程和认证，提升专业知识和技能。通过职业探索和网络拓展，王芳成功转型为一名企业培训师，并在教育培训领域取得了显著成绩，实现了职业转型和多元发展。

（四）职业晚期的生涯规划

职业晚期是个体职业生涯的收获阶段，这一阶段的生涯规划需要注重职业总结和职业传承。

1. 职业总结与价值实现

职业晚期的生涯规划首先需要关注职业总结和价值实现。个体应对自己的职业生涯进行全面总结，梳理职业成就和经验，找到职业发展的意义和价值。同时，个体可以通过发挥自己的专业特长和经验，为企业和社会做出更大的贡献，实现职业价值和人生价值。

◆ **案例 1-25**

刘教授是一名资深的大学教授，已经在教育领域工作了 30 年。职业晚期的刘教授对自己的职业生涯进行了全面总结，梳理了自己的教学成果和科研成就。他将自己的研究成果整理成书，出版了多部学术著作，为学术界和教育界提供了宝贵的资料。同时，刘教授还通过讲座和培训，分享自己的教学经验和科研方法，帮助年轻教师提升教学水平和科研能力。通过职业总结和价值实现，刘教授不仅提升了自己的职业成就感，还为教育事业做出了重要贡献。

2. 职业传承与指导

职业晚期的生涯规划还需要关注职业传承和指导。个体应通过传授知识和经验，培养和指导年青一代，为职业发展和社会进步做出贡献。职业传承不仅是对职业生涯的延续和升华，也是对社会责任的履行和担当。

◆ **案例 1-26**

张总是一家大型企业的高级管理人员，已经在企业管理领域工作了 35 年。职业晚期的张总希望将自己的管理经验和领导力传承给年青一代，为企业的持续发展和人才培养做出贡献。张总通过公司内部的导师制，指导和培养了多名年轻管理人员，帮助他们提升管理能力和领导力。同时，张总还通过外部职业指导和咨询，为其他企业提供管理咨询和领导力培训，分享自己的管理经验和成功案例。通过职业传承和指导，张总不仅实现了职业价值的延续，还为企业和社会培养了优秀的人才。

生涯规划在不同阶段的应用具有重要的现实意义。学生时期的生涯规划帮助个体明确职业方向，提升学习和实践能力，为未来的职业发展打下坚实的基础。职业初期的生涯规划帮助个体适应职场环境，明确职业目标，实现职业成长和发展。职业中期的生涯规划帮助个体深化专业能力，寻求职业转型，突破职业瓶颈，实现多元发展。职业晚期的生涯规划帮助个体总结职业成就，传承知识和经验，实现职业价值和人生价值。

本章思考

1. 如何在快速变化的职业环境中进行科学的自我认知和职业信息收集？

2. 在设定职业目标时，如何平衡理想与现实，确保目标既有挑战性又具可行性？

3. 在职业生涯的不同阶段，如何有效调整规划策略，确保职业发展的连续性和稳定性？

第二章　兴趣的自我探索

1. 兴趣的定义与重要性：介绍兴趣的基本概念，及其三个层级在职业发展、个人成就和生活满意度中的重要作用，帮助读者理解兴趣在职业生涯中的关键地位。

2. 霍兰德职业兴趣理论：详细解读霍兰德职业兴趣理论，包括兴趣类型、职业环境类型及霍兰德六边形模型，指导读者识别和对应自己的职业兴趣。

3. 探索兴趣的方法：提供正式评估和非正式评估的方法，帮助读者通过多种途径发现和确认自己的兴趣，并灵活运用兴趣理论进行职业规划。

4. 职业兴趣及其培养：探讨兴趣如何影响职业选择和职业发展，分析职业兴趣的影响因素，提供系统的方法和策略来培养和发展职业兴趣，帮助读者保持稳定的职业兴趣，避免常见误区，实现长期职业目标。

开篇故事

◆ 追寻兴趣——李静怡的故事

2023 年夏季，李静怡刚刚结束高考，站在人生的重要分岔路口。虽然市场上热门专业如信息技术或金融学吸引了她的许多同学，李静怡却有着不同的志向。从小对人的思想和行为表现出浓厚兴趣的她，自然地被心理学吸引。

李静怡的父母都是教育工作者，他们支持她追随内心的热爱，坚信热情是职业成功的重要基石。为了进一步确认自己的选择，李静怡积极参与在线研讨会，与业界专家和在校心理学学生交流，通过这些实际接触深入了解心理学专业的应用前景和职业路径。

在进行了广泛的市场调研后，李静怡发现，尽管心理学专业的传统就业领域可能不如 STEM 领域广泛，但随着社会对心理健康重视程度的提升，专业心理学人才在咨询、教育、企业培训等领域的需求正在增长。此外，数字化转型为心理学专业开辟了新的职业道路，如在线心理咨询服务、应用心理学工具开发等。

凭借这些发现，李静怡在填报志愿时选择了几所在心理学领域有突出研究和教育贡献的大学。入学后，她全身心投入心理学的学习和研究中，积极参与学校的研究项目，同时也利用课余时间参加相关的实习和志愿活动，以此加深对心理学实际应用的理解和获得实践经验。李静怡的大学生活还在进行中，她正利用每一个机会，包括学术会议和实践活动，为自己的未来职业生涯奠定坚实的基础。她的目标是将来能成为一名专业的心理咨询师，或者在学术界继续深造，推动心理学的应用研究。

李静怡的故事是对当前高校生在面对专业选择时的一个鼓舞。她展示了通过兴趣和市场调研，结合个人热情与职业机会的实际探索过程。她的经历证明，尽管选择非传统路径可能会面临额外的挑战，但追随自己的热情，具备了解并适应市场需求的能力，将能帮助个人实现职业的成功与个人的价值。

兴趣是激励学习的最好老师。"知之者不如好之者，好之者不如乐之者。"讲的就是这个道理。领导干部应该把学习作为一种追求、一种爱好、一种健康的生活方式，做到好学乐学。有了学习的浓厚兴趣，就可以变"要我学"为"我要学"，变"学一阵"为"学一生"。

——习近平在中央党校建校 80 周年庆祝大会
暨 2013 年春季学期开学典礼上的讲话（2013 年 3 月 1 日）

你一定要找到你所挚爱的工作，因为工作将会占据你生命中大部分时间，唯一真正能让你自己满意的，是做你认为伟大的工作，而从事伟大的工作的唯一方法就是热爱你的事业。如果你至今还没有寻觅到你热爱的工作，那么不要放弃，继续寻找。

——史蒂夫·乔布斯

第一节　兴趣概述

一、何谓兴趣

兴趣是指个人对特定活动、领域或知识主题所表现出的积极情绪和认知倾向。它源自个体内在的好奇心和探索欲，反映了个人的偏好、价值观和生活经验。在教育和职业规划的背景下，兴趣被视为个人职业选择和学术追求的重要指标。它可以激发学习动力，提高学习效率，同时引导个人在学术和职业发展过程中做出更加符合自我实际的决策。因此，在大学生涯规划中，了解和发展个人的兴趣被认为是实现个人发展目标和提升职业满意度的关键因素。

（一）兴趣的三个层级

1. 感官兴趣

感官兴趣指的是通过感官的刺激而产生的兴趣，这种兴趣往往是短暂的、难以控制的，并且不够稳定。尽管感官兴趣能够让我们在当时感到愉悦，却无法让我们集中精力在任何一件事情上，也无法促使我们形成持久的能力。多数人对兴趣的理解停留在感官兴趣层面，没有意识到兴趣还可以进一步提升和加工。

2. 自觉兴趣

自觉兴趣将感官兴趣升华，并融入思维的力量，通过个人的认知行为参与，将兴趣培养成一种能力，从而使其更加稳定、持久、可控。自觉兴趣是兴趣持久的根本原因。

3. 志趣

志趣是指融合了个人理想和价值观的兴趣。虽然人们可能会有许多自觉兴趣，但究竟哪一种兴趣能够成为终身的追求，哪一种兴趣能够经得起时间和困难的考验呢？答案就是志趣。

我们需要广泛地接触各类事物和活动，通过参与和体验来确定自己的兴趣所在。积极参加社团活动、学生工作或课余活动，尝试做各种不同的事情，倾听自己内心的声音，找到那些能够引发好奇心和愉悦感的事物。同时，我们也要意识到，兴趣可能并不总是与我们的擅长完全吻合，但这并不妨碍我们通过努力和学习来培养和发展自己的兴趣。

在这个过程中，我们可能会遇到挫折和困难，但正是这些经历让我们更加坚定地走向自己的兴趣所在。通过不断的探索和实践，我们可以逐渐发现自己的职业兴趣，并在实现自己价值的道路上迈出坚定的步伐。

（二）发现兴趣

兴趣通常会集中在自己相对擅长的领域。这些领域会给我们带来更多的满足感和自豪感，激励我们深入挖掘、了解更多内容，并投入更多时间。有时，兴趣的培养也会促进学习成绩的提高和知识的贯通，增加学习的趣味。

在校园活动中，学生们常常会遇到各种各样的机会和挑战，尤其是在参与志愿服务、社团活动或实践项目时，会面对来自不同领域的任务和需求。这些活动提供了一个丰富的舞台，让学生们得以探索和发展自己的兴趣。通过参与这些活动，个人不仅可以拓展自己的技能和经验，还能够发现自己的潜在兴趣和职业方向。

案例阅读

在一个安静的小镇上，有一位年轻的画家叫小玲。她从小就对绘画产生了浓厚的兴趣。每当看到五彩缤纷的画作，她的眼睛便会闪烁着好奇和兴奋的光芒。这种对画作的好奇和兴奋引领着她开始尝试自己动手画画。虽然起初她画的东西并不是很好看，但她从未停止尝试。

随着时间的推移，小玲对绘画产生了更深的兴趣。她开始主动学习绘画技巧，参加各种美术课程和工作坊，不断提高自己的绘画水平。通过不懈的努力和勤奋的学习，她的画作渐渐展现出了独特的风格和魅力，吸引了越来越多的人关注和欣赏。

对小玲来说，绘画不仅是一种技巧的表现，更是一种情感的传达。她逐渐意识到自己对绘画的兴趣已经超出了简单的技巧学习，她开始用自己的画作表达内心的情感和思想，关注社会问题，希望通过艺术的力量传递正能量和温暖。她经常举办个人画展，将部分收入捐赠给需要帮助的人，用自己的力量为社会贡献一份爱心。

通过小玲的故事，我们可以看到她在成长过程中对绘画的兴趣是如何逐步展现出来的。从最初对画作的好奇，到后来的积极学习和探索，再到最终将绘画与社会责任相结合，小玲用自己的实际行动诠释了对绘画的热爱和坚持。她的故事告诉我们，只要真心投入和不懈努力，任何兴趣都有可能在生活中绽放出最美的光芒。

课堂练习

找出自己在生活中的各类兴趣：

1. 感官兴趣：

2. 自觉兴趣：

3. 志趣：

你觉得兴趣与职业之间的关系是什么？

二、兴趣的重要性

（一）兴趣与职业发展

1. 兴趣的重要性

兴趣是推动个体探索未知、追求成长的内在动力。在职业选择和发展过程中，兴趣不仅引领个体识别和追求那些与自己能力、价值观相匹配的职业领域，还是维持职业热情和持久发展的关键。

2. 兴趣与职业选择

职业选择是个体职业生涯中的首要决策。在这个过程中，兴趣起着不可或缺的作用。理解和识别个人兴趣可以帮助个体在广泛的职业选项中做出更为精准和满意的选择。此外，当个体能够在工作中追求自己的兴趣时，他们往往能展现出更高的创造力和更强的工作动力，这不仅有利于个人的职业满意度和职业成就感，也为其所在组织带来更大的价值。

3. 兴趣与职业适应

兴趣不仅影响职业选择，还影响职业适应。个体在与兴趣相匹配的工作环境中更容易展现出良好的工作表现，更容易与同事建立协作关系，也更能够在面对工作挑战时保持韧性。兴趣可以看作职业生涯满意度的预测因素之一，它通过增加工作投入感和归属感，进而提高个体对职业生涯的满意度。

4. 兴趣的培养和探索

尽管兴趣对职业发展至关重要，但人们的兴趣并不是固定不变的。随着时间的推移和个体经历的增加，兴趣可能会发生变化。因此，个体需要持续地探索和培养自己的兴趣，这包括尝试新的活动、学习新的技能，以及积极寻求不同的工作和生活经验。通过这样的探索，个体不仅可以发现和深化现有的兴趣，还可以发掘新的兴趣领域，从而为自己的职业发展开辟新的道路。

兴趣与职业发展之间存在着密不可分的联系。在职业生涯的不同阶段，兴趣都扮演着关键角色。

（二）兴趣与个人成就

1. 兴趣：个人成就的催化剂

个人成就是一个复杂的概念，它不仅涉及达成目标的客观事实，还包括主观感受得到的满足和成就感。兴趣作为个人成就的催化剂，能够激发内在的动力，驱使人们在充满热情的状态下追求卓越和创新。当个人在其感兴趣的领域内工作或学习时，他们更有可能投入更多的努力，展现出更高的创造力，从而达到更高的成就水平。

2. 从兴趣到成就：一个不断深化的过程

兴趣与个人成就之间的关系并非一成不变，而是一个不断深化和发展的过程。一开始，兴趣可能只是一种模糊的好奇心或一种简单的喜好。然而，随着个体对这一领域知识和技能的积累，这种初步的兴趣可以转化为深入的理解和热爱，进而促使个体不断追求更高层次的目标和成就。在这一过程中，个体的自我效能感，即对自己实现目标能力的信心也会随之增强，进一步推动个人朝着更大成就前进。

3. 兴趣的多样性与个人成就的广泛性

兴趣的范围广泛多样，个人成就也同样呈现出多样化的特点。不同人因其独特的兴趣而在不同领域取得成就，这些成就可以是学术成就、艺术创作、社会贡献、技术创新等。兴趣不仅可以帮助个体在特定领域内取得专业成就，还能促使他们在生活的其他方面，如社区服务、业余爱好等实现个人价值和获得满足感。

4. 兴趣的持续发展与成就的累积效应

个人兴趣的持续发展对于达成长期和持续的成就至关重要。随着时间的推移，通过不断的学习和实践，个体可以在其感兴趣的领域内累积丰富的经验和深厚的专业知识，形成独特的视角和创新的思维。这种累积效应不仅能够帮助个体在现有领域内取得更大的成就，还能够为跨领域的创新和合作创造新的可能。

兴趣与个人成就之间存在着不可分割的联系。兴趣不仅是实现个人成就的动力和源泉，更是个人成长和发展的关键。通过深入探索和培养自己的兴趣，每个人都有可能在自己热爱的领域内取得突破性的成就。

（三）兴趣与生活满意度

1. 兴趣是生活满意度的源泉

生活满意度是衡量个体整体幸福感的一个重要指标，它反映了人们对自己生活状况的满意程度。兴趣在这一过程中扮演着核心角色——它不仅能够带来即时的快乐和满足感，还能够通过提供深层次的个人成长和发展机会，长期提升生活满意度。当人们在日常生活中追求并从事自己感兴趣的活动时，他们往往能感受到更多的积极情绪，体验到生活的丰富性和多样性。

2. 兴趣与生活平衡

在快节奏和高压力的现代生活中，找到工作与生活的平衡成为许多人的目标。兴趣活动提供了一种有效的途径来实现这一平衡。它们不仅是放松和减压的手段，更是个人自我表达和自我实现的渠道。无论是绘画、音乐、阅读还是户外运动，这些兴趣活动都能帮助人们暂时脱离日常的压力和忧虑，重新找到内心的平静和满足。通过投身于自己热爱的活动中，个体能够更好地处理工作和生活中的挑战，提高整体的生活质量。

3. 兴趣与社会连接

兴趣还可以作为连接社会和建立人际关系的桥梁。共同的兴趣和爱好往往能够将人们聚集在一起，形成有意义的社会联系。这些基于共同兴趣的社群不仅提供了交流和分享经验的平台，还为个体带来归属感和社会支持。在这些社群中，人们可以找到志同道合的朋友，共同探索和深化自己的兴趣。这种社会连接对于提高生活满意度具有重要意义，它帮助个体感受到被理解和接纳，增强了与社会的联系。

4. 兴趣与个人成长

追求兴趣不仅为个体带来即时的快乐和满足，还促进个人的持续成长和发展。通过不断探索和深入自己的兴趣领域，个体可以不断学习新知识、技能和思维，从而丰富自己的内心世界和生活经验。这种基于兴趣的学习过程是自我驱动的，它可以增强个体的自我效能感和自尊，使人们在克服困难和挑战时更有韧性和信心。长期而言，这种个人成长对提升生活满意度至关重要。

课堂阅读

兴趣与投入是人生幸福感的来源

在人类的日常生活中，我们常常会进入一种全神贯注、高度投入的状态，仿佛忘记了时间的流逝，这就是心流。心流理论由美国芝加哥大学心理学教授米哈里·契克森米哈（Mihaly Csikszentmihalyi）提出，他认为心流是一种全身心投入活动中的体验状态，这种状态能带来无与伦比的满足感和愉悦感。他在研究是什么真正令人们感到幸福和满足时发现，和人们通常想象的不同，他们不是在很放松、什么事也不做的时候，而是在专心致志、积极地参与某种活动，甚至忘我地沉浸在这项活动中的时候，感到最为愉快和满足。契克森米哈的这一发现说明，人们的满足感、幸福感往往来源于从事某种活动，而不是无所事事或单纯地享乐游玩。他一直强调要做自己喜爱的事情才能获得快乐，而这也正是工作原本的意义所在。毕竟对大多数人而言，工作占据的是他们一生之中、一天之中最好的时光。

那么，究竟是什么让我们进入心流状态的呢？

首先，心流状态的出现通常伴随着任务目标的明确。在这种状态下，个体清楚知道自己要做什么，任务的目标清晰明确，个体能够全神贯注地投入其中。

其次，心流状态的出现需要任务的挑战性与个体的技能水平达到平衡。任务的难度与个体的技能水平相匹配，既具有挑战性又不过于困难，这样才能激发个体的兴趣和促使个体投入。

与此同时，心流状态还需要及时的反馈。活动提供及时的反馈，使个体能够不断调整自己的行为以适应任务要求，从而保持心流状态的持续。

在心流状态中，个体完全投入活动中，忘我地专注于任务，外界的干扰和自我意识都降低到最低程度。此时，个体感受到时间似乎停滞不前，完全沉浸在活动之中，体验到一种愉悦和满足感。心流状态的出现对个体有着诸多积极影响，它能够提高个体的学习或工作效率，增强个体的创造力，减轻个体的焦虑和压力，带来身心的放松和愉悦。因此，了解心流状态的出现条件，培养自己进入心流状态的能力，对于提高个体的生产力和幸福感具有重要意义。

第二节　探索兴趣

兴趣作为驱动个人活动的重要心理特质，广泛存在于我们的日常生活和职业选择中。兴趣可以大致划分为两大类：休闲与生活兴趣以及学术与职业兴趣。

休闲与生活兴趣通常关系到个人在日常生活中追求的那些能带来满足感和乐趣的活动，如园艺、烹饪或摄影等。这类兴趣往往与个人的情感状态和生活质量紧密相关，可为日常生活提供放松机会，且具有情感支持的作用。而学术与职业兴趣则指向个人在专业领域内的偏好，如对物理学的好奇、对文学的热爱或对计算机编程的兴趣。这类兴趣直接影响职业选择和专业发展，是职业规划中不可或缺的考量因素。

这两类兴趣虽然有时候相互独立，但在许多情况下也相互交织。例如，一个热爱音乐的人可能会选择音乐教育或表演艺术作为其职业。这种兴趣与职业的融合不仅能增加工作满足感，还能提高职业效率和创新能力。

在探讨兴趣与职业选择的关系时，霍兰德的职业兴趣理论提供了一个极具洞察力的框架。通过理解霍兰德的职业类型，个人可以更好地识别和追求与其兴趣相符的职业道路，从而在未来的职业生涯中获取更大的满意度和成功。

一、霍兰德职业兴趣理论

约翰·霍兰德是美国约翰霍普金斯大学的心理学教授，美国著名的职业指导专家。他于1959年提出了具有广泛社会影响的职业兴趣理论，认为人的人格类型、兴趣与职业密切相关，兴趣是人们活动的巨大动力，凡是具有职业兴趣的职业，都可以提高人们的积极性，促使人们积极地、愉快地从事该职业，且职业兴趣与人格之间存在很高的相关性。

（一）兴趣类型

霍兰德认为，人们的职业兴趣可以分为六种基本类型（如表2-1所示），分别是现实型（R）、研究型（I）、艺术型（A）、社会型（S）、企业型（E）和常规型（C）。每种类型代表了个人对职业活动的偏好和能力：现实型的人倾向于与工具、机器或动物打交道，适合从事工程、农业或工艺等职业；研究型的人喜欢处理数据、探索理论，科研和技术领域是他们的理想选择；艺术型的人则追求创造性表达，通常在视觉艺术、音乐或写作等领域发展；社会型的人以人际互动为乐，常见于教育、咨询或护理等行业；企业型的人则表现出高度的领导力和竞争力，他们通常在商业管理或政治领域大展拳脚；常规型的人偏好结构化和秩序性的任务，会计、行政管理等是他们的强项。

表 2-1　RIASEC 兴趣类型说

特性	兴趣类型					
	现实型 （R）	研究型 （I）	艺术型 （A）	社会型 （S）	企业型 （E）	常规型 （C）
偏好的活动和职业	操作机器、工具以及具体事务	探索、理解、预测、探测和控制自然以及社会现象	文学、音乐或艺术性活动	助人、教学、治疗、咨询，通过人际交往服务他人	说服、操纵、指导他人	建立或保持日常秩序，按标准行事
价值观	对有形的成就的物质回报	知识的获得与发展	思想、情绪或情感的创造性表达	增进他人的福祉，社会服务	物质成就和社会地位	物质或经济成就，在社会、商业和政治领域获得权力
对自己的看法	实干的、保守的，具备动手能力和机械技能；缺乏人际交往技能	善于分析，聪慧，有怀疑精神，有学术能力；缺乏人际交往技能	对经验保持开放，创新，聪慧；缺少文书或办公技能	富有同情心，有耐心，有人际交往技能；缺乏机械操作能力	具有销售、说服的能力；缺乏科学能力	拥有商业或制造业的技术性技能；缺乏艺术才能
他人的看法	普通的，坦率的	不善社交的，有知识的	非传统的，无序的，有创造力的	善于照顾人的，宜人的，外向的	精力充沛的，爱交际的	小心谨慎的，顺从的
避免	与人交往	说服或销售活动	例行公事，遵从现有的规则	机械操作或技术活动	科学性的，知识性的，深奥的话题	模棱两可的、非结构化的任务

　　20 世纪 50 年代末以来的大量研究表明，霍兰德的六种类型分类法是一种实用且有效的人格分类方法，我们的人格基本上是由这六种类型组合而成的。更重要的是，这些研究表明，兴趣可以通过这六种类型进行有效测量。将人格视为一个分为六份的圆饼，每个人的圆饼都是这六种兴趣的独特组合，通常六种类型中的某一个占据最大的部分。

（二）职业环境类型

　　霍兰德认为，同一职业群体内的人有相似的人格特质（职业兴趣），因此对情境和问题会有类似的反应，从而产生特定的职业氛围，也就是职业环境。并且，他认为，工作环境也可以分为六种类型，其名称、性质与兴趣类型的分类一致，如表2-2所示。

表 2-2 RIASEC 环境类型说

特性	环境类型					
	现实型（R）	研究型（I）	艺术型（A）	社会型（S）	企业型（E）	常规型（C）
要求	动手能力、操作机械能力，与机器、工具和物体打交道	分析能力、技术能力、科学与语言能力	创新或创造能力，通过情感性表达与他人互动	人际交往能力，指导、训练、治疗和教育他人的能力	说服、操纵他人的能力	文书技能，具备按照精确标准完成任务的技能
所要求并因此获得报偿的行为、表现	遵从性的行为，实践操作上的成果	怀疑主义，在问题解决上的坚持性，用文献证实新知识，理解和解决难题	文学、绘画、音乐创作上的想象力	同情心、人道主义、和蔼可亲、友善	主动追求经济、物质成就；主导性、自信	组织能力，遵从，可靠
可以表达的价值观或个人风格	实践的、生产性的实用主义价值观；坚定、大胆、喜欢冒险的风格	通过学术研究获得知识	非传统的观念、方式，审美性价值观	关心他人的福祉	营利或权力导向，责任感	传统的观点，看重秩序与常规
所包含的职业和环境	具体的实践活动，使用机器、工具和物质材料	以解决难题、创造和使用知识为目的的分析，智力活动	音乐、写作、表演、雕刻上的创造性工作，或非结构性的智力探索工作	以帮助或促进的方式同他人开展工作	领导和操纵他人以达到个人或组织的目标	与具体事物、数字或机器打交道，以达到可预见的组织要求或特定标准
职业举例	木匠、货车司机	心理学家、微生物学家	音乐家、室内设计师	咨询师、牧师	律师、零售店经理	编辑、图书管理员

霍兰德的环境类型说可以帮助个体更好地了解自己与不同工作环境的匹配程度。以下是对这六种工作环境类型的简要描述。

1. 现实型（Realistic）

现实型的工作环境通常涉及物品、设备、机器或动植物。这种工作环境强调实际的操作和体力劳动，可能涉及户外工作或实地操作，例如农业、建筑、制造业等领域。

2. 研究型（Investigative）

研究型的工作环境通常涉及研究、分析和解决问题，要求员工具有较高的智力水平和分析能力。这种工作环境可能包括实验室、研究机构等。

3. 艺术型（Artistic）

艺术型的工作环境强调创造性和想象力，通常涉及表达个人的艺术才华和创造性思维。这种工作环境可能包括艺术工作室、设计公司、广告行业等。

4. 社会型（Social）

社会型的工作环境强调人际关系和与他人的合作，要求员工具有较强的沟通和人际交往能力。这种工作环境可能包括教育机构、医疗机构、社会工作领域等。

5. 企业型（Enterprising）

企业型的工作环境强调竞争和追求成功，要求员工具有较强的领导力、决策力和商业头脑。这种工作环境可能包括销售部门、创业公司、管理岗位等。

6. 常规型（Conventional）

常规型的工作环境强调有条理性和组织性，要求员工遵循规定的程序和流程来完成工作。这种工作环境可能包括行政机构、金融机构、会计师事务所等。

将个体的职业环境类型和工作环境类型进行匹配，能帮助个体更好地理解适合自己的职业选择和工作环境，从而提高工作满意度和生涯发展的成功率。对于霍兰德来说，环境可以指一种职业、一份工作、一种休闲活动、一个教育项目或一个学习领域、一所大学，甚或一个机构的文化氛围。环境被某种特定的人格主导，也就是说，现实型环境被现实型的人主导，现实型环境中现实型人格特质的人数占比最大。环境亦可以被视为与他人的一种社会关系。例如，你的"现实型"朋友因为其兴趣、爱好、技能等特点，为你创造出一种现实型环境。

（三）霍兰德六边形模型

霍兰德将六种主要的职业兴趣类型排列成一个六边形，用以标示这六大类型的关系。这些类型并非并列的、有着明晰的边界的，如图 2-1 所示，霍兰德的六边形模型各类型之间的关系可以分为三种。

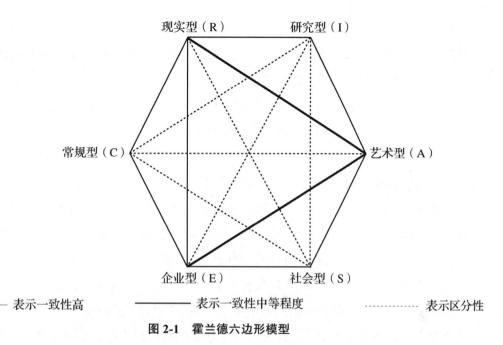

图 2-1　霍兰德六边形模型

（1）相邻关系：六边形中相邻的类型表示有较多共同的特点和相似的职业兴趣。例如，现实型（R）和研究型（I）是相邻的，这意味着它们在兴趣上有一定的重叠，通常都倾向于实际、逻辑和分析的活动。

（2）相隔关系：六边形中相对的类型（在六边形的对面）表示兴趣和特点上的差异最大。例如，现实型（R）和社会型（S）在六边形的对面，代表这两种类型的职业兴趣和工作风格通常相差甚远，现实型更倾向于物理活动和操作工具，而社会型则偏好与人互动和提供帮助。

（3）相近关系：六边形中不相邻但也不是完全相对的类型之间存在一定的联系，但这种联系不如相邻关系明显，也不像相隔关系那样对立。例如，现实型（R）和艺术型（A）不相邻也不对立，它们在某些方面（如创造性或实用性）可能有交集，但在大多数职业特征上差异明显。

这种模型的设计帮助个人理解不同的职业兴趣如何相互关联，以及个人可能适合哪些类型的职业环境。

（四）个人与环境的适配

人们通常倾向于选择与自我兴趣类型匹配的职业环境，正如俗语所说的"物以类聚，人以群分"。如具有现实型兴趣的人希望在现实型的职业环境中工作，可以最好地发挥个人的潜能；艺术型的人会寻找艺术型环境，在这样的环境中，他们的创造性、独立性和理想主义能获得珍视。霍兰德提出，个人兴趣类型和职业环境之间的适配将提高个人的工作满意度、职业稳定性和职业成就感。因此，占主导地位的兴趣类型可以为个人选择职业和工作环境提供方向。

需要说明的是，在实际生活中，同时拥有相对的两种兴趣类型（如霍兰德代码为RSE，R与S在六边形模型中处于对角线位置）的人并不少见。在寻找与这样兴趣类型完全匹配的工作时往往会出现困难，因为同一个工作环境很少会包含相对立的两种状况（如既提供大量与人打交道的机会又提供大量个人单独工作的机会）。这种情况下，可以考虑从事包含自己某种兴趣类型（如RE或SE）的工作，而在业余生活中寻求在工作中未能满足的兴趣。

另外，人们常常因为客观条件的限制而感到难以单纯地从事自己喜欢的工作，有不少大学生在选专业时由于缺乏对自我和专业的认识而未能选择与自己兴趣类型适配的专业，或由于父母的意见而被迫选择了与自己兴趣类型截然相反的专业。在现实情况下，能够改换专业的毕竟是少数人。许多大学生常常因此感到痛苦，希望通过考研等手段换专业的人不在少数。那么，面对这种情况，"适配"是否还是一个恰当的、可行的目标呢？

实际上，现实中的适配可以通过多种方式灵活地实现。首先，专业与职业并不是简单的一对一关系，同一个专业其实有相当多的职业可以从事。因此，专业的不适配并不一定意味着职业的不适配。例如，一个希望当律师帮助弱势群体的大学生，她最高的兴趣类型可能是社会型（S），而法律专业常见的职业如律师，第一位的兴趣类型则是企业型（E）。这时候，她可能感到自己所学的专业与自己的兴趣不完全匹配。但如果她将来从事青少年法律援助之类的工作，则完全可以满足她社会型的兴趣，并很好地与她的专业知识相结合。

其次，专业类型可以与兴趣类型相结合，哪怕是相对的两种类型也是如此。例如，一个喜爱文学（艺术型兴趣较高）而学习计算机专业（实用型）的大学生，可以考虑在毕业后去计算机专业领域的杂志社工作，这样就可以将自己艺术型的兴趣与实用型的专业结合起来，在一定程度上满足自己的兴趣。

再次，当我们倡导在职业选择上寻求个人兴趣与职业环境之间的适配时，"完全的"适配只是我们不断接近的一个理想目标。职业选择的适配性应该是灵活的，我们应该追求个人兴趣与职业环境之间的最佳匹配，而不必拘泥于完全的匹配。通过开拓多样的职业道路、结合业余爱好或参与志愿活动等，个人可以在不同程度上满足自己的职业兴趣，实现个人成长和职业满意。

因此，即便面临职业环境和兴趣不完全匹配的情况，我们也不应感到沮丧。工作环境的多样性意味着即使在看似单一的职业中也可能寻找到适合自己独特兴趣的机会，从而为职业群体带来新的视角。通过这种方式，个人不仅能够适应职业环境，还能在其中发挥自己的特长和兴趣。具体的工作实际上千变万化，很难用简单的类型来划分。例如，像机械修理这样实用型的工作，也可以在其中加上社会性的元素，将它作为一项为客户提供满意服务的职业来从事。由于从事某职业的典型人群通常都趋向于特定的兴趣爱好，这既是他们的长处，又可能是他们的弱点。那个与职业环境不太适配的人，则有可能成为这个群体中独树一帜的人，做出些独特的贡献。

二、　探索兴趣的方法

要了解自己的兴趣，兴趣测评是一种有效的方法。通常，兴趣测评可以分为两种类型：正式评估和非正式评估。

正式评估具有客观的分数统计和明确的指导语，其解释也更为客观。这类评估通常由专业机构或教育机构进行，以标准化的测试形式呈现。通过这种评估，个体可以清晰地了解自己的兴趣倾向，并获得对未来职业规划的有力指导。

非正式评估则没有客观的分数统计，也没有明确的指导语，对结果的解释完全依赖于咨询师或使用者。这种评估方法更加灵活，常见的非正式评估方法包括兴趣岛和访谈法。通过兴趣岛，个体可以描述对不同活动的兴趣程度，以此描绘自己的兴趣图景。而访谈法则通过深入交流和沟通，帮助个体探索自己的兴趣和潜力。

无论是正式评估还是非正式评估，兴趣测评都有助于个体更好地了解自己的兴趣特点，从而选择适合自己的职业和发展方向。通过这些评估方法，个体能够发现内心的热爱和潜力，为未来的人生规划提供指引。

1.正式评估

表2-3列举了各种活动，请就这些活动判断你的偏好。L代表"喜欢"，D代表"不喜欢"或者"无所谓"。请在相应的○里打√。

表 2-3　兴趣偏好测试表

类型	活　　动	喜欢（L）	不喜欢（D）	L的总数
R	修理或组装电子产品	○	○	
	修理自行车	○	○	
	修理或组装机械产品	○	○	

类型	活 动	喜欢（L）	不喜欢（D）	L 的总数
R	用木头做东西	○	○	
	参加技术教育或手工制作课程	○	○	
	参加机械制图课程	○	○	
	参加木工技术课程	○	○	
	参加自动化机械课程	○	○	
	与杰出的机械师或者技术人员一起工作	○	○	
	在室外工作	○	○	
	操作自动化机器或者设备	○	○	
I	阅读科学书籍和杂志	○	○	
	在研究室或实验室工作	○	○	
	从事一项科学项目	○	○	
	研究一个科学理论	○	○	
	从事与化工品有关的工作	○	○	
	应用数学解决实际问题	○	○	
	上物理课	○	○	
	上化学课	○	○	
	上数学课	○	○	
	上生物课	○	○	
	研究学术或者技术问题	○	○	
A	素描、制图、绘画	○	○	
	设计家具、服装或者海报	○	○	
	在乐队、管弦乐队、其他组团中演奏	○	○	
	练习乐器	○	○	
	绘制肖像画或者拍照	○	○	
	写小说或者戏剧	○	○	
	上艺术课	○	○	
	编曲或者谱曲（不限曲种）	○	○	

续表

类型	活 动	喜欢（L）	不喜欢（D）	L 的总数
A	与有天赋的艺术家、作家或者雕塑家一起工作	○	○	
	为他人表演（跳舞、唱歌、演小品等）	○	○	
	阅读艺术、文学或者音乐类文章	○	○	
S	会见重要的教育家或者咨询师	○	○	
	阅读社会学文章和书籍	○	○	
	为慈善团体工作	○	○	
	帮助他人解决他们的个人问题	○	○	
	研究青少年的犯罪问题	○	○	
	阅读心理学文章或者书籍	○	○	
	上人类关系课程	○	○	
	在高中教书	○	○	
	照看有精神疾病的病人的活动	○	○	
	给成年人讲课	○	○	
	从事志愿者的工作	○	○	
E	学习商业成功的策略	○	○	
	创业	○	○	
	参加销售会议	○	○	
	参加行政管理或领导力的短期课程	○	○	
	担任任何组织的负责人	○	○	
	监督管理其他人的工作	○	○	
	与重要的执行长官或者领导会面	○	○	
	领导一个团队实现某个目标	○	○	
	参加政治竞选	○	○	
	担任某一组织或者企业的顾问	○	○	
C	阅读商业杂志或文章	○	○	
	填写收入报税表	○	○	
	在交易或记账时进行加、减、乘、除的计算	○	○	

类型	活　动	喜欢（L）	不喜欢（D）	L 的总数
	使用办公设备	○	○	
	坚持做详细的开支记录	○	○	
	建立记录系统（如记录钱、人员、原材料等）	○	○	
	上会计课	○	○	
C	上商业数学课	○	○	
	列生活用品或商品的清单	○	○	
	检查文案或者产品中的错误或瑕疵	○	○	
	更新记录或文档	○	○	
	在办公室内工作	○	○	

请将 6 个领域（R、I、A、S、E、C）中的 L 的总数分别填在以下对应的横线上。

活动：R＿＿＿I＿＿＿A＿＿＿S＿＿＿E＿＿＿C＿＿＿

一般认为，得分最高的三项，按照先后顺序为个人霍兰德代码；如果某个代码得分特别高，也可以单代码作为霍兰德代码；如果两个代码得分显著高于得分第三的代码，那么霍兰德代码为双代码。

2. 非正式评估

兴趣岛测试是职业兴趣探索的一个小游戏，以旅游的方式探索自己的职业兴趣，如图 2-2 所示。

岛屿 R：自然原始岛

岛屿 I：深思冥想岛

岛屿 A：美丽浪漫岛

岛屿 S：温暖友善岛

岛屿 E：显赫富庶岛

岛屿 C：现代都市岛

图 2-2　兴趣岛（魏晞卉　绘）

导语：恭喜你！你现在获得了一个免费度假旅游的机会，有机会去下列六个岛中的一个，唯一的要求是你必须在这个岛上待满至少半年的时间。请不要考虑其他因素，仅凭自己的兴趣挑出你最想前往的三个岛。

岛屿 R：自然原始岛。岛上有原始森林，自然生态保持得很好，有各种各样的野生动物。岛上居民生活状态还相当原始，他们以手工见长，自己种植花果蔬菜、修缮屋、打造器物、制作工具，喜欢户外运动。

岛屿 I：深思冥想岛。岛上人迹较少，建筑物多偏处一隅，平畴绿野，适合夜观星象。岛上有多处天文馆、科技博览馆以及学科图书馆等。岛上居民喜好观察、学习、探究、分析，崇尚和追求真知，常有机会和来自各地的哲学家、科学家、心理学家等交换心得。

岛屿 A：美丽浪漫岛。岛上有很多美术馆、音乐厅，街头充满了雕塑和艺人，弥漫着浓厚的艺术文化气息。当地的居民很有艺术、创新和直觉能力，他们保留了传统的舞蹈、音乐与绘画，许多文艺界的朋友都喜欢来这里寻找灵感。

岛屿 S：温暖友善岛。岛上的居民个性温柔、十分友善，乐于助人，社区均自成一个个密切互动的服务网络，人们重视互助合作，重视教育，关怀他人，充满人文气息。

岛屿 E：显赫富庶岛。岛上的居民善于企业经营和贸易，能言善道，以口才见长。岛上的经济高度发达，处处是高级饭店、俱乐部、高尔夫球场。来往者多是企业家、经理人、政治家、律师等，这里曾数次召开财富论坛和其他行业巅峰会议。

岛屿 C：现代都市岛。岛上建筑十分现代化，是进步的都市形态，以完善的户政管理、地政管理、金融管理见长。岛民个性冷静保守，处事有条不紊，善于组织规则，细心高效。

（1）选择你最喜欢的岛。

（2）如果这个岛去不了，还想去哪一个？

（3）你第三个想去的是哪一个岛？

（4）选择你最不想去的一个岛。

和同一个岛的人交流一下：自己为什么选择这个岛，看看大家有什么共同的兴趣爱好，归纳为关键词。根据大家的交流给自己的小组命名并选取一个标志物（logo），在白纸上制作一张本小组的宣传图。每个小组请一位代表用 2 分钟时间展示自己小组的图，并在全班分享一下自己小组成员共同的特点。

注意事项：兴趣岛测量的是直接兴趣，不是间接兴趣。有同学不选择岛屿 R 的主要原因是感觉这座岛太原始落后，自己不想回到远古落后的时代，这个原因就是间接兴趣，直接兴趣是"以手工见长，自己种植花果蔬菜、修缮房屋、打造器物、制作工具，喜欢户外运动"。有同学喜欢岛屿 I 的原因是想要与有思想的人在一起，接受熏陶，这个原因也是间接兴趣，直接兴趣是"喜好观察、学习、探究、分析，崇尚和追求真知"。

分析：问题（1）的答案体现了你最显著的职业性格特征、最喜欢的活动类型以及最喜欢（很可能是最适合）的大致职业范围。反之，问题（4）的答案则是你最不喜欢的活动。

◆ **岛屿 R：现实型**

总体特征：个性平和稳重，看重物质，追求实际效果，喜欢实际动手进行操作实践。喜欢活动：愿意从事事务性活动，如户外劳作或操作机器，而不喜欢待在办公室里。喜欢的职业：总体来讲，喜欢与户外、动植物、工具、机器打交道的工作内容。例如，农业、林业、渔业、野外生活管理业、制造业、机械业、技术贸易业、特种工程、军事等领域的职业。

◆ **岛屿 I：研究型**

总体特征：自主独立，好奇心强烈，敏感并且慎重，重视分析与内省，爱好抽象推理等智力活动。喜欢活动：喜欢独立的活动，比如独自去探索、研究、理解、思考那些需要严谨分析的抽象问题，独自处理一些信息、观点及理论。喜欢的职业：总体来讲，喜欢以观察、学习、探索分析、评估或解决问题为主要内容的工作。例如，实验室工作人员、物理学家、化学家、生物学家、工程师、程序设计员、社会学家。

◆ **岛屿 A：艺术型**

总体特征：属于理想主义者，具有独创的思维方式和丰富的想象力，直觉强烈，感情丰富。喜欢活动：喜欢创造和自我表达类型的活动，如音乐、美术、写作、戏剧。喜欢的职业：总体来讲，喜欢"非精细管理的"创意类和创造类的工作。例如，音乐家、作曲家、乐队指挥、美术家、漫画家、作家、诗人、舞蹈家、演员、戏剧导演、广告设计师、室内装潢设计师。

◆ **岛屿 S：社会型**

总体特征：洞察力强，乐于助人，善于合作，重视友谊，热情关心他人的幸福，有强烈的社会责任感，总是关心自己的工作能对他人及社会产生多大贡献。喜欢活动：喜欢与别人合作的活动，帮助别人解决困难。喜欢的职业：总体来讲，喜欢帮助、支持、教导类工作。例如，牧师、心理咨询师、社会工作者、教师、辅导员、医护人员、其他各种服务性行业人员。

◆ 岛屿 E：企业型

总体特征：为人乐观，喜欢冒险，行事冲动，对自己充满自信，精力旺盛，喜好发表意见和见解。喜欢活动：喜欢领导和影响别人，为达到个人或组织的目的而说服别人，成就一番事业。喜欢的职业：总体来讲，喜欢那种需要运用领导能力、人际能力、说服能力来达成组织目标的职业。例如，商业管理者、市场或销售经理、营销人员、采购员、投资商、电视制片人、保险代理、政治运动领袖、公关人员、律师。

◆ 岛屿 C：常规型

总体特征：追求秩序感，自我抑制，顺从，防卫心理强，追求实际，回避创造性活动。喜欢活动：喜欢固定的有秩序的活动，如组织和处理数据等。愿意在一个大的机构中处于从属地位，并希望确切知道工作的要求和标准。喜欢的职业：总体来讲，喜欢有清楚的规范和要求的、按部就班、精打细算、追求效率的工作。例如，税务专家、会计师、银行出纳、簿记员、行政助理、秘书、档案文书、计算机操作员。

为了更进一步分析，将问题（1）（2）（3）的答案依次排列，可形成一个不同岛屿的字母代码组合［例如，问题（1）（2）（3）的答案分别是：岛屿 A、岛屿 C、岛屿 I，组合起来就是 ACI］，对照本章拓展阅读《霍兰德职业索引——职业兴趣代码与其相应的职业对照表》，找出与自己答案最接近的排列组合，即可找到可能会使自己真正感兴趣的职业。

三、兴趣理论的灵活运用

1. 如何结合实际，从事自己感兴趣的职业

常常有人对某个职业充满了热情，却因为各种客观原因无法从事。比如，许多人喜欢艺术类活动，却没有相关的专长或技能。这时候，我们可以通过一些方法来将我们的兴趣融入实际工作中去。举个例子，即使你从事的是一项事务性工作，比如秘书，也可以在工作中找到发挥艺术兴趣的空间。你可以将办公室布置得美观，或者将文件编辑得更具艺术感。这样做不仅可以增加工作的乐趣，还能够满足你的艺术兴趣。

如果我们无法直接从事与兴趣相符的职业，也可以考虑将兴趣融入我们的工作中。比如，有人喜欢社交，但从事的却是技术性的工作。在这种情况下，我们可以在工作中增加与同事的交流，或者参与一些社交活动，以此来满足自己的兴趣需求。

2. 如何挖掘潜力，转换职业兴趣

有时候，我们对某种职业充满了热情，却难以将其变成谋生的职业。比如，有人热衷于制作发卡，但单靠这个行业可能无法满足生活的需要。那么，如何利用霍兰德

职业兴趣理论来寻找解决之道呢？

首先，我们需要了解制作发卡吸引你的核心因素是什么。很可能是美感和动手能力，也就是艺术型和现实型的活动。在社会上，还有许多与这些活动相关的职业，而且收入可能更丰厚。比如，你可以考虑从事服装设计、烘焙、雕塑、手工绣制、手链制作、香薰石膏礼品制作等。

解决问题的关键在于分析你兴趣的本质，并结合现实生活的需要，找到类似类型的活动。透过类似的门径，你可以将已有的技能和兴趣转移到新的领域，并学习新的技能。这样一来，你就有机会在一个更有挑战性、更具营利性的行业里实现自己的职业梦想了。

案例分析

大学生小明对刑侦破案充满了浓厚兴趣，他从小就喜欢阅读推理小说，追踪每一个案件的线索，梦想有朝一日成为一名警探，为社会正义助力。然而，现实却给了他一个难以逾越的障碍：他没有进入警校的资格。

曾有人质疑他对刑侦工作的热情是否真实。他也曾陷入困惑，思考自己的兴趣是否只是来源于看推理小说和电视剧的乐趣。然而，通过反复思考和探索，他逐渐发现了自己内心真正的渴望。

他发现，自己热爱的并不只是破案的结果，更重要的是那个从模糊不清的线索开始，一步步揭示真相的过程。他喜欢通过收集信息、分析线索，最终让一个看似无解的案件变得清晰明了。

有一天，一位老师对他说："心理咨询的过程就像是破案。"这句话像一道曙光，照亮了他的内心。他发现自己拥有聊天、倾听的天赋，善于与人沟通，这与破案过程中的信息收集、分析非常相似。

于是，他决定将自己的兴趣转化为职业。他认为成为一名心理咨询师是最好的选择，不仅可以与人交流，还能够帮助他人解决心理问题，让他们找到内心的平静与安宁。

如今，小明正努力学习心理学知识，为成为一名心理咨询师而努力奋斗。他相信，通过努力和坚持，一定能够实现梦想，让自己的兴趣成为自己的事业。

请思考：

你真正喜欢的是什么？哪些职业可以直接或间接满足你的兴趣爱好？

第三节　职业兴趣及其培养

一、兴趣与职业选择

在选择职业的过程中，兴趣是一个重要的考量因素。然而，真正的兴趣不仅是口头上的喜欢，更需要付出实际行动和努力。

（一）真正的兴趣需要付诸行动

兴趣并不仅仅是对某件事情的简单喜欢，更需要通过实际行动去体现。付出时间、精力，不断打磨自己的技能，哪怕在失败中坚持不懈，这才是培养真正兴趣的关键。兴趣不同于特长，更不是谋生的手段，而是一种内在的驱动力，是对某个领域的热爱和追求。在选择职业时，将兴趣转化为实际行动，才能真正找到适合自己的职业道路。

兴趣与特长、职业之间有着微妙而复杂的关系。有时，职业恰好是我们的兴趣，这种状态是最理想的，因为职业即兴趣，兴趣即职业，让我们的工作变成了一种愉悦的享受。然而，也有时候我们的兴趣和职业并不完全相关，职业只是谋生的手段。在这种情况下，我们需要找到兴趣和职业之间的平衡点，让它们相辅相成，相互促进。这不仅需要我们的智慧和努力，更需要我们的勇气和坚持，让生活的每一天都充满激情和意义。

（二）扩大职业选项

个体的自我认知和评价是建立在经验的基础上的，而兴趣则是在这种认知基础上产生的结果。然而，人们往往会因为种种原因提前排除一些可能的职业选项，这可能是因为他们处于有限的经验环境中，或者是因为形成了不正确的自我认知或期待。因此，要扩大职业选项，个体需要开放心态，积极探索各种可能性，不断挑战自我，突破认知的局限，以寻找最适合自己的职业方向。

（三）理性对待兴趣与机遇

在职业选择过程中，并不是所有人都能选择与自己兴趣完全对应的职业。个体常常是多种兴趣类型的综合体，而且影响职业选择的因素是多方面的，包括个人兴趣、社会需求以及职业的实际可能性。因此，在选择职业时，个体需要理性对待兴趣与机遇，不故步自封，寻求适合自己的职业道路。在职业生涯早期阶段，个体需要不断妥协，逐步适应不同的工作环境，这对于缺乏职场经验的人来说尤为重要。

综上所述，兴趣与职业选择密切相关，但兴趣不是选择职业的唯一标准。真正的兴趣需要通过行动来体现，扩大职业选项需要开放心态和不断探索，理性对待兴趣与机遇能够帮助个体找到最适合自己的职业道路。

二、职业兴趣的影响因素

兴趣，是一座人生的指南针，它的形成不仅受到个体自身的影响，更深受环境、社会和教育等多重因素的塑造。探索职业兴趣的形成过程，涉及家庭环境、社会舆论、受教育程度以及职业需求等多个方面的影响因素。

首先，家庭环境是塑造职业兴趣的重要因素之一。人们在成长过程中，往往受到家庭环境的熏陶和影响。父母的职业选择、家庭的价值观念以及对工作的态度，都会潜移默化地影响孩子的职业意识和兴趣。家庭作为个人成长的第一所学校，承载着对职业兴趣的引导和培养的重任，因此，家庭环境对职业兴趣的形成具有不可忽视的影响力。

其次，社会舆论也对职业兴趣的形成起到重要作用。政府政策、社会时尚、传统观念等因素，无时无刻不在影响着人们对职业的选择和偏好。政府的就业政策和扶持措施会直接影响到某些行业的发展和就业前景，社会对某些职业的推崇和追捧也会引导着人们的职业选择。因此，社会舆论对职业兴趣的塑造具有重要的引导作用。

受教育程度是影响职业兴趣形成的另一重要因素。个人受教育程度的高低直接决定了其知识水平和技能储备。教育不仅是一种知识的传授，更是一种思维方式和人生观念的培养。受过良好教育的个体往往具有更广阔的职业视野和更丰富的职业选择空间，因此，教育程度对职业兴趣的塑造起着重要的促进作用。

最后，职业需求也是影响职业兴趣形成的重要因素之一。职业需求的变化和发展，直接影响着求职者对各种职业的认知和偏好。随着社会经济的发展和产业结构的调整，一些新兴职业和行业不断涌现，传统行业也在不断演变和更新。求职者的职业选择往往受制于职业需求的变化和市场的供求关系，因此，职业需求对职业兴趣的塑造具有重要的引导作用。

综上所述，职业兴趣的形成是一个复杂而多元的过程，受到家庭环境、社会舆论、受教育程度以及职业需求等多重因素的综合影响。只有充分认识和理解这些影响因素，才能更好地引导个体发现和培养自己的职业兴趣，从而更好地规划和实现个人的职业生涯目标。

三、职业兴趣的培养艺术

职业兴趣，如同一朵花蕾，需要精心呵护和培养，才能绽放出绚丽的花朵。培养职业兴趣是一个持续而细致的过程，需要通过多种途径和自身的努力去改变、发展和提升。下面将介绍几种培养职业兴趣的方法，希望能为职业生涯规划提供一些启示。

（一）发现自我，认清兴趣

在培养职业兴趣之前，首先要认清自己的兴趣所在。不要盲目跟风，也不要被别人的期望所左右，要坚持寻找并培养自己真正感兴趣的领域。要客观评价自己的兴趣适合哪种职业，不要以为有兴趣就意味着自己有这方面的天赋，要尽量寻找天赋和兴趣的最佳结合点。只有真正了解并坚定自己的职业兴趣，才能在职业生涯中找到真正适合自己的方向。

（二）拓宽视野，培养广泛兴趣

拥有广泛的兴趣，是一个人成长的重要基础。广泛的兴趣可以帮助我们开阔视野，了解不同领域的知识和技能，提升自己的综合素质。对于职业发展来说，拥有广泛的兴趣意味着我们可以从多个角度思考和解决问题，更容易适应职业生涯中的挑战和变化。

（三）确定中心兴趣，建立专业方向

在拓展广泛兴趣的基础上，我们还需要确定自己的中心兴趣，并建立相应的专业方向。中心兴趣是我们职业生涯规划的核心，是我们努力的方向和目标。只有确定了中心兴趣，我们才能更有针对性地选择学习和工作内容，更容易在职业生涯中取得成功。

（四）积极培养间接兴趣

有时候，我们对某种职业本身并没有强烈的兴趣，但我们可以通过培养间接兴趣来引导直接兴趣，如了解从事该职业的意义和价值、发展前景、对社会和人类活动的贡献等。通过这种方式，我们可以更深入地了解和认识所从事的职业，从而增强对该职业的兴趣和热情。

（五）坚持不懈，保持稳定兴趣

兴趣的培养是一个持续不断的过程，需要我们坚持不懈地努力。有时候，我们可

能会遇到困难和挫折，但只要坚持下去，保持对自己职业兴趣的热爱和追求，就一定能够取得成功。要保持稳定的兴趣，就需要不断地学习和积累，提升自己的专业能力和素养，这样才能在职业生涯中不断取得进步和成就。

（六）培养社会兴趣，融入大我

除了个人兴趣外，我们还应该培养社会兴趣，将自己的兴趣与社会需要相结合。一个有社会兴趣的人，会将个人的发展与社会的发展相结合，积极为社会做出贡献。通过参与社会活动和志愿服务等方式，我们可以培养社会兴趣，增强对社会的责任感和使命感，从而更好地融入社会，实现自我与社会的双赢。

四、大学生如何培养职业兴趣

（一）策略

在大学的四年是寻找和培养职业兴趣的关键期。很多学生面临的现实是，他们并没有学到理想的专业，这使得"学你所爱"变成了一种奢望。但这并不意味着我们无法在现有的框架内找到自己的热情和目标。以下介绍几个策略，帮助大学生在非理想环境中培养出对职业的热爱。

首先，了解并爱上你的专业是培养职业兴趣的第一步。许多学生对自己的专业缺乏兴趣，很大程度上是因为他们对其知之甚少。花时间去探索专业中那些鲜为人知的角落，你可能会发现激动人心的研究领域、引人入胜的实践机会或是与你未来职业道路息息相关的课程。通过参与课外项目、学术会议和实习，你可以深入理解专业的多样性和实用性，从而慢慢培养出对它的热情。

其次，拓宽你的职业视野。职业兴趣不应受限于你当前的学术领域。利用大学提供的资源，比如职业咨询中心、校园讲座和研讨会，来增加你的知识储备。多了解一些潜在的职业路径，如公共服务、创业或是国际业务，这些都可能激发你新的职业兴趣。与来自不同背景的人交流，也能帮助你从不同的角度看待职业选择，发现自己未曾注意到的职业魅力。

再次，将理论与实践相结合是检验和深化职业兴趣的有效方式。通过参加实习和志愿服务，你可以亲身体验职业实践，这不仅可以帮你确认自己的职业兴趣是否与实际相符，还能帮助你积累宝贵的实践经验，这些经验在未来求职时无疑是你的一大优势。实践过程中的成就和挑战，会进一步增强你对某一职业的喜爱。

最后，学会在不完美的环境中找到乐趣。现实往往并不理想，我们可能需要从事一段时间的非理想工作。在这种情况下，调整你的心态，寻找那些即使在乏味工作中也能激发你热情的元素至关重要。它们可能是工作中的人际交往，是解决问题的过程，或是工作带来的社会价值。随着时间的推移，你会发现，通过努力和持续的自我提升，即使是最初看似平凡的工作，也能成为你职业道路上的一个亮点。

通过这些策略，大学生可以在非理想的环境中找到并培养自己的职业兴趣，最终实现从学生到专业人士的顺利过渡。这一过程虽充满挑战，但同样充满了机遇。学会在不完美中寻找完美，你会发现自己的职业之路比想象中更加丰富多彩。

同步训练

职业兴趣揭秘

1. 列出到目前为止你做起来感觉最快乐的三件事情。它们的共同点是什么？

2. 平时你最爱看哪些类型的推文或视频？里面的什么内容比较吸引你？

3. 你最喜欢的课程是什么？为什么喜欢？

4. 做什么事情经常会让你忘记时间？回想一下，你特别享受其中的什么？

5. 你报名参加了哪些社团？为什么参加？

6. 感觉上你最向往哪几种职业？这些职业的哪些特征吸引了你？

（李海艳　绘）

7. 感兴趣的职业有哪些？

8. 结合你未来的职业发展地域，知名的企业有哪些？

（1）它们的岗位有：

（2）你感兴趣的有：

9. 为此需要结合核心兴趣发展做的计划有哪些？

（二）误区

在职业生涯的规划中，了解并确认个人的职业兴趣无疑是一块基石。然而，对于正在校园中探索未来的大学生来说，途中满是误区和陷阱。以下通过更加生动和有趣的方式进行解读，帮助你规避这些潜在的职业规划误区。

误区一：把简单的喜好误认为职业兴趣

张三在一个阳光明媚的下午，读完了《哈利·波特》系列的最后一本，心中涌现出一个念头："我也要成为一名作家！"此时的他，梦想着自己在书店签名的场景，被无数粉丝围绕。听起来很美，但他忽略了写作背后的挑战：长时间的孤独、反复的修改，以及出版的不确定性。仅仅因为喜欢阅读，就决定成为作家，可能是一种理想化的念头，而非真实的职业兴趣。

误区二：认为从事兴趣相关工作就能始终愉快轻松

李四热爱游戏，他决定成为一名游戏设计师，梦想着每天都能玩新游戏，享受创造乐趣。然而，现实是他需要面对代码的调试、游戏平衡的设计，甚至是上市后用户的各种反馈和投诉。这份工作同样需要付出巨大的努力和时间，有时甚至需要牺牲周末和晚上的休息时间。因此，即使是兴趣驱动的职业，也不总是一帆风顺。

误区三：不喜欢的工作就一定不做

王五是一名工程学学生，但他其实对文学充满热情。他面临一个选择：是继续他不太感兴趣的工程师职业，还是追求他的文学梦想？现实往往复杂，我们不能总是有幸从事梦想中的职业。数据显示，许多人在职场中并不从事他们最初梦想的工作。但这不意味着放弃，而是可以在当前的岗位上努力表现，同时寻找合适的机会，逐步靠近自己的梦想。

通过以上三个故事，我们可以看到，职业兴趣的探索和确认是一个需要深思熟虑的过程。它不仅需要我们了解一个职业的全貌，还需要我们认识到每个职业背后的艰辛与挑战。同时，我们也需要有现实的准备，即使是不完全符合兴趣的工作，也应该尽力做好，这样才能在未来有更多的选择和机会。因此，不论你的职业路径如何变化，关键在于找到个人成长和满足感的平衡点。

拓展阅读

霍兰德职业索引——职业兴趣代码与其相应的职业对照表

R（现实型）：木匠，农民，飞机机械师，鱼类和野生动物专家，自动化技师，机械工（车工、钳工等），电工，火车司机，长途公共汽车司机，机械制图员，电器师。

I（研究型）：气象学者，生物学者，天文学家，药剂师，动物学者，化学家，科学报刊编辑，地质学者，植物学者，物理学者，数学家，实验员，科研人员，科技作者。

A（艺术型）：室内装饰员，图书管理员，摄影师，音乐教师，作家，演员，记者，诗人，作曲家，编剧，雕刻家，漫画家。

S（社会型）：社会学者，导游，福利机构工作者，咨询人员，社会工作者，学校领导，精神病院工作者。

E（企业型）：推销员，进货员，商品批发员，旅游经理，饭店经理，广告宣传员，调度员，律师，政治家，零售商。

C（常规型）：记账员，会计，银行出纳，法庭速记员，成本估算员，税务员，核算员，办公室职员，秘书。

下面介绍与你3个代号的职业兴趣类型一致的职业示例，对照的方法如下：

首先根据你的职业兴趣代号，在下面找出相对应的职业，例如你的职业兴趣代号是RIA，那么牙科技术人员、陶工等是适合你的兴趣的职业。然后寻找与你的职业兴趣代号相近的职业，如你的职业兴趣代号是RIA，那么，其他由这三个字母组合成的编号（如IRA、IAR、ARI等）对应的职业，也适合你的兴趣。

◆ 霍兰德职业代码

1.R

RIA：牙科技术员，陶工，建筑设计员，模型工，细木工。

RIS：厨师，林务员，跳水员，潜水员，染色工，电器修理员，眼镜制作员，电工，纺织机械装配工，装玻璃工人，发电厂操作工人，焊接工。

RIE：建筑和桥梁工程、环境工程、航空工程、公路工程、电力工程、信号工程、电话工程、一般机械工程、自动工程、矿业工程、海洋工程、交通工程的技术人员，制图员，家政经纪人员，打捞员，计量员，农民，农场工人，农业机器操作员，清洁工，无线电修理员，汽车修理员，手表修理员，线路维修员，盖（修）房工，电子技术员，代木工，机械师，锻压操作工，造船装配工，工具仓库管理员。

RIC：船上工作人员，接待员，牙科医生助手，磨坊工，石匠，农业机器装配工，汽车装配工，缝纫机装配工，钟表装配和检验工，电动器具装配工，鞋匠，锁匠，货物检验员，电梯机修工，钢琴调音工，印刷工，建筑钢铁工人，卡车司机。

RAI：手工雕刻员，玻璃雕刻员，家具木工，制作皮革品、手工绣花、手工钩针纺织人员，排字工人，印刷拼版工人，装订工。

RSE：消防员，交通巡警，门卫，理发师，房间清洁工，屠夫，锻工，管道安装工，出租车驾驶员，仓库管理员。

RSC：汽车驾驶员，货物搬运工，勘探员，起卸机操作工，电梯操作工。

RSI：纺织工，农业学校的教师，职业课程（如艺术、商业、技术、工艺课程）教师，雨衣上胶工人。

REC：保姆，实验室动物饲养员，动物管理员。

REI：轮船船长，航海领航员，大副。

RES：旅馆服务员，家畜饲养员，渔民，收割机操作工，搬行李工人，救生员，登山导游，火车工程技术员，建筑工人，铺轨工人。

RCI：测量员，勘测员，农业工程技师，化学工程师，民用工程技师，资料室管理员，探矿工，煅烧工，烧窑工，取样员，样品检验员，纺纱工，炮手，漂洗工，电焊工，锯木工，刨床工，制帽工，油漆工，染色工，按摩师，木匠，农民，电影放映员，勘测员助手。

RCS：公共汽车驾驶员，裁缝，建筑工人，石匠，水磨石工，泥水匠，混凝土工，电话修理工，邮递员，矿工，裱糊工人，纺纱工。

RCE：打井工，吊车驾驶员，农场工人，铲车司机，拖拉机司机。

2.I

IAS：农业经济学家，财政经济学家，国际贸易经济学家，实验心理学家，工程心理学家，哲学家，内科医生，数学家。

IAR：人类学家，天文学家，化学家，物理学家，医学病理学家，动物标本录制者，化石修复者，艺术品管理员。

ISC：营养学家，饮食顾问，火灾检查员，邮政服务检查员。

ISC：电视修理工，验尸室人员，医学实验室技术人员。

ISR：水生生物学者，昆虫学家，微生物学家，配镜师，矫正视力人员，细菌学家，牙科医生，骨科医生。

ISA：实验心理学家，发展心理学家，教育心理学家，社会心理学家，临床心理学家，目录学家，皮肤病学家，神经病学家，妇产科医生，眼科医生，五官科医生，医学实验室技术专家，民航医务人员，护士。

IES：细菌学家，生理学家，化学专家，地质专家，地理物理学专家，纺织技术专家，医院药剂师，工业药剂师，药房营业员。

IEC：档案保管员，保险统计员。

ICR：质量检查技术员，地质学技师，工程师，法官，图书馆技术辅助员，医院听诊员，家禽检查员。

IRA：地理学家，地质学家，水文学家，矿物学家，古生物学家，石油地质学家，地震学者，声学物理学家，原子和分子物理学家，电学和磁学物理学家，气象学家，设计审核员，人口统计学家，数学统计学家，外科医生，城市规划人员，气象员。

IRS：流体物理学家，物理海洋学家，等离子体物理学家，农业科学家，动物学家，食品科学家，园艺学家，植物学家，细菌学家，解剖学家，动物病理学家，作物病理学家，药物学家，生物化学家，生物物理学家，细胞生物学家，临床化学家，遗传学家，分子生物学家，质量控制工程师，地理学家，兽医，放射治疗技师。

IRE：化验员，化学工程师，纺织工程师，食品技师，渔业技术专家，材料和测试工程师，电气工程师，土木工程师，航空工程师，行政官员，冶金专家，原子核工程师，陶瓷工程师，地质工程师，电力工程师，口腔科医生，牙科医生。

IRC：飞机领航员，飞行员，物理实验室技术人员，文献检查员，农业技术专家，动植物技术专家，矿藏安全检查，纺织品检验员，照相机修理工，工程技术员，计算机编程人员，工具设计者，仪器维修工。

3.C

CRI：簿记员，会计，铸造机操作工，复印机操作工。

CRS：仓库保管员，档案管理员，缝纫工，收款员。

CRE：标价员，实验室工作者，广告管理员，电动机装配工。

CIS：记账员，顾客服务员，报刊发行员，土地测量员，保险公司职员，会计师，估价员，邮政检查员，外贸检查员。

CIE：统计员，支票记录员，订货员，校对员，办公室工作人员。

CIR：校对员，工程职员，检修计划员。

CSE：接待员，通信员，卖票员，旅馆服务员，商学教师，旅游办事员。

CSR：运货代理商，铁路职员，交通检查员，办公室通信员。

CSI：簿记员，出纳员，银行财务职员。

CSA：秘书，图书管理员，办公室办事员。

CER：邮递员，数据处理员，航空邮件检查员。

CEI：推销员，经济分析家。

CES：银行会计，记账员，速记员。

4.E

ECI：银行行长，审计员，信用管理员，地产管理员，商业管理员。

ECS：信用办事员，保险人员，各类进货员，海关服务经理，售货员，会计。

ERI：建筑物管理员，工业工程师，农场管理员，护士长，农业经营管理人员。

ERS：仓库管理员，房屋管理员。

ERC：渔船船长，机械操作领班，木工领班，瓦工领班，驾驶员领班。

EIR：科学、技术和有关周期出版物的管理员。

EIC：专利代理人、鉴定人，运输服务检查员，安全检查员，废品收购人员。

EIS：警官，交通检查员，合同管理者，商人。

EAS：法官，律师，公证人。

EAR：展览室管理员，舞台管理员，播音员，驯兽员。

ESC：理发师，裁判员，政府行政管理员，财政管理员，工程管理员，售货员，办公室主任，人事负责人。

ESR：家具售货员，书店售货员，公共汽车驾驶员，日用商品售货员，护士长。

ESI：博物馆管理员，图书馆管理员，古迹管理员，饮食业经理，地区安全服务管理员，技术服务咨询者，超市管理员，批发商。

ESA：博物馆馆长，报刊管理员，音乐器材售货员，广告商，导游，（轮船或班机上的）事务长，船员，法官，律师。

5. A

ASE：戏剧导演，舞蹈教师，广告撰稿人，报刊专栏作者，记者，演员，英语导游，外语翻译。

ASI：音乐教师，乐器教师，美术教师，管弦乐指挥，合唱队指挥，演奏家，哲学家，作家，广告经理，时装模特。

AER：电视摄像师，艺术指导，录音指导，丑角演员，魔术师，木偶戏演员。

AEI：音乐指挥，舞台指导，电影导演。

AES：流行歌手，舞蹈演员，电影导演，广播节目主持人，舞蹈教师，口技表演者，喜剧演员，模特。

AIS：画家，剧作家，编辑，评论家，家具设计师，包装设计师，布景设计师，服装设计师，新闻摄影师，演员，文学作者。

AIE：花匠，工业产品设计师。

AIR：建筑师，画家，摄影师，绘图员，雕刻家，包装设计师，陶器设计师，绣花工，漫画家。

6.S

SEC：工商会事务代表，教育咨询者，宿舍管理员，旅馆经理，饮食服务管理员。

SER：体育教练，游泳指导。

SEI：大学校长，学院院长，医院行政管理员，历史学家，职业学校教师。

SEA：娱乐活动管理员，国外服务办事员，社会服务助理。

SCE：福利机构职员，环境卫生管理人员，饭店经理，售票员。

SRI：外科医师助手，医院服务人员。

SRE：体育教师，体育教练，专业运动员，儿童家庭教师，警察，传达员，保姆。

SRC：护理员，护理助手，医院勤杂工，理发师。

SIA：社会学家，心理咨询者，政治学家，大学或学院的系主任，大学或学院的教育学教师，大学农业教师，大学工程和建筑课程的教师，大学数学、医学、物理、社会科学和生命科学的教师，研究生助教，成人教育教师。

SAC：理发师，美甲师，美容师，整容医生。

SAE：听觉病治疗者，演讲矫正者。

SAZ：图书馆管理员，小学教师，幼儿园教师，中学教师，师范学院的教师，盲人教师，智力障碍人群的教师，聋哑人的教师，牙科助理，飞行指挥员。

SIE：营养学家，饮食学家，海关检查员，安全检查员，税务稽查员，校长。

SIC：兽医助手，诊所助理，体检检查员，监督缓刑犯的工作者。

SIR：理疗员，救护队工作人员，手足病医生，职业病治疗助手。

本章思考

1. 你采用了哪些方法来探索和确认自己的兴趣？这些方法如何帮助你更好地理解自己？

2. 你认为兴趣在你的职业选择中起到了多大作用？它如何影响了你的职业决策？

3. 你采取了哪些具体措施来培养和发展自己的职业兴趣？这些措施的效果如何？

第三章 性格的自我探索

本章概要

1. 性格理论基础：探讨性格的定义和主要理论，如精神分析、行为主义、人本主义和特质理论。

2. 气质与人格测评工具：解释性格与气质的联系，介绍气质类型理论和卡特尔16PF人格测评的应用。

3. 性格与职业选择：分析性格对职业满意度和成功的影响，探讨不同职业类型与性格特征的匹配。

4. 性格发展与职业影响：讨论性格的可塑性和职业环境对性格的影响。

5. 性格探索的实际应用与案例分析：展示性格探索如何在职业路径优化和职业转型中发挥作用。

开篇故事

性格探索引领职业转变

在一个温暖的春日下午，黎明坐在大学图书馆前的长椅上，望着手中的职业性格测评报告陷入沉思。这份报告如一面镜子，映照出一个他从未真正认识的自己——一个理应追求创意而非代码的灵魂。

黎明是一位电子工程专业的应届毕业生，他的学业成绩一直优异，所有人都以为他会毫无疑问地成为一名电子工程师。然而，随着毕业的临近，黎明内心的迷茫与不安却日渐增长。是什么造成了这种感觉？为何他对未来的职业路径感到如此彷徨？

为了寻找答案，黎明参加了一系列的性格测评，希望通过了解自己的性格特质，找到最适合自己的职业道路。结果显示，他具有高度的外向性、创造力和人际敏感性，这些都是创意行业如广告或公关等职业的理想特质。然而，这与他一直以来准备从事的电子工程领域的工作大相径庭。

黎明开始回顾大学生涯中的点点滴滴，他意识到自己在课外活动中总是扮演创意策划的角色，无论是组织学生活动还是设计社团的宣传片，他总能带来新颖的想法和解决方案。与此同时，他在这些活动中获得的满足感远超过课堂和实验室的学习。

这一系列的反思让黎明决定进行一次职业的大胆尝试。他联系了一个广告公司，申请了一个暑期实习的机会。在实习期间，黎明的表现超出了所有人的预期，他的创意和沟通能力得到了公司领导的高度评价，并且在一个重大项目中他担任了关键角色。

实习的成功经历为黎明打开了新的视界，也坚定了他转向创意行业的决心。毕业时，他没有像大多数同学那样选择稳定的工程师岗位，而是加入了一家国际知名的广告公司。现在的黎明，每天都在做着自己热爱的工作，他深知，正是对自身性格的深入探索和理解，才让他能够找到真正激情所在，实现了职业与内心的完美契合。

这个故事不仅是黎明个人成长的见证，也是性格探索在现代职业规划中不可或缺的生动例证。通过黎明的转变，我们看到了解自己、勇敢追求适合自己性格的职业道路的重要性，这对于每一位站在人生十字路口的年轻人都有着非凡的启示意义。

第一节　性格理论基础

一、性格定义

在心理学领域，性格被广泛定义为个体在思想、情感和行为上的独特模式。这些模式在不同环境中展现出一定的持久性和一致性，从而使得每个人在众多方面都具有可识别的个性特征。心理学中对性格的定义提供了一个理解和预测框架，用于分析个体如何与世界互动以及他们在特定情境下可能的行为方式。

1. 性格的心理学定义

性格，从心理学的视角来看，通常被定义为个体心理特征的组合，这些特征决定了他们对外部刺激的一致反应方式。根据美国心理学家戈登·奥尔波特（Gordon Allport）的观点，性格是"一个人在面对环境时所表现出来的心理和生理的动态组织系统，这一系统决定其对环境的独特适应方式"。这一定义强调了性格作为一个动态而非静态的系统，它不仅包括外在行为，还涵盖了内在的情感状态和思维模式。

性格特质，如开放性、责任心、外向性、宜人性和神经质性，是描述这一动态系统中相对稳定成分的工具。每个特质在不同程度上存在于所有个体中，它们的组合形态决定了个体在社交、工作和压力情境下的行为模式。

2. 性格与行为的关系

性格与行为之间的关系是心理学研究的一个核心领域，理解这一关系对于职业规划和人力资源管理具有重要意义。性格不仅影响一个人的行为方式，还影响他们对事件的感知和反应，以及他们与他人的关系。

从行为主义的角度，行为是学习的结果，而环境刺激和后果对行为有决定性影响。然而，认知行为理论进一步指出，个体的性格特质影响他们如何解释这些外部刺激，从而影响他们的行为反应。例如，一个高神经质性的人可能会对轻微的社交拒绝反应过度，因为他们的性格倾向于使他们更可能以消极方式解释他人的行为。

此外，性格也与职业选择和职业成功有着深刻的联系。研究显示，某些性格特质与特定职业领域中的成功高度相关。例如，高度外向的个体往往在销售和市场营销职位上表现得更好，因为这些职位需要较强的人际交往能力和较高的能量水平。相反，那些更内向、更注重细节的人可能会在研究和数据分析的职业中得到更大的成功。

了解性格和行为之间的关系可以帮助个体更好地认识自己，选择适合自己性格特点的职业路径，同时也能帮助组织在招聘和人员配置时做出更明智的决策。通过应用性格心理学的原则，可以优化团队组合，增强工作满意度和提高整体生产效率。

二、主要性格理论

在心理学的研究历程中，不同的理论家提出了多种理论来解释性格的结构与发展。这些理论从各自独特的视角，提供了对人类性格复杂性的深入理解。本节详细探讨了四种主要性格理论：精神分析理论、行为主义理论、人本主义理论和特质理论。

1. 精神分析理论

西格蒙德·弗洛伊德（Sigmund Freud）的精神分析理论认为，人类行为是由深层的、潜意识的心理动力所驱动。弗洛伊德将人类心理结构分为三个部分：本我、自我和超我。本我是人类心理活动中最原始的部分，代表着本能的需求和驱动，如性和攻击；自我则是更现实的一面，负责协调本我的欲望和外部世界的要求；超我代表了道德和社会规范，是对行为的内在监控和评价系统。

弗洛伊德认为，个体的性格发展是一个动态的心理过程，早期的经验，特别是儿童与父母的关系，对个体的性格形成有决定性的影响。未解决的冲突可能导致焦虑和神经症，治疗的目的是通过揭示这些潜在的冲突来治愈心理创伤。

2. 行为主义理论

伯尔赫斯·弗雷德里克·斯金纳（Burrhus Frederic Skinner）的行为主义理论强调环境对行为的影响，认为行为是在环境刺激下通过条件作用学习得来的。斯金纳否认了内在动机的存在，认为所有的行为都可以通过外部激励来解释。他的实验重点研究了正强化和负强化如何塑造行为模式。

斯金纳的理论对教育和治疗实践有极大的影响，他提出通过改变环境的激励机制，可以有效地改变个体的行为，进而影响性格的表现。例如，在教育场景中，通过奖励学生的正向行为可以促进这些行为的重复，从而逐步形成稳定的性格特质。

3. 人本主义理论

卡尔·罗杰斯（Carl Rogers）的人本主义心理学强调个体的主观体验和自我实现的重要性。罗杰斯认为，每个人都有成为其最佳自我的潜力，个体的行为是自我实现过程中的自然表达。他提出的"无条件积极关注"是治疗中的核心概念，指的是接纳和理解个体，而不对其加以评判。

人本主义理论强调个体内在价值和潜力的自我探索，认为在支持和理解的环境中，人们能够更好地认识自己，解决内在冲突，实现自我成长。这种理论为心理咨询和人际关系的处理提供了重要的指导原则。

4. 特质理论

特质理论将性格视为一组稳定的特质或维度，这些特质在不同人群和文化中具有一致性和普遍性。汉斯·艾森克（Hans Eysenck）的理论中，性格特质分为三大类：外向性、神经质和精神质。他认为这些特质有生物学基础，可以通过行为表现来量化。

雷蒙德·卡特尔（Raymond Cattell）发展了更为复杂的特质理论，他通过因子分析方法识别了性格的多个维度。卡特尔的理论提供了一种系统的方式来描述和测量个体差异，这种方法在职业评估和心理测量中被广泛使用。

这些性格理论为我们提供了理解和评估个体行为的多种工具和视角。通过这些理论的长期研究和实践应用，心理学家能够更有效地帮助个体了解自己，优化他们的职业路径，使他们更好地适应多种社会环境。在后续章节中，我们将探讨如何将这些理论应用于具体的职业规划和人员发展策略中。

第二节 气质与人格测评工具的理论与实践

一、性格与气质的关联

在深入探索性格的构成与发展时，气质是一个不可或缺的组成部分。在心理学领域，气质是指与生俱来的行为和情绪反应模式，它为个体的性格发展提供了基础。理解性格与气质的关联对精确评估个体行为和预测其可能的职业倾向至关重要。

气质是人类个性的核心组成部分，是性格的生物学基础。它包括一组基本的情绪和行为反应倾向，这些倾向通常在早期就开始显现，并在个体的一生中相对稳定。因此，气质常被视为性格特质形成的底层模板。从气质到成熟的性格特质，这一转变涉及环境因素、个人经历和社会互动的复杂作用。

研究气质的重要性在于其提供了解读个体行为的第一线索。气质类型影响个体如何感知周围世界、如何与人交往，以及在压力或挑战面前的反应方式。例如，某些气质类型的人可能天生具有较高的适应能力，而另一些则可能在面对变化或新环境时显得更为敏感或抵触。

气质研究对于心理学和相关领域是必不可少的。它不仅有助于心理健康专业人士更好地理解客户的基本行为模式，还为教育工作者和职业顾问提供了关键信息，帮助他们为个体设计更适宜的教育计划和职业路径。此外，气质类型的知识可以辅助人们在团队建设、领导力发展和人际关系管理等多个方面做出更为明智的决策。

在职业规划中，了解个体的气质类型尤为关键。气质不仅可以预示某人在特定职业中的表现和满意度，还可以指导个人如何调整自己的职业预期和发展策略以适应自身的天赋和限制。例如，天生具有高度外向和活跃气质的人可能更适合那些需要人际交往和快节奏决策的工作环境。

因此，将气质纳入性格研究的框架中，不仅有助于全面理解个体的心理和行为特点，也是实现有效的心理干预、教育指导和职业规划的基础。

二、气质类型理论与应用

（一）古典气质理论简介

古典气质理论由古希腊医师希波克拉底提出，后由盖伦发展和完善。这一理论将人类的气质划分为四种类型：胆汁质、多血质、黏液质和抑郁质。这四种气质类型分别对应着人体中的四种体液：黄胆汁、血液、黏液质和黑胆汁。尽管这一理论源于古代医学，其科学依据已被现代生理学所取代，但其关于气质的分类和描述却对现代心理学研究产生了深远影响。四种气质类型的特征如图3-1。

图3-1　四种气质类型的特征

胆汁质：胆汁质的人通常表现出强烈的情感反应和高水平的精力。他们活力四射，敢于冒险，喜欢挑战新的事物，并且在面对压力和危机时往往表现出果断和勇敢。胆汁质的人在职业选择上倾向于那些需要快速决策和高强度工作的领域，如管理、销售、创业和竞技体育等。

多血质：多血质的人以外向和社交性著称。他们乐观、开朗，喜欢与人交往，适应能力强，并且容易接受新事物。多血质的人通常表现出高水平的语言表达能力和人际交往技巧，适合从事需要频繁互动和交流的职业，如公关、市场营销、教育和娱乐业等。

黏液质：黏液质的人则以冷静、稳定和耐心著称。他们情绪不易波动，做事有条不紊，适应能力强，并且能在压力下保持镇定。黏液质的人在职业选择上倾向于那些需要长时间专注和细致工作的领域，如科研、财务、工程和医疗等。

抑郁质：抑郁质的人情感细腻、敏感，常常表现出高度的内省和深思熟虑。他们通常具有高度的创造力和艺术天赋，但情绪容易波动，容易陷入消极情绪。抑郁质的人适合从事需要独立思考和创造力的职业，如文学、艺术、心理咨询和设计等。

（二）气质类型在生活和工作中的表现

气质不仅影响个体的职业选择，也在日常生活和工作中表现得淋漓尽致。不同气质类型的人在面对相同情境时往往会采取不同的应对方式，这使得他们在团队合作、问题解决和压力管理等方面各具特色。

胆汁质的人在团队中通常扮演领导角色，他们果断、勇敢，能够在危急时刻做出快速决策。他们喜欢挑战新任务，但有时可能因为急躁而忽略细节或缺乏耐心。

多血质的人在团队中通常是活跃的社交者和协调者，他们善于沟通，能够调动团队的气氛，促进成员之间的合作。他们适应能力强，但有时可能因为过于外向而分散注意力或难以专注。

黏液质的人在团队中通常是稳定的执行者和支持者，他们踏实、可靠，能够在复杂的任务中保持冷静和专注。他们善于处理细节和长时间的工作，但有时可能因为过于稳重而缺乏创新和冒险精神。

抑郁质的人在团队中通常是深思熟虑的策略安排者，他们敏感、细腻，能够提出独特的见解和创意。他们在需要创造力和独立思考的任务中表现出色，但有时可能因为情绪波动而影响工作效率或团队合作。

（三）气质类型对职业选择的影响

气质类型在职业选择中起着重要作用。了解自身的气质类型可以帮助个体在职业规划中做出更加明智和适合自己的选择，从而提高职业满意度和成功率。

胆汁质的人适合那些需要高强度、快节奏和决策能力的职业。他们在管理、销售、创业等领域能够充分发挥其活力和决断力，但需要注意在细节处理和长时间专注方面进行适当的提升。

多血质的人适合那些需要频繁社交、沟通和协调的职业。他们在公关、市场营销、教育和娱乐业等领域表现出色，但需要注意在深度思考和持久专注方面进行适当的锻炼。

黏液质的人适合那些需要稳定、耐心和细致工作的职业。他们在科研、财务、工程和医疗等领域能够充分发挥其冷静和专注的特点，但需要注意在创新思维和冒险精神方面进行适当的培养。

抑郁质的人适合那些需要独立思考、创造力和深度分析的职业。他们在文学、艺术、心理咨询和设计等领域表现出色，但需要注意在情绪管理和团队合作方面进行适当的调整。

在职业选择和发展过程中，理解和应用气质类型理论可以帮助个体更好地了解自己，选择适合自己的职业方向，并在职业生涯中不断提升和调整自己的能力和特点，从而实现职业成功和个人发展。通过对气质类型的深入了解，个体可以更好地应对职业挑战，找到适合自己的职业道路，并在职业生涯中不断成长和进步。

课堂练习

气质类型测试量表

请认真阅读下列各题，你认为非常符合自己情况的，在题号后面写"2"，比较符合的写"1"，拿不准的写"0"，比较不符合的写"–1"，完全不符合的写"–2"。

答题表（请将答案写在对应的题号下面）：

第一类	2	6	9	14	17	21	27	31	36	38	42	48	50	54	58
第二类	4	8	11	16	19	23	25	29	34	40	44	46	52	56	60
第三类	1	7	10	13	18	22	26	30	33	39	43	45	49	55	57
第四类	3	5	12	15	20	24	28	32	35	37	41	47	51	53	59

测试题目如下：

1. 做事力求稳妥，不做无把握的事。

2. 遇到可气的事就怒不可遏，想把心里话全说出来才痛快。

3. 宁肯一个人干事，不愿很多人在一起。

4. 到一个新环境很快就能适应。

5. 厌恶那些强烈的刺激，如尖叫、噪声等。

6. 和人争吵时，总是先发制人，喜欢挑衅。

7. 喜欢安静的环境。

8. 喜欢和人交往。

9. 羡慕那种能克制自己感情的人。

10. 生活有规律，很少违反作息制度。

11. 在多数情况下情绪是乐观的。

12. 碰到陌生人觉得很拘束。

13. 遇到令人气愤的事，能很好地自我克制。

14. 做事总是有旺盛的精力。

15. 遇到问题常常举棋不定，优柔寡断。

16. 在人群中从不觉得过分拘束。

17. 情绪高昂时，觉得干什么都有趣。

18. 当注意力集中于一件事时，别的事很难使我分心。

19. 理解问题总比别人快。

20. 碰到危险情境，常有一种极度恐怖感。

21. 对学习、工作、事业怀有很高的热情。

22. 能够长时间做枯燥、单调的工作。

23. 符合兴趣的事情，干起来劲头十足，否则就不想干。

24. 一点小事就能引起情绪波动。

25. 讨厌做那种需要耐心、细致的工作。

26. 与人交往不卑不亢。

27. 喜欢参加热烈的活动。

28. 爱看感情细腻、描写人物内心活动的文学作品。

29. 工作、学习时间长了，常感到厌倦。

30. 不喜欢长时间谈论一个问题，愿意实际动手干。

31. 宁愿侃侃而谈，不愿窃窃私语。

32. 别人说我总是闷闷不乐。

33. 理解问题常比别人慢些。

34. 疲倦时只要短暂的休息就能精神抖擞，重新投入工作。

35. 心里有话宁愿自己想，不愿说出来。

36. 认准一个目标就希望尽快实现，不达目的，誓不罢休。

37. 学习、工作同样一段时间后，常比别人更疲倦。

38. 做事有些莽撞，常常不考虑后果。

39. 老师或师傅讲授新知识、技术时，总希望他讲慢些，多重复几遍。

40. 能够很快地忘记那些不愉快的事情。

41. 做作业或完成一件工作总比别人花的时间多。

42. 喜欢运动量大的剧烈体育活动，或参加各种文娱活动。

43. 不能很快地把注意力从一件事转移到另一件事上去。

44. 接受一个任务后，希望把它迅速完成。

45. 认为墨守成规比冒风险强些。

46. 能够同时注意几件事物。

47. 当我烦闷的时候，别人很难使我高兴起来。

48. 爱看情节起伏跌宕、激动人心的小说。

49. 对工作抱认真严谨、始终一贯的态度。

50. 和周围人们的关系总是相处不好。

51. 喜欢复习学过的知识，重复做已经掌握的工作。

52. 喜欢做变化大、花样多的工作。

53. 小时候会背的诗歌，我似乎比别人记得清楚。

54. 别人说我"语出伤人"，可我并不觉得这样。

55. 在体育活动中，常因反应慢而落后。

56. 反应敏捷，头脑机智。

57. 喜欢有条理而不甚麻烦的工作。

58. 兴奋的事常使我失眠。

59. 老师讲新概念，常常听不懂，但是弄懂以后就很难忘记。

60. 假如工作枯燥无味，马上就会情绪低落。

气质类型的诊断

1. 如果某类气质得分明显高出其他三种，均高出 4 分以上，则可定为该类气质。如果该类气质得分超过 20 分，则为典型；如果该类得分在 10～20 分，则为一般型。

2. 两种气质类型得分接近，其差异低于 3 分，而且又明显高于其他两种，高出 4 分以上，则可定为这两种气质的混合型。

3. 三种气质得分均高于第四种，而且接近，则为三种气质的混合型，如多血质—胆汁质—黏液质混合型或黏液质—多血质—抑郁质混合型。

分析下面四组漫画，看看它们分别属于哪种气质类型。

如何看待气质类型

◆ 气质的稳定性与可塑性

气质类型是由神经过程的特点决定的，而神经过程的特点主要是先天形成的，所以，遗传素质相同或相近的人气质类型也比较接近。

一个人的气质类型在一生中是比较稳定的，"江山易改，禀性难移"就是这个道理。

◆ 气质类型没有好坏之分

气质仅使人的行为带有某种动力的特征，就动力特征而言无所谓好坏；同时，每一种气质类型都有其积极的方面，也都有其消极的方面，没法比较哪一种气质类型更好。

例如：

　　胆汁质的人精力旺盛，热情豪爽，但脾气暴躁；

　　多血质的人活泼敏捷，善于交往，却难以全神贯注，缺乏耐心；

　　黏液质的人做事有条不紊，认认真真，却缺乏激情；

　　抑郁质的人非常敏锐，却容易多疑多虑。

气质类型并不能决定一个人成就的高低，这在现实生活中有大量的事例，不胜枚举。例如，郭沫若大概是属于多血质的，数学家陈景润却是属于抑郁质类型的；俄国著名文学家中，普希金是胆汁质的。可见，气质类型不决定一个人智力发展的水平，也不会决定一个人成就的大小。

◆ 气质类型影响性格特征形成的难易和对环境的适应

性格主要是在后天生活环境中形成的，它包含着多种特征。例如，胆汁质的人容易形成勇敢、果断、坚毅的性格特征，却难以形成善于克制自己情绪的性格特征，脾气暴躁，在不顺心的时候容易发生攻击行为，造成不良的后果。多血质的人容易形成热情好客、机智开朗的性格特征，容易用很巧妙的办法应付环境的变化，却难以形成耐心细致的性格特征。黏液质的人常用克己忍耐的方法应付环境，也能达到目的。抑郁质的人过于敏感，比较脆弱，容易受到伤害、感受到挫折，适应环境的能力不强。

◆ 不同气质类型适合的职业

胆汁质适合的职业：做需要积极进取、不怕困难、热情高涨、有魄力的工作，例如驾驶员、律师、运动员、冒险家、新闻记者、演员、军人、公安干警、记者、营销员等外向型的职业。

多血质适合的职业：做需要表达力、活动力、组织力的工作，例如外交官、管理人员、律师、心理咨询师、导游、推销员、节目主持人、记者、演员、市场调查员等。

抑郁质适合的职业：做需要较强分析能力、观察力、耐心细致的工作，例如校对、打字、排版、雕刻、刺绣等，以及机要秘书、哲学家、科学家等。

黏液质适合的职业：做有条不紊以及思辨力较强的工作，例如外科医生、法官、出纳员、会计、播音员、调解员、教师等。

三、卡特尔的 16PF 人格测评

（一）16PF 人格测试的理论基础

雷蒙德·卡特尔是 20 世纪著名的心理学家，他通过深入研究人类性格特征，提出了 16 种基本人格因素，并开发了 16 种人格因素测验（sixteen personality factors questio-nnaire，简称 16PF）。这一测评工具以其科学性和实用性广泛应用于心理学研究、职业规划和个人发展等领域。

卡特尔的人格理论建立在特质理论的基础上。他认为，人类性格是由一系列稳定的、可测量的特质构成的，这些特质在不同情境中表现出一致性和稳定性。通过大量的统计分析和因子分析，卡特尔从最初的 4500 个性格描述词语中提取出 16 个基本因素，这些因素可以全面而准确地描述一个人的人格特征。

（二）16PF 的心理特征维度

16PF 人格测评涵盖了 16 个主要的人格特征维度，每一个维度都反映了个体在某一特定方面的特质。这些维度不仅揭示了个体在日常行为和情感反应上的稳定模式，还为职业选择和个人发展提供了重要的参考依据。以下是 16PF 的 16 个心理特征维度及其详细描述。

（1）乐群性（warmth，A）：衡量个体对他人友好、体贴和情感投入的程度。乐群性高的人通常友好、热情，喜欢与他人交往，容易建立良好的人际关系。

（2）聪慧性（reasoning，B）：反映个体的智力水平和解决问题的能力。聪慧性高的人通常具有较强的逻辑思维和推理能力，善于分析和解决复杂问题。

（3）稳定性（emotional stability，C）：衡量个体在压力和困难面前的情感稳定性和适应能力。稳定性高的人通常情绪稳定，能够冷静地应对各种挑战和压力。

（4）恃强性（dominance，E）：反映个体在社会情境中表现出的权威和控制欲望。恃强性高的人通常自信、果断，喜欢掌控局面，具备领导能力。

（5）兴奋性（liveliness，F）：衡量个体的精力、活力和兴奋度。兴奋性高的人通常充满活力，积极主动，喜欢参与各种活动。

（6）有恒性（rule-consciousness，G）：反映个体对社会规范和规则的遵从程度。有恒性高的人通常自律、守规矩，重视秩序和规范。

（7）敢为性（social boldness，H）：衡量个体在社交场合中的自信和大胆程度。敢为性高的人通常在社交场合中表现自信，勇于表达自己的观点，不惧怕陌生人和新环境。

（8）敏感性（sensitivity，I）：反映个体的情感敏感度和对他人情绪的感知能力。敏感性高的人通常情感细腻，富有同情心，能够敏锐地察觉他人的情绪变化。

（9）怀疑性（vigilance，L）：衡量个体对他人意图的怀疑和警惕程度。怀疑性高的人通常对周围环境和他人的动机持谨慎态度，不轻易相信别人。

（10）幻想性（abstractedness，M）：反映个体的抽象思维和想象力。幻想性高的人通常富有创造力，喜欢思考抽象问题，具有丰富的想象力。

（11）世故性（privateness，N）：衡量个体的隐私意识和对他人隐瞒真实情感的倾向。世故性高的人通常较为内敛，不轻易向他人透露自己的真实想法和感受。

（12）忧虑性（apprehension，O）：反映个体的焦虑程度和自我怀疑倾向。忧虑性高的人通常容易感到焦虑和不安，常常对自己产生怀疑。

（13）实验性（openness to change，Q1）：衡量个体对新经验和变化的开放态度。实验性高的人通常愿意尝试新事物，具有开放的心态和创新精神。

（14）独立性（self-reliance，Q2）：反映个体的独立性和自力更生的能力。独立性高的人通常具有较强的自我管理能力，喜欢独立完成任务，不依赖他人。

（15）自律性（perfectionism，Q3）：衡量个体的自律性和对细节的关注程度。自律性高的人通常对自己要求严格，注重细节，追求完美。

（16）紧张性（tension，Q4）：反映个体的紧张程度和应对压力的方式。紧张性高的人通常容易感到压力和紧张，面对挑战时可能会显得焦虑和不安。

这些维度通过问卷的形式进行测量，受测者在回答一系列问题后，可以获得自己在每一个维度上的得分，从而全面了解自己的性格特征。

（三）16PF 在职业规划中个人发展的应用

16PF 在人类职业规划中起着至关重要的作用。通过 16PF，个体可以更好地了解自己的性格特质，并据此选择与之匹配的职业方向。例如，一个在恃强性和敢为性维度得分高的人，可能更适合从事领导和管理岗位，而一个在敏感性和幻想性维度得分高的人则可能在艺术和创意领域表现出色。通过了解自己的性格特质，个体可以更加有针对性地选择适合自己的职业方向，提高职业满意度和成功率。

在个人发展方面，16PF 帮助个体识别自身的优势和劣势，从而制订更加有效的发展计划。例如，一个在自律性和自我完善维度得分高的人，可能在工作中表现出高度的自律和对细节的关注，但也可能因为过于追求完美而产生压力。通过 16PF 的测评，个体可以更好地理解自己的行为模式和情感反应，找到平衡点，优化个人发展路径。

在团队建设中，16PF 帮助管理者了解团队成员的性格特质，从而更有效地进行人员配置和团队合作。例如，一个团队中需要兼具高恃强性和高情感稳定性的人来担任领导角色，同时需要高乐群性和高兴奋性的人来促进团队合作和士气提升。通过 16PF 的测评，管理者可以更好地了解团队成员的个性特征，从而制定更加科学的团队建设方案，提高团队整体绩效。

在心理咨询领域，16PF 作为一种评估工具，可以帮助咨询师了解来访者的性格特质，从而提供更加有针对性的咨询服务。例如，一个在忧虑性和紧张性维度得分高的来访者，可能在生活中常常感到压力和焦虑。通过 16PF 的测评，咨询师可以更好地了解来访者的情感状态，帮助其找到缓解压力和改善情绪的方法。

通过实际案例的分析，我们可以更直观地了解 16PF 在职业规划和个人发展中的应用。例如，A 是一名刚毕业的大学生，他在 16PF 的恃强性、敢为性和实验性维度得分较高。通过职业测评和职业咨询，A 发现自己适合从事市场营销和销售类工作。在实际工作中，A 表现出色，很快在公司得到晋升和认可。通过 16PF 的测评和指导，A 不仅找到了适合自己的职业方向，还在职业发展中不断取得进步。

总的来说，卡特尔的 16PF 人格测评以其科学性和实用性在心理学和职业规划领域得到了广泛应用。通过对 16 个主要人格特征维度的评估，个体可以全面了解自己的性格特质，找到适合自己的职业方向，并在职业生涯中不断发展和提升。无论是在职业选择、个人发展、团队建设还是心理咨询方面，16PF 都提供了宝贵的参考和指导，帮助个体实现职业成功和个人成长。

资料链接

卡特尔 16PF 人格测试

卡特尔 16 种人格因素问卷是由美国伊利诺伊州立大学的雷蒙德·卡特尔教授在 1949 年通过因素分析法编制的专业人格测量问卷，简称"16PF"。它是世界公认的最具权威的个性测验方法，被翻译成法、意、德、日、中等多种文字，广泛应用于人员的选拔、培养、管理和激励工作，也在心理咨询当中应用于心理障碍、行为障碍的诊断。卡特尔 16 种人格因素包括乐群性、聪慧性、稳定性、恃强性、兴奋性、有恒性、敢为性、敏感性、怀疑性、幻想性、世故性、忧虑性、实验性、独立性、自律性、紧张性，是卡特尔从众多人格特质中提炼出来的 16 种"根源特质"。卡特尔认为每个人身上都具备这 16 种特质，只是在不同的人身上的表现程度不一样，而人格的差异就表现在这些量的差异上面。例如："乐群性"得分比较低的人，表现特征是缄默、孤独、内向，而得分越高就越外向、热情、合群；"紧张性"得分低的人更加心平气和，而得分高的人则容易受焦虑困扰。卡特尔16种人格因素问卷就是对16种根源特质进行一一量化，从而获得一个人独特的人格特点。16PF适用范围广，16岁以上的青壮年、老年人都适用。16PF的英文版有5个版本，中文版为全版本，有187个项目。在翻译修订的同时，也在全国范围内取得了信度和效度资料，并制定了各类人群的常模。每个测验项目有三个选项，结束之后需要对选项进行记分，并将原始分转化成标准分，制得人格剖析图，通过曲线就可以看出一个人的总体人格特征。如果更进一步对这些因素的得分进行公式运算，还可以获得更加丰富的信息，比如一个人的心理健康水平、对新环境的适应能力、专业成就的潜力等，因此16PF可以多方位地为被测者提供升学、就业等问题的指导。卡特尔的16PF作为经典人格测试使用至今，对人格心理学、心理测验的发展都做出了巨大的贡献。

第1部分　试题作答

卡特尔16种人格因素测试（16PF）包括一些有关个人兴趣与态度的问题。每个人都有自己的看法和观点，对问题的回答自然不同。请仔细阅读每一道题然后根据第一反应作答，答案无所谓正确或错误。请来试者尽量表达自己的意见。

本测试共有187道题，每道题有三种选择，请将你的选择用"×"号标记在答卷纸上相应的空格内。

作答时，请注意以下四点：

1. 请不要费时斟酌。应当顺其自然地依你个人的反应选答，每个问题只能选择一个项目，通常每分钟可做五六题，全部问题应在半小时内完成。

2. 除非在万不得已的情形下，尽量避免如"介乎A与C之间"或"不甚确定"这样的中性答案。

3. 请不要遗漏，务必对每一个问题作答。有些问题似乎不够符合情况，有些问题又似乎涉及隐私，但本测验的目的在于研究比较青年或成人的兴趣和态度，希望来试者真实作答。

4. 作答时，请坦诚表达自己的兴趣与态度，不必顾虑到主试者或其他人的意见与立场。

题号	题　目	选　项
1	我很明了本测试的说明：	A.是的　B.不一定　C.不是的
2	我对本测试的每一小问题，都能做到诚实地回答：	A.是的　B.不一定　C.不同意

续表

题号	题　目	选　项
3	如果我有度假机会的话，我愿意：	A. 到一个繁华的城市去旅行 B. 介于 A、C 之间 C. 游览清静而偏僻的山区
4	我有足够的能力应付各种困难：	A. 是的　B. 不一定　C. 不是的
5	即使是关在铁笼里的猛兽，我见了也会感到惴惴不安：	A. 是的　B. 不一定　C. 不是的
6	我总是不敢大胆批评别人的言行：	A. 是的　B. 有时如此　C. 不是的
7	我的思想似乎：	A. 比较先进　B. 一般　C. 比较保守
8	我不擅长说笑话、讲有趣的事：	A. 是的　B. 介于 A、C 之间　C. 不是的
9	当我见到邻居或亲友争吵时，我总是：	A. 任其自己解决 B. 置之不理 C. 予以劝解
10	在社交场合中，我：	A. 谈吐自然　B. 介于 A、C 之间 C. 保持沉默
11	我愿意做一个：	A. 建筑工程师　B. 不确定 C. 社会科学研究者
12	阅读时，我喜欢选读：	A. 自然科学书籍　B. 不确定 C. 政治理论书籍
13	我认为很多人都有些心理不正常，只是他们不愿承认：	A. 是的　B. 介于 A、C 之间　C. 不是的
14	我希望我的爱人擅长交际，无须具有文艺才能：	A. 是的　B. 不一定　C. 不是的
15	对于性情急躁、爱发脾气的人，我仍能以礼相待：	A. 是的　B. 介于 A、C 之间 C. 不是的
16	受人照顾时我常常局促不安：	A. 是的　B. 介于 A、C 之间　C. 不是的
17	在从事体力或脑力劳动之后，我总是需要有比别人更多的休息时间，才能保持工作效率：	A. 是的　B. 介于 A、C 之间　C. 不是的
18	半夜醒来，我常常为种种不安而不能入睡：	A. 常常如此　B. 有时如此 C. 极少如此

题号	题 目	选 项
19	事情进行得不顺利时，我常常急得涕泪交流：	A.从不如此　B.有时如此 C.时常如此
20	我认为只要双方同意就可离婚，可以不受传统观念的束缚：	A.是的　B.介于A、C之间　C.不是的
21	我对人或物的兴趣很容易改变：	A.是的　B.介于A、C之间　C.不是的
22	工作中，我愿意：	A.和别人合作　B.不确定 C.自己单独进行
23	我常常无缘无故地自言自语：	A.常常如此　B.偶尔如此 C.从不如此
24	无论是工作、饮食或外出旅游，我总是：	A.匆匆忙忙不能尽兴　B.介于A、C之间 C.从容不迫
25	有时我怀疑别人是否对我的言谈真正有兴趣：	A.是的　B.介于A、C之间　C.不是的
26	如果我在工厂里工作，我愿做：	A.技术科的工作　B.介于A、C之间 C.宣传科的工作
27	在阅读时我愿阅读：	A.有关太空旅行的书籍　B.不太确定 C.有关家庭教育的书籍
28	本题后面列出三个词，哪个与其他两个不是同类：	A.狗　B.石头　C.牛
29	如果我能到一个新的环境，我要：	A.把生活安排得和从前不一样　B.不确定 C.和从前相仿
30	在我的一生中，我总觉得我能达到我所预期的目标：	A.是的　B.不一定　C.不是的
31	当我说谎时总觉得内心羞愧不敢正视对方：	A.是的　B.不一定　C.不是的
32	假使我手里拿着一颗装着子弹的手枪，我必须把子弹拿出来才能安心：	A.是的　B.介于A、C之间　C.不是的
33	多数人认为我是一个说话风趣的人：	A.是的　B.不一定　C.不是的
34	如果人们知道我内心的世界，他们会大吃一惊：	A.是的　B.不一定　C.不是的
35	在公共场合，如果我突然成为大家注意的中心，就会感到局促不安：	A.是的　B.介于A、C之间　C.不是的

题号	题 目	选 项
36	我总喜欢参加规模庞大的晚会或集会：	A. 是的　B. 介于A、C之间　C. 不是的
37	在学科中，我喜欢：	A. 音乐　B. 不一定　C. 手工劳动
38	我常常怀疑那些出乎我意料的对我过于友善的人的动机是否诚实：	A. 是的　B. 介于A、C之间　C. 不是的
39	我愿意把我的生活安排得像一个：	A. 艺术家　B. 不确定　C. 会计师
40	我认为目前世界所需要的是：	A. 多出现一些富有改善世界计划的理想家　B. 不确定　C. 脚踏实地的实干家
41	有时候我觉得我需要剧烈的体力劳动：	A. 是的　B. 介于A、C之间　C. 不是的
42	我愿意跟有教养的人来往而不愿意同粗鲁的人交往：	A. 是的　B. 介于A、C之间　C. 不是的
43	在处理一些必须凭借智慧的事务中，我的亲人：	A. 表现得比一般人差　B. 普通　C. 表现得超人一等
44	当领导（或老师）召我见面时，我：	A. 总觉得可以趁机提出建议　B. 介于A、C之间　C. 总怀疑自己做错事
45	如果待遇优厚，我愿意做护理精神病人的工作：	A. 是的　B. 介于A、C之间　C. 不是的
46	读报时，我喜欢读：	A. 当今世界的基本问题　B. 介于A、C之间　C. 地方新闻
47	我曾担任过：	A. 一种职务　B. 多种职务　C. 非常多的职务
48	在游览时，我宁愿观看一个画家的写生，也不愿听大家的辩论：	A. 是的　B. 不一定　C. 不是的
49	我的神经脆弱，稍有点刺激就会颤栗：	A. 时常如此　B. 有时如此　C. 从不如此
50	早晨起来，常常感到疲乏不堪：	A. 是的　B. 介于A、C之间　C. 不是的
51	如果待遇相同，我愿选做：	A. 森林管理员　B. 不一定　C. 中小学教员
52	每逢过年过节或亲友结婚时，我：	A. 喜欢相互赠送礼品　B. 不太确定　C. 不愿相互送礼

题号	题　目	选　项
53	本题后列有三个数字，哪个数字与其他两个数字不同类：	A. 5　B. 2　C. 7
54	猫和鱼就像牛和：	A. 牛奶　B. 牧草　C. 盐
55	在做人处事的各个方面，我的父母很值得敬佩：	A. 是的　B. 不一定　C. 不是的
56	我觉得我确实有一些别人所不及的优良品质：	A. 是的　B. 不一定　C. 不是的
57	只要有利于大家，尽管别人认为卑贱的工作，我也乐而为之，不以为耻：	A. 是的　B. 不太确定　C. 不是的
58	我喜欢看电影或参加其他娱乐活动的次数：	A. 比一般人多　B. 和一般人相同　C. 比一般人少
59	我喜欢从事需要精密技术的工作：	A. 是的　B. 介于A、C之间　C. 不是的
60	在有威望有地位的人面前，我总是较为局促谨慎：	A. 是的　B. 介于A、C之间　C. 不是的
61	对于我来说在大众面前表演，是一件难事：	A. 是的　B. 介于A、C之间　C. 不是的
62	我愿意：	A. 指挥几个人工作　B. 不确定　C. 和同志们一起工作
63	即使我做了一件让别人笑话的事，我也能坦然处之：	A. 是的　B. 介于A、C之间　C. 不是的
64	我认为没有人会幸灾乐祸地希望我遇到困难：	A. 是的　B. 不确定　C. 不是的
65	一个人应该考虑人生的真正意义：	A. 是的　B. 不确定　C. 不是的
66	我喜欢去处理被别人弄得一塌糊涂的工作：	A. 是的　B. 介于A、C之间　C. 不是的
67	当我非常高兴时，总有一种"好景不长"的感受：	A. 是的　B. 介于A、C之间　C. 不是的
68	在一般困难情境中，我总能保持乐观：	A. 是的　B. 不一定　C. 不是的
69	迁居是一件极不愉快的事：	A. 是的　B. 介于A、C之间　C. 不是的
70	年轻的时候，当我和父母的意见不同时：	A. 保留自己的意见　B. 介于A、C之间　C. 接受父母的意见
71	我希望把我的家庭：	A. 建设成适合自身活动和娱乐的地方　B. 介于A、C之间　C. 成为邻里交往活动的一部分

续表

题号	题　目	选　项
72	我解决问题时，多借助于：	A. 个人独立思考　B. 介于 A、C 之间 C. 和别人互相讨论
73	在需要当机立断时，我总是：	A. 镇静地运用理智　B. 介于 A、C 之间 C. 常紧张兴奋，不能冷静思考
74	最近在一两件事情上，我觉得我是无辜受累的：	A. 是的　B. 介于 A、C 之间　C. 不是的
75	我善于控制我的表情：	A. 是的　B. 介于 A、C 之间　C. 不是的
76	如果待遇相同，我愿做一个：	A. 化学研究工作者　B. 不确定 C. 旅行社经理
77	以"惊讶"与"新奇"搭配为例，认为"惧怕"与：	A. "勇敢"搭配　B. "焦虑"搭配 C. "恐怖"搭配
78	本题后面列出三个分数，哪一个数与其他两个分数不同类：	A. 3/7　B. 3/9　C. 3/11
79	不知为什么，有些人总是故意回避或冷淡我：	A. 是的　B. 不一定　C. 不是的
80	我虽然好意待人，但常常得不到好报：	A. 是的　B. 不一定　C. 不是的
81	我不喜欢争强好胜的人：	A. 是的　B. 介于 A、C 之间　C. 不是的
82	和一般人相比，我的朋友的确太少：	A. 是的　B. 介于 A、C 之间　C. 不是的
83	不在万不得已的情况下，我总是回避参加应酬性的活动：	A. 是的　B. 不一定　C. 不是的
84	我认为对领导逢迎得当比工作表现更重要：	A. 是的　B. 介于 A、C 之间　C. 不是的
85	参加竞赛时，我总是注重竞赛的活动，而不计较其成败：	A. 总是如此　B. 一般如此　C. 偶然如此
86	按照我个人的意愿，我希望做的工作是：	A. 有固定而可靠的工资收入 B. 介于 A、C 之间 C. 工资高低应随我的工作表现而随时调整
87	我愿意阅读：	A. 军事与政治的实事记载 B. 不一定 C. 富有情感的幻想的作品
88	我认为有许多人之所以不敢犯罪，其主要原因是怕被惩罚：	A. 是的　B. 介于 A、C 之间　C. 不是的

题号	题　目	选　项
89	我的父母从来不严格要求我事事顺从：	A. 是的　B. 不一定　C. 不是的
90	"百折不挠，再接再厉"的精神常常被人们忽略：	A. 是的　B. 不一定　C. 不是的
91	当有人对我发火时，我总是：	A. 设法使他镇静下来　B. 不太确定 C. 自己也会发起火来
92	我希望大家都提倡：	A. 多吃蔬菜以避免杀生　B. 不一定 C. 发展农业扑灭对农产品有害的动物
93	不论是在极高的屋顶上，还是在极深的隧道中，我很少感到胆怯不安：	A. 是的　B. 介于A、C之间　C. 不是的
94	只要没有过错，不管别人怎么说，我总能心安理得：	A. 是的　B. 不一定　C. 不是的
95	我认为凡是无法用理智来解决的问题，有时就不得不靠强权处理：	A. 是的　B. 介于A、C之间　C. 不是的
96	我在年轻的时候，和异性朋友交往：	A. 较多　B. 介于A、C之间　C. 较别人少
97	我在社团活动中，是一个活跃分子：	A. 是的　B. 介于A、C之间　C. 不是的
98	在人声嘈杂中，我仍能不受干扰，专心工作：	A. 是的　B. 介于A、C之间　C. 不是的
99	在某些心境下，我常常因为困惑陷入空想而将工作搁置下来：	A. 是的　B. 介于A、C之间　C. 不是的
100	我很少用难堪的语言去刺伤别人的感情：	A. 是的　B. 不太确定　C. 不是的
101	我更愿意做一名：	A. 商店经理　B. 不确定　C. 建筑师
102	"理不胜词"的意思是：	A. 理不如词　B. 理多而词少 C. 辞藻华丽而理不足
103	以"铁锹"与"挖掘"搭配为例，我认为"刀子"与：	A. "琢磨"搭配　B. "切割"搭配 C. "铲除"搭配
104	我在大街上，常常避开我所不愿意打招呼的人：	A. 很少如此　B. 偶然如此 C. 有时如此
105	当我聚精会神地听音乐时，假使有人在旁边高谈阔论：	A. 我仍能专心听音乐 B. 介于A、C之间 C. 不能专心而感到恼怒

续表

题号	题 目	选 项
106	在课堂上，如果我的意见与老师不同，我常常：	A. 保持沉默 B. 不一定 C. 表明自己的看法
107	我和异性交谈时，极力避免有关"性"的话题：	A. 是的 B. 介于A、C之间 C. 不是的
108	我在待人接物方面，的确不太成功：	A. 是的 B. 不完全这样 C. 不是的
109	每当做一件困难工作时，我总是：	A. 预先做好准备 B. 介于A、C之间 C. 相信到时候总会有办法解决的
110	在我结交朋友中，男女各占一半：	A. 是的 B. 介于A、C之间 C. 不是的
111	我在结交朋友方面：	A. 结识很多的人 B. 不一定 C. 维持几个深交的朋友
112	我愿意做一个社会科学家，而不愿做一个机械工程师：	A. 是的 B. 不太确定 C. 不是的
113	如果我发现别人的缺点，我常常不顾一切地提出指责：	A. 是的 B. 介于A、C之间 C. 不是的
114	我喜欢设法影响和我一起工作的同伴，使他们能协助我的计划，实现目标：	A. 是的 B. 介于A、C之间 C. 不是的
115	我喜欢做唱歌，或跳舞，或新闻采访等工作：	A. 是的 B. 不一定 C. 不是的
116	当人们表扬我的时候，我总觉得羞愧窘促：	A. 是的 B. 介于A、C之间 C. 不是的
117	我认为一个国家最需要解决的问题是：	A. 政治问题 B. 不太确定 C. 道德问题
118	有时我会无故地产生一种面临大祸的恐惧：	A. 是的 B. 有时如此 C. 不是的
119	我在童年时，害怕黑暗的次数：	A. 很多 B. 不太多 C. 几乎没有
120	在闲暇的时候，我喜欢：	A. 看一部历史性的探险小说 B. 不一定 C. 读一本科学性的幻想小说
121	当人们批评我古怪不正常时，我：	A. 非常气恼 B. 有些气恼 C. 无所谓
122	当来到一个新城市里找地址时，我常常：	A. 找人问路 B. 介于A、C之间 C. 参考地图
123	当朋友声明她要在家休息时，我总是设法劝说她同我一起到外面去玩：	A. 是的 B. 不一定 C. 不是的

题号	题　目	选　项
124	在就寝时，我常常：	A. 不易入睡　B. 介于A、C之间 C. 极易入睡
125	有人烦扰我时，我：	A. 能不露声色　B. 介于A、C之间 C. 总要说给别人听，以泄愤怒
126	如果待遇相同，我愿做一个：	A. 律师　B. 不确定　C. 航海员或飞行员
127	"时间变成了永恒"这是比喻：	A. 时间过得慢　B. 忘了时间 C. 光阴一去不复返
128	本题后面列出的哪一项应接在"×0000××000×××"的后面：	A. ×0×　B. 00×　C. 0××
129	我不论到什么地方，都能清楚地辨别方向：	A. 是的　B. 介于A、C之间　C. 不是的
130	我热爱我所学的专业和所从事的工作：	A. 是的　B. 不一定　C. 不是的
131	如果我急于想借朋友的东西，而朋友又不在家时，我认为不告而取也没有关系：	A. 是的　B. 介于A、C之间　C. 不是的
132	我喜欢给朋友讲述一些我个人有趣的经历：	A. 是的　B. 介于A、C之间　C. 不是的
133	我宁愿做一个：	A. 演员　B. 不确定　C. 建筑师
134	业余时间，我总是做好安排，不使时间浪费：	A. 是的　B. 介于A、C之间　C. 不是的
135	在和别人交往中，我常常会无缘无故地产生一种自卑感：	A. 是的　B. 介于A、C之间　C. 不是的
136	和不熟识的人交谈，对我来说：	A. 是一件难事　B. 介于A、C之间 C. 毫无困难
137	我所喜欢的音乐是：	A. 轻松活泼的　B. 介于A、C之间 C. 富有感情的
138	我爱想入非非：	A. 是的　B. 不一定　C. 不是的
139	我认为未来二十年的世界局势,定将好转：	A. 是的　B. 不一定　C. 不是的
140	在童年时，我喜欢阅读：	A. 战争故事　B. 不确定 C. 神话幻想故事
141	我向来对机械、汽车等感兴趣	A. 是的　B. 介于A、C之间　C. 不是的
142	即使让我做一个缓刑释放的罪犯的管理人，我也会把工作搞得很好：	A. 是的　B. 介于A、C之间　C. 不是的

续表

题号	题　目	选　项
143	我仅仅被认为是一个能够苦干而稍有成就的人而已：	A. 是的　B. 介于A、C之间　C. 不是的
144	就是在不顺利的情况下，我仍能保持精神振奋：	A. 是的　B. 介于A、C之间　C. 不是的
145	我认为节制生育是解决经济与和平问题的重要条件：	A. 是的　B. 不太确定　C. 不是的
146	在工作中，我喜欢独自筹划，不愿受别人干涉：	A. 是的　B. 介于A、C之间　C. 不是的
147	我相信"上司不可能没有过错，但他仍有权做当权者"：	A. 是的　B. 不一定　C. 不是的
148	我在工作和学习上，总是使自己不粗心大意，不忽略细节：	A. 是的　B. 介于A、C之间　C. 不是的
149	在和人争辩或险遭事故后，我常常表现出震颤，筋疲力尽，不能安心工作：	A. 是的　B. 介于A、C之间　C. 不是的
150	未经医生处方，我是从不乱吃药的：	A. 是的　B. 介于A、C之间　C. 不是的
151	根据我个人的兴趣，我愿意参加：	A. 摄影组织活动　B. 不确定 C. 文娱队活动
152	以"星火"与"燎原"搭配为例，我认为"姑息"与：	A. "同情"搭配　B. "养奸"搭配 C. "纵容"搭配
153	"钟表"与"时间"的关系犹如"裁缝"与：	A. "服装"　B. "剪刀"　C. "布料"
154	生动的梦境，常常干扰我的睡眠：	A. 经常如此　B. 偶然如此　C. 从不如此
155	我爱打抱不平：	A. 是的　B. 介于A、C之间　C. 不是的
156	如果我要到一个新城市，我将要：	A. 到处闲逛　B. 不确定 C. 避免去不安全的地方
157	我爱穿朴素的衣服，不愿穿华丽的服装：	A. 是的　B. 不太确定　C. 不是的
158	我认为安静的娱乐远远胜过热闹的宴会：	A. 是的　B. 不太确定　C. 不是的
159	我明知自己有缺点，但不愿接受别人的批评：	A. 偶然如此　B. 极少如此　C. 从不如此
160	我总是把"是，非，善，恶"作为处理问题的原则：	A. 是的　B. 介于A、C之间　C. 不是的

题号	题 目	选 项
161	当我工作时，我不喜欢有人在旁边参观：	A. 是的　B. 介于A、C之间　C. 不是的
162	我认为，故意为难一些有教养的人，如医生、教师，是一件有趣的事：	A. 是的　B. 介于A、C之间　C. 不是的
163	在各种课程中，我喜欢：	A. 语文　B. 不确定　C. 数学
164	那些自以为是、道貌岸然的人使我生气：	A. 是的　B. 介于A、C之间　C. 不是的
165	和循规蹈矩的人交谈：	A. 很有兴趣，并有所获得 B. 介于A、C之间 C. 他们的思想简单，使我太厌烦
166	我喜欢：	A. 有几个有时对我很苛刻但富有感情的朋友 B. 介于A、C之间　C. 不受别人的干扰
167	如果征求我的意见，我赞同：	A. 切实制止精神病患者和智力低下的人生育 B. 不确定　C. 杀人犯必须判处死刑
168	有时我会无缘无故地感到沮丧、痛苦：	A. 是的　B. 介于A、C之间　C. 不是的
169	当和立场相反的人争辩时，我主张：	A. 尽量找出基本概念的差异 B. 不一定　C. 彼此让步
170	我一向重感情而不重理智，因而我的观点常常动摇不定：	A. 是的　B. 不一定　C. 不是的
171	我的学习多赖于：	A. 阅读书刊　B. 介于A、C之间 C. 参加集体讨论
172	我宁愿选择一个工资较高的工作，不在乎是否有保障，而不愿做工资低固定工作：	A. 是的　B. 不一定　C. 不是的
173	在参加讨论时，我总是能先把握自己的立场：	A. 经常如此　B. 一般如此 C. 必要时才如此
174	我常常被一些无所谓的小事烦扰：	A. 是的　B. 介于A、C之间　C. 不是的
175	我宁愿住在嘈杂的闹市区，而不愿住在僻静的地区：	A. 是的　B. 不太确定　C. 不是的
176	下列工作如果任我挑选的话，我愿做：	A. 少先队辅导员　B. 不太确定 C. 修表工作
177	一人（　）事，人人受累：	A. 债　B. 愤　C. 喷

续表

题号	题 目	选 项
178	望子成龙的家长往往（ ）苗助长：	A.揠 B.堰 C.偃
179	气候的变化并不影响我的情绪：	A.是的 B.介于A、C之间 C.不是的
180	因为我对一切问题都有一些见解，所以大家都认为我是一个有头脑的人：	A.是的 B.介于A、C之间 C.不是的
181	我讲话的声音：	A.洪亮 B.介于A、C之间 C.低沉
182	一班人都认为我是一个活跃热情的人：	A.是的 B.介于A、C之间 C.不是的
183	我喜欢做出差机会较多的工作：	A.是的 B.介于A、C之间 C.不是的
184	我做事严格，力求把事情办得尽善尽美：	A.是的 B.介于A、C之间 C.不是的
185	在取回或归还所借的东西时，我总是仔细检查，看是否保持原样：	A.是的 B.介于A、C之间 C.不是的
186	我通常是精力充沛，忙碌多事：	A.是的 B.不一定 C.不是的
187	我确信我没有遗漏或漫不经心回答上面的任何问题：	A.是的 B.不确定 C.不是的

第2部分 计算原始分

根据16个因素所包含的题目，进行各因素原始分计算。

因素	名称	包含题目	计算方式	原始分
A	乐群性	3，26，27，51，52，76，101，126，151，176	3，52，101，126，176→选A得2分；26，27，51，76，151→选C得2分	
B	聪慧性	28，53，54，77，78，102，103，127，128，152，153，177，178	28，53，54，78，103，128，152→选B得1分；77，102，127，153→选C得1分；177，178→选A得1分	
C	稳定性	4，5，29，30，55，79，80，104，105，129，130，154，179	4，30，55，105，129，130，179→选A得2分；5，29，79，80，104，154→选C得2分	
E	恃强性	6，7，31，32，56，57，81，106，131，155，156，180，181	7，56，131，155，156，180，181→选A得2分；6，31，32，57，81，106→选C得2分	

因素	名称	包含题目	计算方式	原始分
F	兴奋性	8，33，58，82，83，107，108，132，133，157，158，182，183	33，58，132，133，182，183→选 A 得 2 分；8，82，83，107，108，157，158 → 选 C 得 2 分	
G	有恒性	9，34，59，84，109，134，159，160，184，185	59，109，134，160，184，185→选 A 得 2 分；9，34，84，159→选 C 得 2 分	
H	敢为性	10，35，36，60，61，85，86，110，111，135，136，161，186	10，36，110，111，136，186→选 A 得 2 分；35，60，61，85，86，135，161 → 选 C 得 2 分	
I	敏感性	11，12，37，62，87，112，137，138，162，163	11，12，37，112，138，163→选 A 得 2 分；62，87，137，162→选 C 得 2 分	
L	怀疑性	13，38，63，64，88，89，113，114，139，164	13，38，88，113，114，164→选 A 得 2 分；63，64，89，139→选 C 得 2 分	
M	幻想性	14，15，39，40，65，90，91，115，116，140，141，165，166	39，40，65，91，115，140→选 A 得 2 分；14，15，90，116，141，165，166 → 选 C 得 2 分	
N	世故性	16，17，41，42，66，67，92，117，142，167	17，42，117，142，167→选 A 得 2 分；16，41，66，67，92→选 C 得 2 分	
O	忧虑性	18，19，43，44，68，69，93，94，118，119，143，144，168	18，43，69，118，119，143，168 → 选 A 得 2 分；19，44，68，93，94，144→选 C 得 2 分	
Q_1	实验性	20，21，45，46，70，95，120，145，169，170	20，21，46，70，145，169→选 A 得 2 分；45，95，120，170→选 C 得 2 分	
Q_2	独立性	22，47，71，72，96，97，121，122，146，171	47，71，72，146，171→选 A 得 2 分；22，96，97，121，122→选 C 得 2 分	

因素	名称	包含题目	计 算 方 式	原始分
Q₃	自律性	23，24，48，73，98，123，147，148，172，173	48，73，98，147，148，173→选 A 得 2 分；23，24，123，172→选 C 得 2 分	
Q₄	紧张性	25，49，50，74，75，99，100，124，125，149，150，174，175	25，49，50，74，99，124，149，150，174→选 A 得 2 分；75，100，125，175→选 C 得 2 分	

第 3 部分 16 种个性因素剖面图

通过查询成人 16 种个性因素常模，获得标准分，绘制 16 种个性因素剖面图。

因素	原始分	标准分	名称	标准分									
				1	2	3	4	5	6	7	8	9	10
A			乐群性										
B			聪慧性										
C			稳定性										
E			恃强性										
F			兴奋性										
G			有恒性										
H			敢为性										
I			敏感性										
L			怀疑性										
M			幻想性										
N			世故性										
O			忧虑性										
Q₁			实验性										
Q₂			独立性										
Q₃			自律性										
Q₄			紧张性										

将每项因素所包括的测试题得分加起来，就是该项性格因素的原始得分。

分数解释与适宜职业：

1. 因素 A——乐群性

（1）高分者：开朗、热情、随和，易于建立社会联系，在集体中倾向于承担责任和担任领导之职，在职业中容易得到晋升。推销员、企业经理、教师、会计、社会工作者等多具有此种特质。

（2）低分者：保守、孤僻、严肃、退缩、拘谨、生硬。在职业上倾向于从事富于创造性的工作，如科学家（尤其是物理学家和生物学家）、艺术家、音乐家和作家。

2. 因素 B——聪慧性

（1）高分者：聪明，富有才识，善于抽象思考。学习能力强，思维敏捷。适宜经过专业训练后的工作，如高科技技术人员、专业客户经理等。

（2）低分者：较迟钝，思考能力差。适宜一些琐事性工作，如杂务工等。

3. 因素 C——稳定性

（1）高分者：情绪稳定、成熟，能够面对现实，在集体中较受尊重。容易与别人合作，多倾向于从事技术性、管理性，以及飞行员、护士、研究人员、运动员等工作。

（2）低分者：情绪不稳定、幼稚、意气用事。当事业和爱情受挫时情绪沮丧，不易恢复。多倾向于从事会计、办事员、艺术家、售货员等职业。

4. 因素 E——恃强性

（1）高分者：武断、盛气凌人、争强好胜、固执己见。有时表现出反传统倾向，不循规蹈矩，在集体活动中有时不遵守纪律。社会接触较广泛。在学校学习期间，学习成绩一般或稍差。在大学期间可能表现出较强的数学能力。创造性和研究能力较强，经商能力稍差。在职业上，倾向于管理人员、艺术家、工程师、心理学家等。

（2）低分者：谦卑、温顺、随和、惯于服从。职业选择倾向于咨询顾问、医生、办事员。

5. 因素 F——兴奋性

（1）高分者：轻松、愉快、逍遥、放纵，社会联系广泛，在集体中较引人注目。在职业上，倾向于运动员、经商者、空乘人员等。

（2）低分者：节制、自律、严肃、沉默寡言。学术活动能力比社会活动能力强一些。职业上倾向于会计、行政人员、教授、科研人员等。

6. 因素 G——有恒性

（1）高分者：真诚、重良心、有毅力、执着、道德感强，孝敬、尊重父母。工作勤奋，睡眠较少，在直接接触的小群体中会自然而然地成为领导性人物。在职业上倾向于会计、百货经营经理等。

（2）低分者：自私、唯利是图、不讲原则、不守规则、不尊重父母、对异性较随便、缺乏社会责任感。在职业上倾向于艺术家、作家、记者等。

7. 因素 H——敢为性

（1）高分者：冒险、不可遏制，在社会行为方面胆大妄为，副交感神经占支配地位。在职业上倾向于竞技体育运动、音乐工作者等。

（2）低分者：害羞、胆怯、易受惊。交感神经占支配地位。在职业上倾向于编辑人员、农业技术人员。

8. 因素 I——敏感性

（1）高分者：细心、敏感、依赖性强，遇事优柔寡断，缺乏自信。在职业上倾向于美术工作者、行政人员、社会科学家、社会工作者、编辑等。

（2）低分者：粗心、自立、现实。喜爱参加体育活动，通常身体较健康；遇事果断、自信。职业上倾向于工程师、电气技师、警察等。

9. 因素 L——怀疑性

（1）高分者：多疑、戒备，不易受欺骗，易困，多睡眠。在集体中与他人保持距离，缺乏合作精神。职业上倾向于编辑、管理人员、创造性科学研究人员等。

（2）低分者：真诚、合作、宽容、容易适应环境，在集体中容易与人形成良好的关系。职业上倾向于会计、炊事员、电气技师、机械师、生物学家、物理学家等。

10. 因素 M——幻想性

（1）高分者：富于想象，生活豪放不羁，对事漫不经心，通常在中学毕业后努力争取继续学习而不是早早就业。在集体中不太被人们看重，不修边幅，不重整洁，粗枝大叶。经常变换工作，不易晋升。具此种特质的人大多属于艺术家。

（2）低分者：现实、脚踏实地、处事稳妥、具忧患意识、办事认真谨慎。宜从事交通警察、机场地勤等。

11. 因素 N——世故性

（1）高分者：机敏、狡黠、圆滑、世故，人情练达，善于处世。在社会中容易取得较好的地位，善于解决疑难问题，在集体中受到人们的重视。职业上倾向于心理学家、企业家、商人等。

（2）低分者：直率、坦诚、不加掩饰、不留情面，有时显得过于刻板，不为社会所接受，在社会中不易取得较高地位。职业上倾向于艺术家、汽车修理工、矿工、厨师、警卫等。

12. 因素 O——忧虑性

（1）高分者：忧郁、自责、缺乏安全感，焦虑、不安、自扰、杞人忧天。朋友较少，在集体中既无领袖欲望，亦不被推选为领袖。常对环境进行抱怨，牢骚满腹。害羞、不善言辞、爱哭。职业上倾向于艺术家、农工等。

（2）低分者：自信、心平气和、坦然、宁静，有时自负、自命不凡、自鸣得意，容易适应环境，知足常乐。职业上倾向于竞技体育运动员、行政人员、物理学家、机械师等。

13. 因素 Q_1——实验性

（1）高分者：好奇、喜欢尝试各种可能性，思想自由、开放、激进，接近进步的政治党派。对宗教活动不够积极，身体较健康，在家庭中较少大男子主义。职业倾向于艺术家、作家、会计、工程师、教授等。

（2）低分者：保守、循规蹈矩、尊重传统。职业倾向于运动员、机械师、军官、音乐家、商人、警察、厨师、保姆等。

14. 因素 Q_2——独立性

（1）高分者：自信、有主见、足智多谋。遇事勇于自己做主，不依赖他人，不推诿责任。职业上倾向于创造性工作，如艺术家、工程师、科学研究人员、教授、作家等。

（2）低分者：依赖性强，缺乏主见，在集体中经常是一个随波逐流的人，对于权威是一个忠实的追随者。职业上倾向于厨师、保姆、护士、社会工作者等。

15. 因素 Q_3——自律性

（1）高分者：较强的自制力，较准确的意志力，较坚定地追求自己的理想，有良好的自我感觉和自我评价。在集体中，可以提出有价值的建议。职业上倾向于大学行政领导、飞行员、科学家、电气技师、警卫、机械师、厨师、物理学家等。

（2）低分者：不能自制、不遵守纪律、松懈、随心所欲、为所欲为、漫不经心、不尊重社会规范。职业上倾向于艺术家等。

16. 因素 Q_4——紧张性

（1）高分者：紧张、有挫折感、经常处于被动局面、神经质、不自然、做作。在集体中很少被选为领导，通常感到不被别人尊重和接受，经常自叹命薄。职业倾向于农业工人、售货员、作家、记者等。

（2）低分者：放松、平静、不敏感、有时反应迟钝。很少有挫折感，遇事镇静自若。职业倾向于空乘人员、海员、地理学家、物理学家等。

课堂练习

我的职业性格类型

借助测评工具，完成职业性格测试。

1. 我的职业性格测试结果是：

2. 我觉得测得准的部分是：

3. 有测不准的部分吗？是哪些？实际的特点是怎样的？

4. 测评中是否有对于相应职业性格所从事职业的推荐？哪些与你所学专业相近？哪些你觉得有兴趣？

第三节 性格与职业选择

一、性格与职业的匹配

1.性格对职业满意度的影响

职业满意度是指个体在工作中感受到的满足和愉悦的程度。大量研究表明，性格对职业满意度有着深远的影响，不同的性格特质使个体在面对同样的职业环境和工作任务时表现出不同的反应和态度。因此，了解自己的性格特质并选择与之匹配的职业，可以显著提高职业满意度。

我们不妨从大五人格（big five personality traits）的角度来看，这是现代心理学中广泛接受和应用的一种性格理论。大五人格特质分别是外向性（extraversion）、情绪稳定性（emotional stability，也称神经质 neuroticism 的反面）、开放性（openness to experience）、宜人性（agreeableness）和尽责性（conscientiousness）。这些特质在个体的职业满意度中扮演着重要角色。

外向性高的人通常在需要频繁社交和团队合作的职业中感到满意。他们充满活力，喜欢与人互动，适合从事销售、公关、客户服务等职业。相反，内向性高的人更倾向于独立工作，他们在研究、编程、写作等独立性强的职业中感到满意。

情绪稳定性高的人在面对压力和挑战时能够保持冷静和理智，他们从事在高压环境中工作的职业，通常表现出色并感到满意，如急诊医生、消防员和企业高管。而神经质高的人容易在压力下感到焦虑和不安，他们可能更适合稳定且压力较小的职业，如行政助理、文秘等。

开放性高的人富有创造力和好奇心，他们在需要创新和变化的职业中感到满意，如艺术、设计、科研等。他们喜欢探索新事物，愿意接受新的观点和想法。而开放性低的人则更喜欢稳定和结构化的工作环境，如会计、律师等，他们在这些环境中感到安全和舒适。

宜人性高的人善于合作，富有同情心，他们在需要团队合作和帮助他人的职业中感到满意，如教育、医疗、社会工作等。他们乐于助人，重视人际关系。而宜人性低的人更倾向于独立和竞争性的工作环境，如律师、销售等，他们在这些环境中感到更自在和有动力。

尽责性高的人有责任心，注重细节，他们在需要高效和精确的职业中感到满意，如工程、财务、管理等。他们自律、可靠，能够按时完成任务。而尽责性低的人可能更适合灵活性较高的职业，如创意设计、广告等，他们在这些环境中能自由地发挥创意和创新能力。

2. 性格适配性与职业成功的关系

性格特质不仅影响职业满意度，还与职业成功有着重要的关系。职业成功通常体现在个人职业发展的各个方面，包括职位晋升、薪资水平、职业成就和个人满意度等。性格与职业的匹配程度越高，个体在职业中取得成功的可能性就越大。

外向性高的人在社交和团队合作中表现出色，他们往往能够建立广泛的人际网络，获得更多的职业机会和资源，从而在职业发展中容易取得成功。例如，一个外向性高的销售人员，能够通过广泛的人际交往和客户关系，获得更多的销售机会并提升业绩。

情绪稳定性高的人在面对压力和挑战时能够保持冷静和理智，他们在高压环境中表现出色，往往能够获得更高的职位和更多的信任。例如，一个情绪稳定的急诊医生，能够在紧急情况下迅速做出准确的判断和处理，从而赢得同事和患者的信任和尊重。

开放性高的人在需要创新和变化的职业中表现出色，他们的创造力和好奇心使他们能够在技术研发、市场策划和艺术创作等领域取得成功。例如，一个开放性高的科技研发人员，能够不断创新和改进产品，从而推动公司的技术进步和提高市场竞争力。

宜人性高的人在需要团队合作和帮助他人的职业中表现出色，他们的同情心和合作精神使他们能够在教育、医疗和社会工作等领域取得成功。例如，一个宜人性高的教师，能够通过关爱和支持学生，帮助他们取得学业上的进步和个人成长。

尽责性高的人在需要高效和精确的职业中表现出色，他们的责任心和自律性使他们能够在财务、工程和管理等领域取得成功。例如，一个尽责性高的财务经理，能够通过精确的财务分析和报告，帮助公司做出准确的财务决策，从而提高公司的经营效益和管理水平。

总的来说，性格与职业匹配程度直接影响职业满意度和职业成功。通过了解自己的性格特质，并选择与之匹配的职业方向，个体可以在职业生涯中取得更高的满意度和成就。性格不仅影响职业选择，还在职业发展以及对职业成功起着至关重要的作用。通过科学的性格测评工具和理论，个体可以更好地了解自己的性格特质，找到适合自己的职业方向，并在职业生涯中不断发展和提升，实现职业成功和个人成长。

二、职业类型与性格特征

（一）各职业类型适合的性格特征

不同的职业类型对从业者的性格特征有不同的要求。了解职业类型与性格特征的匹配关系，有助于个体在职业选择中做出更明智的决策，从而提高职业满意度和成功率。以下介绍一些主要职业类型及其适合的性格特征。

1. 管理类职业

管理类职业包括企业管理、项目管理、人力资源管理等。这类职业通常要求从业者具备较强的领导能力、决策能力和沟通能力。因此，适合管理类职业的性格特征包括：

外向性（extraversion）。外向性高的人在社交和团队合作中表现出色，善于与他人沟通和协调，适合担任管理者。

情绪稳定性（emotional stability）。情绪稳定性高的人能够在压力下保持冷静和理智，做出明智的决策。

尽责性（conscientiousness）。尽责性高的人有责任心，注重细节，能够高效地管理和组织工作。

2. 创意类职业

创意类职业包括艺术、设计、广告等。这类职业通常要求从业者具备丰富的创造力和想象力。因此，适合创意类职业的性格特征包括：

开放性（openness to experience）。开放性高的人富有创造力和好奇心，喜欢探索新事物和新观点，适合从事创意工作。

敏感性（sensitivity）。敏感性高的人情感细腻，能够捕捉到微妙的情感和美感，在艺术和设计领域表现出色。

3. 科研类职业

科研类职业包括科学研究、数据分析、实验开发等。这类职业通常要求从业者具备较强的逻辑思维和分析能力。因此，适合科研类职业的性格特征包括：

聪慧性（reasoning）。聪慧性高的人具备较强的分析和解决问题的能力，适合从事科研工作。

尽责性（conscientiousness）。尽责性高的人有责任心，能够专注于长期的研究工作。

4. 教育类职业

教育类职业包括教师、培训师、辅导员等。这类职业通常要求从业者具备较强的沟通能力和耐心。因此，适合教育类职业的性格特征包括：

外向性（extraversion）。外向性高的人善于与学生沟通和互动，能够活跃课堂气氛。

宜人性（agreeableness）。宜人性高的人富有同情心和合作精神，能够关心和支持学生的发展。

5. 医疗类职业

医疗类职业包括医生、护士、心理咨询师等。这类职业通常要求从业者具备较强的同情心和责任心。因此，适合医疗类职业的性格特征包括：

宜人性（agreeableness）。宜人性高的人富有同情心和合作精神，能够关心和照顾患者。

情绪稳定性（emotional stability）。情绪稳定性高的人能够在高压环境中保持冷静，做出准确的判断和治疗。

6. 销售类职业

销售类职业包括销售代表、客户经理、市场推广等。这类职业通常要求从业者具备较强的沟通能力和说服力。因此，适合销售类职业的性格特征包括：

外向性（extraversion）。外向性高的人善于与客户沟通，能够建立良好的人际关系。

敢为性（social boldness）。敢为性高的人自信大胆，能够积极推销产品和服务。

（二）性格对工作环境偏好的影响

除了职业类型与性格特征的匹配，性格还对个体的工作环境偏好有着重要影响。不同性格特质的人在不同的工作环境中会有不同的表现和感受。

外向性高的人通常喜欢活跃、充满互动的工作环境；内向性高的人则更倾向于安静、独立的工作环境。情绪稳定性高的人能够在高压环境中保持冷静和理智，因此，他们在需要快速决策和应对挑战的环境中表现出色；情绪稳定性低（神经质高）的人则更适合稳定、压力较小的工作环境。开放性高的人喜欢新颖、变化多端的工作环境；开放性低的人则更倾向于结构化、规范化的工作环境。宜人性高的人喜欢和谐、合作的工作环境；宜人性低的人则更倾向于竞争性强、独立工作的环境。尽责性高的人喜欢有目标、有计划的工作环境；尽责性低的人则更倾向于灵活、自由的工作环境。

总的来说，性格特质不仅影响职业选择，还对个体的工作环境偏好有着重要影响。通过了解自己的性格特质和工作环境偏好，个体可以选择更适合自己的职业和工作环境，从而提高职业满意度和工作效率。性格与职业类型和工作环境的匹配，是实现职业成功和个人成长的重要因素。

课堂练习

乔哈里视窗——了解多维度的自己

乔哈里视窗

目标：从不同的角度了解自己的性格与特质。

流程：

1. 请试着用三句话来描述你自己的特质，并写在下面。

（1）我是_____。

（2）我是_____。

（3）我是_____。

2. 找一位你的亲朋好友，请他列举你的三个特质，并和他一起讨论你自己所写下的特质，看看你的亲朋好友对你的看法与你对自己的看法有些什么异同。

3. 引导讨论

（1）我的亲朋好友认为我是：

举例说明：

（2）我的发现是：

第四节　性格发展与职业影响

一、性格的可塑性及影响因素

性格是个体在行为、情感、认知和动机等方面的稳定特征，但这并不意味着性格是完全固定和不可改变的。事实上，现代心理学研究表明，性格具有一定的可塑性。在特定的条件下，通过有意识的努力和环境的影响，个体的性格特质可以发生显著变化。

性格变化的可能性可以从生命周期的角度来理解。研究发现，个体在不同的生命阶段会经历不同的性格变化。例如，儿童和青少年的性格较为可塑，随着年龄的增长和社会经验的积累，他们的性格会逐渐稳定和成熟。成人的性格虽然相对稳定，但在重大生活事件、职业变化或深刻的个人体验的影响下，仍然可能发生变化。

影响性格变化的因素复杂多样，包括遗传因素、早期经验、社会环境、个人努力、职业发展、教育和培训、重大生活事件和人际关系等。

1. 遗传因素

遗传因素在性格形成中起着重要作用。研究表明，遗传对性格特质的影响占40% ～ 60%。这意味着，有些性格特质，如外向性、情绪稳定性等，可能具有较强的遗传基础，不易在短时间内发生显著变化。

2. 早期经验

早期经验对性格发展有深远的影响。童年时期的家庭环境、教育方式和亲子关系等都会影响个体的性格特质。例如，成长在支持性和鼓励性的家庭环境中的孩子，往往具有较高的自尊和情绪稳定性。相反，经历过创伤或缺乏关爱的孩子，可能会表现出更多的情绪不稳定和焦虑。

3. 社会环境

社会环境是影响性格变化的重要因素之一。社会文化、教育背景、职业环境和人际关系等都会对个体的性格产生影响。例如，不同文化背景下，人们对外向性和内向性的看法和期望可能不同，这会影响个体的行为方式和性格发展。

4. 个人努力

个人努力在性格变化中起着关键作用。尽管遗传因素和早期经验对性格有着深远的影响，但个体通过有意识的努力和行为改变，仍然可以实现性格的积极转变。心理学家指出，个体在面对性格上的挑战时，可以通过设定目标、自我反思、学习新技能和寻求支持等方式，逐渐改变不适应的性格特质。例如，一个容易感到焦虑的人，可以通过学习放松技巧、进行认知重构和增加自信心来提高情绪稳定性。

5. 职业发展

职业发展也对性格变化有显著影响。在职业生涯中，个体不断面临新的挑战和机遇，需要适应不同的工作角色和环境，这种适应过程会促使个体发展新的性格特质。例如，一个在管理岗位上的人，需要提高自己的领导能力和决策能力，从而变得更加果断和自信。一个在创意岗位上的人，需要不断激发自己的创造力和想象力，从而变得更加开放和创新。

6. 教育和培训

教育和培训是促进性格变化的重要手段。通过系统的教育和培训，个体可以学到新的知识和技能，改变自己的行为模式和思维方式，从而促进性格的积极发展。例如，心理辅导和情绪管理培训可以帮助个体提高自己的情绪调节能力和应对压力的能力，从而变得情绪更加稳定。

7. 重大生活事件

重大生活事件对性格变化有着深远的影响。婚姻、离婚、失业、移民等重大生活事件，会对个体的性格产生深刻影响。例如，婚姻可以提高个体的情绪稳定性和责任感，而离婚可能导致个体的情绪不稳定和焦虑。失业和移民等事件，会促使个体重新审视自己的生活和职业目标，从而产生性格上的变化。

8. 人际关系

人际关系也是影响性格变化的重要因素。通过与他人的互动和交流，个体可以学到新的行为模式和应对策略，从而促进性格的积极发展。例如，良好的朋友和家庭关系，可以提供情感支持和安全感，帮助个体提高情绪稳定性和自信心。职场中的导师和同事，可以提供职业指导和经验分享，帮助个体提高职业技能和领导能力。

总的来说，性格虽然具有稳定性，但在特定的条件下，通过有意识的努力和环境的影响，个体的性格特质可以发生显著变化。通过了解影响性格变化的因素，个体可以采取积极的措施，促进性格的积极转变，从而实现职业成功和个人成长。

二、职业环境对性格的影响

（一）工作经验如何塑造性格

职业环境和工作经验对性格的塑造具有深远的影响。人在不同的职业环境中，通过不断地实践和学习，会逐渐发展出新的性格特质，并调整原有的性格特质以适应职业需求。

首先，工作中的角色要求会影响个体的性格发展。不同的职业角色对个体的行为和思维方式有不同的要求。例如，管理岗位要求个体具备较强的领导能力和决策能力，因此，从事管理工作的人会逐渐变得更加自信和果断。相反，从事技术研发工作的人，则需要具备较强的分析能力和细致的工作态度，他们会逐渐发展出更强的逻辑思维和更多的耐心。

工作中的社交互动也是塑造性格的重要因素。在团队合作和人际交往中，个体需要不断调整自己的行为和沟通方式，以适应团队和组织的需求。例如，在销售岗位上，个体需要频繁与客户沟通，逐渐提高自己的外向性和社交能力。而在科研岗位上，个体则更多地与同事进行学术交流，发展出更强的批判性思维，提升学术严谨性。

工作中的成就和压力也会影响性格的发展。个体在工作中取得成就，会增强自信心和积极性，促进性格的积极转变。例如，一个在项目中取得成功的工程师，会变得更加自信以及更有进取心。相反，长期的工作压力和挫折感，可能会导致个体产生焦虑和抑郁，影响情绪稳定性。

职业环境中的文化和价值观也会对性格产生影响。不同组织和行业的文化氛围和价值观会潜移默化地影响个体的行为和思维方式。例如，在高科技企业中，创新和快速反应是重要的文化价值，员工会逐渐发展出更强的创新能力和应变能力。而在传统制造业中，稳健和细致是重要的文化价值，员工则会发展出更强的责任心和细致的工作态度。

职业培训和继续教育是塑造性格的重要手段。通过系统的职业培训和继续教育，个体可以学到新的知识和技能，调整和发展自己的性格特质。例如，领导力培训可以帮助个体提高沟通能力和团队合作能力，变得更加外向和自信。

（二）职业挑战与性格成长

职业挑战是性格成长的重要动力。在职业生涯中，个体会不断面临新的挑战和机遇，这些挑战和机遇促使个体不断调整和发展自己的性格特质，以适应变化的职业环境和角色要求。

首先，职业挑战可以促进个体的自我认识和反思。在面对职业挑战时，个体需要深入了解自己的优势和劣势，调整自己的行为和思维方式。其次，职业挑战可以激发个体的潜能和创造力。在解决复杂问题和应对未知挑战时，个体需要发挥自己的创造力和潜能，发展出新的性格特质。再次，应对职业挑战可以增强个体的抗压能力和情绪调节能力。在高压和紧急情况下，个体需要保持冷静和理智，做出明智的决策。此外，职业挑战还可以提升个体的责任感和自律性。在承担重要职责和完成关键任务时，个体需要高度的责任感和自律性。最后，职业挑战可以增强个体的适应能力和灵活性。在面对多变的职业环境和工作要求时，个体需要不断调整和适应，发展出更强的适应能力和灵活性。

总的来说，职业环境和工作经验对性格的塑造具有深远的影响，职业挑战是性格成长的重要动力。

课堂练习

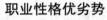

职业性格优劣势

请将一只手掌放在纸张空白处，在纸张上画下你的手掌形状。根据纸张上的手指长短，在手指处相应地写下你性格的优势或劣势。

与同伴分享以下问题：

1. 你性格上的长处如何使你受益？

2. 你在生活中要怎么更好地发挥你的性格优势？

3. 你性格上的不足之处要如何改进或如何降低它的不利影响？

4. 这些性格特点适合专业相关行业的哪些岗位？如果想从事其他行业，你的性格适合做什么工作？

第五节 性格探索的实际应用与案例分析

一、实用指南：性格探索优化职业路径

（一）性格适应性策略

在职业发展的过程中，性格适应性策略能够帮助个体更好地应对职业挑战，提升工作效率和职业满意度。以下是几种常见的性格适应性策略，可以帮助个体在职业生涯中实现自我优化。

1. 自我认识与反思

自我认识是性格适应的第一步。通过各种性格测评工具，如 16PF、大五人格测试，个体可以深入了解自己的性格特质，发现自己的优势和劣势。自我反思则是不断审视自己的行为和思维方式，找出需要改进的地方。例如，一个内向的人可以通过反思自己的社交障碍，逐步尝试在团队合作中发挥更积极的作用。

2. 学习和发展

学习和发展是性格适应的重要途径。个体可以通过参加培训课程、工作坊和研讨会，不断提升自己的技能和知识，适应不同的职业需求。例如，一个情绪不稳定的人可以通过情绪管理和压力应对培训，提高自己的情绪稳定性和抗压能力，从而在高压环境中表现出色。

3. 建立支持系统

建立良好的支持系统对于性格适应至关重要。支持系统包括家庭、朋友、同事和导师等。在职业生涯中，个体可以通过寻求他人的支持和指导，获得情感上的安慰和专业上的帮助。例如，一个在职业转型期感到困惑的人，可以寻求导师的建议和指导，找到适合自己的职业方向。

4. 行为调整和实践

行为调整和实践是性格适应的关键步骤。个体可以通过有意识地改变自己的行为模式，逐步适应新的职业环境和角色要求。例如，一个缺乏自信的人可以通过模拟练习和公众演讲，不断提高自己的表达能力和自信心，从而在职场中表现得更加自信和果断。

5. 设定目标和计划

设定明确的职业目标和计划有助于性格适应。个体可以根据自己的性格特质和职业需求，制订具体的职业发展目标和行动计划。例如，一个具有强烈责任感和尽责性的人，可以设定目标成为项目经理，并制订详细的职业发展计划，不断提升自己的管理能力和专业知识。

（二）长期职业规划中的性格考量

长期职业规划是职业发展的重要环节，性格特质在其中起着关键作用。通过科学的性格测评和分析，个体可以在职业规划中充分考虑自己的性格特质，找到最适合自己的职业方向和发展路径。

1. 确定职业兴趣和价值观

职业兴趣和价值观是长期职业规划的重要依据。个体可以通过性格测评工具，如霍兰德职业兴趣测验，了解自己的职业兴趣类型和价值观。例如，一个重视创造力和自由度的人，可能会更倾向于选择创意和艺术类职业，而不是结构化和规章严格的职业。

2.分析职业需求与性格匹配

在长期职业规划中，分析职业需求与性格匹配至关重要。个体可以根据自己的性格特质，选择与之匹配的职业类型。例如，一个外向性高的人，可能更适合从事需要频繁社交和团队合作的职业，如销售、市场营销等。而一个内向性高的人，则可能更适合独立性强的职业，如编程、写作等。

3.制订个性化的职业发展路径

根据性格特质和职业需求，制订个性化的职业发展路径，有助于实现职业目标和提升职业满意度。个体可以结合自己的性格特点，设定短期和长期的职业目标，并制订具体的行动计划。例如，一个情绪稳定性高的人，可以设定目标在高压环境中不断提升自己的领导能力和决策能力，从而逐步晋升为管理层。

4.适应职业环境和角色变化

在职业发展过程中，个体需要不断适应职业环境和角色变化。通过性格测评和分析，个体可以更好地理解自己在不同职业环境中的表现，并采取相应的适应策略。例如，一个在稳定环境中表现出色的人，可能需要在面对变化和挑战时，提升自己的适应能力和应变能力，以应对职业角色的变化。

5.发展核心技能和能力

在长期职业规划中，发展核心技能和能力是实现职业目标的重要途径。个体可以根据自己的性格特质，确定需要提升的核心技能和能力，并通过持续学习和实践，不断发展和完善自己。例如，一个尽责性高的人，可以重点发展自己的项目管理能力和专业技术，从而在职业发展中获得更多的机会和成就。

6.持续自我评估和调整

长期职业规划是一个动态的过程，个体需要不断进行自我评估和调整。通过定期的性格测评和反思，个体可以及时发现自己的变化和发展，调整职业目标和计划，确保职业规划的有效性和可行性。例如，一个在职业生涯中发现自己对新的领域产生兴趣的人，可以根据自己的性格特质和职业需求，调整职业发展方向，寻找新的职业机会。

总的来说，性格探索在职业路径优化中具有重要作用。通过科学的性格测评和分析，个体可以深入了解自己的性格特质，制订个性化的职业发展目标和计划，不断适应职业环境和角色变化，发展核心技能和能力，实现职业成功和个人成长。通过性格适应性策略和长期职业规划中的性格考量，个体可以在职业生涯中找到最适合自己的发展路径，提升职业满意度和成就感。

二、案例分析：性格改变促进职业转型

在现代职场中，性格的变化和调整对职业发展的影响日益显著。以下通过几个具体案例，探讨性格变化如何促进职业转型，以及个体在这一过程中所经历的挑战和成长。

◆ 案例 3-1

李华（化名）毕业于一所著名的理工大学，主修计算机科学。毕业后，他顺利进入一家大型科技公司，担任软件工程师。作为一个典型的内向性格者，李华喜欢独立工作，擅长编写代码和解决技术难题。然而，随着职业生涯的发展，李华发现自己的性格特质在团队合作和项目管理中存在一些障碍。

在公司的鼓励下，李华参加了一系列的沟通技巧和领导力培训课程。通过这些培训，他逐渐提高了自己的社交能力和团队合作意识。李华开始主动与同事沟通，参与团队讨论，并在项目中担任更多的协调和管理角色。他还通过不断实践，学会了如何在公众场合表达自己的观点和想法。

几年的努力和积累，李华的性格发生了显著变化，从一个内向的技术专家转变为一个外向的销售经理。他在公司内部成功转岗，负责销售部门的技术支持和客户沟通工作。这个职业转型不仅让李华的职业道路更加多元化，也提高了他的职业满意度和成就感。

◆ 案例 3-2

张强（化名）是一家大型企业的财务专员，性格谨慎、保守，喜欢按照既定的规则和程序工作。尽管他的工作表现一直很出色，但张强总觉得缺乏挑战和激情。他渴望改变，寻找一种能够发挥自己潜力的新职业。

一次偶然的机会，张强接触到了创业培训课程。他决定尝试一下，报名参加了创业课程，学习如何制订商业计划、进行市场营销和管理团队。通过这些课程，张强逐渐培养了自己的创新思维和冒险精神。他开始主动寻找市场机会，并尝试将自己的创意转化为商业项目。

经过一段时间的准备，张强决定辞去稳定的工作，创办一家科技初创公司，专注于开发创新的移动应用程序。虽然创业初期面临许多挑战和困难，但张强凭借坚定的信念和不断的努力，逐渐克服了这些困难。他的公司在市场上获得了一定的认可和成功，张强也从一个保守的财务专员转变为一个充满活力和创新精神的创业者。

◆ **案例 3-3**

李明（化名）是一名机械工程师，性格拘谨，喜欢按照既定的技术规范和标准工作。他的工作态度严谨，技术水平高，但在应对变化和创新方面显得较为保守。

为了适应不断变化的市场需求和技术进步，李明决定提升自己的创新能力。他参加了企业内部的创新培训课程，学习如何激发创意和推动技术创新。通过培训和实际操作，李明逐渐掌握了创新的方法和技巧，并开始在工作中尝试新的技术和解决方案。

李明的努力得到了公司的认可，他被提拔为技术创新顾问，负责推动公司的技术创新和产品开发工作。在新的岗位上，李明变得更加开放和灵活，能够迅速适应市场变化和技术进步。他不仅带领团队开发出多项具有市场竞争力的新产品，还推动了公司的技术进步和业务发展。

这些案例表明，性格的变化和调整在职业转型中起着重要作用。通过有意识的努力和学习，个体可以克服性格上的限制，发展新的性格特质，适应不同的职业角色和环境。这些成功的职业转型不仅提升了个体的职业满意度和成就感，也为他们的职业生涯带来了新的机遇。

总的来说，性格的改变和调整在职业转型中具有重要意义。通过学习和实践，个体可以实现性格的积极变化，找到更适合自己的职业方向，提升职业满意度和成就感。性格探索和发展是一个持续的过程，在这个过程中，个体需要不断反思和调整，以应对职业生涯中的各种挑战和机遇。

本章思考

1. 如何通过性格测评工具准确识别自己的性格特质，从而在职业选择中做出更明智的决策？

2. 在面对职业环境中的压力和挑战时，个体如何通过自我反思和行为调整，提高适应能力？

3. 在制订长期职业规划时，个体应如何综合考虑性格特质和职业需求，确保职业路径的科学性和可行性？

第四章 能力的自我探索

本章概要

1. 理解能力：介绍能力的含义、能力的结构理论和影响能力发展的因素。

2. 理解职业能力：探讨职业能力的内涵、作用和分类，帮助个体明确职业方向，提升职业素质。

3. 职业能力的测评与提升：介绍自我评估、成就故事撰写和能力清单梳理等测评工具，总结职业能力提升方法。

4. 技能识别与职业发展：探讨技能的定义、分类、获得与应用，帮助个体识别和提升自身的专业知识技能、自我管理技能及可迁移技能，了解职业对技能的要求。

开篇故事

你的能力能让你走多远？

小宇是一个从小就聪颖的孩子。在学校里，他成绩一直名列前茅，尤其擅长数学和其他各类理科，因此常被老师和同学称为"天才少年"。他也对自己满怀信心，觉得凭借自己的智力优势，将来无论做什么都能轻而易举地获得成功。这样的自信让他在进入大学时选择了自己最擅长的计算机专业，并梦想毕业后成为一名顶尖的软件工程师。

然而，当大学生活真正开始时，小宇发现实际情况远比他想象得复杂。在课堂上，他仍然对计算机知识驾轻就熟，但在团队合作、项目协调、时间管理等方面，他开始频频遇到困难。一次课程作业需要小组合作，他负责编写主要代码，却因不愿与他人讨论设计思路，导致代码与整体架构严重不匹配，项目几乎被判不及格。在另一门课程的项目中，他因为不懂得如何合理分配时间而导致任务进度一拖再拖，最终草草了事。团队成员多次向他表达不满，但小宇固执地认为这只是别人不理解他的方法。

这些经历让小宇逐渐感到困惑和不安，他开始意识到自己缺乏团队合作、沟通、时间管理等关键技能，难以在实际工作中与他人顺利配合。一次与学长的谈话让他茅塞顿开。学长告诉他："技术确实重要，但它只是你这只'木桶'的一块木板，不能单靠它来装满水。团队合作、沟通、时间管理、情商等能力是其他的木板，如果它们太短，你的'木桶'永远装不满水。"

从此，小宇开始积极培养自己的软技能。为了提高团队合作能力，他主动参与学校的志愿者组织，并尝试成为团队负责人，学会了如何调配不同成员的优势。为了改善沟通技巧，他积极参加社交活动，与老师和同学建立更多联系。他还专门学习了时间管理技巧，将学业、项目、社交等任务分配得更科学合理。经过一段时间的努力，小宇的团队合作和沟通技能大幅提升，项目也不再因进度问题而草草收场。

毕业时，小宇的技术实力得到了全面发挥，同时软技能的提升使他在求职市场上如鱼得水。他不仅成功入职一家知名科技公司，还迅速被提拔为团队的核心成员，负责领导重要项目。如今，小宇深知能力不仅限于专业技术，软技能同样重要，是决定我们这只"木桶"能装多少水的关键因素。通过不断完善自己的各项能力，他的木桶能够盛更多的水，承载他走得更远。

第一节　能力

一个青年，如果从不肯竭尽全力来应付一切，如果没有坚强不屈的意志，如果没有真挚诚恳的态度，如果不施展自己的能力，如果不振作自己的精神，那么绝不会有多大成就。

——戴尔·卡耐基

只有那些敢于相信自己体内蕴藏着比周围的人群更为优秀的能力的人，才可能获得灿烂辉煌的成功。

——布鲁斯·巴顿

一、能力概述

职业生涯的成功源于充分利用和开发个人的能力。它是一种持续积累的资源，帮助人们实现职业目标，并在职业生涯中做出更明智的决策。然而，能力到底是什么？它由哪些要素构成？为什么它对我们的职业生涯如此重要？在此，我们将全面深入地讨论能力的含义，揭示其组成部分和意义。

（一）能力的定义与特征

从广义上来说，能力是指一个人在完成某项任务或达到某个目标过程中所具备的综合素质。它不仅包括个人的知识、技术，还包括心理和行为特征。研究表明，能力具有以下几个重要特征。

（1）多维度性。能力不仅限于特定领域的知识或技能，还包含情商、沟通能力、解决问题的能力等广泛维度。

（2）潜在性。能力往往潜藏在日常行为和决策中，可能表现为一种天赋倾向，但也需要通过实践来挖掘和发展。

（3）动态性。能力不是固定不变的，而是随着时间和经验的积累不断演变。持续的学习和实践可以提高能力，反之，缺乏训练和应用则可能导致能力下降。

（4）情境性。某些能力可能在特定环境或情境下显得重要，但在另一些环境中则不是必需的。因此，能力的应用需与具体的职业目标和要求相匹配。

（二）能力的类型

了解能力的不同类型对准确认识和评估个人优势至关重要。根据不同的分类方法，能力通常可以划分为以下几种类型。

（1）基本能力。这些能力是完成日常任务的基本素质，例如，读写能力、数字计算能力、计算机基础技能等。基本能力是所有职业生涯的基础。

（2）专业能力。专业能力与特定领域的技术和知识相关，直接决定了个人在该领域的胜任度。例如，软件开发、机械设计、法律知识等都是专业能力。

（3）软技能。软技能指那些非技术性的能力，包括沟通、团队合作、时间管理、领导力等。它们是维持职场关系，促进职业发展的关键能力。

（4）学习能力。学习能力是个人在快速变化的世界中获取新知识和技能的能力。它包括主动学习、知识整合、创新思维等方面能力。

（5）管理能力。管理能力涉及对资源、任务和人员的规划与协调，包括目标设定、项目管理、决策制定和绩效评估等。

（三）能力的发展与培养

能力并非天生或固定的，而是通过学习、实践、反思和培养不断获取的。以下是获取能力的一些行之有效的方法，可以帮助个人在职业生涯中发展和培养自己的能力。

（1）知识获取：系统的知识学习是培养能力的第一步。它可以通过正规的教育、课程培训、自学和阅读实现。

（2）实践练习：能力的掌握离不开实战经验。主动寻找实践机会，如实习、兼职、志愿者活动等，可以有效提升技能水平。

（3）反馈和反思：在实际应用中及时获取反馈意见，了解自身的不足并加以改进，是提升能力的关键。反思自己的经验和教训也能帮助个体发现问题并寻求新的解决方案。

（4）持续学习：现代职场变化迅速，不断更新技能和知识非常重要。例如，参加行业会议、在线课程、阅读最新行业资讯等都是保持竞争力的方式。

（5）社交网络：与他人交流、分享经验可以开阔思路，获得新的学习方法和机会。例如，积极加入行业协会、参加职业社交活动等是扩大人脉的重要途径。

（四）能力评估与职业规划

了解和评估自身能力对职业规划至关重要。它有助于明确个人的优势和不足，为制定职业目标和策略提供依据。能力评估的常用方法包括以下几种：

（1）自我评估：通过问卷、日记、个人反思等方式自我评估，可以了解自身能力的现状，并设定提升的目标。

（2）能力测试：专业的心理测试和技能测验能够准确地反映个人的能力状况，尤其适用于评估软技能和潜在天赋。

（3）同事和导师反馈：向同事、导师、朋友征求意见，了解他们对自己能力的看法，能提供外部视角的见解。

（4）绩效评估：通过对职业绩效的分析，可以发现能力的短板和改进方向。

在明确了自身能力状况后，职业规划可以根据以下原则进行：

（1）扬长避短：优先选择能够充分发挥个人优势的职业目标，同时设法规避或弥补能力的不足。

（2）分阶段目标：设定阶段性目标，每个阶段重点提升一两项关键能力，为长期发展做好准备。

（3）资源整合：善用周围资源，如导师、职业顾问、培训课程等，制订清晰的能力发展计划。

（4）保持弹性：职业规划应保持一定的弹性，随着职业生涯的发展调整策略，以适应新的机遇和挑战。

（五）能力与成功的关系

在职业生涯中，能力无疑是通向成功的基石。无论是基本能力、专业能力还是软技能，都在不同情境下为职业发展提供支撑。能力与成功的关系可以概括为以下几点：

（1）具备与职业方向匹配的核心能力，可以使个人在竞争激烈的职场中脱颖而出，成为不可替代的关键人才。

（2）现代职业环境要求具备多元化的技能组合，如技术与沟通、管理与创新等。不同能力的有机结合往往会产生更大的竞争力。

（3）职业发展的每个阶段都需持续改进能力，以适应不断变化的工作需求。通过学习和实践，个人能够保持长期的职业发展优势。

（4）充分发挥自身能力，并获得认可和成就感，是职业满足感的重要来源。找到适合自己能力的职业方向有助于保持职业动力。

能力是职业生涯规划的核心元素。它不仅决定了我们在当前职业中的表现，还决定了我们能否在未来实现职业目标。通过明确自身能力并不断培养和完善，我们可以在职业生涯中充分发挥潜能，实现长远的成功。

（六）能力倾向与技能

人类的能力多种多样，从获取方式划分，可分为两类：先天的能力倾向与后天培养的技能。

1. 能力倾向

能力倾向（aptitude），通常也被称为智力或天赋，是每个人与生俱来的特殊才能，如音乐、绘画、运动等方面的能力。这是自然赋予的潜在优势，既可能充分发挥，也可能因为未被开发而埋没。举个例子，有人说："你在音乐上很有天赋。"这句话意味着虽然一个人可能还未能完全掌握音乐技能，但比他人更容易具备这种潜力。能力倾向代表潜在的能力，常用来描述我们在某一领域与生俱来的优势。它代表目前的能力可能有限，但经过训练，潜能的发展是无限的。

能力倾向是先天赋予的，但在职业生涯规划中不能忽视对其开发与培养。许多职业生涯的成功都来自对这种潜力的充分开发和培养。我们并不需要因为他人具备不同的天赋而否定自己，每个人在不同领域都有潜在的优势与智慧。正如老话所说："每一块木材都有其独特的价值。"关键是不要浪费这份与生俱来的馈赠。

2. 技能

技能（skill）是通过后天的学习、练习和培养形成的能力。例如，阅读、人际交往、管理等方面的技能。人们从婴儿时期的懵懂无知，到长大成人后具备独立生活、沟通、表达、阅读和书写的能力，这一过程就是不断掌握技能的过程。然而，由于对这些技能的形成缺乏意识，我们往往觉得自己掌握的技能不足。

在现实生活中，个人的能力往往是先天的能力倾向和后天习得的技能相互作用的结果。大量研究发现，先天优势和后天努力共同构成了许多成功人士的基石。我们经常听到有人说自己在某一方面能力不足，这时需要分辨究竟是缺乏天赋，还是因为缺乏训练和机会。

许多能力如演讲、组织、人际交往等，可以通过不断学习、训练来提升。常言道："持续努力可以弥补不足。"只要付出时间和精力，很多能力都可以通过学习和实践获得。信息化时代的大学生可以通过讲座、阅读、与导师或成功人士交流等方式，学习和提升自己的技能，抓住一切机会进行职业技能训练。

课堂测验

GATB 一般能力倾向测验

第 1 部分　试题作答

	一、一般学习能力倾向（G）					
题号	内　　容	强	较强	一般	较弱	弱
1	快而容易地学习新的内容					
2	快而正确地解决数学问题					
3	你的学习成绩总处于					
4	对课文的理解、分析、综合能力					
5	对所学知识的记忆能力					

续表

题号	内　容	强	较强	一般	较弱	弱
二、言语能力倾向（V）						
6	善于表达自己的观点					
7	阅读速度和理解能力					
8	掌握词汇量的程度					
9	你的语文成绩					
10	你的文学创作能力					
三、算术能力倾向（N）						
题号	内　容	强	较强	一般	较弱	弱
11	做出精确的测量					
12	笔算能力					
13	口算能力					
14	打算盘					
15	你的数学成绩					
四、空间判断能力倾向（S）						
题号	内　容	强	较强	一般	较弱	弱
16	做立体几何方面的习题					
17	画三维度的立体图形					
18	看几何图形的立体感					
19	想象盒子展开后的平面图					
20	想象三维度的物体					
五、形态知觉能力倾向（P）						
题号	内　容	强	较强	一般	较弱	弱
21	发现相似图形中的细微差别					
22	识别物体的细节部分					
23	注意物体的细节部分					
24	观察物体的图像是否正确					

二、言语能力倾向（V）					
题号	内 容	强	较强	一般	较弱	弱
25	对物体的细微描述					

六、书写知觉能力倾向（Q）					
题号	内 容	强	较强	一般	较弱	弱
26	快而准确地抄写资料（如姓名、日期、电话号码等）					
27	发现错别字					
28	发现计算错误					
29	能很快查找编码卡片					
30	自我控制能力(如较长时间抄写资料)					

七、眼手运动协调能力倾向（K）					
题号	内 容	强	较强	一般	较弱	弱
31	玩电子游戏					
32	打篮球、排球和踢足球等一类活动					
33	打乒乓球、羽毛球运动					
34	打算盘能力					
35	打字能力					

八、手指灵巧度（F）					
题号	内 容	强	较强	一般	较弱	弱
36	灵巧地使用很小的工具					
37	穿针眼、编织等使用手指的活动					
38	用手指做一件小工艺品					
39	使用计数器的灵巧程度					
40	弹琴					

九、手腕灵巧度（M）					
题号	内 容	强	较强	一般	较弱	弱
41	用手把东西分类					

题号	内　容	强	较强	一般	较弱	弱
二、言语能力倾向（V）						
42	在推拉东西时手的灵活度					
43	很快地削苹果皮					
44	灵活地使用手工工具					
45	在绘画、雕刻等手工活动中的灵活性					

第2部分　结果统计

对每一种能力中每一个选项的选择次数进行统计，如一般学习能力倾向（G）中"强"选择了1次，就在下表中对应的一格里填1。再按照表中的计算公式，得出每一种能力的平均分。最后，形成九种能力代码。

序号	能力名称	强	较强	一般	较弱	弱	平均分
1	一般学习能力倾向（G）	[（ ）×1+（ ）×2+（ ）×3+（ ）×4+（ ）×5]÷5					
2	言语能力倾向（V）	[（ ）×1+（ ）×2+（ ）×3+（ ）×4+（ ）×5]÷5					
3	算术能力倾向（N）	[（ ）×1+（ ）×2+（ ）×3+（ ）×4+（ ）×5]÷5					
4	空间判断能力倾向（S）	[（ ）×1+（ ）×2+（ ）×3+（ ）×4+（ ）×5]÷5					
5	形态知觉能力倾向（P）	[（ ）×1+（ ）×2+（ ）×3+（ ）×4+（ ）×5]÷5					
6	书写知觉能力倾向（Q）	[（ ）×1+（ ）×2+（ ）×3+（ ）×4+（ ）×5]÷5					
7	眼手运动协调能力倾向（K）	[（ ）×1+（ ）×2+（ ）×3+（ ）×4+（ ）×5]÷5					

续表

序号	能力名称	强	较强	一般	较弱	弱	平均分
8	手指灵巧度（F）						
		[（ ）×1+（ ）×2+（ ）×3+（ ）×4+（ ）×5]÷5					
9	手腕灵巧度（M）						
		[（ ）×1+（ ）×2+（ ）×3+（ ）×4+（ ）×5]÷5					

序号	一	二	三	四	五	六	七	八	九
能力	一般学习能力倾向（G）	言语能力倾向（V）	算术能力倾向（N）	空间判断能力倾向（S）	形态知觉能力倾向（P）	书写知觉能力倾向（Q）	眼手运动协调能力倾向（K）	手指灵巧度（F）	手腕灵巧度（M）
平均分									

二、能力的结构理论

理解能力的本质与结构对于科学设计能力测量手段、培养职业技能至关重要。研究者提出了多种理论对能力的结构和组成进行深入探讨。以下介绍其中两种有影响力的理论：二因素结构说和多元智力理论。

（一）二因素结构说

查尔斯·斯皮尔曼（Charles Spearman）认为能力由以下两种基本因素构成：

1. 一般因素（G因素）

G因素反映的是一种通用的智力，它是影响所有智力活动的核心潜能，几乎所有人类的智力活动都与它有关联。它可能反映了大脑的基本处理速度、记忆广度、信息整合效率等能力。在不同的任务中，G因素都扮演着重要角色。例如，解数学题和写文章似乎是截然不同的任务，但这两项任务都需要集中注意力、逻辑推理和综合信息的能力，这些能力都可能由G因素所决定。

2. 特殊因素（S因素）

S因素与特定任务相关，反映的是人们在某一领域的特殊才能。例如，某人可能对数字非常敏感，但在音乐方面不擅长；另一人则可能在艺术方面有天赋，却不善于数理推理。S 因素能够解释为何一些人在特定的领域表现得特别出色。

斯皮尔曼的理论通过因素分析验证了 G 和 S 因素的存在，他提出 G 因素是能力结构中最重要的因素。通过对不同智力测验结果的相关性分析，他发现不同任务的相关性来自 G 因素的共同作用，而各自的独立性则来自 S 因素的差异。

（二）多元智力理论

多元智力理论也称多元智能理论，是由哈佛大学教育研究院心理学家霍华德·加德纳（Howard Gardner）于 1983 年提出的创新教育理念。该理论挑战了传统的智力单一性观点，认为智能不仅是语言和逻辑数学能力的体现，而且是多维度的。加德纳认为，每个人在不同的智能领域都有其独特的潜力和表现。

根据加德纳的理论，教育应当认识到学生在某些智能领域可能表现突出，而在其他领域则可能较为平庸。这种认知不应成为教育的负担，而应是一种宝贵的资源。教育体系需要从固定的、标准化的评价模式转变为更为注重赏识和发现的模式，认识到每位学生都有可能是天才，只要我们以正确的方式引导和挖掘他们的潜力，每个学生都有成才的可能。因此，教育的目的不应该是强制学生在所有领域都达到相同的水平，而应该是促进和强化他们的天赋所在。这种方法避免了对学生进行单一的智力评价，而是鼓励他们在自己擅长的领域内追求卓越。

在实际应用中，多元智力理论主张学校应发展学生的各种智能，并注意到每个学生可能在一两个特定的智力领域特别突出。对于那些在某些领域表现不足的学生，教育者不应予以惩罚，而应通过更多的支持和鼓励帮助他们提高，从而发挥每个学生的独特潜能。

根据加德纳的研究，人类至少拥有以下七种不同的智力：

（1）言语—语言智力：擅长使用语言进行表达和交流。这种智力表现在阅读、写作、说话和理解听到的信息等方面。作家、律师、记者和教师等职业依赖于这种能力，能够通过语言巧妙地表达思想和观点，并与他人沟通。发展言语—语言智力的方法包括多读书、多写作，参加演讲和辩论活动，以及练习有效的沟通技巧。对其他语言的学习也有助于加强这种智力。

（2）逻辑—数理智力：运算和逻辑推理的能力。这种智力擅长发现事物之间的逻辑关系，并能够准确、系统地处理信息。科学家、程序员、工程师和经济学家在此方面具有突出表现。发展逻辑—数理智力的方法包括练习数理推理题、解逻辑谜题、编程以及参与实验研究，以此锻炼个体在逻辑思维和数字运算方面的能力。

（3）视觉—空间智力：感受、辨别、记忆和改变物体的空间关系的能力。这种智力帮助人们在心里想象事物，并通过图形、图画或建筑表达出来。画家、建筑师、摄影师、飞行员等都需要高度的空间智力。视觉—空间智力可以通过画画、建造模型、解迷宫或拼图，以及参与设计类的活动来培养。善用三维工具、模拟和地图等方法也有助于锻炼空间想象力。

（4）音乐—节奏智力：敏感地感知和表达音乐的能力。这种智力表现为对音调、节奏、旋律的敏锐感受能力，以及创作和演奏音乐的天赋。作曲家、歌唱家、乐手和指挥家都有出色的音乐智力。学习乐器、唱歌、作曲和参与音乐活动可以强化音乐智力，识别音乐中的节奏、音色和旋律的差异也有助于培养这种能力。

（5）身体—动觉智力：运用肢体协调运动的能力。这种智力表现在能够灵巧地使用双手制造物体，或通过身体的姿势、动作表达思想。运动员、舞蹈家、外科医生和手艺人有这方面的优势。参加体育运动、舞蹈课程，或进行精细的手工制作可以发展动觉智力。该智力类型也常通过身体语言传递情绪和信息，增强与人沟通的能力。

（6）交往—交流智力：理解他人情绪和意图，并与他人沟通的能力，包括组织、协商、分析和人际联系四项核心要素。这种智力领导者、谈判员、教师、心理咨询师和销售人员表现得尤其突出。发展交往智力的方法包括参与团队活动、组织社交活动、提高情商和沟通技巧，以及练习处理冲突和调解纷争。

（7）自知—自省智力：认识自身情绪、欲望和动机的能力。擅长自省智力的人能够评估自己，正确识别自己的优缺点，设定明确的生活目标。哲学家、心理学家、作家和生涯规划师通常善于自知。通过写日记、反思和冥想可以提高自省智力。设定个人目标，分析自己的情绪变化，也能增强对自身的洞察力。

除了上述七种类型，加德纳后来又添加了自然智力，即识别和分类自然界的事物、动植物的能力。擅长此类智力的人往往是生物学家、环境学家或动物学家。探索大自然、参加野外考察、阅读相关书籍，并进行生物和环境的研究有助于培养这种能力。

综上所述，多元智力理论（如图4-1所示）为我们提供了一种更为全面和人性化的教育视角，强调教育应关注个体差异，促进所有学生的全面发展和个性化成长。这不仅有助于学生的自我实现，也为社会培养出更多具有多样化能力的人才。

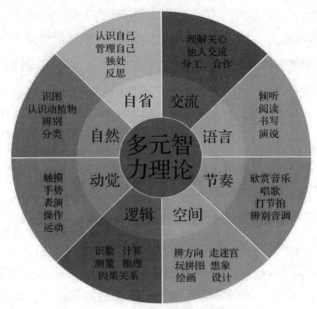

图 4-1　多元智力理论模型

在实际应用中，二因素结构说和多元智力理论为我们理解人类能力的复杂性提供了基础，并为个人的职业规划和发展提供指导。职业规划教育中既要识别和培养一般能力以应对广泛挑战，又要关注多元智力发展以充分利用个体自身优势，实现长远的职业目标。

课堂测验

本测验旨在评估七种智力类型。每种智力包含五个问题，请仔细阅读并根据自身能力果断评分。评分标准如下：1分代表"弱"，2分代表"较弱"，3分代表"一般"，4分代表"较强"，5分代表"强"。完成所有问题后，对每种智力的得分进行求和并除以5，以计算该智力类型的平均分。随后，可以将测验结果与日常生活中的表现进行比较，观察哪些方面相符或不符。如果可能，也可以邀请同学或朋友对你的表现进行评价，以获取更全面的反馈。

智力倾向测验

多元智力理论	弱	较弱	一般	较强	强
一、言语—语言智力					
1. 善于表达自己的观点					
2. 阅读速度和理解能力					

续表

多元智力理论	弱	较弱	一般	较强	强
3. 掌握词汇量的速度					
4. 你的语文成绩					
5. 你的文学创作能力					
二、逻辑—数理智力					
6. 做出精确的测量					
7. 能全面准确分析问题					
8. 做事情的条理性					
9. 对事件的详细描述					
10. 数学运算能力					
三、视觉—空间智力					
11. 看几何图形的立体感					
12. 画三维度的立体图形					
13. 识别物体的形状差异					
14. 观察物体的细节部分					
15. 想象三维度的物体					
四、音乐—节奏智力					
16. 合唱时，精确把握节拍					
17. 很容易辨别不同乐器					
18. 听到音乐，产生相应联想					
19. 手与脚在同时间打出两个节拍					
20. 跳舞时很容易合上点					
五、身体—动觉智力					
21. 打字能力					
22. 灵巧地使用很小的工具					
23. 灵活地使用手工工具					
24. 篮球、排球、足球类活动					
25. 使用计算器的灵巧程度					

多元智力理论	弱	较弱	一般	较强	强
六、交往—交流智力					
26. 善于倾听					
27. 通过文字等准确捕捉对方信息					
28. 与别人交谈过程中，从不重复讲话					
29. 通过讨论容易产生新想法					
30. 总是能找到合适词语表达想法					
七、自知—自省智力					
31. 准确发现自身缺点与不足的能力					
32. 真心愿意别人提出自己不足的能力					
33. 自我评价与外界评价的一致性强					
34. 发现别人优势的能力					
35. 听到别人建议后，经过思考及时改进的能力					

三、影响能力发展的因素

能力发展受多种因素的影响，主要包括遗传因素、知识和技能、教育、社会实践以及个人的主观努力等。

1. 遗传因素

遗传因素为能力发展提供了自然的基础和可能性。它并不直接决定个体的能力，而是提供了发展潜力的基础框架。心理学研究显示，早期的成长环境对能力的形成和发展具有决定性的作用。例如，胎儿期的环境条件、儿童早期的家庭教育和社会接触都对其能力的展现和发展具有重要影响。遗传因素只是能力发展的起点，其潜能的实现程度依赖于后续的环境和经历。

2. 知识和技能

知识是人类社会历史经验的总结，它在心理学上被视为头脑中的经验系统，以思想内容的形式为人所掌握；技能则是具体动作的操作技术，以行为方式为人所掌握。知识和技能是能力形成的基石，它们与能力的发展关系密切。知识提供理论基础，技能提供实践基础。能力的发展依赖于知识和技能的掌握与应用，同时，能力也影响个体掌握知识和技能的速度和深度。

3. 教育

教育是获取知识和技能的主要途径。它不仅在儿童和青少年的智力和能力发展中起着关键作用，对成人的继续教育同样至关重要。学校教育为学生提供基础知识和技能，同时通过各种教学活动促进心理能力的发展。此外，随着知识更新的加速和工作环境的变化，终身学习和在职培训成为提升专业技能和适应能力的重要手段。

4. 社会实践

能力主要在人们改造客观世界和参与社会实践的过程中形成和发展。各种专业的劳动实践对能力的塑造起到了重要作用。不同的职业环境提出了不同的能力要求，通过实际工作和面对各种挑战，个体不断克服弱点，从而使能力得到增强和提升。

5. 主观努力

个人的努力是能力发展不可或缺的因素。历史上无数成功的政治家、科学家和艺术家都显示了个人努力的重要性。坚持不懈和刻苦努力是实现能力增长的关键。没有强烈的意志力和持续的努力，高水平的能力发展几乎是不可能的。

四、能力与职业满意度的关系

能力的发展与职业满意度之间存在密切的关联，这一观点得到了明尼苏达工作适应论（人境相符理论）的支持。该理论详细阐述了个体在职业生涯中如何通过匹配个人能力与工作环境来实现最佳的职业发展和满意度。

1. 内在满意与外在满意

内在满意源自工作环境对个人需求的满足，例如工作提供的挑战、自主性、奖励系统是否符合个人的价值观和期望。当个人感觉到他们的核心需求被满足时，他们更可能感到职业上的充实和幸福。

外在满意则涉及个体满足工作要求的程度，包括完成任务的能力和达到或超过组织的期望。当个人能够有效地满足职业角色的要求时，不仅可以获得同事和管理层的认可，也能提升自我效能感，进一步增强职业满意度。

2. 能力与工作匹配

该理论强调，个体的能力与工作要求之间的匹配程度是实现内在与外在满意的关键。如果个体的能力与工作需求不匹配，可能会导致职业满意度降低，影响职业发展和稳定性。例如，当个体的能力不足以应对工作要求时，可能会产生焦虑和挫败感；反之，如果个体的能力远超工作要求，可能会感到工作内容单调乏味，难以感受到成就感。

3. 职业选择与能力发展

个人在选择职业时，通常寻求能够展现和发展自己能力的岗位，这不仅能满足个人的成就需求，也是职业稳定性和满意度的重要因素。因此，个人在职业规划和选择时应考虑自身的能力和潜力，寻找与之相匹配的工作环境。

通过不断的学习和技能提升，个体可以扩展自己的能力边界，从而提升适应不同工作要求的可能性，以及职业生涯的灵活性和满意度。终身学习和职业发展规划已成为现代职场中不可或缺的组成部分，确保个体能够与快速变化的工作环境保持同步。

总而言之，能力的发展和职业满意度之间的互动显著影响了个体的职业适应性和职业稳定性。通过优化个人能力与工作要求的匹配，不仅可以提高个体的工作满意度，也能促进职业生涯的持久成功。这种匹配的优化需要个体对自身能力的准确评估和对职业环境的深入了解，以及教育和培训系统的支持。

课堂练习

请夸夸我

1. 夸夸我自己

请在 5 分钟内尽可能多地写下自己所拥有的特质或能力优势。与你的同伴分享，看看谁写得多。大家写的一样吗？有什么不同？

汇总大家所写的特质或能力优势。可以将它们分类吗？可以分为几类？

2. 请你夸夸我

请将主题转发朋友圈，请朋友们用 5 个正向的词描述你的特点。

汇总朋友所写的词，将它们归类到相应的类别，看看你有哪些特质或能力优势。

第二节　职业能力

一、职业能力的内涵

职业能力是指个体在特定职业领域内，综合运用所学的知识、技能和态度，实现职业任务的完成能力。这种能力不仅是理论知识的简单应用，而且是在实际工作中进行知识与技能的迁移和整合。职业能力的核心包括以下三个基本要素：

（1）职业资格：这是进入特定职业必须具备的基本能力，它直接关系到个体是否能够胜任其职务。

（2）职业素质：职业素质是指个体在职场中展现出的专业性和品质，包括职业道德、团队合作能力以及解决问题的能力。

（3）职业生涯管理：随着职业生涯的推进，个体需要具备规划和管理自己职业道路的能力，包括自我提升、职业转换和应对职业挑战的能力。

职业兴趣可能指引个体选择职业道路并激发其投入的热情，但是职业能力是决定个体在其职业领域中能否胜任及成功可能性的关键因素。有效的职业能力不仅能帮助个体在现有职业中表现出色，还能在面对职业生涯的多变与挑战时，展现出适应性和灵活性。

二、职业能力的作用

职业能力是职场成功的关键支柱，它不仅是职业胜任的基础，而且是职业生涯发展的核心。以下是职业能力作用的两个主要方面：

1. 职业胜任的基石

每个职业岗位都设定了一系列具体的职责要求，只有具备相应的职业能力，才能胜任职责要求。因此，求职者在选择职业时，首先需要评估自己的能力是否与目标岗位要求相匹配。匹配度高的岗位不仅能使个体更顺利地完成工作任务，而且个体通常能在工作中发挥更大的潜能。人们的职业能力各有侧重，这些侧重点决定了个体在职业生涯中的发展路径、效率和成就水平。

2.职业生涯发展的动力

职业生涯是个体一生中与职业相关的全部活动、态度和价值观的总和，包括职位变迁和对职业理想的追求。职业能力是这一连续发展过程中的核心驱动力。强大的职业能力不仅是完成工作任务的必要条件，还能激发创新和职业成长，帮助个体实现更高的职业满意度。职业能力的提升与综合发展是推动个体在职业道路上不断前行的关键。

总之，职业能力是职业选择和职业发展的双重基石。一个人的职业能力越全面，其在职业生涯中的创造力、适应性和成就感就越高。因此，深入理解和持续提升个人的职业能力，是每一个职场人士通往成功的不二法门。

三、职业能力的分类

职业能力是实现职业成功的关键因素，根据不同的标准和维度，可以分为多种类型，每种类型承载着特定的职业功能和价值。以下是对职业能力分类的细致阐述。

（一）按能力内容划分

空间判断能力：进行空间分析和解决空间问题的能力。

社会交往能力：有效进行人际沟通和社交互动的能力。

组织管理能力：规划、组织和管理资源以达成目标的能力。

察觉细节能力：注意并处理工作中细微差别的能力。

运动协调能力：协调身体动作以完成复杂任务的能力。

数理计算能力：进行数学推理和解决问题的能力。

语言表达能力：有效使用语言进行沟通的能力。

书写能力：准确记录信息和撰写文档的能力。

（二）按能力领域划分

职业认知能力：获取和应用职业相关知识的能力。

职业操作能力：使用身体完成具体职业活动的能力，例如手工艺和机械操作。

职业社交能力：影响社交效率，包括语言沟通和人际交往的能力。

（三）按能力创造程度划分

职业模仿能力：模仿他人职业行为的能力。

职业再造能力：根据现有模式顺利掌握知识和技能的能力。

职业创造能力：独立掌握知识，发现新规律，创造有社会价值的新产品的能力。

（四）按能力结构划分

一般职业能力：完成广泛职业活动所需的基本智力和技能，例如学习能力、语言和数学运用等。

特殊职业能力（或称特长）：特定专业活动或领域所需的专有能力，如音乐、运动或绘画等能力。

综合上述分类，职业能力的培养和发展是多维度的，涵盖从基础学习到复杂社交和创新技能。每个职业岗位不仅需要特定的技术技能，还需要良好的人际交往能力、团队协作能力和适应环境能力。在职业发展过程中，逐步提升这些能力对于实现职业目标和应对挑战至关重要。

四、专业能力与综合能力

在职业生涯的发展中，具备必要的专业能力和综合能力对于求职者来说至关重要，这些能力直接影响他们的职业适配性和发展潜力。以下是关于这些能力的详细描述。

1. 专业能力

专业能力是指个体从事特定职业所必需的核心技能。例如，会计岗位的应聘者必须具备扎实的运算能力和会计原则知识，这是评估其是否能够胜任岗位的关键标准。

2. 综合能力

综合能力包括跨职业技能、方法能力、社会能力和个人能力四个方面，每个方面对职业成功有着不同的贡献。

（1）跨职业技能

数学和测量方法的应用能力，支持职业决策和问题解决。

计算机应用能力，涵盖软件操作和信息处理，对现代工作环境尤为重要。

外语能力，使个体能在全球化的职业环境中有效沟通和解决技术问题。

（2）方法能力

信息收集和筛选能力，确保决策基于最准确、最相关的数据。

制订和执行工作计划的能力，反映了高效的自我管理和执行力。

自我评价的准确性及承受外界评价的能力，这不仅有助于个人成长，还能使个体从经验中学习，不断进步。

（3）社会能力

团队协作和人际交往能力，确保与同事有效合作，共同达成目标。

公正宽容的态度与良好的判断力，这些是维护团队和谐与提高工作效率的关键。

自律能力，对维持职业道德和责任感至关重要。

（4）个人能力

随着中国经济体制的改革和法制的完善，职业道德和社会责任感等品质越来越受到重视。爱岗敬业、注重细节的职业人格，被视为职业成功的重要因素，广受社会尊重和赞赏。

这些能力综合体现了一个职场人士的全面素质，对于任何职业的长期成功和持续发展都是必不可少的。职业发展不仅需要专业技能精湛，更需要在综合能力上的持续提升和完善。

第三节　职业能力的测评与提升

案例导读

迎接挑战的准备

王蕾是一位拥有三年经验的市场分析师，在一家知名消费品公司负责分析消费趋势和评估市场竞争。她一直渴望在职业生涯中向更具挑战性的国际市场拓展。正当王蕾寻找提升机会时，公司决定在亚洲市场推出一款新产品，并寻找一个能够带领项目的市场策略经理。这个职位需要深厚的市场分析能力、团队领导力和跨文化沟通能力。王蕾决定迎接这一挑战，认为这是展示自己所有职业能力的最佳时机。

为了准备面试，王蕾开始详细评估自己的职业能力。她首先梳理了作为市场分析师的核心技能：精准的数据分析和解释、清晰的报告撰写和呈现以及深入的竞争对手分析。这些技术性的职业技能之外，王蕾还审视了自己的软技能，包括在多部门间协调合作时表现出的卓越团队合作精神和在市场环境快速变化时显示的出色适应性。

通过自我评估，王蕾意识到，尽管她在技术和一些软技能上表现突出，但想要成功获得市场策略经理职位，还需要进一步提升跨文化沟通能力和领导力。因此，她参加了公司提供的领导力培训课程，并主动参与更多涉及跨国团队的项目，以增强自己的国际视野和沟通技巧。

数月的努力后，王蕾在面试中全面展示了自己的职业技能和新近的成长。她不仅讨论了自己在市场分析方面的成就，还展示了自己在领导力和跨文化沟通方面的进步。面试官对王蕾的全面技能印象深刻，尤其是她提出如何有效结合技术能力与新发展的领导和沟通技能，应对国际市场的挑战。

最终，王蕾成功获得了市场策略经理的职位，这不仅是她职业生涯的一个新里程碑，也是她不断自我评估和提升的成果。王蕾的经历强调了职业能力评估在实现职业发展和成功中的重要性，展示了持续学习和自我提升的关键作用。

一、职业能力的测评

（一）评估你的能力

在职业发展的旅程中，自我评估的能力是极其宝贵的一项技能。它不仅能帮助我们明确自身的优势和待改进之处，更是我们规划未来职业道路的基石。然而，很多人在进行自我评估时，往往忽略了许多重要的个人技能，这些技能虽看似微不足道，却是就业市场上的宝贵资产。

首先，我们必须承认的是，自我评估不仅是列举出我们可以胜任的任务，更是一种自我认知和自我表达的方式。当被问及"你是谁"时，多数人可能会简单地回答"我是一名大学生"或"我是一名专业人士"。这样的答案虽然准确，却缺乏深度。例如，一个自称为"大学生"的人可能未能传达出他在学术或者实际工作中磨炼出的批判性思维、团队协作或领导能力。同样地，一个"专业人士"的标签也未能充分展示其在特定领域内的专业技能或者项目管理能力。

因此，我们需要深入挖掘和识别那些在日常生活和工作中自然展现出的技能。这些技能可能包括解决复杂问题的能力、优化工作流程的技巧以及激励团队成员的领导力。这些能力往往在不经意间体现，却在职业发展中起到了决定性的作用。

我们接下来要做的是创建一份全面的技能清单，该清单涵盖13个类别，包括但不限于技术技能、人际交往能力、领导力、创新能力以及时间管理等。这份清单不仅是对个人能力的一次全面盘点，还是一种自我展示的策略。在就业市场上，这些技能标签如同关键词一般，能够有效地提高你的可见度和吸引力。例如，如果你能够在简历或面试中表达出"我是一名具有创业经验的电商专业毕业生，并在此过程中培养了强大的市场分析能力和风险管理能力"，这将远比"我是电商专业的学生"来得更加引人注目。这种表述不仅展示了你的专业技能，还突出了你的实战经验和解决实际问题的能力。

通过这种方式，你不仅能更深入地了解自身的独特价值，还能更有效地在职业市场中定位自己。这不仅是一个认知的过程，更是一个战略性的布局。在这个过程中，你会逐渐从一个宽泛的标签转变为一个具有独特技能、有能力解决特定问题的专业人士。

总而言之，技能的识别和评估是一个持续的过程，需要我们在实践中不断地学习和调整。每一次的自我评估都是对个人职业路径的一次精确调整，每一次的技能提升都是向着成为更优秀职场人的一步前进。在这个过程中，我们不仅要勇于面对自己的不足，更要学会如何将自己的长处转化为职场上的竞争优势。这样，当下一个"你是谁"的问题出现时，我们可以自信地给出一个更加全面、具体并能直接反映我们专业能力的答案。

课堂练习

"评估你的技能"清单

在下列技能清单中，请先在你喜欢使用的技能前标记"+"，即使你可能不擅长。之后，重新审视列表，在你擅长的技能前打上"√"。对于你从未使用过的技能，请标记"○"。最后，若有你希望获得并希望发展的技能，前面请画上"×"。

接下来，在"个人素质"部分，选择所有适合你的描述词，并利用能力矩阵图对它们进行分类。

当你完成这些步骤后，再次查看所有标记了"√"和"×"的技能。这些标记代表了你的优势所在及你最感兴趣的领域。通过在工作中积极运用这些技能，并寻找更多使用它们的机会，你将能够在职业生涯中获得更多的乐趣和满足感。

资料来源：黛安娜·苏柯尼卡，丽莎·劳夫曼，威廉·本达特.职业规划攻略：第10版 [M].边珩，靳慧霞，宋佶霖，等译.北京：化学工业出版社，2014.

能力评估自测

+ = 你乐于使用的技能　　×＝你想要得到和发展的技能
√ = 你擅长的技能　　○＝你未使用过的技能

◆ 文书技能

___ 检验　　　___ 评估　　　___ 整理文件　　　___ 发展　　　___ 提高

___ 记录	___ 校对	___ 计算机应用	___ 介绍	___ 跟从
___ 记账	___ 打字	___ 誊写	___ 索引	___ 安排
___ 系统化	___ 制表	___ 影印	___ 合作	___ 分类
___ 补偿	___ 组织	___ 采购	___ 人事管理	___ 解决问题

◆ 技术技能

___ 财务	___ 评估	___ 计算	___ 调整	___ 校准	___ 观察
___ 核查	___ 制图	___ 设计	___ 编档	___ 检验	___ 处理问题
___ 创造	___ 细化	___ 重组	___ 回顾	___ 校正	___ 合成
___ 结构化	___ 解决	___ 精炼	___ 修订	___ 规格化	

◆ 公众关系技能

___ 计划	___ 实施	___ 通知	___ 咨询	___ 写作
___ 研究	___ 代表	___ 协商	___ 合作	___ 交流
___ 促进	___ 说服	___ 托管	___ 娱乐	___ 调停
___ 表演	___ 签署	___ 招聘	___ 演示	___ 创造
___ 处理问题				

◆ 农业技能

___ 检查	___ 成本计算	___ 起重	___ 培养	___ 装配
___ 处理问题	___ 发明	___ 日程安排	___ 演示	___ 检验
___ 评估	___ 估算	___ 诊断	___ 修理	___ 维护
___ 更换	___ 建造	___ 操作		

◆ 销售技能

___ 联络	___ 劝告	___ 回顾	___ 检查	___ 通知
___ 促进	___ 定位	___ 影响	___ 说服	___ 对比
___ 区分	___ 代表	___ 询问	___ 结账	___ 成本计算
___ 协商	___ 交流	___ 计算	___ 建议	___ 承包
___ 介绍	___ 解决问题			

◆ 维护技能

___ 操作	___ 修理	___ 维护	___ 拆卸	___ 调整

___ 清洁   ___ 采购   ___ 攀爬   ___ 起重   ___ 装配

___ 解决问题   ___ 发明   ___ 日常安排   ___ 演示   ___ 检查

___ 评估   ___ 估算

◆ 管理技能

___ 计划   ___ 组织   ___ 日程安排   ___ 分配   ___ 委派

___ 指导   ___ 雇佣   ___ 测量   ___ 管理   ___ 指挥

___ 控制   ___ 合作组织   ___ 授权   ___ 启动   ___ 制定

___ 监控   ___ 赞助   ___ 建模   ___ 支持   ___ 协商

___ 决策   ___ 团队组建   ___ 构思   ___ 解决问题

◆ 沟通技能

___ 推理   ___ 组织   ___ 定义   ___ 书写   ___ 倾听

___ 阐述   ___ 口译   ___ 阅读   ___ 谈论   ___ 编辑

___ 指导   ___ 面试   ___ 合作   ___ 陈述   ___ 制订

___ 提议   ___ 合成   ___ 整合   ___ 联络   ___ 汇总

___ 表达   ___ 翻译   ___ 解决问题

◆ 研究技能

___ 识别   ___ 采访   ___ 提问   ___ 合成   ___ 书写

___ 诊断   ___ 编写   ___ 回顾   ___ 设计   ___ 理论

___ 测试   ___ 均衡   ___ 评估   ___ 调查   ___ 总结

___ 交流   ___ 合作   ___ 演示   ___ 分析   ___ 精炼

___ 解决问题

◆ 财务技能

___ 计算   ___ 设计   ___ 预算   ___ 识别   ___ 会计

___ 加工   ___ 计算机应用   ___ 关联   ___ 成本预算   ___ 预告

___ 对比   ___ 编写   ___ 检查   ___ 影响   ___ 验证

___ 解决问题

◆ 手工技能

___ 操作   ___ 监控   ___ 控制   ___ 设定   ___ 驾驶

___ 剪裁　　　　___ 组装　　　　___ 制图　　　　___ 绘画　　　　___ 检验

___ 编程　　　　___ 制表　　　　___ 构建　　　　___ 创造　　　　___ 修理

___ 解决问题

◆ 服务技能

___ 咨询　　　　___ 引导　　　　___ 领导　　　　___ 倾听　　　　___ 合作

___ 授课　　　　___ 答复　　　　___ 协调　　　　___ 促进　　　　___ 监控

___ 整合　　　　___ 激励　　　　___ 说服　　　　___ 评估　　　　___ 总结

___ 计划　　　　___ 调停　　　　___ 鼓励　　　　___ 演示　　　　___ 校正

___ 签订合约　　___ 解决问题

◆ 个人素质

___ 适应力　　　___ 好奇　　　　___ 进取　　　　___ 警惕性　　　___ 雄心壮志

___ 平静　　　　___ 有才华　　　___ 自信　　　　___ 认真　　　　___ 创造力

___ 合作　　　　___ 正直　　　　___ 可靠　　　　___ 有决心　　　___ 有策略

___ 谨慎　　　　___ 支配力　　　___ 高效　　　　___ 活力　　　　___ 事业心

___ 热心　　　　___ 灵活　　　　___ 坚强　　　　___ 直率　　　　___ 理想

___ 策划　　　　___ 创新　　　　___ 逻辑　　　　___ 忠诚　　　　___ 有方法

___ 客观　　　　___ 乐观　　　　___ 有组织性　　___ 耐心　　　　___ 持久

___ 现实　　　　___ 精确　　　　___ 安静　　　　___ 实事求是　　___ 可信赖

___ 机智　　　　___ 敢于冒险　　___ 自觉　　　　___ 敏感　　　　___ 严肃

___ 真诚　　　　___ 老练　　　　___ 顽强　　　　___ 多才多艺

课堂练习

职业能力测试

以下有 9 组题目，每组题目包含 6 个问题，每个问题都有 5 个备选答案：强、较强、一般、较弱、弱。请根据你的实际情况选择答案。通过这份测试，你可以初步了解自己的职业能力水平。

第一组

题号	问 题	强	较强	一般	较弱	弱
1	善于表达自己的观点					
2	阅读速度快，并能抓住中心内容					
3	清楚地向别人解释难懂的概念					
4	对文章中的字、词、段落和篇章的理解、分析和综合的能力					
5	掌握词汇的程度					
6	中学时的语文成绩					

第二组

题号	问 题	强	较强	一般	较弱	弱
1	做出精确的测量（如测长、宽、高等）					
2	解算术应用题					
3	笔算能力					
4	心算能力					
5	使用工具（如计算器）的计算能力					
6	中学时的数学成绩					

第三组

题号	问 题	强	较强	一般	较弱	弱
1	美术素描画的水平					
2	画三维度的立体图形					
3	看几何图形的立方体感					
4	想象盒子展开后的平面形状					
5	玩拼板（图）游戏					
6	中学时对立体几何题的理解及解题能力					

第四组

题号	问 题	强	较强	一般	较弱	弱
1	发现相似图形中的细微差异					
2	识别物体的形状差异					

题号	问 题	强	较强	一般	较弱	弱
3	注意到多数人忽视的物体的细节					
4	检查物体的细节					
5	观察图案是否正确					
6	学习时善于找出数学作业中的细小错误					

第五组

题号	问 题	强	较强	一般	较弱	弱
1	快而正确地抄写资料（如姓名、数字等）					
2	阅读中发现错误的字					
3	发现计算错误					
4	在图书馆很快地查找编码卡片					
5	发现图表中的细小错误					
6	自我控制能力（如较长时间做抄写工作）					

第六组

题号	问 题	强	较强	一般	较弱	弱
1	劳动技术课中做操纵机器一类活动					
2	玩电子游戏或瞄准打靶					
3	在体操、广播操一类活动中身体的协调能力					
4	打球的水平					
5	打字比赛或算盘比赛					
6	闭眼单脚站立的平衡能力					

第七组

题号	问 题	强	较强	一般	较弱	弱
1	灵巧地使用手工工具（如榔头、锤子）					
2	灵巧地使用很小的工具（如镊子、缝衣针等）					
3	弹乐器时手指的灵活度					
4	动手做一件小手工品					

续表

题号	问题	强	较强	一般	较弱	弱
5	很快地削水果（如苹果、梨子）					
6	修理、装配、拆卸、编织、缝补等一类活动					

第八组

题号	问题	强	较强	一般	较弱	弱
1	善于在陌生的场合发表自己的意见					
2	善于在新场所结交新朋友					
3	口头表达能力					
4	善于与人友好交往，并协同工作					
5	善于帮助别人					
6	擅长做别人的思想工作					

第九组

题号	问题	强	较强	一般	较弱	弱
1	善于组织单位或班级的集体活动					
2	在集体活动中或学习中，时常关心他人的情况					
3	在日常生活中能经常动脑筋，想出别人想不到的好点子					
4	冷静果断处理突然发生的事情					
5	在你曾做过的组织工作中，你认为自己的能力属于哪一水平					
6	善于解决同事或同学之间的矛盾					

评分说明：

评价职业能力时，我们采用五级量表进行评分，分别是：强、较强、一般、较弱、弱。每个等级都对应一个权重参数。评分过程中，将个人在各项上的评定等级与相应权重相乘，然后将这6项的数值求和，最后除以6，从而得到该人的综合评定得分。

例如，某某在以下六项能力上的评定如下（在相应的选项上标记"○"）：

题号	问　题	强	较强	一般	较弱	弱
1	善于表达自己的观点					
2	阅读速度快，并能抓住中心内容					
3	清楚地向别人解释难懂的概念					
4	对文章中的字、词、段落和篇章的理解、分析和综合的能力					
5	掌握词汇的程度					
6	中学时的语文成绩					
		×1	×2	×3	×4	×5
	总次数∑=13 评定等级＝总次数÷6≈2.2					

为了统计和确定职业能力，需要将每一组的评定等级填入下表。评定等级的含义如下：1代表"强"，2代表"较强"，3代表"一般"，4代表"较弱"，5代表"弱"。等级也可以是小数，例如"2.2"表示能力水平略低于"较强"水平但高于"一般"水平。完成评定后，请参照能力与职业的匹配表，以确定与你的能力相匹配的职业。

确定你的统计评分

组　别	评定等级	相应的职业能力
第一组		语言能力
第二组		数理能力
第三组		空间判断能力
第四组		察觉细节能力
第五组		书写能力
第六组		运动协调能力
第七组		动手能力
第八组		社会交往能力
第九组		组织管理能力

测试结果解释了不同职业能力的特点，具体如下：

①语言能力：这包括理解和使用词汇的能力，理解词语、句子、段落和篇章的能力，

以及清楚、正确地表达自己的观念和向他人介绍信息的能力。

②数理能力：指迅速而准确地进行计算，以及在保持准确性的同时进行推理和解决应用问题的能力。

③空间判断能力：涵盖了理解立体图形及其与平面图形之间关系的能力，包括理解几何图形、识别空间中物体运动的联系，以及解决几何问题的能力。

④察觉细节能力：指对物体或图形相关细节的正确感知能力，能够区分和比较图形的明暗、线的宽度和长度，并觉察其细微差异。

⑤书写能力：涉及对词语、印刷物、账目和表格等材料细微部分的正确感知能力，包括发现错字和正确校对数字的能力。

⑥运动协调能力：指眼、手、脚和身体能够迅速准确地协调动作，精确反应，手能迅速跟随眼睛所见进行精确控制的能力。

⑦动手能力：涉及手和手指在拿取、放置、换、翻转物体时展现的精巧动作能力。

⑧社会交往能力：指擅长与人互动、联系、帮助和影响他人，以促进团队合作或建立良好的人际关系的能力。

⑨组织管理能力：涵盖组织和安排各种活动的能力，以及协调参与活动中人员之间人际关系的能力。

（二）撰写成就故事

1. 如何用 STAR 法则撰写成就故事

要编写一个成就故事，首先回顾生活中让你有成就感的事件，并对其进行分析，以找出自己所运用的技能，尤其是那些可迁移技能。只要符合以下两条标准，该事件就可以视为"成就"：

（1）你在做这件事时感到愉快，并喜欢这份体验。

（2）你为完成它带来的结果感到自豪。

在编写成就故事时，每个故事都应包含以下要素。

（1）当时的形势（situation）：描述事件发生的背景和情况，使读者能够理解当时的情境和你的角色。

（2）面临的任务／目标（task/target）：明确你的职责或团队目标。这个目标通常是基于当时的形势而设定的。

（3）采取的行动／态度（action/attitude）：详细描述你为完成任务或实现目标所采取的具体行动和表现出的态度，突出你的思考方式和策略。

（4）取得的成果（results）：解释行动产生的实际成果，以及这些成果对你、团队或组织的影响，展现你对项目的贡献。

通过以上详细描述，分析你在此成就故事中使用了哪些技能，尤其是可迁移技能，例如沟通、团队合作、时间管理和领导力等。在描述这些技能时，要明确它们是如何帮助你实现目标，并如何在其他场合重复应用。这种方法不仅能帮助你清晰、有逻辑地展示你的能力和经验，还能增强你对个人成就的自信，为未来的职业发展铺路。

2. 学会运用 STAR 法则撰写成就故事的重要意义

学会运用 STAR 法则撰写成就故事，对个人的职业发展和沟通能力提升有重要意义。

（1）清晰沟通：使用 STAR 法则撰写成就故事可以让你结构化地呈现你的工作经历和成就，逻辑清晰、重点突出，使听众能够快速了解你的背景和实力。

（2）突出成就：通过详细描述具体的工作场景、任务、行动和结果，能够展示你在特定项目或任务中所扮演的关键角色，以及你为团队或公司带来的实际价值，提升你在求职或面试中的竞争力。

（3）展现技能：通过 STAR 法则撰写的成就故事能够具体展示你的技能和经验，而非泛泛而谈。例如，它可以展示你的领导力、团队协作、解决问题的能力等，使潜在雇主或同事对你的能力有更准确的了解。

（4）强化自信：回顾和撰写自己的成就故事，可以帮助你识别自身的优势和专业能力，强化自信心。在面试或工作沟通中，你能够更自然地表达自己并展示你的能力。

（5）有效反馈：结构化的成就故事能更容易让人理解，便于他人提供有针对性的反馈，以帮助你进一步完善你的沟通技巧和自我推销方式。

综合来看，学会运用 STAR 法则撰写成就故事能够帮助你在职业发展中更有效地展示自己的价值，提高沟通效率，并为未来的机会做好准备。

课堂练习

挖掘成就故事、寻找能力真相

至少写出五个故事（越多越好）。请和同学一起逐一分析讨论，在其中你都使用了什么样的技能。看看在这些故事中是否有重复出现的技能，它们就是你喜爱施展也擅长的技能。最后将这些技能按优先次序加以排列。

（李海艳　绘）

我的成就故事：

我所喜爱使用且擅长的技能（KST）：

知识（knowledge）：

技能（skill）：

天赋（talent）：

进一步思考：专业、职业与能力之间的关系是什么？

写出你的五个理想工作，在每个工作后面写下两个或两个以上相关经历（如：推销——曾在一个小时内推销出 20 张面值 100 元的促销卡）。

课堂练习

梳理我的能力清单

（李海艳　绘）

1.通过职业测评，发现自己的能力清单及优劣势。

2.检索未来职业发展方向相关的招聘信息并思考这些职业所需要的能力有哪些。

3. 能力提升计划与目标有哪些？

4. 能力提升通道有哪些？

二、职业能力提升策略

（一）提升职业能力的途径

职业能力是未来职业胜任和发展的基础。大学阶段作为能力积累的重要时期，提供了多种途径帮助大学生培养和提升自身的职业能力。

1. 科学评估，找准目标，合理规划

一项对北京市综合性重点大学生的调研显示，62.2%的学生未对职业生涯进行规划，32.8%的学生规划不够明确，仅有4.9%的学生有清晰的职业设计。许多学生毕业后感到迷茫，不知如何面对就业市场。在这个人生关键期，学生应首先建立清晰的职业目标，利用线上线下资源进行职业分析。推荐访问国内外知名的职业信息平台如LinkedIn（领英）等，通过职业访谈、实习体验等方式了解各行业的现状和发展趋势。其次，通过成就故事法、能力测评法等工具对个人能力进行评估。最后，根据评估结果制订个性化的短、中、长期职业发展计划。

2. 终身学习与自我更新

"业精于勤，荒于嬉；行成于思，毁于随。"为应对快速变化的知识更新周期和多样化的职业需求，终身学习已成必需。当前，信息技术和网络技术的发展为学习提供了便利，学生应抓住机会，通过参与在线课程和实际操作，不断提升自己的知识和技能，提高解决问题的能力。学习应从书本延伸到生活实践，形成完整的知识体系。

3. 勤实践，善总结，全面提升核心竞争力

实践是能力提升的关键途径。大学生应积极参与实习、社会实践和创新创业活动，将所学知识应用于实践中，这些经历不仅能增强实际操作能力，还能提高解决实际问

题的能力。同时，通过持续的反思和总结，形成闭环的能力提升系统，全面增强个人核心竞争力。

（二）关键职业能力的拓展

职业能力包括专业能力和通用能力两大类，它们是求职和职场成功的关键。专业能力涉及特定职业的技能和知识，而通用能力如沟通、团队协作和领导力等，对于所有职业几乎同等重要。对于高校毕业生，专业能力是求职的"硬件"，而通用能力是就业的"软件"，两者缺一不可。

大学生在大学期间可以采取多种主动措施来拓展和提升自己的职业能力，既包括专业技能也包括通用能力。以下是一些具体的策略：

（1）实习和工作：主动寻找与专业相关的实习机会，无论是全职、兼职还是暑期实习。这些经历不仅有助于将课堂知识应用于实际工作中，还能深化对特定行业的了解，并且提高职业技能。

（2）参与工作坊和培训：利用校内外资源参与各种工作坊和培训课程，特别是那些涉及领导力、公共演讲和项目管理的课程，这些都是提升通用职业技能的有效途径。

（3）加入学生组织：通过活跃在学生会、兴趣小组和与专业相关的俱乐部中，可以提高团队合作和领导能力，同时这也是扩展职业网络的良好机会。

（4）建立职业网络：积极参与行业会议、专业讲座及其他相关职业活动，通过这些平台建立并维护行业联系。同时，利用 LinkedIn 等职业社交网络，可以有效地拓展职业圈子。

（5）参与学术研究和创新项目：参与学术研究或参加创新项目，以提升研究技巧和创新思维，这对于追求科研或创新密集型行业的学生尤为重要。

（6）学习多种语言：掌握多门外语可以显著提升学生在全球化职场中的竞争力，开拓更广阔的职业机会。

（7）时间管理与自我监控：培养出色的时间管理技巧，确保能有效平衡学业、工作责任和个人生活，是成功职业生涯的关键。

（8）持续学习和自我评估：定期对个人的职业目标和技能进行评估，根据行业趋势和个人兴趣调整自己的发展路径，确保与时俱进。

通过系统地实施这些策略，学生不仅能在大学期间建立坚实的职业基础，还能在未来的职业道路上展现出色的竞争力和适应能力。

第四节　技能识别与职业发展

不论是成就自己的人生理想，还是担当时代的神圣使命，青年都要珍惜韶华、不负青春，努力学习掌握科学知识，提高内在素质，锤炼过硬本领，使自己的思维视野、思想观念、认识水平跟上越来越快的时代发展。

——习近平在纪念五四运动 100 周年大会上的讲话（2019 年 4 月 30 日）

案例导读

从技术高手到行业领导者：周冲的职业转变之路

周冲，一个拥有十年科技行业经验的资深项目经理，他的职业生涯是通过识别和利用个人核心职业竞争力来实现职业飞跃的一个鲜明例证。

周冲十年前作为一个年轻的软件工程师加入了一家新兴的科技公司。他具备扎实的编程技能和对科技创新的深刻理解，这让他在职业生涯初期就频频获得赞誉和晋升。然而，周冲很快意识到，仅凭技术能力难以保持在科技行业的竞争优势。随着职业角色的扩展，他开始着眼于那些能够使他在激烈竞争中站稳脚跟的核心职业竞争力。

一次项目的失败让周冲开始深入反思。他发现，虽然技术是自己的强项，但在团队管理和战略规划方面的不足，往往成为项目成功的瓶颈。这次失败成了周冲职业生涯的转折点。他开始投入时间学习项目管理的最佳实践，并主动寻求更多领导团队的机会，以此来锻炼自己的领导力和战略思维。

随着时间的推移，周冲不仅在技术上保持领先，更成了一个能够预见行业趋势并据此调整团队方向的领导者。在他的带领下，他的团队成功推出了多个影响力巨大的产品，极大地提升了公司的市场竞争力和品牌影响力。

在一次行业领袖会议上，周冲分享了他如何通过培养和利用核心职业竞争力，如领导力、战略思维和团队协作来实现个人和团队的成功。他强调，这些能力使他能够在复杂多变的工作环境中有效地导航，帮助团队克服挑战，实现目标。

正是这些核心竞争力，使得周冲在业界内外得到了广泛的认可和尊重。公司的高层也因此看到了他不仅是一位技术出众的工程师，更是一位具有远见和领导力的战略家。不久后，周冲被提升为技术部门的副总裁，负责监督公司所有技术项目的运作和发展。

周冲的故事教会我们掌握和提升核心职业竞争力是实现职业成功的关键。无论是个人职业发展还是团队管理，这些竞争力都是推动工作向前发展的强大动力。通过不断学习和实践，每个人都可以识别并发展自己的核心职业竞争力，从而在职业生涯中占据有利位置，达到新的高度。

一、识别你的技能

技能是我们用来完成任务和解决问题的工具，无论这些任务是日常生活中的小事，还是职业生涯中的大挑战。每个人都通过不断学习和实践来发展自己的技能。但究竟什么是技能？它们是如何分类的？又将如何识别？

（一）技能的定义

1. 技能的基本定义

技能是指通过实践活动获得的、用于特定任务的行为和认知能力。这种能力不是与生俱来的，而是通过后天目标导向的学习和练习得来的。

（1）动作技能与智力技能

动作技能强调身体的协调和运动能力，例如在体育、舞蹈或手工艺中所需的技能。这些技能要求身体各部位的精准协作，以达到流畅和有效的动作执行。

智力技能则侧重于思维过程和策略的运用，如逻辑推理、问题解决和创新思维。这类技能在科学研究、战略规划和复杂决策制定中尤为重要。

（2）初级技能与高级技能

初级技能包括基本操作和简单应用，例如读写能力、基础计算能力和日常软件的使用。初级技能为学习更高级的技能奠定了基础。

高级技能则需要在初级技能的基础上进行深层次的理解和技术整合，如项目管理、高级编程和专业领域的策略分析。

2. 技能的获得与应用

技能的获得是一个复杂的过程，包括知识吸收、实践经验总结和持续的反馈改进。《教育大辞典》中将"技能"定义为"在已有知识和经验的基础上，通过实践活动形成的对待任务的特定方式"。这个定义强调了实践在技能发展中的核心作用，同时提醒我们，单纯的机械模仿和重复练习可能无法达到最佳学习效果，因为它忽略了技能与深层次知识之间的联系。

3. 技能与知识的关系

在认知心理学中，技能和知识是紧密相连的。技能的提高依赖于相关知识的掌握，知识则为技能的有效执行提供了理论基础。例如，一个成功的软件开发者不仅需要掌握编程语言（知识），还必须能够在项目中有效地应用这些知识来设计和优化软件（技能）。

（二）技能的特点及分类

技能是个体在特定任务中展示出的熟练行为，这些行为是通过后天学习和实践习得的。它们表现为可观察的动作技能和心智技能，均能通过特定方法体现和发展。技能的提高是一个面向目标的连续熟练化过程，这一点在职业发展中尤为重要，因为职业的复杂性、创造性和挑战性要求我们将技能培训纳入职业生涯的每个阶段。以下详细探讨技能的特点、分类及迁移。

1. 技能的特点

（1）后天习得：所有技能，无论是动作技能还是心智技能，都不是与生俱来的，而是通过练习和学习获得的。这个过程通常是目标导向的，意味着个体在提升技能时有明确的成就目标。

（2）与知识密切相关：在练习和掌握技能过程中，必须利用大脑中储存的相关先决知识。知识为技能的发展提供理论基础，而技能则将这些理论应用于实际操作中，表现为实际能力。

2. 技能的分类

（1）按功能类型分类

技术类技能：涉及具体职业或与工作相关的技术、方法和工具的应用能力。

管理类技能：包括组织、领导和监督他人的能力。

人际互动技能：涉及有效沟通和与他人互动的能力。

（2）按获得方式分类

正式教育与训练：在教育机构通过系统的课程学习获得。

非正式学习：通过日常生活经验或非正规的学习方式获得。

工作经验：直接在工作中通过实际操作和任务完成学习获得。

（3）按熟练程度分类

初级技能：基础操作能力，通常是技能学习的起始阶段。

技巧性技能：通过有组织的、重复的练习，使得操作自动化，表示达到了较高的熟练程度。

（4）按性质和表现特点分类

动作技能：主要依赖身体动作和协调，如体育运动、舞蹈等。

智力技能：依赖心智活动和认知过程，如逻辑推理、解决复杂问题等。

3. 技能的迁移

技能正迁移：先前学习的技能有助于新技能的学习，因为两者之间存在相似或相关性。

技能负迁移：已有的技能在某些情况下可能会干扰新技能的学习，特别是当两种技能在某些方面相互冲突时。

通过以上分析，我们可以更全面地理解技能的多面性及其在职业发展中的重要性。正确地识别、分类和培养技能，对于个人的职业成长和帮助个人适应不断变化的工作环境至关重要。

（三）技能的识别

识别和理解个人技能对于职业发展至关重要。辛迪·梵（Sidney Fine）和理查德·鲍尔斯（Richard Bolles）将技能分为专业知识技能、自我管理技能和可迁移技能，为我们提供了一个全面理解技能的框架。这一分类不仅帮助我们认识到专业知识技能的重要性，还强调了更广泛技能的关键作用，这些技能能够帮助个体在职业生涯中适应各种变化和挑战。

1. 专业知识技能

专业知识技能涉及个体通过系统学习获得的具体知识，这些知识通常与特定的学术或职业领域直接相关。这类技能涵盖了特定行业所需的专门知识，例如银行业可能要求的金融分析能力，或医学领域要求的临床诊断技能。招聘广告中常常会明确提出这类技能的要求，比如某些职位需要具备良好的会计或金融背景，甚至可能要求应聘者在其专业领域内的学习成绩位于前30%。这类技能往往需要通过正规教育或专业培训来获得，并通过考试和认证。虽然这些技能对于专业领域至关重要，但它们往往具有较低的可迁移性。在表达上，专业知识技能一般用名词表示，如"会计技能""法律专业知识"。

然而，值得注意的是，专业知识技能的获得并不完全局限于传统的学术教育。实际上，个人可以通过多种渠道增强这类技能，如参加行业会议、研讨会、自学或通过资格认证考试。一些公司甚至提供岗前培训或在职教育来帮助员工补充或更新他们的专业知识。例如，一家知名的会计师事务所可能会为非财务背景的新员工提供财会基础培训。这表明，即使在专业要求较高的职位上，个人也有机会通过公司提供的培训来获得必要的专业技能。

课堂练习

（1）列出你在大学所学的专业课程和通识课程，详细分析在这些课程中你所掌握的具体技能和知识。这不仅包括理论知识，也应该涵盖你通过这些课程培养的实践能力。

序号	课　程	获得的专业知识技能
1		
2		
3		
4		
5		

（2）请思考并列出在日常的培训、讲座、社会实践或社团活动中学到的专业知识和技能。

（3）邀请至少一位家人或同学，帮助你共同回忆在校内外学习到的专业知识，并识别出哪些知识是你希望在当前或未来职业生涯中应用的。

（4）现在把思绪转向未来，想一想目前还不具备的但希望拥有，并且自信自己能够学会的知识。请列出这些知识，并思考如何来获得这些知识。

这个练习旨在帮助我们认识到，技能的组合极其重要。在当今多变的职业环境中，拥有多种技能的"复合型人才"更具市场竞争力。例如，懂得英语的人很多，但同时精通英语和建筑学的人则相对较少。这种跨学科的知识结合可以在特定领域，如国际建筑项目中发挥巨大优势。因此，无论你的专业是否为你所热爱，其中获得的知识都可能在未来某个时刻发挥重要作用。

2. 自我管理技能

自我管理技能是个体的内在品质，如自律、责任感、创新精神、抗压能力和积极态度。这些技能是职业成功的关键，因为它们直接影响个体如何适应环境、解决问题和与他人互动。自我管理技能通常通过个人经验和持续学习获得，并可在个人和职业生活中不断发展。

自我管理技能经常被看作个性品质而非技能，因为它们被用来描述或说明人具有的某些特征。在工作中取得成就和处理人际关系时，这些能力是不可缺少的。它们是成功所需的品质，是个人最有价值的资产。事实上，人们被解雇或离职更多的时候是因为缺乏自我管理技能而不是因为缺乏专业能力。在表达上，自我管理技能通常以形容词和副词的形式出现，例如，"高度自律""有效的时间管理者"。

课堂练习

请标出你确信自己已具备的各种适应性技能。在每个适应性技能后面都有几个同义词，如果你认为这些同义词中的某一个更贴切地描述了你的能力，也请将其标出。

自我管理技能词汇表

学术性强的——勤学的，博学的	精确的——准确的，正确的
活跃的——活泼的，精力充沛的	野心勃勃的——有抱负的，毅然决然的
好分析的——逻辑的，批判的	适合的——灵活的，适应的
感谢的——感激的，感恩的	精通的——娴熟的，内行的，熟练的
着重的——强调的，有力的，有把握的	平静的——沉着的，不动摇的，镇定的
有条理的——有效率的，勤勉的	心胸开阔的——宽容的，开明的
平衡的——公平的，公正的，无私的	吸引人的——漂亮的，英俊的
健壮的——强壮的，肌肉发达的	聪明的——伶俐的，敏锐的，敏捷的

续表

有远见的——明智的，有预见的	正直的——直率的，坦率的，真诚的
喜悦的——高兴的，快乐的，欢快的	博学的——消息灵通的，有文化修养的
热情的——热切的，热烈的，兴奋的	能说会道的——善于表达的，擅长辞令的
机敏的——警戒的，警惕的，警觉的	胆大的——勇敢的，冒险的
艺术的——美学的，优美的	有效的——多产的，有说服力的
随和的——放松的，随意的	雄辩的——鼓舞人心的，精神饱满的
有效率的——省力的，省时的	有感情的——感动的，多愁善感的
精力充沛的——活泼的，活跃的	留心（细节）的——观察敏锐的
同情的——理解的，关心的	坚定的——不动摇的，稳定的，不屈不挠的
坚持己见的——强调的，坚持的	有信心的——自信的，有把握的
有力的——强大的，强壮的	流行的——时髦的，走俏的，现行的
竞争的——好斗的，努力奋争的	清楚的——明白的，明确的，确切的
公平的——无私的，无偏见的	讲道德的——体面的，有德行的
富于表现力的——生动的，有力的	有能力的——有竞争力的，内行的，技艺精湛的
慷慨的——乐善好施的，仁慈的	志趣相投的——愉快的，融洽的
前后一致的——稳定的，有规律的，恒定不变的	考虑周到的——体贴的，亲切的
灵活的——适应性强的，易调教的	朴素的——节俭的，节省的，节约的
合作的——同意的，一致的	合礼仪的——适当的，有礼貌的，冷静的
常规的——传统的，认可的	大方的——慷慨的，无私的，乐善好施的
仔细的——谨慎的，小心的	有勇气的——勇敢的，无畏的，英勇的
亲切的——真诚的，友好的，和蔼的	周到的——有礼貌的，彬彬有礼的，尊敬的
温和的——好心的，温柔的，有同情心的	乐群的——爱交际的，友好的
吃苦耐劳的——坚强的，坚忍不拔的	有秩序的——整洁的，训练有素的，整齐的
健康的——精力充沛的，强壮的，健壮的	有帮助的——建设性的，有用的
好交际的——随和的，亲切的	有希望的——乐观的，鼓舞人心的
诚实的——真诚的，坦率的	幽默的——诙谐的，滑稽的，可笑的
民主的——平等的，公平的，平衡的	勤奋的——努力的，忙碌的
坚决的——坚定的，果敢的	灵巧的——灵活的，敏捷的，机敏的

续表

智慧的——聪明的，见识广的，敏锐的	特意的——有目的的，故意的
独特的——唯一的，个性化的	有文化的——博学的，诗意的，好学的
拘谨的——矜持的，客气的	负责的——充分考虑的，成熟的，可靠的
反应灵敏的——活泼的，能接纳的	自发的——首创的，足智多谋的
敏感的——易受影响的，敏锐的	严肃的——冷静的，认真的，坚决的
稳定的——坚固的，稳固的，可靠的	开放的——接纳的，客观的
高大结实的——强有力的，强健的，肌肉发达的	精明的——机敏的，爱算计的，机警的头脑
随和的——友好的，好交际的，温暖的	独创的——创造性的，罕有的
同情的——仁慈的，温暖的，善良的	充满热情的——狂喜的，强烈的，热心的

　　自我管理技能是指个体在多样化环境中有效控制自己行为和情绪的能力。这包括创新与守旧、细致与马虎、在压力下保持冷静、对工作的热情以及自信等特质。这些特征可以通过个人努力培养和训练，以帮助个体更好地适应环境。常见的自我管理技能有时间管理、团队协作、潜力发掘和情绪控制等。专业知识和工作态度往往比具体工作内容更为重要。优秀的自我管理技能不仅能帮助个体高效适应环境，还能应对工作中的挑战，使其在众多候选人中脱颖而出，顺利获得工作机会，快速适应新环境，并在职场中取得成功。

课堂练习

我愿意与怎样的人共事

　　（1）请列出你愿意与之共事的人的特质，并在小组中进行讨论，看看大家最重视的特质都有哪些。

　　（2）请思考：我是这样的人吗？符合大家所描述的理想同事的样子吗？我的个性特质会怎样影响我的生涯发展？

（3）根据你对自己的了解，试着写下用来描述自己的形容词。

（4）参考"自我管理技能词汇表"，看看哪些词语能够描述你的自我管理技能。

他人眼中的我

（李海艳　绘）

（1）向你身边的亲朋好友询问一下：如果让他们用三到五个词来形容一下你，他们会说什么？你可以通过面谈、打电话、发信息等多种方式来完成这个练习。请询问至少 10 个人。

（2）得到他人的反馈以后，看一看他们对你的描述中，有哪些是你知道的，哪些是你以前没有想到过的。他们所说的符合你对自己的评价吗？

3.可迁移技能

可迁移技能，又称灵活技能或通用技能，指的是那些在特定场景下获得的技能，这些技能能够被有效应用到其他不同的环境和情境中。这类技能的最大特点是其广泛的适用性，可以从生活领域转移到工作领域。它们不依赖于特定的职业内容，因此在职业生涯的不同阶段和不同类型的工作之间具有很高的适应性。例如，学生时代擅长沟通的能力，不仅能在班级管理和课外活动中发挥作用，也能在未来的职业生涯中用于优化工作流程和提升团队合作效率。

可迁移技能是用人单位最看重的技能，几乎在所有的工作中都会用到这些技能，故也称之为通用技能。在职业规划中，当需要勾画出个人最核心技能的时候，可迁移技能是需要被最先和最详细叙述的，因为它是你最能持续运用和最能够依靠的技能。在表达上，可迁移技能一般用行为动词来表示，例如"协调""领导"。

在职业生涯中，专业知识虽然重要，但可迁移技能更为关键，它支撑着专业技能的有效运用。因此，在职业规划时，强调可迁移技能的培养和发展是至关重要的。这些技能，如团队合作、组织协调、解决问题的能力，以及基本的交流技能，都是职场成功的关键。它们可使你在不同的行业中立足，无论是在人际交往、项目管理还是创新思维上，都能显示出你的独特优势和专业能力。表4-1为可迁移技能词汇表。

表4-1　可迁移技能词汇表

培养	鼓励	声称	编辑	决定	忍耐	学习
喂养	分享	生产	拼写	最大化	阅读	最小化
统治	交谈	总结	趋向	举例	描绘	养育识别
达到	建设	执行	运送	协调	打磨	领导
促进	诊断	表达	提问	操纵	演讲	减少
监督	航行	研磨	观察	研究	安装	摄影
传授	展示	洞察	适应	开玩笑	攀登	放置
计算	探索	发明	阐述	测量	驾驶	推理
示范	仲裁	修理	支持	执行	操作	增加
绘画	指导	分类	分析	绘制	设计	管理
做广告	烹调	训练	申请	计数	比较	评估
纠正	定义	评价	劝告	打扫	预测	联络

续表

审核	调停	保护	提供	预见	调解	合成
权衡	探测	调和	倾听	编程	回忆	建立
估计	发展	美化	填充	校对	解释	讨价还价
塑造	详述	预算	演出	运送	简化	激励
装配	融资	调整	制造	引导	收集	建议
募捐	维修	装载	定位	宣扬	推/拉	会见
记忆	追随	交际	唱歌	绘图	分类	精简
研究	记录	给予	系统化	修改	教导	恢复
写作	移动	想象	推荐	激发	讲述	处理
收获	列表	呈递	适时	治愈	遵守	指示
商讨	帮助	记起	判断	种植	招聘	审视
解决问题	贸易	影响	包装	改写	教导	拍摄
解决	即兴表演	修复	战胜	修改	参加	发起
倡导	组织	培训	翻译	安排	治疗	冒险
感觉	升级	回顾	创造	节省	理解	通知
检查	报告	解释	播种	使用	统一	鼓舞
纺织	革新	更新	招待	保存	安顿	互动
精确化	印刷	改进	计划	调查	缝纫	找回
挑选	玩耍	描述	准备	编织	设想	改造
说服	销售	洗涤	加工	介绍	打字	证实

二、用人单位最重视的技能

职业核心竞争力是一种在工作和生活中取得成功的综合能力，超越了特定岗位的专业知识范畴，能够使人在不同场合中自信、成功地展示自己，灵活地运用技能以适应各种情况。如今，职业核心竞争力已成为就业、再就业和职场晋升的重要条件，也是学生和在职人士的竞争力标志。

随着我国进入高质量发展阶段，高质量人才的需求日益增长。党的二十大报告提出，"加快建设国家战略人才力量，努力培养造就更多大师、战略科学家、一流科技领军人才和创新团队、青年科技人才、卓越工程师、大国工匠、高技能人才"。作为现代产业体系的重要基石，大国工匠和高技能人才被纳入国家人才战略，体现出新时代对技能价值的高度重视与崇尚。

在招聘大学毕业生时，用人单位通常会关注毕业生的教育背景、工作经验和职业态度。这些素质决定了应聘者是否有资格担任特定职位。某些行业确实需要特定的专业知识或证书，但大多数职业更看重普遍性和一般性的技能与品质，即可迁移技能和自我管理技能。

根据美国全国大学生与雇主协会（National Association of Colleges and Emp-loyers）的调查，美国雇主最重视的技能和品质按顺序排列分别是以下几种：

（1）沟通能力：无论是口头还是书面，清晰准确地表达想法是职场中的关键能力。

（2）积极主动性：能主动发现问题并付诸行动，是在竞争激烈的职场环境中脱颖而出的优势。

（3）团队合作精神：在团队中有效合作，实现共同目标。

（4）领导能力：不仅包括领导团队，还包括激励和引导他人。

（5）学习成绩：反映学术努力与成就，也侧面说明求职者的工作态度。

（6）人际交往能力：能与同事、客户和上级建立良好的关系，提升工作效率。

（7）适应能力：在快速变化的环境中保持弹性，适应新任务和新挑战。

（8）专业技术：特定领域的专业知识或技术技能。

（9）诚实正直：职业道德和个人操守的体现。

（10）工作道德：在工作中保持勤勉、敬业和严谨的态度。

（11）分析和解决问题的能力：能够从多个角度看待问题并找到创造性的解决方案。

从以上可以看出，沟通能力、领导能力、人际交往能力、适应能力以及分析和解决问题的能力都属于可迁移技能，积极主动性、团队合作精神、诚实正直和工作道德则反映了自我管理技能，而专业技术和学习成绩则属于知识技能范畴。了解并发展这些技能有助于我们在求职和职业发展中明确方向，更有效地实现个人与团队的职业目标。

美国劳工部与美国生涯咨询和发展协会（National Career Development Association）共同进行的一项调查显示，雇主高度重视员工的自我管理和可迁移技能，具体表现在以下几个方面：

（1）善于学习：快速掌握新知识和技能，适应不断变化的工作需求。

（2）读、写、算能力：理解和运用信息的能力，包括基础的阅读、写作和计算技能。

（3）良好的沟通能力：在听、说方面具备清晰表达与有效倾听的能力。

（4）创造性思维与解决问题的能力：在面对复杂问题时，能够提供创新性解决方案。

（5）自尊、积极、有奋斗目标：自信且积极进取，设定明确的目标并努力实现。

（6）事业开拓能力：发现机会、开拓事业、推动项目的发展与目标的实现。

（7）交际、谈判能力及团队精神：在与他人合作中保持良好的关系，并具备团结协作的能力。

（8）组织与领导能力：有效组织资源，领导团队高效运作并实现既定目标。

事实上，我国的用人单位也非常看重这些技能。很多企业在招聘时，不仅关注求职者的学习成绩，更注重其综合能力，如沟通与表达能力、分析与组织能力、领导力以及团队精神。特别是在大数据、云计算、人工智能和区块链等新技术不断深入各个经济领域的背景下，对高技能人才的需求已从"熟能生巧、巧能生精"向"技术赋能、跨界融合"方向转变。这种技能需求的变化，反映出当今经济社会更注重将前沿技术与产业相融合，实现创新与实践的紧密结合。大国工匠成为这种融合的重要推动者和核心劳动要素，帮助将技术创新有效地应用于生产实践，实现跨界融合与技术赋能。

这种技能结构的调整意味着，在职场中不仅需要扎实的专业知识和技术能力，还必须具备善于学习，良好的沟通、协作与创新等通用技能，以适应新技术的变革与时代的挑战。通过不断培养与完善这些技能，个人和组织都能在快速变化的社会中保持竞争力，实现共同的发展目标。

三、了解职业对技能的要求

全面了解自身的技能是职业规划的重要一步，但更关键的是要明确这些技能适用于哪些职业，以及目标职业对技能的具体要求。为了制订切实可行的职业发展策略，我们需要了解探索职业技能要求的多种途径。以下方法可以帮助我们收集相关信息，制订更有效的求职计划。

1. 参考招聘网站

大型招聘网站每天发布成千上万的职位信息，并附带详细的工作内容和技能要求说明。求职者可以通过浏览网站，针对感兴趣的职位深入分析，了解岗位的具体职责和技能要求。定期关注招聘网站还能让你捕捉到市场上技能需求的变化趋势，帮助你更精准地定位职业目标。

2.生涯人物访谈

通过访谈实际从事目标职业的人士，可以获取第一手的职业技能要求和行业见解。直接向这些专业人士询问他们的工作内容、岗位职责以及他们认为关键的技能需求，可以深入了解职业要求的细节，特别是那些平时不容易发现的细微之处，帮助你为进入目标行业提前做好技能准备。

3.现场招聘会

参加招聘会是直接与招聘人员互动的绝佳机会。你可以当面询问他们对特定职位的技能要求，并观察不同企业之间的招聘偏好。此外，还能通过和其他求职者的交流了解不同的职业路径和技能建议。

4.专业协会与行业论坛

加入专业协会或参加行业论坛，能让你与行业专家或同业者建立联系。通过听取他们的经验分享或参加讨论活动，你可以更深入地了解行业对技能的需求，并紧跟行业技术发展趋势。

5.向家人、朋友和导师请教

与你的社交圈保持沟通，通过家人、朋友、导师或校友的建议，了解他们对不同职业的看法。这种沟通渠道往往能带来实用的建议或隐藏的求职机会。

6.专业报告与研究资料

阅读行业报告、政府发布的就业预测和劳动力市场研究，能够帮助你识别不同职业的趋势和未来技能需求。这些资料通常会提供详尽的统计数据和见解，有助于制订长远的职业规划。

7.职业指导服务与实习

向职业指导机构咨询或参加相关实习项目，可以直接体验职业环境，并在实际工作中观察不同职位的技能需求。在实习期间，还能通过导师或同事了解他们在日常工作中所使用的技能，并获得职业规划的建议。

通过综合利用这些方法，你可以更全面地了解目标职业的技能需求，并在求职或职业规划中明确自己需要掌握的技能，提高自身的竞争力。

本章思考

1.通过哪些方法和工具可以有效地进行自我评估，全面了解自己的能力特征和潜力？

2. 在职业生涯中，个体如何通过持续学习和实践，不断提升自己的职业能力？

3. 遗传、教育、社会实践和主观努力等因素中，哪些对能力发展影响最大？如何加以利用？

4. 在实际职业规划中，不同类型的职业能力如何影响职业选择和职业发展？

5. 能力评估在职业规划和成功实现中具体发挥了怎样的作用？如何通过能力评估制订切实可行的职业发展计划？

第五章 价值观的自我探索

1. 价值观的定义与重要性：探讨价值观的概念，强调其在决策过程中的作用和对个人满意度与幸福感的影响。

2. 价值观的形成与影响因素：分析价值观的形成过程，包括早期阶段和成年后的调整，探讨家庭、文化、教育和社会环境等外部因素及个人经历与心理发展等内部因素的影响。

3. 价值观与生涯选择的关系：讨论价值观如何影响职业选择和职业满意度，以及如何通过重评估和调整价值观来适应职业发展。

4. 价值观探索的方法与技巧：介绍自我反思、互动式探索和价值观对话与辩论等多种探索价值观的方法和技巧。

5. 价值观的实际应用与案例分析：展示价值观在日常决策和长期生涯规划中的应用，通过成功案例和挑战解决方案进行分析。

开篇故事

湖边的觉醒

秋天的一个黄昏，大学校园里落叶纷飞。王雅静正坐在校园湖边的长椅上，望着湖水出神。她刚刚上完职业规划课，内心却充满了困惑。她是一名优秀的法学专业学生，成绩一直名列前茅，但她总感觉这不是自己真正想要的。

王雅静的导师张教授是一位有着丰富经验的生涯规划专家。看到雅静的烦恼，张教授主动邀请她一起走走。走在校园的小径上，张教授问道："雅静，你最近好像有心事，是不是在为职业选择而烦恼？"

雅静点了点头，说："是的，老师。我一直以为自己会成为一名律师，可现在我却对这个职业充满了疑惑。我不知道自己真正想要的是什么。"

张教授微笑着说："这是很多人都会经历的过程。其实，职业选择不仅是看你的能力和兴趣，还要看你的价值观。你的价值观会影响你对职业的满意度和生活的幸福感。"

雅静有些疑惑地问："价值观？那是什么呢？"

张教授停下来，指着湖边的一棵大树说："就像这棵树，价值观是它的根。树根稳固，树才能长得高大茂盛。价值观是你内心深处的信念和态度，它们引导你做出各种决策。"

张教授建议雅静进行自我反思。他让雅静每天写日记，记录下自己的想法和感受。通过一段时间的记录，雅静发现自己内心深处对帮助他人的渴望，以及对正义的执着。虽然她对法律有兴趣，但她更想通过心理学来帮助那些需要心理支持的人。

与此同时，张教授还组织了一个小组讨论，雅静和其他同学一起参与了价值观排序练习。每个人都分享了自己的价值观，雅静在听取他人观点的过程中，进一步确认了自己的内心想法。

在张教授的指导下，雅静决定调整自己的职业方向。她开始选修心理学的课程，积极参与志愿者活动，帮助有心理困扰的同学。尽管转变方向需要面对很多挑战，但她感到前所未有的满足和快乐。

几年后，雅静成为一名出色的心理咨询师，她用自己的专业知识帮助了无数人走出困境。回想起在湖边与张教授的那次谈话，她充满了感激之情。

这个故事展示了价值观在职业选择中的重要性。通过自我探索和明确价值观，雅静找到了真正适合自己的道路，过上了充实而有意义的生活。这也是本章要带给大家的重要启示：了解和尊重自己的价值观，是实现职业成功和个人幸福的关键。

青年的价值取向决定了未来整个社会的价值取向，而青年又处在价值观形成和确立的时期，抓好这一时期的价值观养成十分重要。这就像穿衣服扣扣子一样，如果第一粒扣子扣错了，剩余的扣子都会扣错。人生的扣子从一开始就要扣好。

——习近平在北京大学师生座谈会上的讲话（2014 年 5 月 4 日）

正是价值观给我们的生活注入意义，这种意义反过来又带给我们力量、动力和坚定的意志。

——迈克尔·亨德森

第一节 价值观的定义与重要性

一、价值观的定义

（一）概念介绍

价值观（values）是个体对事物、行为或结果的基本信念和态度，反映了个人对什么是重要的、值得追求的事物的认知和评估。它是内化在个体内心深处的标准和原则，指导着人们的行为和决策。价值观既可以是个人的，也可以是集体的，例如家庭、组织或社会的价值观。

价值观的形成是一个持续且动态的过程，受到个人经历、社会环境、文化背景等多种因素的影响。它不仅决定了个体如何看待自己和周围的世界，还在很大程度上影响着个体的行为方式和生活选择。每个人的价值观系统都是独特的，虽然某些价值观可能在不同的文化和社会中具有普遍性，但个体的价值观依然因人而异。

价值观是一个复杂的系统，时代的进步、社会的发展、个人的生活都是在价值观的指导下进行的。从微观角度来看，价值观作为人的意识系统，是人对周围事物能否满足其需要的评价，其影响我们的重要抉择，以及我们对人生幸福的评价和我们所认同的人生意义。价值观如同大树的根基，在风吹雨打中牢牢地固定住大树，让我们在世事洪流中找到方向感和意义。

职业价值观是指个体对职业的看法和认识，是个人内在的动力系统，影响职业选择及从业行为。当职业选择与职业价值观相匹配时，会让人更愿意主动适应职场、克服困难，更容易获得职业成就感与幸福感。职业价值观不仅仅停留在语言层面，还需要用行动去感受、选择和追求。

职业价值观强调对于活动结果的感受。兴趣帮助我们打开一扇扇门，职业价值观帮助我们进行筛选、做减法，关掉不是内心真正想要的那扇门。当然，在不同的职业生涯阶段，人的职业价值观也可能发生变化，因为人们的需求改变了——希望从职业中获得的回报不同了。

（二）价值观与信念、态度的关系

为了更好地理解价值观，我们需要将其与信念和态度进行比较和区分。

信念是个体对特定事实或主张的认知和接受，是对事物存在状态的基本看法。例如，"努力工作会带来成功"是一种信念。信念通常基于个人经验、教育和社会影响之上对世界的看法，是个体对世界的理解和认知。

态度则是个人对特定事物的情感反应和行为倾向，是在信念基础上形成的情感和行为导向。例如，对工作的热爱或厌恶是一种态度。态度反映了个体对某个特定对象或情境的感觉和反应，是信念和价值观的外在表现。

价值观则是对事物重要性和优先级的评估和判断，是个体内心深处的标准和原则。价值观往往更为深层次且持久，直接影响着信念和态度的形成和变化。例如，诚信、责任、家庭的重要性等。

职业价值观在职业决策中的指导作用尤为重要。当个体的职业选择能够与其职业价值观相匹配时，不仅能提升职业满意度，还能增强工作中的动力和成就感。例如，一个重视创造力和创新的人，在从事设计或研发工作时，会感到更有动力和满足感；而一个重视稳定和安全的人，则可能在选择公务员或金融行业时感到更加安心和满意。

通过明确职业价值观，个体可以更好地进行职业规划和决策，在职业发展中实现自我价值和职业目标。因此，了解并重视职业价值观，是个人职业发展过程中不可或缺的一部分。

（三）价值观的层次结构

价值观具有层次性，不同的价值观在个人心目中具有不同的优先级和重要性。通常，可以将价值观分为核心价值观和外围价值观。

核心价值观是指那些对个体生存和发展至关重要的基本信念和原则，这些价值观通常难以改变，并在个人的行为和决策中起着决定性的作用。例如，对诚信、责任、家庭的看重等。

外围价值观则相对较为灵活，容易受外界影响和个人经历的变化而调整，例如对某种娱乐活动的喜好，对某种生活方式的选择等。

（四）价值观的类型

根据不同的理论和研究，价值观可以分为不同的类型和维度。以下是几种常见的分类方法：

（1）施瓦茨价值观理论。谢洛姆·施瓦茨（Shalom Schwartz）提出了十种基本价值观，包括自我超越、自我提升、开放性和保守性四个维度，每个维度包含若干具体的价值观，例如，友爱、成就、创新、传统等。

（2）罗克奇价值观系统。米尔顿·罗克奇（Milton Rokeach）将价值观分为终极价值观和工具性价值观。终极价值观是指个体希望最终实现的目标，如幸福、自由、平等；工具性价值观是指实现终极价值观的手段和行为，如诚实、勤奋、勇敢等。

（3）社会价值观。社会学家通常将价值观分为个人主义价值观和集体主义价值观两大类。个人主义价值观强调个人的独立、自主和个人成就，而集体主义价值观则强调集体利益、合作和社会责任。

（4）文化价值观。不同文化背景下的价值观也有所不同。例如，东方文化通常重视家庭、集体和和谐，西方文化则更强调个人权利、自由和平等。

（五）价值观的动态变化

价值观虽然具有相对稳定性，但它并不是一成不变的。随着个体经历的变化、社会环境的变迁和自身心理发展的进步，价值观也可能发生调整和变化。尤其是在现代社会，全球化、信息化和多元文化的冲击使得价值观的变化更为频繁和复杂。同时，价值观的变化通常经历一个渐进的过程，从意识到某种价值观的重要性，到逐渐接受并内化这种价值观，再到行为和决策上体现这种价值观。

二、价值观的重要性

（一）决策过程中的作用

价值观在决策过程中起着至关重要的作用。无论是日常生活中的小决策，还是人生重大选择，价值观都为我们提供了基本的判断标准和行为指南。

（1）价值观帮助个体确定优先级和目标。面对多种选择时，价值观使我们能够辨别哪些选项更符合内心深处的原则和信念。例如，一个高度重视家庭价值观的人，在职业选择上可能会倾向于那些工作时间灵活、能够兼顾家庭生活的职业路径，而一个注重成就和自我提升的人，则可能更倾向于选择具有挑战性和发展前景的职业。

（2）价值观提供行为规范和准则。在面对道德和伦理困境时，价值观成为我们评判行为正当性的重要依据。例如，一个重视诚信的人，在面对可能涉及欺骗的商业交易时，会坚持诚实守信的原则，即使这可能意味着失去某些短期利益。

（3）价值观增强决策的确定性和一致性。拥有明确价值观的人，在做出决策时更自信和坚定，不容易受外界干扰和影响。这种决策的一致性不仅有助于个人实现长远目标，还能增强个人的内在和谐感和心理稳定性。

（二）影响个人满意度和幸福感

价值观对个人的满意度和幸福感有着深远的影响。研究表明，当个人的行为和决策与其内在的价值观一致时，更容易获得满足感和幸福感。相反，当行为与价值观发生冲突时，则可能导致内心的矛盾和压力，进而影响心理健康和生活质量。

（1）价值观一致性对幸福感的影响。在日常生活和职业生涯中，如果个体能够按照自己内在的价值观行事，往往会感到更加充实和有意义。例如，一个重视社会责任和公益事业的人，在从事志愿服务或慈善工作时，会感受到深深的满足感和幸福感。相反，如果他被迫从事与自己价值观相冲突的工作，则可能会感到内心的空虚和不安。

（2）价值观在建立和维护人际关系中的作用。相似价值观的人更容易形成亲密和谐的人际关系，因为他们在沟通和互动中更容易达成共识，减少冲突和摩擦。例如，两个人如果都重视诚信和尊重，在合作中就会更加互相信任和支持，而如果价值观不一致，则可能导致频繁的意见分歧和矛盾冲突，影响关系的稳定和发展。

（3）价值观对个人成长和自我实现的促进作用。拥有清晰价值观的人，往往在追求个人成长和自我实现的过程中更加专注和坚定。例如，一个重视学习和知识的人，会不断通过读书、进修和实践来提升自己的能力和素质，从而实现自我价值和理想。这种不断进步和成长的过程，本身也是一种极大的满足和幸福来源。

（三）价值观在职业生涯中的重要性

在职业生涯发展中，价值观同样发挥着重要作用。职业选择、职业满意度和职业发展路径，均与个人的价值观密切相关。

（1）价值观影响职业选择。每个人的职业选择不仅受兴趣和能力的驱动，更深层次上是价值观的体现。例如，一个重视创造和创新的人，可能会选择从事艺术、设计或科研工作，而一个注重稳定和安全的人，则可能更倾向于选择公务员或金融行业。

（2）价值观影响职业满意度。职业满意度不仅取决于薪资待遇和工作环境，更在于工作内容和个人价值观的契合度。例如，一个重视团队合作和人际关系的人，在一个团结友爱的工作团队中会感到非常满意和快乐，而如果工作环境与个人价值观严重不符，则可能导致产生工作压力和职业倦怠。

（3）价值观在职业发展和晋升中也起着重要作用。明确的价值观可以帮助个体在职业发展中做出更加明智和长远的规划。例如，一个重视自我提升和成就的人，会不断寻找学习和发展的机会，积极争取晋升和挑战自我。

（四）价值观对社会和文化的影响

个人的价值观不仅影响自身的生活和职业，也对社会和文化产生广泛影响。价值观作为文化的一部分，通过家庭教育、学校教育和社会环境等途径得以传承和发展，维系着社会的稳定和持续发展。

首先，价值观对社会行为规范的形成有重要作用。相同价值观的人共同生活在一起，能够形成相似的行为规范和社会秩序。例如，诚信、尊重、责任等价值观，可以促进社会成员之间的信任和合作，减少社会冲突和犯罪行为。

其次，价值观在文化传承和创新中的作用。不同文化背景下的价值观各有特色，其既是文化传承的重要内容，也是文化创新的重要动力。例如，东方文化中的家庭价值观、集体主义和和谐思想，对家庭结构、社会组织和人际关系有深远影响；而西方文化中的个人主义、自由和平等思想，则推动了现代民主、法治和人权的发展。

总之，价值观作为个体内心深处的基本信念和态度，对人的行为、决策和生活态度具有重要的指导和规范作用。理解和探索个人的价值观，对于职业选择、人生规划和自我实现具有重要意义。

第二节　价值观的形成与影响因素

一、价值观的形成和调整

（一）早期形成阶段

价值观的形成是一个复杂且持续的过程，从个体出生起便开始，并受到多种因素的影响。在早期形成阶段，家庭环境和父母的教养方式对个体价值观的塑造起着决定性的作用。

家庭是个体接触的第一个社会环境，父母的言行、家庭氛围、教育方式等都直接影响着孩子的价值观。例如，在一个重视诚信和责任的家庭中，孩子会在潜移默化中学习到诚实和负责任的重要性。这些早期的家庭教育奠定了孩子基本的价值观框架。

另外，早期的社会化过程也对价值观的形成产生重要影响。社会化是指个体通过与社会环境的互动，学习和内化社会规范、价值观和行为模式的过程。幼儿时期，孩子通过与家人、老师、同龄人的互动，逐渐形成对事物的基本态度和信念。例如，在学校教育中，孩子们通过接受教育、参与集体活动和遵守学校规则，逐步学会尊重他人、合作共赢等社会价值观。

早期形成的价值观通常具有较强的稳定性，因为这些价值观已经深深嵌入个体的认知和情感体系中。然而，这并不意味着价值观是固定不变的。随着个体的成长和发展，价值观也会不断调整和完善。

（二）成年后的价值观调整

成年后的价值观调整是一个持续的过程，受到多种内外部因素的影响。成人时期的价值观调整不仅包括对早期价值观的反思和重新评估，还涉及对新的经历和知识的内化。

首先，个体在进入成年后，会面临许多新的挑战和机遇，例如职业选择、婚姻家庭、社会角色的转变等。这些经历促使个体不断反思和调整自己的价值观。例如，一个在年轻时注重个人成就的人，可能在组建家庭后更加重视家庭责任和亲情关系。

其次，成年后的教育和职业经历对价值观调整也有重要影响。高等教育和职业培训不仅传授知识和技能，还传递特定的职业价值观和伦理规范。例如，医学教育强调救死扶伤、病人至上的职业价值观，法律教育强调公正、公平和法治精神。这些职业价值观通过教育和实践，逐渐内化为个体的个人价值观。

此外，社会文化和时代背景的变化也会影响成年人的价值观调整。随着全球化、信息化和多元文化的冲击，个体接触到不同文化和价值观的机会大大增加。这种多样化的文化体验促使人们在反思和比较中调整自己的价值观。例如，一个在传统文化中长大的人，可能在接触多元文化后，逐渐接受开放、包容、多样性的价值观，并在实际生活中表现出来。

最后，个人的内在心理发展也对价值观调整有重要影响。随着年龄增长，个体的心理成熟度不断提高，自我意识和自我反思能力也逐渐增强。在这一过程中，人们会更加清晰地认识到自己的价值观，并根据自身的成长和发展需要进行调整。例如，一个人在青年时期可能更注重物质财富的积累，而随着时间的推移，可能会更加重视精神追求和自我实现。

总结起来，价值观的形成和调整是一个动态的过程，受到家庭、教育、社会文化和个人经历等多种因素的影响。早期形成的价值观为个体提供了基本的行为指南和判断标准，而成年后的价值观调整则使个体能够更好地适应不断变化的社会环境和个人发展需求。

（三）马斯洛需求层次理论

亚伯拉罕·马斯洛（Abraham Maslow）的需求层次理论，是理解价值观形成和发展的重要理论框架之一。根据马斯洛的理论，人类的需求从低到高依次为生理需求、安全需求、社交需求、尊重需求和自我实现需求。这些需求层次之间具有递进关系，低层次需求得到满足后，高层次需求才会成为个体追求的目标，如图 5-1 所示。

图 5-1 马斯洛需求层次理论（模型）

生理需求和安全需求是人类最基本的需求，它们的满足为价值观的形成提供了基本保障。在这一阶段，个体的价值观主要集中于生存和安全，例如食物、水、住所、安全感等。当这些基本需求得到满足后，个体开始追求更高层次的需求和价值观。

社交需求涉及个体对归属感和人际关系的追求。在这一阶段，价值观的形成受到社交互动和人际关系的强烈影响。个体在家庭、友谊、爱情和社会群体中，寻求归属感和支持，并逐渐形成关于友谊、爱情和社会责任的价值观。例如，一个在和谐家庭中成长的人，可能会更加重视家庭价值观和社会和谐。

尊重需求包括个体对自尊、自信和社会认可的追求。在这一阶段，个体的价值观更多地集中于自我价值的实现和社会地位的提升。例如，一个在职业生涯中取得成功的人，可能会更加重视职业成就和社会地位，而一个在艺术领域有所成就的人，则可能更加重视创作自由和艺术价值。

自我实现需求是马斯洛需求层次理论的最高层次，它涉及个体对自我潜能的充分发挥和自我价值的实现。在这一阶段，价值观的形成更加深刻和个性化，个体不再仅仅追求外在的成就和认可，而是追求内心的满足和自我实现。例如，一个作家在自我实现阶段，可能会更加重视创作过程的满足感和作品的思想价值，而一个科学家则可能更加重视科研过程中的探索精神和创新价值。

马斯洛的需求层次理论为我们理解价值观的形成和发展提供了一个系统框架。通过这一理论，我们可以看到，个体的价值观并不是固定不变的，而是随着需求层次的变化和心理发展的不同阶段，不断调整和演变的。

二、影响价值观的因素

（一）外部因素

1. 家庭

家庭是个体最初接触和生活的基本单位，因此对价值观的形成起着至关重要的作用。家庭成员，尤其是父母，往往是孩子最早的价值观传递者和示范者。父母的言行举止、生活态度和教育方式，都会直接影响孩子的价值观。例如，在一个重视诚信的家庭中，父母会通过自己的行为教导孩子诚实守信的道理；而在一个注重竞争和成就的家庭中，孩子可能会更倾向于追求个人成功和卓越。

家庭中的互动和交流也对价值观的形成产生重要影响。家庭成员之间的相互支持、尊重和理解，可以培养孩子对家庭和社会责任的认知和重视。相反，如果家庭环境中充满冲突和不和谐，可能会导致孩子对人际关系和社会规则产生负面看法，进而影响其价值观的形成。

2. 文化

文化是影响价值观的重要外部因素之一。每个社会和民族都有自己独特的文化传统和价值体系，这些文化因素通过家庭、教育和社会环境等途径传递给个体。例如，东方文化通常重视集体利益、家庭和谐和社会责任，而西方文化则更强调个人主义、自由和平等。这些文化价值观在个体的成长过程中逐渐内化，成为其行为和决策的重要依据。

文化的影响不仅体现在宏观层面，还体现在具体的社会习俗和生活方式上。例如，不同文化对时间观念、礼仪规范、教育方式等的看法和要求各不相同，这些细微差别同样会对个体的价值观产生深远的影响。

3. 教育

教育是影响价值观的重要途径之一。学校教育不仅传授知识和技能，还承担着培养学生价值观和行为规范的职责。从幼儿园到大学，学校通过课程设置、课堂教学、课外活动和营造学校文化氛围等多种方式，向学生传递特定的价值观和伦理观念。例如，在学校教育中，老师通过教授历史、道德、法律等课程，帮助学生了解和认同社会的基本价值观和行为规范；通过参与集体活动和团队合作，学生学会了尊重他人、合作共赢，提升了社会责任感。此外，学校的奖惩制度、校规校纪以及师生关系、同学关系等，也在潜移默化中影响着学生的价值观。

4. 社会环境

社会环境是影响价值观形成的另一个重要因素。社会环境包括政治、经济、法律、文化等多个方面，它们共同构成了个体生活的外部背景，并通过多种途径影响个体的价值观。例如，在一个法制健全、社会公正的环境中，人们往往更加重视法律和规则，崇尚公平和正义；而在一个经济发达、竞争激烈的环境中，人们可能更倾向于追求效率、创新和个人成就。

媒体和社交网络的迅速发展，也对个体价值观的形成和变化产生了深远影响。通过电视、网络、社交媒体等途径，个体接触到大量的资讯和观点，这些信息不仅包括知识和事实，还包含各种价值观和态度。尤其是在信息爆炸的时代，个体在面对纷繁复杂的信息时，需要通过自己的价值观进行筛选和判断，从而形成对世界的认知和态度。

综上所述，家庭、文化、教育和社会环境作为价值观形成的重要外部因素，通过多种途径和方式影响着个体的价值观发展。家庭和文化为个体提供了最初的价值观框架和行为指南，教育通过系统化的知识传授和规范教育，进一步强化和拓展了这些价值观，而社会环境则通过日常生活和社会互动，不断影响和调整个体的价值观。

（二）内部因素

个人经历在价值观的形成和发展中扮演着至关重要的角色。每个人都有独特的人生经历，这些经历包括家庭背景、教育经历、职业生涯、社会交往、旅行体验等，共同构成了个体对世界的认知和态度。

首先，童年经历对价值观的形成具有深远影响。童年时期是价值观形成的关键阶段，个体通过与父母、兄弟姐妹、老师和同伴的互动，逐渐内化了许多基本的价值观。例如，一个在充满爱和支持的家庭中长大的孩子，往往更容易发展出自尊、自信和对他人的信任感；而一个经历过家庭暴力或被忽视的孩子，可能会形成不安全感和对人际关系的怀疑态度。

教育经历也是影响价值观的重要因素。不同的教育环境和教育方式，会对个体的价值观产生不同的影响。例如，接受过严格纪律和规范教育的人，可能会更加重视规则和秩序；而在宽松自由的教育环境中成长的人，则可能更倾向于追求个人自由和创造力。

职业经历和社会实践也是价值观形成和调整的重要途径。在职业生涯中，个体通过工作经历和职业培训，不仅获取了专业知识和技能，还内化了特定的职业价值观和行为规范。例如，一个医生在工作中会不断强化救死扶伤、以病人为中心的职业价值观；而一个企业家在创业过程中，则可能更加重视创新、竞争和风险管理。

个人心理发展的各个阶段，也对价值观的形成和调整产生重要影响。心理学家爱利克·埃里克森（Erik Erikson）提出的心理社会发展理论指出，个体在不同的生命周期阶段，会面临不同的心理发展任务，每个阶段的成功解决有助于个体形成积极的价值观和自我认知。例如，青少年时期是个体自我认同和价值观形成的关键阶段，而成年早期则是建立亲密关系和职业发展的重要阶段，这些经历都会对价值观产生深远影响。

综上所述，个人经历和心理发展是影响价值观的重要内部因素，家庭背景、教育经历、职业生涯和社会实践等，都是价值观形成的重要途径。理解这些内部因素的作用，有助于我们更好地认识价值观的动态变化过程，以及在职业生涯规划和个人发展中，如何有效利用和调整这些价值观。

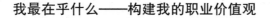

课堂练习

我最在乎什么——构建我的职业价值观

智力激发	利他助人	创新创意	独立自主	美的追求
成就满足	管理权力	工作环境	同事关系	与上级关系
多样变化	声望地位	安全稳定	经济报酬	生活方式

每个人在职业上都有各自不同的价值追求，以上 15 个职业价值观的分类和含义不是最重要的，重要的是能够启发思考。

1. 毕业五年内，对我来说最重要的三个核心职业价值观是什么（可以是以上 15 个之外的），并定义其含义？

2. 用以上三个价值观总结成一句话，表明我对工作的期待。

3. 最能实现我的核心职业价值观的工作有哪些？

4.大学中，什么样的选择和行动更有利于我未来实现这些职业价值观？

5.就职业生涯而言，对我来说最重要的三个职业价值观是什么？为什么？

第三节　价值观与生涯选择的关系

一、价值观与职业选择

（一）价值观如何影响职业路径

价值观在职业选择中起着至关重要的作用，它不仅帮助个体确定职业目标和方向，还影响着职业选择的过程和最终决策。价值观的深刻内涵和持久性，使其成为职业生涯规划中不可忽视的因素。

首先，价值观帮助个体确定职业目标和方向。一个人的核心价值观，如追求自由、创新、社会责任等，会在很大程度上决定他在职业选择上的优先级。例如，一个高度重视创新和创造力的人，可能会选择从事艺术、设计或科研工作，因为这些领域能够提供更多的创造空间和自由；而一个重视社会责任和公益事业的人，则可能倾向于选择非政府组织、教育或医疗等职业，以实现其服务社会和帮助他人的价值观。

其次，价值观影响职业选择的过程。在职业选择过程中，个体需要评估不同职业选项的吸引力和适合性。价值观在这一过程中起到重要的评判标准作用。例如，一个重视家庭和生活平衡的人，在选择职业时会更加关注工作时间的灵活性和工作环境的友好性，以确保能够兼顾工作和家庭；而一个重视职业成就和个人发展的个体，则可能更倾向于选择具有挑战性和发展前景的职业，即使这意味着需要付出更多的时间和努力。

此外，价值观还影响个体的职业决策方式和应对策略。例如，在面对职业选择的困惑和挑战时，一个重视独立和自主的人，可能会更倾向于通过自我反思和独立决策来解决问题；而一个重视团队合作和集体利益的人，则可能会通过寻求他人的建议和团队讨论来做出决策。

核心职业价值观是指在职业选择中起到关键作用的价值观，包括但不限于以下几种：

（1）成就感：重视个人和职业成就，追求高绩效和职业上的成功。适合选择具有挑战性和上升空间的职业，如企业管理、科研、创业等。

（2）经济报酬：重视薪资和物质回报，希望通过工作获得良好的经济收入。适合选择高薪行业，如金融、房地产、信息技术等。

（3）工作环境：重视工作环境的舒适性和人际关系的和谐，希望在一个友好和支持性的工作环境中工作。适合选择重视团队合作和工作氛围的企业，如文化创意产业、教育机构等。

（4）自由和自主：重视工作中的自主性和灵活性，希望拥有更多的自由支配时间和独立决策权。适合选择自由职业、创业或科研等职业。

（5）社会影响：重视对社会的积极影响和贡献，希望通过工作改善社会和环境。适合选择非营利组织、公共服务和环保领域的职业。

通过明确和分析核心职业价值观，个体可以更好地选择适合自己的职业路径，提升职业满意度和成就感。

（二）价值观与职业满意度

研究表明，当个体的工作与其内在的核心职业价值观相一致时，更容易获得职业满意度和成就感。相反，当工作与个人价值观发生冲突时，则可能导致职业倦怠和工作压力大。

首先，价值观与职业满意度之间存在直接关系。当个体在工作中能够实现其核心职业价值观时，往往会感到满足和幸福。例如，一个重视环保和可持续发展的人，在从事环境保护工作时，会感到自己的工作对社会和环境有积极影响，从而获得高度的职业满意度。相反，如果他从事的工作与其价值观背道而驰，如在高污染行业工作，则可能会感到内心的矛盾和不安，进而影响职业满意度。

其次，价值观对职业倦怠和工作压力有重要影响。职业倦怠是指个体在工作中感到极度的疲惫、冷漠和效率低下的一种状态。研究表明，价值观与职业倦怠之间存在显著的相关关系，当工作与个人价值观不符时，个体更容易感到职业倦怠。例如，一个重视创造力和自由的人，在一个高度制度化和规章严格的工作环境中，可能会感到压抑和不满，从而导致产生职业倦怠和工作压力。反之，当工作环境和内容能够满足其价值观需求时，个体则更容易保持积极的工作态度和高效的工作状态。

此外，价值观还影响个体对职业发展的期望和职业生涯的规划。一个明确核心职业价值观的个体，往往在职业发展中更具方向感和目标感，而这不仅有助于个人职业生涯的成功，也能带来更多的职业满足和成就感。

通过理解和运用核心职业价值观，个体可以在职业选择和发展中做出更符合内心需求和长远发展的决策，提升职业满意度和实现自我价值。这不仅有助于个人的职业发展，还能在职业生涯中获得更高的成就感和幸福感。

为了更好地理解价值观在职业选择和职业满意度中的作用，我们可以通过具体案例进行分析。

◆ **案例 5-1**

小李是一名刚毕业的大学生，他在选择职业时，主要考虑的是薪资待遇和工作稳定性。然而，他在工作了半年后，发现自己对工作内容毫无兴趣，每天都感到疲惫和厌烦。经过自我反思，小李意识到自己真正重视的是创作和自由。于是，他决定放弃目前的工作，转而从事自己热爱的艺术创作工作。虽然收入有所减少，但小李在新工作中找到了满足感和幸福感，职业满意度显著提高。

◆ **案例 5-2**

小王是一名中学教师，他非常重视社会责任和教育价值观。尽管教师的收入并不高，但小王在工作中感到非常满足和幸福，因为他认为自己的工作对学生的成长和社会的发展有积极影响。小王通过不断提升自己的教学能力和参与教育改革，获得了职业成就感和社会认可。

通过以上案例，我们可以看到，价值观在职业选择和职业满意度中的重要作用。理解和探索个人的价值观，不仅有助于做出明智的职业选择，还能提升职业满意度和实现自我价值。接下来，我们将探讨如何调整和优化价值观，以适应不断变化的职业环境和个人发展需求。

二、调整价值观以适应职业发展

（一）价值观的重评估

职业生涯是一个动态的过程，个体在不同的职业阶段会面临各种挑战和机遇，这些都可能导致价值观的重评估。重评估价值观是职业发展的重要环节，它可以帮助个体在不断变化的环境中保持自我一致性和职业满意度。

首先，职业转变和新环境的适应常常需要价值观的重评估。当个体进入新的工作环境或角色时，可能会发现新的工作要求和个人价值观存在冲突。例如，一个从事研发工作的工程师，可能会因为升职而进入管理层，这一角色转变可能要求他更多地关注团队管理和公司利益，而非纯粹的技术创新。此时，工程师需要重新评估自己的价值观，调整个人目标以适应新的职业要求。

其次，职业倦怠和工作满意度下降也是促使价值观重评估的因素。当个体感到职业倦怠或对工作失去兴趣时，往往需要反思其价值观是否与当前工作一致。例如，一个原本热爱创作的广告设计师，在长时间的高压工作和客户要求的商业化设计中，可能会感到创作激情被消磨殆尽。此时，设计师需要重新审视自己的价值观，考虑是否需要调整职业方向或者在现有岗位上寻找新的价值实现方式。

价值观重评估的过程可以通过多种方式进行，包括自我反思、职业咨询和职业发展规划。自我反思是个体自主进行的价值观检视，通过记录工作中的感受和思考，个体可以更清晰地认识到自己的价值观变化。职业咨询则提供了专业的指导，通过与职业顾问的交流，个体可以获得外部的视角和建议，帮助其更全面地评估自己的价值观。职业发展规划则是系统性的职业评估和目标设定，通过明确职业目标和发展路径，个体可以更好地调整价值观以适应职业发展的需求。

为了系统性地进行价值观的重评估，舒伯开发了《职业价值观问卷》。该问卷是一种有效的工具，通过分析个人的职业价值观，帮助个体更好地理解自己的职业需求和目标。通过《职业价值观问卷》，个体可以系统性地反思和评估自己的职业价值观，从而更好地适应职业发展的需求。

通过问卷分析，个体可以明确以下几个方面：

（1）核心职业价值观：识别最重要的职业价值观，如成就感、经济报酬、工作环境等。

（2）价值观的变化：了解在不同职业阶段或经历重大职业转变时，价值观是否发生了变化。

（3）价值观与职业满意度的关系：分析当前工作与个人价值观的匹配度，识别是否需要进行职业调整。

通过系统性地重评估职业价值观，个体可以更好地理解自己的职业需求和目标，做出更明智的职业决策，提升职业满意度和成就感。

舒伯的《职业价值观问卷》

第 1 部分　试题填答

题号	题　目	非常重要	比较重要	一般	较不重要	很不重要
1	能参与救灾济贫工作	5	4	3	2	1
2	能经常欣赏完美的艺术作品	5	4	3	2	1
3	能经常尝试新的构想	5	4	3	2	1
4	必须花精力去深入思考	5	4	3	2	1
5	在职责范围内有充分自由	5	4	3	2	1
6	可以经常看到自己的工作成果	5	4	3	2	1
7	能在社会上扮演更重要的角色	5	4	3	2	1
8	能知道别人如何处理事务	5	4	3	2	1
9	收入比相同条件的人高	5	4	3	2	1
10	有稳定的收入	5	4	3	2	1
11	有清静的工作场所	5	4	3	2	1
12	主管善解人意	5	4	3	2	1
13	能经常和同事一起休闲	5	4	3	2	1
14	能经常变换职务	5	4	3	2	1
15	能成为你想成为的人	5	4	3	2	1
16	能帮助贫困和不幸的人	5	4	3	2	1
17	能增添社会的文化气息	5	4	3	2	1
18	可以自由地提出新颖想法	5	4	3	2	1
19	必须不断学习才能胜任	5	4	3	2	1
20	工作不受他人干涉	5	4	3	2	1
21	常觉得自己的辛劳没有白费	5	4	3	2	1
22	能使你更有社会地位	5	4	3	2	1
23	能够分配调整他人的工作	5	4	3	2	1
24	能经常加薪	5	4	3	2	1
25	生病时能得到妥善的照顾	5	4	3	2	1

题号	题　　目	非常重要	比较重要	一般	较不重要	很不重要
26	工作地点光线、通风好	5	4	3	2	1
27	有一个公正的主管	5	4	3	2	1
28	能与同事建立深厚友谊	5	4	3	2	1
29	工作性质常会变化	5	4	3	2	1
30	能实现自己的理想	5	4	3	2	1
31	能够减少别人的苦难	5	4	3	2	1
32	能运用自己的鉴赏力	5	4	3	2	1
33	常需构思新的解决方法	5	4	3	2	1
34	必须不断地解决新的难题	5	4	3	2	1
35	能自行决定工作方式	5	4	3	2	1
36	能知道自己的工作绩效	5	4	3	2	1
37	能让你觉得出人头地	5	4	3	2	1
38	可以发挥自己的领导能力	5	4	3	2	1
39	可使你存下很多钱	5	4	3	2	1
40	有好的保险和福利制度	5	4	3	2	1
41	工作场所有现代化的设备	5	4	3	2	1
42	主管能采取民主的领导方式	5	4	3	2	1
43	不必和同事有利益冲突	5	4	3	2	1
44	可以经常变换工作场所	5	4	3	2	1
45	常让你觉得如鱼得水	5	4	3	2	1
46	能经常帮助他人解决困难		4	3	2	1
47	能创作优美的作品	5	4	3	2	1
48	常需提出不同的处理方案	5	4	3	2	1
49	需对事情深入分析研究	5	4	3	2	1
50	可以自行调整工作进度	5	4	3	2	1
51	工作结果受到他人肯定	5	4	3	2	1

题号	题　目	非常重要	比较重要	一般	较不重要	很不重要
52	能自豪地介绍自己的工作	5	4	3	2	1
53	能为团体拟定工作计划	5	4	3	2	1
54	收入高于其他行业	5	4	3	2	1
55	不会轻易被解雇或裁员	5	4	3	2	1
56	工作场所整洁卫生	5	4	3	2	1
57	主管的学识和品德让你敬佩	5	4	3	2	1
58	能够认识很多风趣的伙伴	5	4	3	2	1
59	工作内容随时间变化	5	4	3	2	1
60	能充分发挥自己的专长	5	4	3	2	1

第 2 部分　结果分析

请按以下题号统计分数（各小题分数加到一起），找到最高的三项和最低的三项，并参照最后的 15 种价值观类型的含义进行解释。

序号	维度	包含题项	得分	序号	维度	包含题项	得分
1	利他主义	1、16、31、46		9	经济报酬	9、24、39、54	
2	美的追求	2、17、32、47		10	安全稳定	10、25、40、55	
3	创造发明	3、18、33、48		11	工作环境	11、26、41、56	
4	智力刺激	4、19、34、49		12	上司关系	12、27、42、57	
5	独立自主	5、20、35、50		13	同事关系	13、28、43、58	
6	成就满足	6、21、36、51		14	多样变化	14、29、44、59	
7	声望地位	7、22、37、52		15	生活方式	15、30、45、60	
8	管理权力	8、23、38、53					

（二）职业适应性与价值观的调整

在职业发展过程中，适应性是关键因素。职业适应性不仅包括技能和能力的提升，还包括价值观的调整和适应。为了实现个人价值观与职业发展的匹配，埃德加·

施恩（Edgar Schein）提出了职业锚理论。

职业锚理论认为，每个人在职业生涯中都有一个或多个"职业锚"，即内在的职业价值观和动机，它们在职业决策中起关键作用。施恩将职业锚分为以下几种类型：

（1）技术/职能型职业锚：重视专业技术和职能技能的发展，追求在特定领域内的专业成就。

（2）管理型职业锚：重视管理和领导能力的发展，追求在组织中的管理职位和权力。

（3）自主/独立型职业锚：重视自主性和独立性，追求自由和灵活的工作方式。

（4）安全/稳定型职业锚：重视工作稳定性和安全感，追求长期稳定的职业发展。

（5）创造型职业锚：重视创造力和创新，追求通过工作实现个人创意和价值。

（6）服务型职业锚：重视为他人或社会服务，追求通过工作实现社会责任和贡献。

（7）挑战型职业锚：重视工作中的挑战和竞争，追求通过克服困难和挑战获得成就感。

（8）生活型职业锚：重视工作与生活的平衡，追求和谐的职业和生活关系。

在职业发展过程中，个体可以通过识别和调整自己的职业锚，来实现个人价值观与职业发展的匹配。例如，一个具有管理型职业锚的人，可能在职业初期专注于提升管理技能和争取管理职位，而在职业后期个体可以通过以下步骤进行职业锚的调整：

（1）自我评估：使用职业锚测评工具，识别自己的职业锚类型。

（2）目标设定：根据职业锚类型设定职业目标和发展计划。

（3）行动计划：制订具体的行动计划，提升相关技能和能力，争取符合职业锚类型的职业机会。

（4）定期反思：定期反思和评估职业发展情况，调整职业锚和职业目标，保持职业适应性和满意度。

为了更好地理解价值观调整在职业发展中的重要性，我们可以通过具体案例进行分析。

◆ **案例 5-3**

小陈是一名市场营销经理，他一直以来重视团队合作和创新。然而，在新公司中，团队氛围紧张，竞争激烈，创新被效率和业绩压制，小陈感到了极大的压力和不适应。通过职业咨询和自我反思，小陈意识到需要调整自己的价值观，接受新的工作文化和竞争机制。同时，他在团队中推动小组合作和创新思维，逐渐找到了团队合作和个人价值实现的平衡点。

◆ **案例 5-4**

　　小张是一名 IT 工程师，他重视技术的精益求精和独立自主的工作方式。然而，随着公司业务的发展，小张被要求更多地参与项目管理和跨部门合作。小张感到工作满意度下降，通过自我反思和职业规划，小张调整了自己的价值观，接受了项目管理的新挑战，并通过学习管理技能和沟通技巧，提升了职业适应性，最终找到了技术和管理的结合点，重拾了工作热情和成就感。

　　通过这些案例，我们可以看到，价值观的重评估和调整在职业发展中起着重要作用。个体通过灵活调整价值观，能够更好地适应职业变化和挑战，保持职业满意度和成就感。

　　总的来看，价值观的重评估和调整是职业发展过程中不可或缺的部分。通过不断反思和适应，个体可以在职业生涯中保持自我一致性和灵活性，实现个人价值和职业目标的统一。在接下来的章节中，我们将探讨具体的方法和技巧，帮助个体进行有效的价值观探索和职业规划。

课堂游戏

价值观大拍卖

◆ **游戏流程**

1. 介绍游戏规则和流程

主持人首先介绍游戏的规则和流程，并介绍将要拍卖的物品，目的是让所有参与者清楚地了解游戏的进行方式和拍卖物品的基本信息。

2. 参与竞价

玩家通过举牌竞价的方式参与拍卖，每次叫价必须高于上一位竞价者。这个步骤强调了竞价的互动性和竞争性，确保每位参与者都有机会出价。

3. 逐步提高出价

主持人根据玩家的出价情况，逐步提高叫价，直至无人继续竞价为止。这一过程持续进行，直到没有新的出价者，拍卖达到最高价。

4. 宣布结果

主持人宣布最高出价者获得拍卖物品，并提醒其他玩家遵守游戏规则。这个步骤结束了当前的拍卖环节，同时确保所有参与者都遵守游戏的公平性。

◆ 实战准备

1. 分组与角色分配

将学生分成若干小组，每组内的成员分别扮演拍卖者、拍卖师、记录员等不同角色。这一步骤确保每个学生都参与到游戏中，并明确他们的职责。

2. 明确价值观

提前为学生提供一系列可能的价值观，如诚实、勇敢、智慧等，以便他们了解和选择。这一步骤帮助学生在游戏开始前理解不同的价值观，并为拍卖过程中的竞价做准备。

3. 道具准备

准备一些小道具，如拍卖锤、标价牌等，增加实战的趣味性。通过使用这些道具，游戏更加生动和逼真，可提高学生的参与度和游戏体验。

◆ 结果分析

1. 数据分析

分析各组的出价策略、成交情况以及最终的收益。通过数据分析，可以了解每个小组在拍卖过程中采取的策略以及其效果，为以后的活动提供数据支持。

2. 价值观反思

引导学生在拍卖过程中反思所体现的价值观，以及这些价值观对他们决策产生的影响。这一步骤帮助学生更好地理解自己和他人的价值观，并思考这些价值观如何影响他们的行为和决策。

3. 总结与建议

总结本次实战的经验教训，为学生提供一些建议，以便他们在未来的类似活动中更好地发挥。通过总结，学生可以从中学习并改进自己在拍卖中的表现，提升自己的能力和素质。

第四节　价值观探索的方法与技巧

一、自我反思技巧

（一）日记法

日记法是一种通过记录日常生活中的所思所感，来反思和探索个人价值观的有效方法。通过每天写日记，个体可以更清晰地认识自己的内心世界，了解自己的价值观和行为模式。日记法不仅是一种记录工具，更是一个反思和成长的平台。

首先，日记法有助于个体进行深度自我反思。在日常生活中，我们常常忙于应对各种事务，难以抽出时间进行深度思考。通过写日记，个体可以把日常生活中的经历、感受和思考记录下来，从而更好地理解自己的情感和行为。例如，通过记录一天的工作经历和感受，我们可以发现自己在工作中最看重什么，是团队合作、个人成就还是工作环境。通过长期的日记记录，个体可以逐渐发现自己价值观的变化和发展。

其次，日记法有助于个体发现和处理内心冲突。生活中，我们常常会遇到各种矛盾和冲突，导致内心的困惑和压力。通过写日记，个体可以把这些冲突和困惑记录下来，进行深入的分析和反思。例如，记录在工作中遇到的职业道德冲突，反思自己的行为和价值观，找到解决问题的办法。通过这种方式，日记法不仅帮助个体发现问题，还提供了一个解决问题的平台。

此外，日记法还可以作为个人成长和发展的记录工具。通过长期的日记记录，个体可以清晰地看到自己的成长轨迹和价值观的变化。例如，一个人在日记中记录了自己从职场新手到职业专家的成长过程，可以发现自己在职业发展中的关键节点和重要决策，从而更好地理解自己的职业价值观和发展方向。

为了帮助学生更好地理解和探索自己的职业价值观，可以引导他们在日记中记录与职业相关的自我反思。以下是一些具体的指导步骤和建议：

（1）设定明确的反思主题

每周选择一个与职业价值观相关的主题，如职业成就感、工作环境、团队合作、薪资待遇等。鼓励学生在日记中针对这些主题进行反思，记录自己的感受和想法。

（2）记录具体的经历和感受

引导学生详细记录工作或学习中的具体经历和感受。例如，他们可以记录一天中的关键事件、遇到的挑战、取得的成就以及与同事或同学的互动。这些记录将帮助学生更具体地了解自己的职业价值观。

（3）进行深度分析和反思

鼓励学生在记录经历和感受的基础上，进行深度分析和反思。例如，他们可以思考为什么某些经历让他们感到满足或不满，这些经历与他们的职业价值观有何关系，从中学到了什么。

（4）设定职业目标和计划

在日记中，学生可以根据自己的反思，设定具体的职业目标和计划。例如，他们可以写下自己希望在未来一年内实现的职业目标，并制订相应的行动计划。通过这种方式，学生不仅可以明确自己的职业价值观，还能更有针对性地进行职业规划。

（5）定期回顾和调整

引导学生定期回顾和总结自己的日记，反思职业价值观的变化和发展。通过定期的回顾，学生可以更清晰地看到自己的成长轨迹，并根据需要调整职业目标和计划。

示例反思问题：

今天在工作／学习中最让我感到满足的事情是什么？为什么？

在团队合作中，我最看重的是什么？为什么？

我希望在未来的职业生涯中实现哪些目标？这些目标与我的职业价值观有何关系？

最近一次遇到的职业道德困境是什么？我如何处理了这个问题？

在工作／学习中，我是否感受到压力或困惑？这些感受与我的职业价值观有何关联？

通过以上方法和步骤，引导学生通过日记法进行职业价值观相关的自我反思，不仅可以帮助他们更好地理解自己的职业需求和目标，还能提升他们的职业满意度和成就感。在接下来的章节中，我们将继续探讨更多的价值观探索方法和技巧，帮助学生全面提升自我，实现更高的人生目标。

（二）思维导图

思维导图是一种通过图形和文字相结合的方式，来组织和呈现个人思考过程的工具。通过绘制思维导图，个体可以更直观地理解和探索自己的价值观。

首先，思维导图有助于个体系统性地梳理价值观。通过绘制思维导图，个体可以把自己的价值观分门别类地展示出来，从而更清晰地理解自己的价值观体系。例如，一个人的价值观可能包括职业成就、家庭责任、社会责任等，通过绘制思维导图，可以把这些价值观一一列出，并展示它们之间的关系。通过这种方式，个体可以更系统地梳理自己的价值观，找到价值观之间的联系和冲突。

其次，思维导图有助于个体进行创造性思考和探索。绘制思维导图的过程，也是一个创造性思考和探索的过程。通过图形和文字的结合，个体可以更自由地表达自己的思考和想法。例如，在绘制职业发展导图时，可以把自己对职业成就、工作环境、人际关系等方面的价值观一一展示出来，通过这种方式，个体可以更全面地理解和探索自己的职业价值观。

此外，思维导图还可以作为沟通和交流的工具。通过展示思维导图，个体可以更直观地向他人表达自己的价值观和思考过程。例如，在职业咨询和职业发展规划中，可以通过展示思维导图，向职业顾问和同事展示自己的职业价值观和发展方向，从而更有效地进行沟通和交流。

（三）综合运用

在价值观探索的过程中，日记法和思维导图可以相互结合，发挥更大的作用。通过日记法记录日常生活中的所思所感，个体可以积累大量的自我反思素材；通过思维导图把这些素材系统地展示出来，个体可以更直观地理解和探索自己的价值观。例如，通过日记记录工作中的重要事件和感受，然后通过思维导图把这些事件和感受整理出来，找到它们与自己价值观之间的关系，从而更全面地理解和探索自己的职业价值观。

总的来看，自我反思技巧在价值观探索中具有重要作用。通过日记法和思维导图，个体可以进行深度自我反思，发现和处理内心冲突，记录个人成长和发展，系统性地梳理价值观，进行创造性思考和探索，并有效地进行沟通和交流。

二、互动式探索技巧

（一）反馈收集

反馈收集是一种通过与他人互动获取外部意见和建议的方法。它不仅可以帮助个体更全面地了解自己的价值观，还能提供一个多维度的视角，促进自我认知和反思。

首先，反馈收集有助于个体发现盲点。每个人对自己的认识都是有限的，有时难免会忽略或误解自己的某些特质和价值观。通过向家人、朋友、同事和导师等不同群体收集反馈，个体可以获取多样化的视角和意见。例如，一个人可能认为自己非常重视团队合作，但通过同事的反馈，发现自己在实际工作中更倾向于独立完成任务。这样的反馈有助于个体更准确地认识自己的价值观，并进行相应的调整。

其次，反馈收集可以验证和强化已有的价值观。通过与他人交流，个体可以了解自己在他人眼中的表现和影响，从而验证自己对某些价值观的坚持是否在实际行为中得到了体现。例如，一个重视诚信的人，通过同事和朋友的反馈，可以确认自己在工作和生活中是否真正做到了诚实守信。这种外部验证不仅增强了个体对自身价值观的信心，还能激励其在未来的行动中继续坚持这些价值观。

实施反馈收集的方法有多种，其中包括正式和非正式的方式。正式的反馈收集可以通过问卷调查、360度评估等工具进行。这些工具提供了结构化的反馈框架，有助于系统性地获取和分析反馈意见。例如，360度评估可以从上级、同级和下级三个层面收集反馈，全面了解个体在不同层级的表现和价值观体现。非正式的反馈收集则可以通过日常交流、讨论会和焦点小组等方式进行。这些方式更为灵活，能够在轻松的氛围中获取真实和直观的反馈。

为了系统性地进行反馈收集，可以使用WVI（Work Values Inventory）职业价值观问卷作为工具之一。该问卷设计用来评估个人的职业价值观，并提供一个结构化的反馈框架。使用WVI职业价值观问卷，学生可以更加深入地了解自己的职业价值观，并通过与同学和老师的讨论，进一步明确这些价值观对职业选择和职业发展的影响。

WVI 职业价值观问卷

请仔细阅读下面52道题目，每个题目都有5个备选答案，请根据自己的实际情况或想法进行作答，在认同的答案上打"√"。每一题目上不要考虑太长时间，作答时不得漏题。

题号	题　目	非常重要	比较重要	一般	较不重要	很不重要
1	你的工作必须经常解决新的问题	5	4	3	2	1
2	你的工作能为社会福利带来看得见的效果	5	4	3	2	1
3	你的工作奖金很高	5	4	3	2	1
4	你的工作内容经常变换	5	4	3	2	1
5	你能在你的工作范围内自由发挥	5	4	3	2	1
6	你的工作能使你的朋友非常羡慕你	5	4	3	2	1
7	你的工作带有艺术性	5	4	3	2	1
8	你的工作能使人感觉到你是团体中的一分子	5	4	3	2	1

题号	题　目	非常重要	比较重要	一般	较不重要	很不重要
9	不论你怎么干，你总能和大多数人一样晋升和加工资	5	4	3	2	1
10	你的工作使你有可能经常变换工作地点、工作场所或工作方式	5	4	3	2	1
11	在工作中你能接触到各种不同的人	5	4	3	2	1
12	你的工作上下班时间比较随便、自由	5	4	3	2	1
13	你的工作使你不断获得成功的感觉	5	4	3	2	1
14	你的工作赋予你高于别人的权力	5	4	3	2	1
15	在工作中，你能试行一些你的新想法	5	4	3	2	1
16	在工作中你不会因为身体或能力等因素，被人瞧不起	5	4	3	2	1
17	你能从工作的成果中，知道自己做得不错	5	4	3	2	1
18	你的工作经常要外出、参加各种集会和活动	5	4	3	2	1
19	只要你干上这份工作，就不再被调到其他意想不到的单位和工种上去	5	4	3	2	1
20	你的工作能使世界更美丽	5	4	3	2	1
21	在你的工作中，不会有人常来打扰你	5	4	3	2	1
22	只要努力，你的工资会高于其他同年龄的人，升职或涨工资的可能性比干其他工作大得多	5	4	3	2	1
23	你的工作是一项对智力的挑战	5	4	3	2	1
24	你的工作要求你把一切事情安排得井井有条	5	4	3	2	1
25	你的工作单位有舒适的休息室、更衣室、浴室及其他设备	5	4	3	2	1
26	你的工作有可能结识各行各业的知名人物	5	4	3	2	1
27	在你的工作中，能和同事建立良好的关系	5	4	3	2	1
28	在别人眼中，你的工作是很重要的	5	4	3	2	1
29	在工作中你经常接触到新鲜的事物	5	4	3	2	1
30	你的工作使你能常常帮助别人	5	4	3	2	1
31	你在工作单位中，有可能经常变换工作	5	4	3	2	1
32	你的作风使你被别人尊重	5	4	3	2	1

题号	题 目	非常重要	比较重要	一般	较不重要	很不重要
33	同事和领导人品较好，相处比较随便	5	4	3	2	1
34	你的工作会使许多人认识你	5	4	3	2	1
35	你的工作场所很好，比如有适度的灯光，安静、清洁的工作环境，甚至恒温、恒湿等优越的条件	5	4	3	2	1
36	在工作中，你为他人服务，使他人感到很满意，你自己也很高兴	5	4	3	2	1
37	你的工作需要组织和计划别人的工作	5	4	3	2	1
38	你的工作需要敏锐的思维	5	4	3	2	1
39	你的工作可以使你获得较多的额外收入，比如：常发食物、常购买打折扣的商品、常发商品的提货券、有机会购买进口货等	5	4	3	2	1
40	在工作中你是不受别人差遣的	5	4	3	2	1
41	你的工作结果应该是一种艺术而不是一般的产品	5	4	3	2	1
42	在工作中不必担心会因为所做的事情领导不满意，而受到训斥或经济惩罚	5	4	3	2	1
43	在你的工作中能和领导有融洽的关系	5	4	3	2	1
44	你可以看见你的努力工作的成果	5	4	3	2	1
45	在工作中常常要你提出许多新的想法	5	4	3	2	1
46	由于你的工作，经常有许多人来感谢你	5	4	3	2	1
47	你的工作成果常常能得到上级、同事或社会的肯定	5	4	3	2	1
48	在工作中，你可能做一个负责人，虽然可能只领导很少几个人，你信奉"宁做兵头，不做将尾"的俗语	5	4	3	2	1
49	你从事的那种工作，经常在报刊、电视中被提到，因而在人们的心目中很有地位	5	4	3	2	1
50	你的工作有数量可观的夜班费、加班费、保健费或营养费等	5	4	3	2	1
51	你的工作比较轻松，精神上也不紧张	5	4	3	2	1
52	你的工作需要和影视、戏剧、音乐、美术、文学等艺术打交道	5	4	3	2	1

请按以下题号统计分数（各小题分数加到一起），找到最高的三项和最低的三项，并参照最后的 13 种价值观类型的含义进行解释。

序号	维度	包含题项	得分	序号	维度	包含题项	得分
1	利他主义	2、30、36、46		8	经济报酬	3、22、39、50	
2	审美主义	7、20、41、52		9	社会交往	11、18、26、34	
3	智力刺激	1、23、38、45		10	社会稳定	9、16、19、42	
4	成就动机	12、17、44、47		11	轻松舒适	12、25、35、51	
5	自主独立	5、15、21、40		12	人际关系	8、27、33、43	
6	社会地位	6、28、32、49		13	追求新意	4、10、20、31	
7	权力控制	14、24、37、48					

得分最高的三项			
得分最低的三项			

小组讨论：

每组 3～4 人，每个学生需要分享自己在问卷中的主要发现，特别是那些对职业选择和职业发展有重要影响的价值观。并讨论以下问题：

你认为哪些职业价值观对你最重要？为什么？

这些价值观如何影响你的职业选择和发展？

你发现了哪些与你预期不符的结果？为什么会有这样的差异？

全班分享：

每组选择一名代表向全班分享小组讨论的主要发现和结论。

（通过这种结构化的反馈收集和讨论，学生不仅可以更清晰地认识到自己的职业价值观，还能从他人的视角中获得新的启发和思考。）

（二）价值排序练习

价值排序练习是一种通过排列和比较不同价值观的重要性，帮助个体明确和优先考虑自身核心价值观的方法。它不仅可以帮助个体更清晰地认识自己的价值观结构，还能提供一个具体的操作步骤，促进自我探索和反思。

首先，价值排序练习有助于个体明确核心价值观。在面对众多价值观时，个体往往难以确定哪些是最重要的、哪些是次要的。通过价值排序练习，个体可以系统性地排列和比较不同价值观的重要性，找出自己最核心的价值观。例如，在一系列的价值观卡片中，个体需要选择和排列出自己最看重的前五个价值观，这一过程帮助其明确了自己在职业和生活中的优先考虑因素。

其次，价值排序练习可以帮助个体发现潜在的价值观冲突。在价值排序的过程中，个体可能会发现一些价值观在实际生活中存在冲突。例如，一个人可能同时重视事业成功和家庭和谐，但在实际操作中，这两者可能会因为时间和精力的分配而产生矛盾。通过价值排序，个体可以更清晰地认识到这些潜在的冲突，并寻找平衡和解决方案。

实施价值排序练习的方法也有多种，其中包括使用价值观卡片、价值观清单和价值观问卷等工具。价值观卡片是一种常用的方法，通过一组预设的价值观卡片，个体需要选择和排列出自己认为最重要的价值观。价值观清单则是通过列出一系列的价值观选项，让个体进行评分和排序。价值观问卷则是通过一系列的问卷题目，帮助个体评估和排序不同价值观的重要性。

通过反馈收集和价值排序练习，学生可以系统性地探索和明确自己的职业价值观。这些互动式探索技巧不仅帮助学生更好地理解自己的职业需求和目标，还能提升他们的职业满意度和成就感。在实际应用中，这些方法和技巧可以帮助学生做出更明智的职业选择和决策，实现职业发展中的自我价值。

（三）综合运用

在价值观探索过程中，反馈收集和价值排序练习可以相互结合，发挥更大的作用。通过反馈收集，个体可以获取外部视角和意见，了解自己在他人眼中的表现和价值观体现；通过价值排序练习，个体可以系统性地排列和比较不同价值观的重要性，明确核心价值观和潜在冲突。例如，通过同事的反馈，个体了解到自己在团队合作中的表现，然后通过价值排序练习，进一步明确团队合作在自己价值观体系中的位置和优先级。

总结来看，互动式探索技巧在价值观探索中具有重要作用。通过反馈收集和价值排序练习，个体可以更全面和系统地了解自己的价值观，发现盲点，验证和强化已有价值观，并明确核心价值观和潜在冲突。

三、价值观对话与辩论

（一）角色扮演

角色扮演是一种通过模拟不同情境和角色，帮助个体探索和理解自身价值观的方法。在角色扮演的过程中，参与者通过扮演不同的角色，体验和思考角色所面临的情境和决策，从而更深入地认识自己的价值观和行为模式。

首先，角色扮演有助于个体在实践中检验和体验自己的价值观。在扮演不同角色时，个体需要在模拟的情境中做出决策和行动，这一过程不仅能让个体体验到不同价值观在实际情境中的作用和影响，还能帮助其发现自身价值观与行为之间的关系。例如，在一个角色扮演活动中，参与者扮演一位企业领导，需要在盈利和环保之间做出选择。通过这一过程，参与者可以更清晰地认识到自己对环保和企业责任的重视程度。

其次，角色扮演能够帮助个体发现和处理价值观冲突。在不同的情境中，个体可能会面临各种价值观冲突，例如个人利益与集体利益、短期目标与长期目标等。通过角色扮演，个体可以在安全的模拟环境中体验和处理这些冲突，从而为实际生活中的决策提供参考。例如，在一个角色扮演活动中，参与者扮演一个公司员工，需要在揭发上司的不当行为和保全自己的职业前途之间做出选择。通过这一过程，参与者可以更好地理解和处理现实生活中的类似冲突。

（二）小组讨论

小组讨论是一种通过集体交流和互动，帮助个体探索和理解价值观的方法。在小组讨论的过程中，参与者通过分享和倾听彼此的观点和经验，拓宽自己的视野，反思和调整自己的价值观。

首先，小组讨论有助于个体获取多样化的视角和意见。在一个多元化的小组中，参与者可能有着不同的背景、经历和价值观。通过小组讨论，个体可以听到各种不同的观点和故事，这不仅可以丰富其对价值观的理解，还能促使其反思自己的价值观。例如，在一个关于职业选择的小组讨论中，不同背景的参与者分享了他们在职业选择中重视的不同因素，如家庭责任、个人成就、社会影响等，通过这些分享，个体可以更全面地思考和理解职业选择中的价值观问题。

其次，小组讨论可以引发个体的思考和反思。在讨论的过程中，个体需要不断表达自己的观点，同时也要倾听和回应他人的观点，这一过程本身就是一个深度思考和反思的过程。例如，在一个关于企业社会责任的小组讨论中，参与者需要讨论企业在追求利润的同时，如何平衡社会责任和环境保护。通过这样的讨论，个体不仅可以深化对这一问题的理解，还可以反思自己的立场和价值观。

（三）综合运用

在价值观探索的过程中，角色扮演和小组讨论可以相互结合，发挥更大的作用。通过角色扮演，个体可以在实践中体验和检验自己的价值观；通过小组讨论，个体可以获取多样化的视角和意见，并进行深度思考和反思。例如，在一个综合性的价值观探索活动中，参与者可以先通过角色扮演模拟一个复杂的决策情境，然后在小组讨论中分享和反思自己的体验和决策过程。通过这种综合运用，个体可以更全面和深入地探索和理解个人价值观。

价值观对话与辩论在价值观探索中具有重要作用。通过角色扮演和小组讨论，个体可以在实践中体验和检验自己的价值观，获取多样化的视角和意见，从而更全面和深入地探索和理解个人价值观。

课堂练习

畅想 80 岁

1. 设想在你 80 岁生日的时候，你的亲朋好友济济一堂为你庆生，主持人在生日宴上回顾你的职业生涯、家庭与为人处世。在你的生日贺词中，亲朋好友会如何描述你？他们会用怎样的词语来赞美你？

2. 你欣赏谁、羡慕谁甚至嫉妒谁，都可以让你觉察到自己的价值观。请列出五个人，并写下你欣赏他（她）的理由：

（1）_____，理由是_____

（2）_____，理由是_____

（3）_____，理由是_____

（4）_____，理由是_____

（5）_____，理由是_____

第五节　价值观的实际应用与案例分析

一、价值观在日常决策中的应用

（一）个人生活中的应用

价值观在个人生活的决策中起着至关重要的作用。它不仅影响我们如何看待自己和周围的世界，还指导我们做出各种生活决策。无论是选择朋友、管理时间，还是处理家庭关系，价值观都在其中扮演着关键角色。

首先，价值观影响我们的社交选择和人际关系。一个重视诚实和信任的人，往往会选择那些同样重视这些价值观的朋友和伙伴。这种选择不仅有助于建立深厚和持久的关系，还能在关键时刻提供情感支持和帮助。例如，当我们遇到困难时，具有相同价值观的朋友会更容易理解和支持我们，帮助我们渡过难关。

其次，价值观指导我们的时间管理和生活方式选择。每个人的时间和精力都是有限的，如何分配这些资源往往反映了个人的价值观。例如，一个重视健康和家庭的人，可能会在工作之余花时间锻炼身体、陪伴家人，而不是把所有时间都投入工作中。通过这样的时间管理，个体不仅能够实现生活的平衡，还能在各个方面实现自己的价值观。

此外，价值观在处理家庭关系中也起着重要作用。家庭是社会的基本单位，家庭成员之间的互动和关系处理，往往受到价值观的深刻影响。例如，一个重视尊重和包容的家庭，往往能够处理好代际之间的冲突和分歧，形成和谐的家庭氛围。通过坚持和传递这些价值观，家庭成员之间可以建立深厚的信任和支持关系，共同面对生活中的挑战。

（二）职业决策中的应用

在职业生涯中，价值观同样起着关键作用。无论是选择职业路径、处理职场关系，还是面对职业挑战，价值观都是重要的指导因素。

首先，价值观在职业选择中起着决定性作用。每个人在选择职业时，都会根据自己的价值观来评估不同职业的吸引力和适合度。例如，一个重视社会责任和公益事业的人，可能会选择从事教育、医疗或非营利组织的工作，而不是选择利润导向的商业职业。通过这样的职业选择，个体不仅能够实现自己的价值观，还能在职业生涯中获得更高的满意度和成就感。

其次，价值观影响我们在职场中的行为和决策。在工作中，个体会面临各种各样的决策，这些决策往往反映了个人的价值观。例如，在面对道德困境时，一个重视诚信的人会选择坚持原则，即使这可能意味着失去某些短期利益。一个重视团队合作的人，则会在工作中注重与同事的合作和沟通，共同完成任务。通过坚持自己的价值观，个体不仅能够在工作中保持内心的平衡和一致性，还能赢得同事和上司的尊重和信任。

为了更好地理解价值观在日常决策中的应用，我们可以通过以下具体案例进行分析：

◆ **案例 5-5**

张先生是一名企业管理者，他重视企业的社会责任和员工的福利。在公司的运营中，张先生不仅关注企业的营利能力，还注重环保和公益事业，积极参与社区活动。同时，他在公司内部推行以人为本的管理理念，关心员工的工作环境和福利待遇。通过这些决策，张先生不仅提升了公司的社会形象，还赢得了员工的忠心和社会的认可。

◆ **案例 5-6**

张女士是一名资深的公关经理，她非常重视诚信和透明度。她在一家大型公司担任公关经理期间，公司遭遇了一次严重的公关危机。面对媒体和公众的质疑，张女士坚持自己的价值观，建议公司采取公开透明的态度，及时公布事件真相，并诚恳道歉。

在她的努力下，公司不仅迅速平息了危机，还赢得了公众的信任和好评。张女士的职业生涯也因此得到了进一步的发展，成为业内公认的公关专家。

以上案例表明，价值观在个人生活和职业决策中起着重要的指导作用。通过坚持和应用自己的价值观，个体能够在日常生活和职业生涯中做出明智的决策，实现个人和职业的和谐发展。

二、价值观在长期生涯规划中的应用

（一）职业发展路径规划

在进行长期职业发展规划时，理解和应用核心职业价值观以及职业锚理论是至关重要的。这些工具和理论可以帮助个体明确职业目标，选择适合的职业发展路径，从而实现个人价值与职业目标的统一。

核心职业价值观是指在职业选择和发展中起关键作用的那些价值观，例如成就感、经济报酬、工作环境等。通过明确这些价值观，个体可以更好地进行职业规划。例如，一个重视成就感的人，可能会选择那些具有挑战性和上升空间的职业；而一个重视工作环境的人，则可能会选择那些提供良好工作氛围和团队合作的职业。

为了系统性地理解和应用核心职业价值观，个体可以使用职业价值观问卷。该问卷可以帮助个体识别和评估自己的职业价值观，并为职业规划提供重要的参考依据。通过分析问卷结果，个体可以明确哪些价值观对自己最重要，并据此制订出适合的职业目标和发展路径。

（二）生涯转换点的决策

生涯转换点是指个体在职业生涯中面临重大决策和变动的时刻，例如转行、晋升、创业等。在这些关键时刻，价值观同样起着重要的指导作用。

首先，价值观可以帮助个体评估生涯转换的风险和收益。在决定是否进行生涯转换时，个体需要权衡各种因素的利弊，包括经济收益、职业发展、个人兴趣等。价值观可以为这种权衡提供重要的参考依据。例如，一个重视职业成就和个人发展的个体，可能会更愿意承担创业的风险，以追求更高的职业成就和自我实现；而一个重视稳定和安全的人，则可能倾向于选择更为稳定和安全的职业路径。

其次，价值观可以指导个体在生涯转换中的行动和决策。在生涯转换过程中，个体需要做出许多具体的决策，例如选择新的职业领域、制订职业发展计划等。明确的价值观可以为这些决策提供方向和依据。例如，一个重视社会责任和公益事业的人，在决定转行时，可能会选择那些能够为社会做出积极贡献的职业领域，如教育、医疗、非营利组织等。通过这样的决策，个体可以在生涯转换中保持价值观的一致性和实现感。

为了更好地理解价值观在长期生涯规划中的应用，我们可以通过以下具体案例进行分析：

◆ **案例 5-7**

王女士是一位资深的市场营销经理，她一直以来都重视创新和个人发展。随着市场的变化和个人职业发展的需求，王女士决定转行进入创业领域。在进行这一生涯转换时，王女士明确了自己的价值观，选择了一个创新型的科技创业项目，通过这一选择，她不仅实现了自己的职业目标，还在新的领域中找到了成就感和满足感。

◆ **案例 5-8**

李先生是一名工程师，他非常重视工作与生活的平衡。在公司重组后，李先生面临职位变动的选择。经过反思和权衡，李先生决定选择一份工作时间更为灵活、能够兼顾家庭的职位。通过这一生涯转换，李先生不仅保持了职业的稳定性，还能够更好地照顾家庭，实现了个人和职业的和谐发展。

以上案例表明，价值观在长期生涯规划和生涯转换点的决策中起着重要的指导作用。通过明确和坚持自己的价值观，个体可以做出更符合内心需求和长远发展的决策，在职业生涯中获得更高的满意度和成就感。

三、面对矛盾与冲突的案例分析

在实际应用中，个体往往会面临各种挑战和困境，需要通过智慧和努力，找到解决方案。

◆ **案例 5-9**

王先生是一名年轻的创业者，他非常重视团队合作和员工福利。在创业初期，王先生为吸引优秀人才，制定了一系列优厚的员工福利政策。然而，随着公司的快速发展，王先生发现公司资金压力越来越大，无法继续维持高福利待遇。面对这一挑战，王先生陷入了困境，不知如何在坚持价值观和维持公司运营之间找到平衡。

经过深思熟虑，王先生决定采取以下措施：首先，他与团队进行了深入的沟通，解释公司的现状和面临的困难，争取大家的理解和支持。其次，他通过优化运营成本、提高工作效率等方式，缓解公司的资金压力。最后，他调整了福利政策，虽然暂时降低了福利水平，但通过增加绩效奖金和提供更多的职业发展机会，依然保持了员工的积极性和满意度。在团队的共同努力下，公司渡过了难关，并实现了稳步发展。

王先生的案例表明，在面对价值观与现实矛盾时，通过有效的沟通和灵活的策略，可以找到解决方案，既坚持了核心价值观，又实现了公司的可持续发展。

◆ **案例 5-10**

陈女士是一名高校教师，她非常重视教学质量和学生发展。在一次学校的改革中，陈女士发现新的教学政策过于注重考试成绩，忽视了学生的全面发展。她深感困惑，不知如何在坚持自己的教育理念和适应学校政策之间找到平衡。

陈女士决定采取以下措施：首先，她主动向学校领导提出建议，分享自己的教学理念和成功经验，争取政策上的调整和支持。其次，她在教学中灵活运用新的政策要求，同时坚持自己的教育理念，通过课外活动和个别辅导，帮助学生全面发展。最后，陈女士不仅保持了高质量的教学成果，还赢得了学生和家长的高度评价。学校也逐渐认识到她的理念，开始在全校范围内推广她的教学方法。

陈女士的案例表明，在面对政策和价值观冲突时，通过积极的沟通和灵活的实践，可以实现个人价值观与组织要求的协调统一，推动教育事业的发展。

不同的案例展示了价值观在实际应用中的多样性和复杂性。成功的案例让我们看到价值观的力量，而挑战中的解决方案则为我们提供了面对困境的智慧和策略。这些经验不仅有助于我们更好地理解价值观的实际应用，还为我们的职业发展和人生规划提供了宝贵的借鉴。

本章思考

1. 在职业选择中，你认为哪些价值观对你最为重要？如何确保这些价值观在实际决策中得到体现？

2. 面对快速变化的社会环境和职业要求，如何有效地进行价值观的重评估和调整，以保持职业适应性和个人满意度？

3. 在实际生活和工作中，你曾经遇到过哪些价值观冲突？你是如何处理这些冲突的？有什么经验和教训？

4. 自我反思和互动式探索技巧各有优缺点，结合你的个人经历，你更倾向于哪种方法进行价值观探索？为什么？

5. 在长期职业发展规划中，如何平衡个人价值观与组织需求之间的矛盾，既实现个人职业目标，又为组织做出贡献？

第六章　外部世界探索

个人生涯规划是在深入探索个人自身内在条件的基础上，结合自己所处的外部环境约束条件，确定个人生涯目标和发展方向，选择发展路径，制订行动方案，并组织实施，在实施过程中检查调整，最终实现生涯规划目标。本章将从社会环境探索、家庭环境探索、工作世界探索、外部环境探索实践四个方面展开。

开篇故事

路易斯·苏亚雷斯（Luis Suárez），全名叫路易斯·阿尔韦托·苏亚雷斯·迪亚斯（Luis Alberto Suárez Díaz），1987 年 1 月 24 日出生于乌拉圭萨尔托，是乌拉圭职业足球运动员，司职前锋，现效力于美国职业足球大联盟的迈阿密国际足球俱乐部。苏亚雷斯家里共有 7 个兄弟，从小父母离婚，母亲独自抚养 7 个男孩，生活十分拮据。7 岁时，苏亚雷斯随母亲搬到了乌拉圭首都蒙得维的亚。在首都，少年苏亚雷斯开始展露踢球天赋。2005 年，苏亚雷斯在乌拉圭民族足球俱乐部开启职业生涯。2007 年，苏亚雷斯首次代表乌拉圭国家队参赛，此后随队出征 4 届世界杯、4 届美洲杯和 1 届联合会杯，并于 2011 年美洲杯中夺冠。苏亚雷斯是乌拉圭国家队历史上第一射手。

然而世界足坛恐怕再也难遇到第二个像他一样在比赛中频繁咬人的前锋。早在乌拉圭民族队时期，苏亚雷斯就有过五次咬人事件。2010 年 11 月 21 日，在荷甲第 15 轮阿贾克斯与埃因霍恩的比赛中，苏亚雷斯咬了对方球员奥特曼·巴卡尔。从那以后，苏亚雷斯有了"阿贾克斯食人魔"的称号；2013 年 4 月，在利物浦对陈切尔西的比赛中，伊万诺维奇成了下一个受害者，苏亚雷斯向伊万展露獠牙。2014 年 6 月巴西世界杯上，苏亚雷斯又一次咬了意大利后卫基耶利尼。这一次，国际足联出手禁止苏亚雷斯参加与足球有关的所有活动，禁赛期长达四个月。

多次获得金靴奖和金球奖的苏亚雷斯为何在比赛中频频咬人，显然不是因为实力不济。读完本章将为你解开苏亚雷斯咬人的真正原因。

人类生存的空间及其中可以直接或间接影响人类生活和发展的各种自然因素称为环境。人生活在一定的环境中，人类是环境的产物，又是环境的创造者与改造者，人与环境的关系是相辅相成的。一般而言，环境大致包括社会环境、自然环境、家庭环境和工作环境等，它们分别从不同角度、不同领域和范围，对人的心理产生影响，左右着人们的思想、情感和行为。

生涯规划是一个综合性的过程，它涉及对个人内在因素、外部环境以及生涯决策组织实施调整三大模块知识和技能。

生涯规划中的环境可分为硬环境和软环境两大类。硬环境是一种物质环境，软环境是一种精神环境。作为物质环境的硬环境，它被限定或固定在一定的地理位置和具体的物质空间之中。它独立于人们的意识、体验之外，具有静态的和硬性的特征。生涯规划的硬环境包括自然地理环境、家庭硬件条件、校园硬件设施、未来就业地域城市建设等。作为精神环境的软环境，它反映了社会风气、媒介管理、群体风貌、生活状况、信息交流等情况。它是一个被人体验和意识的世界，具有动态的和软性的特征。生涯规划的软环境包括政策法律基础、宏观经济状况、家庭经济条件、家庭观念氛围、产业发展状况、微观职场环境等。

由于硬环境是由有形物质条件构成的空间和场所，其重要性、紧迫性很容易呈现，因而引人瞩目、容易得到重视；而软环境是由无形的精神因素构成的境况和气氛，其重要性、影响力是缓慢呈现的，因而容易被人忽视。另外，硬环境的需求比较具体、明确，一旦满足即可看到成效；而软环境的需求往往比较模糊，难以量化，即使付出代价也难立即看到效果。这也是人们在生涯规划过程中忽视软环境条件的一个原因。

生涯规划环境分析是指对个人所处的外部软硬环境进行系统性的分析，以便更好地了解当前的情况、面临的挑战和机遇。环境分析对于制定和实施有效的生涯规划非常重要，其重要性体现在以下几个方面：

（1）通过环境分析，可以了解当前社会、经济、政治、技术等方面的情况，从而更好地把握外部环境的变化和趋势。

（2）环境分析有助于发现个人所面临的机遇和挑战，帮助个人更好地把握机遇、应对挑战，从而制定更加有效的生涯规划。

（3）通过环境分析，可以提前预见可能的变化和趋势，有利于个人提前规划和调整生涯发展方向，避免盲目和被动。

（4）环境分析提供了决策所需的信息和数据支持，有助于个人做出明智的决策，选择适合自己的生涯发展路径。

（5）通过环境分析，个人可以更好地了解外部环境的变化和影响，增强自己的适应能力，提高应对不确定性的能力。

总的来说，生涯规划环境分析可以帮助个人更好地了解外部环境、把握机遇和挑战、提前规划、指导决策，从而更有效地制定和实施生涯规划，实现个人的生涯发展目标。本章围绕生涯规划主体，从社会软硬环境、家庭软硬环境、职业软硬环境，以及个体内部因素与外部软硬环境的相互作用展开讨论。

第一节　社会环境探索

每一个人都生活在特定的社会中，都要受到社会环境的影响，任何脱离社会实际环境而设计出来的生涯路线都是一种"臆想"。生涯规划涉及个人的生活、学习、工作、家庭等各个方面的规划和决策，生涯规划的目标是帮助个人实现全面的人生目标，包括职业上的成功和生活上的满足。一方面，社会经济发展、政治秩序、就业政策和体制等社会大环境都会影响职业岗位的数量和结构，进而影响人们的职业观念和职业理想，对一个人的职业规划和职业发展都会产生重大的影响。一个社会的大环境对职业的类别和职业发展前景影响极大，从而也影响个人职业生涯规划、选择和发展。另一方面，社会环境因素会直接影响到个体的思想、行为和生活方式，社会环境塑造了个体的社会化过程和文化认同：社会环境中的经济条件和社会地位会影响个体的生活水平、教育机会、生活方式选择等；社会环境中的政治和法律制度会影响到个体的权利、义务和行为规范；社会环境中的社会支持系统和人际关系网络对个体的心理健康和社会适应具有重要影响。个体需要在不同的社会环境中适应和发展自己，同时也可以通过积极的行为参与社会环境的建设和改善。因此，大学生在进行生涯规划时，首先应对社会软硬环境进行分析。由于生涯规划涉及面广，以下仅对部分与生涯规划强相关的软环境进行简要分析。

一、政治法律因素

当今社会，政治法律环境对社会生活和职业发展有重要影响。大学生在进行生涯规划时，要了解以下几个方面：政治环境因素，主要涉及国家的方针、政策，还包括教育制度、政治体制、经济管理体制、人才流动的政策等；法律环境因素，指中央和地方政府的有关法律法规和有关规定。

十九大以来的五年，是极不寻常、极不平凡的五年。党中央统筹中华民族伟大复兴战略全局和世界百年未有之大变局，召开七次全会，分别就宪法修改，深化党和国家机构改革，坚持和完善中国特色社会主义制度、推进国家治理体系和治理能力现代化，制定"十四五"规划和二〇三五年远景目标，全面总结党的百年奋斗重大成就和历史经验等重大问题作出决定和决议，就党和国家事业发展作出重大战略部署，团结带领全党全军全国各族人民有效应对严峻复杂的国际形势和接踵而至的巨大风险挑战，以奋发有为的精神把新时代中国特色社会主义不断推向前进。

……

我们坚持走中国特色社会主义政治发展道路，全面发展全过程人民民主，社会主义民主政治制度化、规范化、程序化全面推进，社会主义协商民主广泛开展，人民当家作主更为扎实，基层民主活力增强，爱国统一战线巩固拓展，民族团结进步呈现新气象，党的宗教工作基本方针得到全面贯彻，人权得到更好保障。社会主义法治国家建设深入推进，全面依法治国总体格局基本形成，中国特色社会主义法治体系加快建设，司法体制改革取得重大进展，社会公平正义保障更为坚实，法治中国建设开创新局面。

资料来源：习近平."高举中国特色社会主义伟大旗帜　为全面建设社会主义现代化国家而团结奋斗——在中国共产党第二十次全国代表大会上的报告."新华网，2022 年 10 月 25 日.

二、经济环境因素

经济环境也是社会环境因素的一部分，主要包括以下几个方面。

（1）经济形势。经济形势的变化对职业的影响是最为明显又最为复杂的。当经济处于萧条时期，企业的效益降低，对人力资源的需要减少，因而职业选择和职业发展的机会也随之减少；当经济处于高速发展时期，企业处于扩张阶段，对人力资源需求量增加，职业选择和职业发展的机会也就随之增多。

　　十八大召开至今已经十年了。十年来，我们经历了对党和人民事业具有重大现实意义和深远历史意义的三件大事：一是迎来中国共产党成立一百周年，二是中国特色社会主义进入新时代，三是完成脱贫攻坚、全面建成小康社会的历史任务，实现第一个百年奋斗目标。

　　……

　　我们提出并贯彻新发展理念，着力推进高质量发展，推动构建新发展格局，实施供给侧结构性改革，制定一系列具有全局性意义的区域重大战略，我国经济实力实现历史性跃升。国内生产总值从五十四万亿元增长到一百一十四万亿元，我国经济总量占世界经济的比重达百分之十八点五，提高七点二个百分点，稳居世界第二位；人均国内生产总值从三万九千八百元增加到八万一千元。谷物总产量稳居世界首位，十四亿多人的粮食安全、能源安全得到有效保障。城镇化率提高十一点六个百分点，达到百分之六十四点七。制造业规模、外汇储备稳居世界第一。建成世界最大的高速铁路网、高速公路网，机场港口、水利、能源、信息等基础设施建设取得重大成就。

资料来源：习近平.“高举中国特色社会主义伟大旗帜　为全面建设社会主义现代化国家而团结奋斗——在中国共产党第二十次全国代表大会上的报告.”新华网，2022 年 10 月 25 日.

　　按照全面建设社会主义现代化国家的战略安排，2035 年远景目标和“十四五”时期经济社会发展主要目标如下：

	“十四五”时期经济社会发展主要指标				
类别	指标	2020 年	2025 年	年均/累计	属性
经济发展	1.国内生产总值（GDP）增长（％）	2.3	—	保持在合理区间、各年度视情提出	预期性
	2.全员劳动生产率增长（％）	2.5	—	高于 GDP 增长	预期性
	3.常住人口城镇化率（％）	60.6*	65	—	预期性

续表

				>7、力争投入强度高于"十三五"时期实际	预期性
创新驱动	4.全社会研发经费投入增长（%）	—	—		
	5.每万人口高价值发明专利拥有量（件）	6.3	12	—	预期性
	6.数字经济核心产业增加值占GDP比重（%）	7.8	10	—	预期性
民生福祉	7.居民人均可支配收入增长（%）	2.1		与GDP增长基本同步	预期性
	8.城镇调查失业率（%）	5.2		<5.5	预期性
	9.劳动年龄人口平均受教育年限（年）	10.8	11.3	—	约束性
	10.每千人口拥有执业（助理）医师数（人）	2.9	3.2	—	预期性
	11.基本养老保险参保率（%）	91	95	—	预期性
	12.每千人口拥有3岁以下婴幼儿托位数（个）	1.8	4.5	—	预期性
	13.人均预期寿命（岁）	77.3*	—	〔1〕	预期性
绿色生态	14.单位GDP能源消耗降低（%）	—		〔13.5〕	约束性
	15.单位GDP二氧化碳排放降低（%）	—		〔18〕	约束性
	16.地级及以上城市空气质量优良天数比率(%)	87	87.5	—	约束性
	17.地表水达到或好于Ⅲ类水体比例（%）	83.4	85	—	约束性
	18.森林覆盖率（%）	23.2*	24.1		约束性
安全保障	19.粮食综合生产能力（亿吨）	—	>6.5	—	约束性
	20.能源综合生产能力（亿吨标准煤）	—	>46		约束性

注：①〔〕内为5年累计数。②带*的为2019年数据。③能源综合生产能力指煤炭、石油、天然气、非化石能源生产能力之和。④2020年地级及以上城市空气质量优良天数比率和地表水达到或好于Ⅲ类水体比例指标值受新冠疫情等因素影响，明显高于正常年份。⑤2020年全员劳动生产率增长2.5%为预计数。

资料来源：《中华人民共和国国民经济和社会发展第十四个五年规划和2035年远景目标纲要》

（2）劳动力市场供求状况。劳动力市场供求状况对职业选择和职业发展产生重要影响，如某类职业的人力资源供不应求，则职业选择和职业发展的机会就多；相反，某类人才供过于求，职业选择和职业发展的机会就少。我国普遍情况是高级管理人才和高级技术人才不足，而没有专业技能和只有一些初级技能的劳动力供给相对充裕。

党的二十大报告指出："我们深入贯彻以人民为中心的发展思想，在幼有所育、学有所教、劳有所得、病有所医、老有所养、住有所居、弱有所扶上持续用力，人民生活全方位改善"，"城镇新增就业年均一千三百万人以上"。

为此，《中华人民共和国国民经济和社会发展第十四个五年规划和 2035 年远景目标纲要》提出"提升国民素质，促进人的全面发展"，"把提升国民素质放在突出重要位置，构建高质量的教育体系和全方位全周期的健康体系，优化人口结构，拓展人口质量红利，提升人力资本水平和人的全面发展能力"。

社会对人力资源需求是一种派生的需求。当人们的收入水平提高时，对商品消费的需求就会增加，企业扩大生产，从而增加对人力资源的需求，职业选择和职业发展的机会就会增多；相反，职业选择和职业发展的机会就少。

三、社会文化环境因素

社会文化环境包括教育条件和水平、社会文化设施等。在良好的社会文化环境中，个人能得到良好的教育和熏陶，从而为职业发展打下坚实的基础。

社会文化是影响人们行为、欲望的基本因素，它反映了个人的基本信念、价值观和规范的变迁。我国是一个大国，社会文化的复杂性决定了个人在职业选择与职业发展中需要考虑组织（企业）所在地的文化因素。大学生在进行职业生涯规划时，应主要了解以下几方面内容：

（1）社会政策。主要是人事政策和劳动政策。

（2）社会变迁。比如知识经济和信息化社会的发展，会对个人的职业生涯发展产生较大的影响。

（3）社会价值观。价值观会随着社会的不断发展和进步而发生不同程度的变化，从而影响社会对人的认识和对职业的要求。

（4）科学技术的发展。科技的发展会带来理论的更新、观念的转变、思维的变革、技能的补充等，而这些都是职业生涯规划中不可或缺的要素。

党的二十大报告提出："坚持和发展马克思主义，必须同中华优秀传统文化相结合。只有植根本国、本民族历史文化沃土，马克思主义真理之树才能根深叶茂。中华优秀传统文化源远流长、博大精深，是中华文明的智慧结晶，其中蕴含的天下为公、民为邦本、为政以德、革故鼎新、任人唯贤、天人合一、自强不息、厚德载物、讲信修睦、亲仁善邻等，是中国人民在长期生产生活中积累的宇宙观、天下观、社会观、道德观的重要体现，同科学社会主义价值观主张具有高度契合性。我们必须坚定历史自信、文化自信，坚持古为今用、推陈出新，把马克思主义思想精髓同中华优秀传统文化精华贯通起来、同人民群众日用而不觉的共同价值观念融通起来，不断赋予科学理论鲜明的中国特色，不断夯实马克思主义中国化时代化的历史基础和群众基础，让马克思主义在中国牢牢扎根。"

《中华人民共和国国民经济和社会发展第十四个五年规划和 2035 年远景目标纲要》提出"提升公共文化服务水平"，"坚持为人民服务、为社会主义服务的方向，坚持百花齐放、百家争鸣的方针，加强公共文化服务体系建设和体制机制创新，强化中华文化传播推广和文明交流互鉴，更好保障人民文化权益"。

社会主义文化繁荣发展工程
01 中国特色社会主义理论出版传播 编辑出版习近平谈治国理政、习近平新时代中国特色社会主义思想学习问答、分领域学习纲要等系列理论读物，编辑出版党史、新中国史、改革开放史、社会主义发展史经典教材，加强海外翻译出版和宣介推广。
02 文艺精品创作 开展精神文明建设"五个一"、舞台艺术、影视精品、优秀剧本、美术创作收藏、重大出版等工程，实施当代文学艺术创作、中华文化新媒体传播、纪录片创作传播、地方戏曲传承发展、网络文艺创作传播等重大项目。
03 全媒体传播和数字文化 推进国家、省、市、县四级融媒体中心（平台）建设。推进国家有线电视网络整合和 5G 一体化发展。分类采集梳理文化遗产数据，建设国家文化大数据体系。实施出版融合发展工程。
04 文化遗产保护传承 加强安阳殷墟、汉长安城、隋唐洛阳城和重要石窟寺等遗址保护，开展江西汉代海昏侯国、河南仰韶村、良渚古城、石峁、陶寺、三星堆、曲阜鲁国故城等国家考古遗址公园建设。建设 20 个国家重点区域考古标本库房、30 个国家级文化生态保护区和 20 个国家级非物质文化遗产馆。
05 中华典籍整理出版 整理出版 300 种中华典籍，组织《永乐大典》、敦煌文献等重点古籍系统性保护整理出版，实施国家古籍数字化工程。推进点校本"二十四史"及清史稿修订等重大出版工程，推进复兴文库建设，启动新编中国通史纂修工程、中华民族交往交流交融史编纂工程。
06 重大文化设施建设 建设中国共产党历史展览馆、中央档案馆新馆、国家版本馆、国家文献储备库、故宫博物院北院区、国家美术馆、国家文化遗产科技创新中心。

续表

07	旅游目的地质量提升
	打造海南国际旅游消费中心、粤港澳大湾区世界级旅游目的地、长江国际黄金旅游带、黄河文化旅游带、杭黄自然生态和文化旅游廊道、巴蜀文化旅游走廊、桂林国际旅游胜地，健全游客服务、停车及充电、交通、流量监测管理等设施。

资料来源：《中华人民共和国国民经济和社会发展第十四个五年规划和2035年远景目标纲要》

四、科技环境因素

科学技术对职业生涯规划的影响具体体现在以下两个方面：

（1）自动化的冲击。工业自动化的普及和提高，对工业科学化、技术化的发展起到了促进作用，给就业市场也带来了一定的影响。一方面，自动化增加了新的工作岗位；另一方面，自动化又淘汰了一些旧的工作岗位。从长远来看，自动化程度的提高有利于就业岗位供给的增加；但在短期内，自动化带来新增工作岗位的数目可能小于被淘汰的旧的工作岗位的数目。自动化程度的提高既会为我们带来机遇，也会加剧就业竞争，带来危机。

（2）产业结构调整的冲击。我们处在一个科学技术迅猛发展的世界里，从劳动密集型到资本密集型再到知识密集型，产业结构调整对我们人生的发展提出新的挑战。这就要求我们根据环境的变化不断地更新自己的知识结构，顺应产业结构的调整和社会发展的需要。如果不及时学习新知识、新技能，就会落后于社会发展，难以胜任工作，导致自己的人生事业失败。产业结构的调整既会给我们带来危机感，同时也会为我们提供更多的机遇，尤其对创新型人才来说，发展空间更大。

党的二十大报告提出："我们加快推进科技自立自强，全社会研发经费支出从一万亿元增加到二万八千亿元，居世界第二位，研发人员总量居世界首位。基础研究和原始创新不断加强，一些关键核心技术实现突破，战略性新兴产业发展壮大，载人航天、探月探火、深海深地探测、超级计算机、卫星导航、量子信息、核电技术、新能源技术、大飞机制造、生物医药等取得重大成果，进入创新型国家行列。"

《中华人民共和国国民经济和社会发展第十四个五年规划和2035年远景目标纲要》指出："坚持创新在我国现代化建设全局中的核心地位，把科技自立自强作为国家发展的战略支撑，面向世界科技前沿、面向经济主战场、面向国家重大需求、面向人民生命健康，深入实施科教兴国战略、人才强国战略、创新驱动发展战略，完善国家创新体系，加快建设科技强国。"

科技前沿领域攻关
01　新一代人工智能 前沿基础理论突破，专用芯片研发，深度学习框架等开源算法平台构建，学习推理与决策、图像图形、语音视频、自然语言识别处理等领域创新。
02　量子信息 城域、城际、自由空间量子通信技术研发，通用量子计算原型机和实用化量子模拟机研制，量子精密测量技术突破。
03　集成电路 集成电路设计工具、重点装备和高纯靶材等关键材料研发，集成电路先进工艺和绝缘栅双极型晶体管（IGBT）、微机电系统（MEMS）等特色工艺突破，先进存储技术升级，碳化硅、氮化镓等宽禁带半导体发展。
04　脑科学与类脑研究 脑认知原理解析，脑介观神经联接图谱绘制，脑重大疾病机理与干预研究，儿童青少年脑智发育，类脑计算与脑机融合技术研发。
05　基因与生物技术 基因组学研究应用，遗传细胞和遗传育种、合成生物、生物药等技术创新，创新疫苗、体外诊断、抗体药物等研发，农作物、畜禽水产、农业微生物等重大新品种创制，生物安全关键技术研究。
06　临床医学与健康 癌症和心脑血管、呼吸、代谢性疾病等发病机制基础研究，主动健康干预技术研发，再生医学、微生物组、新型治疗等前沿技术研发，重大传染病、重大慢性非传染性疾病防治关键技术研究。
07　深空深地深海和极地探测 宇宙起源与演化、透视地球等基础科学研究，火星环绕、小行星巡视等星际探测，新一代重型运载火箭和重复使用航天运输系统、地球深部探测装备、深海运维保障和装备试验船、极地立体观监测平台和重型破冰船等研制，探月工程四期、蛟龙探海二期、雪龙探极二期建设。

资料来源：《中华人民共和国国民经济和社会发展第十四个五年规划和2035年远景目标纲要》

五、人口环境因素

人口环境尤其是个人所在地区的人文因素对职业选择与职业发展有重要影响。因此，大学生在进行职业生涯规划时，需要考虑以下几方面内容：

（1）人口规模。社会总人口的多少影响社会人力资源的供给，从而影响职业选择和职业发展的机会。

（2）年龄结构。不同的年龄段有不同的职业价值观，在收入、价值观念、生活方式和社会活动等方面都存在差异性。

（3）劳动力质量和专业结构。社会劳动力的质量和专业结构影响职业选择和职业发展的机会。例如，在某些地区，未经培训的普通劳动力可能很充裕，但受过高级培训的劳动力可能不足；某些地区可能某方面的人才比较充裕，但有些方面的人才欠缺，这些因素都会影响职业选择和职业发展。

（4）人口的城市化。我国的城市化进程正在加快，劳动力正在由农业转移到非农业。由于户籍制度的改革，户籍对就业的限制已经放开，对就业市场产生了重大的影响。

（5）人口老龄化。人口统计数据表明，当前我国人口正在迈向老龄化阶段，这种老龄化趋势将推动医疗保健行业和社会服务领域的就业机会增多。

（6）人口流动。目前，就业和职业发展的机会主要集中于东部沿海地区，但近几年中央开发中西部地区的战略会对中西部的发展产生一定的推动作用。

"十四五"规划明确提出"十四五"时期实施积极应对人口老龄化国家战略的重点举措是"制定人口长期发展战略，优化生育政策，以'一老一小'为重点完善人口服务体系，促进人口长期均衡发展"。推动实现适度生育水平，增强生育政策包容性，推动生育政策与经济社会政策配套衔接，减轻家庭生育、养育、教育负担，释放生育政策潜力。"十四五"规划指明了以"一老一小"为重点，实践也证明"一老一小"具有广阔的市场空间，为大学生和广大青少年在生涯规划过程中应对人口环境因素指明了方向。

六、重大突发事件因素

一些社会重大突发事件因素对职业选择与职业发展有重要影响。有些突发事件甚至足以改变不同行业和职业的市场地位。例如，2020年的新冠疫情在全球大流行，对于医疗和卫生防护用品产业及线上相关产业都是一个发展机会，但对于线下餐饮、娱乐等实体产业却是一个巨大的打击。大部分的突发事件是无法预知的，大学生在进行生涯规划时必须增强危机意识，辩证认识运动与静止的关系，必须认识到外部环境的变化是永恒的，稳定只是暂时的，改变片面追求稳定的就业观念，以积极的心态迎接变化、拥抱变化、创造变化。

第二节　家庭环境探索

　　任何人的性格和品质的形成及个人的成长都离不开家庭环境的影响，大学生在进行职业生涯规划时，家庭的经济状况、家人期望、家族文化等因素都是必须重点考虑的。

　　家庭环境有软环境、硬环境、内环境和外环境四部分，它们对于一个人的一生有至关重要的影响作用。其中，家庭软环境指家庭的心理道德环境，包括家长对子女的教育方式等；硬环境主要指家庭中可以用量化指标来评判和衡量的环境因素，包括家庭结构、家庭资源、父母文化水平和职业状况等；家庭内环境指自己家里的人或事，不容易被外人获知；家庭外环境指家庭外的环境，如家庭的周围环境、周围人群情况、外部活动场所、外部人际关系等。

　　家庭环境分析指的是对家庭软、硬环境的分析。其中，家庭软环境是指家庭带给人的内在情绪和感受，它对人起着潜移默化的作用，是家庭生活中人与人之间相互联系时所形成的一种气氛；家庭硬环境是指特定的物质条件，它是人得以发展的基础条件。每个人从出生伊始就受到家庭环境的影响，这种影响往往是多方面的、深远的，能够影响人的一生。

　　家庭中的成员对于大学生的生涯规划有重要的影响。例如，成长于教师家庭的孩子往往会有两种情况：一方面（外环境），教师家庭的孩子会看到长辈们从事教师这一职业受人尊重而且能创造较高的社会价值；另一方面（内环境），教师家庭的孩子会看到教师这一职业的许多隐性工作。这两方面从正、反两个方向影响教师家庭的孩子对未来是否从事教师职业的选择。

　　家长的教育水平、职业背景、职业经历等会影响孩子的职业发展方向，兄弟姐妹的职业选择也会对孩子产生影响。我们可以绘制自己家族主要成员职业树状图（如图6-1所示），把自己家族中相应成员的职业填到相应位置，我们会发现自己未来的职业规划方向往往和家族成员的职业选择有千丝万缕的关联。

图6-1　家族主要成员职业树状图

为方便统计分析，我们以表格化的形式展现出来，如表 6-1 所示。

表 6-1 家族主要成员职业表

编号	称呼	职业	备注	编号	称呼	职业	备注
1	祖父			11	姑姑		
2	祖母			12	姑丈		
3	外祖父			13	阿姨		
4	外祖母			14	姨丈		
5	爸爸			15	舅舅		
6	妈妈			16	舅妈		
7	伯父			17	哥哥		
8	伯母			18	姐姐		
9	叔叔			19	堂哥		
10	婶婶			20	堂姐		

一、罗伊人格发展理论

美国临床心理学家安妮·罗伊（Anne Roe）依据临床心理学经验加上各类杰出人物有关适应、创造、智力等特质的研究结果，综合了精神分析论、莫瑞的人格理论与马斯洛的需求层次论，于 20 世纪 60 年代提出人格发展理论。罗伊理论假设：每一个人天生就有一种扩展心理能量的倾向，这种内在的倾向配合着个体不同的儿童时期的经验，塑造出个人需求满足的不同方式，而每一种方式对于职业生涯选择的行为都有不同的意义。人格发展理论试图说明遗传因素和儿童时期的经验对于未来职业行为的影响。人格发展理论认为，早年经验会增强或削弱个人高层次的需求，进而影响人的生涯发展。罗伊特别强调早期经验对个体以后的择业行为的影响。个体成长过程中，父母对他（她）是接纳的还是拒绝的，家中气氛是温暖的还是冷漠的，父母对他（她）的行为是自由放任的还是保守严厉的，这些都会反映在个人所做的职业选择上。

父母对孩子管教的态度从"温暖"和"冷漠"两个基本方面，划分为"依赖型""回避型""接纳型"三种类型，"过度保护""过度要求""爱""偶然""拒绝""忽视"六种情况（如图 6-2 所示）。

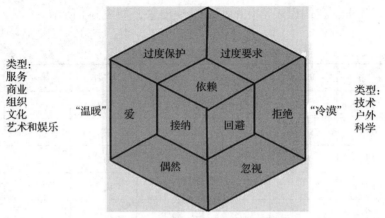

图 6-2　罗伊人格发展理论说明图

"依赖型"的父母有两种——"过度保护型"和"过度要求型"。"过度保护型"父母会毫无保留地满足子女的生理需求，却不见得能满足子女对爱与自尊的需求；即使这些需求都能得到满足，子女的行为未必表现出社会认可的行为。所以，在这类氛围下长大的子女，日后显示出较多的人际倾向，而且不是出自防御的心理机制。"过度要求型"父母，对于子女需求的满足往往附加某些条件，也就是当子女表现出顺从的行为，或表现出父母认可的成就行为时，其生理需求或爱的需求才能得到满足，这种在父母的高标准严要求下长大的孩子会变成完美主义者，他们会为表现得不够完美而焦虑，因而在做职业选择时较为困难。

"回避型"父母养育长大的孩子，无论是受到拒绝还是忽视，需求得不到满足的经历都是痛苦的，即无论生理需求还是安全需求的满足都会有所欠缺，更谈不上更高级的需求了。所以，这类孩子长大后会害怕与他人相处，宁可在自己的工作岗位上，靠自己的努力满足自己的需求。

"接纳型"家庭的氛围大体上是温暖的。在温暖、民主气氛下长大的孩子，各类层次的需求不会缺乏，长大后也能做独立的选择。

总之，童年的经验与职业选择有极大的关系。每一个家庭对于子女的养育方式都不尽相同，养育方式上的差异，致使个人各种心理需求的满足方式与程度也会有层次上的不同。因此，父母的教养态度对孩子的职业选择有重要的影响，应该让孩子从小去发展自己的能力倾向及职业兴趣，这样他们对终身的择业行为才有正确的观念及选择的能力，也愿意承担选择后的责任。

学习罗伊人格发展理论后，我们一起来探讨本章的开篇故事。

苏亚雷斯儿童时期在一个"冷漠回避型"的家庭中长大，父母对他拒绝和忽视的教育，以及苏亚雷斯长着一对龅牙，儿童时期的他经常因为周围伙伴的嘲笑而咬人，导致其在儿童时期基本生理需求和安全需求都难以满足，更谈不上高级需求的满足。但是，儿童时期的苏亚雷斯就表现出极高的足球天赋，他发现，每当他展露出足球天赋时，人们就暂时忽略了他的出身和龅牙。早年经验增强了苏亚雷斯个人高层次的需求，进而决定了他的足球生涯发展路径。罗伊人格发展理论综合了精神分析论、莫瑞人格理论与马斯洛需求层次理论，自我实现是马斯洛需求层次理论中关于个人高层次的需求，而对于一个足球运动员来说，直接或间接进球就是最高层次自我实现的需求得到满足。因此，当成年的苏亚雷斯在足球场上自我实现的需求得到满足时，就会勾起他龅牙咬人的儿时回忆，进而做出咬人的行为。

二、家庭支持的力度

家庭支持在个人生涯规划中扮演着至关重要的角色，它可以对个人的职业发展和决策产生深远影响。家庭成员的鼓励和支持对于个人的生涯规划至关重要。他们的支持可以增强个人的自信心和动力，帮助其克服困难，追求自己的目标。家庭成员可以成为个人的榜样和引导者，他们的职业经验和智慧可以为个人提供宝贵的建议和指导，帮助其更好地规划自己的职业生涯。家庭支持还包括提供资源和信息的帮助，如经济支持、职业信息、社交关系等，这些资源可以帮助个人更好地了解职业市场，做出更明智的决策。例如，如果家庭能够提供经济支持，帮助个人接受更高层次的教育或培训，那么个人在职业发展上会更有优势。在职业规划过程中，个人可能会面临挫折和困惑，家庭的心理支持可以帮助个人缓解压力，保持积极的态度，从而更好地应对挑战。

综上所述，家庭支持对生涯规划具有重要影响，它可以帮助个人更好地认识自己、了解职业市场、制定目标并实现梦想。因此，在进行生涯规划时，与家人保持良好的沟通和互动是非常重要的。家庭对大学生选择较好职业的支持态度是毋庸置疑的，但支持的力度有很大差别。这主要是由家庭成员的社会地位、经济条件、社会关系等不同造成的。如果没有家庭的支持，或家庭支持的力度太小，有一部分学生在选择职业方向时，会将自己的兴趣、爱好等打折扣，而转向较容易进入的职业和较顺利获得的职位；反之，则会寻求更高更好的职业方向，职业规划也将更好地实现。

三、家庭需要

对于大多数人来说，承担家庭责任、满足家庭需要是不可回避的。养家糊口需要我们投入大量的时间和精力，因此在生涯规划中，合理安排，保持工作与生活的平衡非常重要。任何家庭都有正常的需求，这些需求也会对大学生选择职业方向产生影响，而一些家庭还有特殊的需求，这些特殊需求对大学生的影响更大。例如，有些品学兼优的大学生由于家庭条件所限必须尽快进入社会赚钱养家，从而不得不放弃进一步深造的计划。

四、家庭期望

家庭的期望和压力可能会影响个人的职业选择和决策。如果家庭对某个职业有特定的期望，个人可能会受到影响而选择符合家庭期望的职业，而不一定是自己真正感兴趣的领域。家庭对大学生的期望程度不同，这对他们的生涯规划有不同的影响。大学生回应家庭期望的方式有多种，如违抗父母意愿、弥补父母的失败、吸引父母的注意、获得父母的认可、征服父母的敌意等。一般来说，家庭对大学生的期望值较低时，大学生往往有更大的自由空间选择与自己爱好、能力等相匹配的职业方向；而当家庭对大学生的期望值较高时，大学生往往会随大流选择社会上热门的且社会地位和收入等都较高的行业或职业。

第三节　工作世界探索

我们处在一个日新月异的时代，工作也在这样的时代持续变化着。中国有句古话："三百六十行，行行出状元。"今天的行业早已超出了三百六十行，随之衍生出数千甚至数万种职业。这样的变化一方面使我们看到了从事新奇职业的可能性，另一方面使我们对工作世界的探索难上加难。但不可否认的是，我们既要了解有关职场的宏观工作世界，也要了解有关工作的微观工作世界。

一、宏观工作世界的探索

宏观工作世界的探索包括对产业、行业和单位的探索。

1. 产业探索

产业是指经济社会的物质生产部门，一般划分为三大类。第一产业的生产物取自自然，具体包括农、林、牧、渔等，目前我国农村富余劳动力超过 1.5 亿，因此第一产业对大学生的需求相对较少。第二产业指的是加工制造产业，具体包括采、建、制、电、煤、水，目前我国第二产业对大学生的需求占大学生总需求的 1/3。第三产业指的是流通和服务业（有人将信息业和高科技行业划分为第四产业），目前我国第三产业对大学生的需求占大学生总需求的 2/3。第三产业主要有以下几种类型：

（1）流通产业：商务、饮食、交通运输、物流、仓储、邮政、电信通信等；

（2）服务产业：金融、保险、建筑、房地产、居民服务、旅游、咨询服务、公共事业；

（3）科学、文化、教育、卫生、体育行业；

（4）机关团体：国家机关、党团组织、社会团体等。

第三产业占 GDP（国内生产总值）比重是衡量一个国家、地区、城市经济发展水平的重要指标，国际上以第三产业占 GDP 的比例是否达到或超过 65% 作为判断是否为发达国家的重要指标。目前中国第三产业占 GDP 的比例不到 60%，而发达国家已经超过 65%，第三产业将为大学生提供广阔的就业空间。表 6-2 是我国 2023 年第三产业占 GDP 比重前 20 个城市，同时也可以作为生涯规划城市选择的参考。

表 6-2　2023 年 GDP 第三产业占比前 20 城

排名	地区	2023 年 GDP/ 亿元	第三产业 / 亿元	占比 / %
1	北京市	43760.70	37129.6	84.85
2	上海市	47218.66	35509.6	75.20
3	广州市	30355.73	22262.24	73.34
4	杭州市	20058.98	14045	70.02
5	成都市	22074.72	15109	68.44
6	南京市	17421.40	11174.65	64.14
7	武汉市	20011.65	12736.36	63.64
8	青岛市	15760.34	9999.2	63.45
9	济南市	12757.42	8015.9	62.83
10	天津市	16737.30	10486.15	62.65
11	深圳市	34606.40	21566.38	62.32
12	合肥市	12673.80	7654.38	60.40
13	长沙市	14331.98	8514.55	59.41
14	郑州市	13617.84	8072.2	59.28
15	福州市	12928.47	7531.77	58.26
16	重庆市	30145.79	16371.97	54.31
17	苏州市	24653.40	12916.8	52.39
18	宁波市	16452.83	8528.5	51.84
19	无锡市	15456.19	7942.84	51.39
20	佛山市	13276.14	5533.64	41.68

资料来源：《2023 年 GDP 第三产业占比前 20 城，广州超过 70%，深圳超过 60%》. https://www.sohu.com/a/799534319_120340049.

2. 行业探索

行业是按生产同类产品或具有相同工艺过程或提供同类劳动服务划分的经济活动类别，是从事国民经济中相同性质的生产或其他经济社会的经营单位或个体组织结构体系的详细划分。2003 年出版的《国民经济行业分类》一书将中国社会当时的主流行业分成 20 个行业门类 95 个大类 396 个中类 913 个小类。这一数据是动态变化的，其会随着社会的发展而不断调整。在生涯规划中，我们可以通过了解行业里的领军企业来了解一个行业，例如，通过了解百度、阿里巴巴、腾讯来了解 IT 行业；也可以阅读行业分析报告，如《麦肯锡季刊》和《经济学人》等；或者阅读该行业的综述性书籍。

3. 单位探索

在生涯规划工作世界探索中，人们常常以"单位"来定义社会经济基本组织，包括机关单位、事业单位、企业单位。

机关单位泛指以国家政党或团体为实现其职能而设立的，负责指挥和控制行政活动的机构。机关单位一般要通过公务员考试招考录用。目前除了公务员考试，还有警校联考、选调生联考及特殊学校免予公务员考试等方式进入机关单位。

凡是不履行党政群机关职能，以非生产劳动为主，靠国家财政拨款为主要经济来源，不以营利为直接目的，把创造出来的物质和精神产品直接或间接服务于整个社会的单位，统称为事业单位。事业单位一般属于第三产业范畴。一般要通过事业单位考试招考录用，才能进入事业编制。国家目前正推进事业单位改革，未来事业单位可能不再有编制。

企业单位泛指一切从事生产、流通或者服务活动，以谋取经济利益的经济组织。企业单位是从事生产经营和社会服务等经济活动，具有法人资格，实行独立核算的营利性组织，是国民经济的基本单位。按所有制性质的不同，企业单位可划分为国有企业、民营企业、三资企业、股份制企业等。

单位探索包括单位管理性信息探索和发展性信息探索。单位管理性信息包括单位性质、业务范围、组织架构、组织文化、人员结构等。单位发展性信息包括单位发展历史、发展规模、业内排行、人员流动、发展现状等。

二、微观工作世界的探索

微观工作世界的探索包括职业探索、职能探索和职位探索。

1. 职业探索

职业是指参与社会分工，利用专门的知识和技能，为社会创造物质财富和精神财富，获取合理报酬作为物质生活来源，并满足精神需求的工作。职业是某种精细的、专门具体的社会分工，能反映一个人的社会身份、社会地位与自身的知识、能力、素质水平等。《中华人民共和国职业分类大典》是我国第一部对职业进行科学分类的权威性文献。它将中国目前的社会职业分为1838个，在这1838个职业中，又分为8个大类66个种类413个小类，并具体确定了各个职业的名称。8个大类分别是：

（1）国家机关、党群组织、企业、事业单位负责人，其中包括5个中类16个小类25个细类；

（2）专业技术人员，其中包括14个中类115个小类379个细类；

（3）办事人员和有关人员，其中包括4个中类12个小类45个细类；

（4）商业、服务业人员，其中包括8个中类43个小类147个细类；

（5）农、林、牧、渔、水利业生产人员，其中包括6个中类30个小类121个细类；

（6）生产、运输设备操作人员及有关人员，其中包括27个中类195个小类1119个细类；

（7）军人，其中包括1个中类1个小类1个细类；

（8）不便分类的其他从业人员，其中包括1个中类1个小类1个细类。

职业由三个方面组成：行业、单位（企业）和职能。我们可以用以下公式来表示：

$$职业定位＝行业＋单位（企业）＋职能$$

具体示例如表6-3所示。

表6-3　职业组成列举

职业	行业	单位（企业）	职能
教师	教育行业	院校	教书育人
医生	医药行业	医院	治病救人

首先，任何一份职业都处在不同的行业中，而行业的整体发展趋势也必然影响职业的发展。大学生选择进入哪个行业时应该考虑自己的职业兴趣。其次，一份职业最主要的工作内容是通过职位来体现的。不同的职位会有不同的工作内容，需要不同的能力。在自我探索中，能力的探索指向的是职业当中的职位，同学们可以参照心仪职位的招聘启事来了解自己在大学期间需要培养的能力。最后，不同企业的组织文化会影响个人的工作满意度。对职业的需求标准可以通过个人工作价值观的探索进行选择和调整。

在了解职业的过程中，我们还必须明白，每一份职业都有优点和缺点。由于职业价值观的不同，不同的人会对同一职业产生不同的感受。例如，外资企业的高薪带来的是压力和竞争，事业单位的稳定伴随的是程序化和呆板。因此，要知道没有哪种工作能够满足你所有的需求。我们的职业选择可能不会一成不变，而需要不断调整和变化才能保持满意感。我们需要学会的是如何应对工作的变动，而非回避它。

2. 职能探索

职能，是指事物、机构本身具有的功能或应起的作用。一般企业单位常包括以下职能：财务管理、人力资源管理、行政管理、市场营销、销售服务、产品生产、研究开发、客户服务等。其中，财务管理、人力资源管理、行政管理构成企业单位营运中心；市场营销、销售服务构成企业单位营销中心；产品生产、研究开发、客户服务构成企业单位生产中心。

3. 职位探索

职位，也称岗位，是指一个组织中个人需要完成的一项或一组任务。职位是职能的具体体现。在组织中，在一定的时间内由一名员工承担若干项任务，并具有一定的职务、责任和权限时，就构成一个职位。职位探索最常用的方法是工作分析，即职位分析，就是对组织中某个特定工作职务的目的、任务或者职责、权力、隶属关系、工作条件、任职资格等相关信息进行收集与分析，以便对该职位的工作做出明确的规定，并确定完成该工作所需要的行为、条件和人员的过程。

工作分析主要包括工作说明和工作规范两方面内容，具体如下：

（1）工作说明用来确定职位的基本信息和工作的具体特征，如对工作的目标、范围、任务、内容、责任、考核标准、方法和工作环境等的详细描述，主要包括以下几方面内容：

① "做什么"，是指员工所从事的工作活动，主要包括以下内容：

A. 任职者须达到的工作目标；

B. 任职者须完成的工作内容；

C. 任职者完成此工作须达到的工作标准。

② "为什么做"，是指任职者的工作目的及该项工作在整个组织中的作用，主要包括以下内容：

A. 该项工作的目的；

B. 该项工作与组织中其他工作之间的联系。

③ "谁来做"，是指谁从事此项工作及组织对从事该项工作的人员所必备的素质

的要求，主要包括以下内容：

A. 对身体素质的要求；

B. 对知识技能的要求；

C. 对相关工作经验的要求；

D. 对教育和培训的要求；

E. 对个性特质的要求。

④"何时做"，是指对员工从事此项工作的时间安排，主要包括以下内容：

A. 对工作时间的安排以及工作的时间特征；

B. 对该项工作每日、每周和每月的工作进程的安排。

⑤"在哪里做"，是指员工工作的地点、环境等，主要包括以下内容：

A. 从事该工作的自然环境；

B. 从事该工作的社会人文环境。

⑥"为谁做"，是指员工从事的工作与组织中其他部门之间的相互关系，主要包括以下内容：

A. 负责该工作的部门与直接上级，即员工请示汇报的对象；

B. 在工作过程中，由于横向的需要，应与组织中的哪些部门、哪些人员取得联系。

⑦"怎么做"，是指员工如何从事或者组织要求员工如何从事此项工作，主要包括以下内容：

A. 工作程序、规范；

B. 开展该项工作所必备的各种硬件、软件设施；

C. 从事该项工作所拥有的权利。

（2）工作规范是指完成某项工作所需要的知识、技能及职责、程序的具体说明，它是工作分析结果的一个组成部分。工作规范可以让员工更详细地了解其工作的内容和要求，以便顺利地进行工作。工作规范主要包括以下内容：

①知识与学历，指完成某项工作的知识要求和学历要求；

②技能要求，指完成某项工作所应具备的基本技能；

③身体素质要求，指身体健康状况；

④工作职责和工作权限，指对其他人和自己的工作职责和工作权限；

⑤工作环境和工作条件，指工作场所、工具设备、工作危害等。

虽然我们探索工作世界时，将其人为划分为宏观工作世界和微观职业世界两部分，但现实世界中这两大部分形成了职业世界嵌套系统。工作世界划分为三大产业，三大产业又可以划分为不同行业，每个行业中会有职业，相同职业还可进一步细分为不同职位层级。职业世界嵌套系统详见图 6-3。

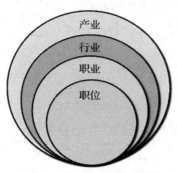

图 6-3　职业世界嵌套系统

三、运动变化的工作世界

生命周期理论是一种描述产品、项目或个体在其整个存在期间所经历的不同阶段的模型。这一理论基于一个简单的概念：任何事物都有其发展过程，经历从起始阶段、成长阶段、成熟阶段到衰退阶段。生命周期理论旨在帮助人们更好地了解并应对事物发展过程中的不同挑战和机会。生命周期理论可以应用于各种事物，例如产品、行业、企业、个人等。

行业生命周期是指行业从诞生到衰退的整个过程。行业生命周期如图 6-4 所示。

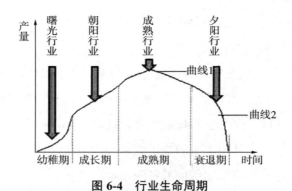

图 6-4　行业生命周期

曙光行业：行业刚刚形成，市场需求尚未明确。

朝阳行业：行业快速发展，市场需求旺盛。

成熟行业：行业进入成熟期，市场竞争激烈。

夕阳行业：行业逐渐衰退，市场需求萎缩。

生命周期理论还可以用于研究不同职业所处的生命周期，从而用以指导生涯规划过程中的职业选择。图 6-5 是不同职业在当前所处的生命周期案例，我们在进行生涯规划时应选择曙光职业、朝阳职业或成熟职业，避免选择夕阳职业和黄昏职业。另外也要善于甄别流星职业和恒星职业。

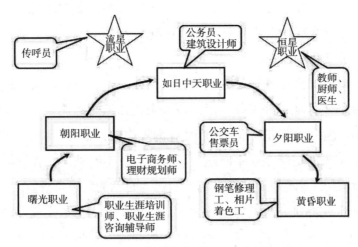

图 6-5　不同职业在当前所处的生命周期案例

进入 21 世纪，工作世界在经济全球化的大背景之下发生了翻天覆地的变化，中国的劳动力市场也在这样的大背景之下经历了快速的发展与变化。这些变化既有和其他国家共性的部分，也有和其他国家不同的个性化特征。这些变化主要包括以下几方面：

1. 劳动力的变化

中国是世界上劳动力资源最丰富的国家，虽然我国已经走出了最严峻的就业困境，但是我国的劳动力市场供大于求的状况可能仍然要持续 30 余年。供大于求的现状一方面是因为农村解放出来的劳动力人口不断增加，另一方面是因为高校连年扩招使得大学毕业生人数不断增长。

劳动力供给结构性短缺的另一表现就是技能型人才短缺和大学毕业生过剩，这与我国经济迅猛发展，尤其与制造业的快速发展有着极为密切的关系。尽管近年来，我国总体就业趋势供大于求，但是大多数技术工种则是需求多于供给，技能型人才短缺已成为我国经济发展的"瓶颈"。

我国就业市场的结构性失业也体现在大学生的就业选择上。很多大学生把留在大城市作为自己就业的唯一目标，导致"北上广"等大城市人才过剩，而真正需要人才的中西部地区却招不到合适的人才。除了地理因素，基层就业冷、创业冷等都是造成我国现阶段结构性失业的主要原因。

劳动力的变化除了上述总体趋势外，还受到多种因素的影响，包括行业、教育、经验、准入因素等。如果我们过多地把决策建立在劳动力市场的需求和现状上，就会面临进入我们不喜欢的领域的风险；如果我们的决策更多地建立在有趣的和有吸引力的事情上，我们会发现自己训练有素、富有情感，但可能面临失业的风险。因此，在考虑自己的职业时必须学会合理地平衡两者之间的关系。

2. 技术及职业变化的加快

科技化和自动化导致工作内涵发生变化。因此，未来只有具备广博知识和专门技术的职业人员才能更好地胜任工作。因此，未来是知识的时代，只有不断学习新的工作技能，发展多职能，才有可能适应不断变化的工作世界。

全球化竞争带来的是新企业不断建立和原有企业不断破产。我们不得不改变自己的工作态度，适应组织扁平化的发展趋势，自己为自己的发展负责。

技术的进步也使得研究与发展型的工作日趋重要。创新是企业发展的根源，未来依然需要高知识型人才，未来的工作世界也必然会成为"学习的社会"，树立终身学习的观念对于应对这些变化是必需的。

3. 就业市场热点的改变

智联招聘2019年第一季度（取疫情前数据）的就业景气指数调研，分别列出了就业景气较好和就业景气较差的10个行业。

2019年第一季度就业景气较好的10个行业：

①中介服务；②教育、培训；③医药、生物工程；④保险；⑤互联网、电子商务；⑥房地产、建筑、建材、工程；⑦专业服务、咨询；⑧基金、证券、期货、投资；⑨酒店、餐饮；⑩快速消费品。

2019年第一季度就业景气较差的10个行业：

①航空、航天；②能源、矿产、冶炼；③印刷、包装；④环保；⑤办公用品及设备；⑥电气、电力、水利；⑦物业管理、商业物业；⑧石油、石化、化工；⑨礼品、玩具；⑩计算机硬件。

数据表明，就业景气最好的几个职业是和人密切相关的，例如中介服务、教育、培训等；此外，那些离人比较远的、与人互动比较少的行业则景气指数连连下降，例如航空、航天研究与制造、能源、矿产、采掘、冶炼等。有人可能会担心，这些充满了"生活气息"的职业没什么技术含量，会不会很容易被取代？所以，在未来的职业中，如果你不是科研型人才，就不用执着于那些高深精尖的技术，而是看看你能在哪些场景中挖掘人们的痛点，然后创造性地依托现有技术改善流程、提升客户体验，这是大部分职场人在未来取胜的关键。人是最大的综合性运用场景。对于个体而言，最想要的莫过于身体的健康和美丽、内心的平静和丰盈，以及思维能力的提升。所以，只有满足人的需要，人们促进发展，才能真正拉动内需、促进消费。

我们进一步查看 2023 年第四季度智联招聘上薪酬同比增速前 20 的职业（如表 6-4 所示），也同样验证了与人相关的职业在新冠疫情后薪酬同比增速名列前茅。

表 6-4　2023 年第四季度薪酬同比增速前 20 的职业

排名	职　业	同比增速 / %	排名	职　业	同比增速 / %
1	房地产交易	12.4	11	公关媒介	3.1
2	家政 / 维修	8.4	12	普工 / 技工	3.0
3	翻译	8.0	13	物流管理	3.0
4	化工	7.5	14	医疗器械销售 / 研发	2.9
5	语言培训	7.0	15	餐饮服务	2.9
6	旅游服务	5.1	16	人事	2.7
7	才艺特长培训	5.0	17	业务运营	2.6
8	汽车销售与服务	5.0	18	市场 / 品牌推广	2.5
9	环境科学 / 环保工程师	4.1	19	电商运营	2.5
10	机械设计 / 制造工程师	3.4	20	销售顾问	2.2

资料来源：智联招聘（www.zhaopin.com）。基于智联招聘 2023 年在线招聘数据库的数据监测统计分析。

四、新职业

新职业是指社会经济发展中已有一定规模从业人员，且具有相对独立成熟的专业和技能要求，《中华人民共和国职业分类大典》中未收录的职业。这些新职业主要分为两种情况：一是"全新职业"，是指随着社会经济发展和技术进步而形成的新的社会群体性工作；二是"更新职业"，是指原有职业内涵因技术更新产生较大变化，从业方式与原有职业相比已发生质的变化。这些新职业的开发和评定，并不仅以职业的冷热程度和从业人数的多少为标准，更重要的是考虑这个职业是否具备了较高的技能性、是否具有向大众推广的可行性，以及这个职业将产生怎样的社会影响和价值。

2019—2021年，人力资源和社会保障部办公厅等发布了4批56个技能人员新职业，具体如下：

①2019年4月1日，人社厅发〔2019〕48号公布13个新职业（集中在高新技术领域）；

②2020年2月25日，人社厅发〔2020〕17号公布16个新职业（集中在新兴产业和现代服务业）；

③2020年7月6日，人社厅发〔2020〕73号公布9个新职业；

④2021年3月18日，人社厅发〔2021〕17号公布18个新职业。

我们以①为例，这13个新职业详见表6-5。

表6-5　人社厅发〔2019〕48号公布的13个新职业

序号	职业名称	职业代码	职业描述	主要工作任务
1	人工智能工程技术人员	2-02-10-09	从事与人工智能相关算法、深度学习等多种技术的分析、研究、开发，并对人工智能系统进行设计、优化、运维、管理和应用的工程技术人员	1. 分析、研究人工智能算法、深度学习及神经网络等技术； 2. 研究、开发、应用人工智能指令、算法及技术； 3. 规划、设计、开发基于人工智能算法的芯片； 4. 研发、应用、优化语言识别、语义识别、图像识别、生物特征识别等人工智能技术； 5. 设计、集成、管理、部署人工智能软硬件系统； 6. 设计、开发人工智能系统解决方案； 7. 提供人工智能相关技术咨询和技术服务
2	物联网工程技术人员	2-02-10-10	从事物联网架构、平台、芯片、传感器、智能标签等技术的研究和开发，以及物联网工程的设计、测试、维护、管理和服务的工程技术人员	1. 研究、应用物联网技术、体系结构、协议和标准； 2. 研究、设计、开发物联网专用芯片及软硬件系统； 3. 规划、研究、设计物联网解决方案； 4. 规划、设计、集成、部署物联网系统并指导工程实施； 5. 安装、调测、维护并保障物联网系统的正常运行； 6. 监控、管理和保障物联网系统安全； 7. 提供物联网系统的技术咨询和技术支持

序号	职业名称	职业代码	职业描述	主要工作任务
3	大数据工程技术人员	2-02-10-11	从事大数据采集、清洗、分析、治理、挖掘等技术研究，并加以利用、管理、维护和服务的工程技术人员	1. 研究、开发大数据采集、清洗、存储及管理、分析及挖掘、展现及应用等技术； 2. 研究、应用大数据平台体系架构、技术和标准； 3. 设计、开发、集成、测试大数据软硬件系统； 4. 大数据采集、清洗、建模与分析； 5. 管理、维护并保障大数据系统稳定运行； 6. 监控、管理和保障大数据安全； 7. 提供大数据的技术咨询和技术服务
4	云计算工程技术人员	2-02-10-12	从事云计算技术研究，云系统构建、部署、运维，云资源管理、应用和服务的工程技术人员	1. 开发虚拟化、云平台、云资源管理和分发等云计算技术，以及大规模数据管理、分布式数据存储等相关技术； 2. 研究、应用云计算技术、体系架构、协议和标准； 3. 规划、设计、开发、集成、部署云计算系统； 4. 管理、维护并保障云计算系统的稳定运行； 5. 监控、保障云计算系统安全； 6. 提供云计算系统的技术咨询和技术服务
5	数字化管理师	2-02-30-11	使用数字化智能移动办公平台，进行企业或组织的人员架构搭建、运营流程维护、工作流协同、大数据决策分析、上下游在线化连接，实现企业经营管理在线化、数字化的人员	1. 制定企业数字化办公软件推进计划和实施方案，推进企业及组织的人员架构，进行扁平可视化管理； 2. 进行数字化办公模块的搭建和运转流程的维护，实现高效安全沟通； 3. 制定企业及组织的工作流协同机制，进行知识经验的沉淀和共享； 4. 进行业务流程和业务行为的在线化，实现企业的大数据决策分析； 5. 打通企业和组织的上下游信息通道，实现组织在线、沟通在线、协同在线、业务在线，降低成本，提升生产、销售效率

序号	职业名称	职业代码	职业描述	主要工作任务
6	建筑信息模型技术员	4-04-05-04	利用计算机软件进行工程实践过程中的模拟建造，以改进其全过程中工程工序的技术人员	1. 负责项目中建筑、结构、暖通、给排水、电气专业等建筑信息模型的搭建、复核、维护管理工作； 2. 协同其他专业建模，并做碰撞检查； 3. 通过室内外渲染、虚拟漫游、建筑动画、虚拟施工周期等，进行建筑信息模型可视化设计； 4. 施工管理及后期运维
7	电子竞技运营师	4-13-05-03	在电竞产业从事组织活动及内容运营的人员	1. 进行电竞活动的整体策划和概念规划，设计并制定活动方案； 2. 维护线上、线下媒体渠道关系，对电竞活动的主题、品牌进行宣传、推广、协调及监督； 3. 分析评估电竞活动商业价值，确定活动赞助权益，并拓展与赞助商、承办商的合作； 4. 协调电竞活动的各项资源，组织电竞活动； 5. 制作和发布电竞活动的音视频内容，并评估发布效果； 6. 对电竞活动进行总结报告，对相关档案进行管理
8	电子竞技员	4-13-99-00	从事不同类型电子竞技项目比赛、陪练、体验及活动表演的人员	1. 参加电子竞技项目比赛； 2. 进行专业化的电子竞技项目训练活动； 3. 收集和研究电竞战队动态、电竞游戏内容，提供专业的电竞数据分析； 4. 参与电竞游戏的设计和策划，体验电竞游戏并提出建议； 5. 参与电竞活动的表演
9	无人机驾驶员	4-99-00-00	通过远程控制设备，操控无人机完成既定飞行任务的人员	1. 安装、调试无人机电机、动力设备、桨叶及相应任务设备等； 2. 根据任务规划航线； 3. 根据飞行环境和气象条件校对飞行参数； 4. 操控无人机完成既定飞行任务； 5. 整理并分析采集的数据； 6. 评价飞行结果和工作效果； 7. 检查、维护、整理无人机及任务设备

序号	职业名称	职业代码	职业描述	主要工作任务
10	农业经理人	5-05-01-02	在农民专业合作社等农业经济合作组织中，从事农业生产组织、设备作业、技术支持、产品加工与销售等管理服务的人员	1. 搜集和分析农产品供求、客户需求数据等信息； 2. 编制生产、服务经营方案和作业计划； 3. 调度生产、服务人员，安排生产或服务项目； 4. 指导生产、服务人员执行作业标准； 5. 疏通营销渠道，维护客户关系； 6. 组织产品加工、运输、营销； 7. 评估生产、服务绩效，争取资金支持
11	物联网安装调试员	6-25-04-09	利用检测仪器和专用工具，安装、配置、调试物联网产品与设备的人员	1. 检测物联网设备、感知模块、控制模块的质量； 2. 组装物联网设备及相关附件； 3. 连接物联网设备电路； 4. 建立物联网设备与设备、设备与网络的连接； 5. 调整设备安装距离，优化物联网网络布局； 6. 配置物联网网关和短距传输模块参数； 7. 预防和解决物联网产品和网络系统中的网络瘫痪、中断等事件，确保物联网产品及网络的正常运行
12	工业机器人系统操作员	6-30-99-00	使用示教器、操作面板等人机交互设备及相关机械工具，对工业机器人、工业机器人工作站或系统进行装配、编程、调试、工艺参数更改、工装夹具更换及其他辅助作业的人员	1. 按照工艺指导文件等相关文件的要求完成作业准备； 2. 按照装配图、电气图、工艺文件等相关文件的要求，使用工具、仪器等进行工业机器人工作站或系统装配； 3. 使用示教器、计算机、组态软件等相关软硬件工具，对工业机器人、可编程逻辑控制器、人机交互界面、电机等设备和视觉、位置等传感器进行程序编制、单元功能调试和生产联调； 4. 使用示教器、操作面板等人机交互设备，进行生产过程的参数设定与修改、菜单功能的选择与配置、程序的选择与切换； 5. 进行工业机器人系统工装夹具等装置的检查、确认、更换与复位； 6. 观察工业机器人工作站或系统的状态变化并做相应操作，遇到异常情况执行急停操作等； 7. 填写设备装调、操作等记录

序号	职业名称	职业代码	职业描述	主要工作任务
13	工业机器人系统运维员	6-31-01-10	使用工具、量具、检测仪器及设备，对工业机器人、工业机器人工作站或系统进行数据采集、状态监测、故障分析与诊断、维修及预防性维护与保养作业的人员	1. 对工业机器人本体、末端执行器、周边装置等机械系统进行常规性检查、诊断； 2. 对工业机器人电控系统、驱动系统、电源及线路等电气系统进行常规性检查、诊断； 3. 根据维护保养手册，对工业机器人、工业机器人工作站或系统进行零位校准、防尘、更换电池、更换润滑油等维护保养； 4. 使用测量设备采集工业机器人、工业机器人工作站或系统运行参数、工作状态等数据，进行监测； 5. 对工业机器人工作站或系统的故障进行分析、诊断与维修； 6. 编制工业机器人系统运行维护、维修报告

限于篇幅，上述②③④可详见资料：2019—2021 年人社部发布 4 批 56 个技能人员新职业（持续更新）（https://www.sipac.gov.cn/ldhshbzj/tzgg/202105/9a5f774b821e4289a66aa9e992c3f0cb.shtml）

分析 4 批 56 个新职业详细清单可以发现，新涌现出来的大批新职业主要集中在第一、第二产业的高新技术产业和蓬勃发展的第三产业。从分布情况来看，新职业主要分布于基因和转基因工程、遗传工程、生态农业、生化试验等高新技术领域，加工中心、环境监测、计算机辅助设计、计算机辅助制造、纳米材料生产等领域也涌出大批新职业，分布最广的是社会服务领域。

2024 年 5 月，人力资源和社会保障部公示了生物工程技术人员等 19 个新职业信息。这批公示的新职业，紧紧围绕推动新质生产力发展、创造更多高质量就业岗位等要求，突出数字化、绿色化、生活化，反映了新技术、新趋势、新需求的发展变化[①]：

一是数字职业大量涌现。为满足数字产业化和产业数字化人才需求，2022 年版职业分类大典首次标识了数字职业 97 个，2024 年公示的新职业也大多和数字经济有关，

---

① 人社部《19 个新职业公示，数字绿色生活服务领域成就业新热点》，https://www.zhonghongwang.com/show-257-339273-1.html，最后访问日期：2024 年 8 月 9 日

近一半被标注为数字职业。例如，网络安全等级保护测评师、生成式人工智能系统应用员、智能制造系统运维员等。

二是绿色职业扩容增量。为适应新型低碳绿色领域和传统行业转型升级对人才的需求，加快绿色领域急需紧缺人才培养，2022 年版大典中标注的绿色职业有 134 个。随着经济社会绿色转型，绿色职业序列进一步丰富完善。

三是生活服务类职业持续完善。近年来，生活服务类职业序列不断完善，网约配送员、健康照护师、社群健康助理员、民宿管家等生活服务类职业陆续发布。为满足文化旅游产业发展需求，新增了文创产品策划运营师、滑雪巡救员等一批生活服务类新职业。

第四节　外部环境探索实践

职业认知的方法有很多种，可以根据自己的实际情况选择适合自己的方法。简单来说，个人进行外部环境探索实践通常采取文献资料研究、实际调查研究、参观实习实践三大类方式。

一、文献资料研究

文献资料研究是针对个人的目标职业方向，通过报纸杂志、行业网站、视听传媒等文献资料进行查阅分析。首先，在对内个体探索和对外环境分析的基础上，初步明确若干职业发展方向和意向职业。然后，针对选定的目标职业方向，查阅分析研究相关文献资料，对初步选定的职业发展方向和意向职业所需的基本条件，如身体条件、个性品质、学历资格等进行比较分析。最后，还要对该职业的生存环境、发展前途、个人循此发展可能取得的职业成就等，与个体的目标期望进行比较分析，以便进一步筛选、调整初步选定的职业发展方向和意向职业，并确定若干职业发展目标。

现代社会中，网络资源极其发达，文献资料研究大量利用网络资源进行外部环境探索实践。这种方式的优点是方便、快捷、信息量大、成本低，但同时存在信息时效性差、缺乏感性认识等不足。

二、实际调查研究

实际调查研究是针对个人的目标职业方向，通过与家人、师长、同学、朋友恳谈交流，人才市场和劳动力市场实地考察，以及目标职业生涯人物访谈等方式，以实际接触来进行外部环境探索实践。在个体对自身个性特征和外部环境条件有一定认知的基础上，通过与家人、师长、同学、朋友恳谈交流，可以全面认识自己，同时还可以得到职场中许多感性的认识，甚至包括在文献资料研究中无法获取的职场潜规则。此外，还可以通过走访生涯目标城市区域的人才市场和劳动力市场，对目标职业用人单位的实际需求、薪资待遇获取感性认识。在校学生还有一个特别有效的方式，就是提前一两年参加学长学姐的校招，这也是一种特殊的人才市场和劳动力市场实地走访方式。青年学生的生涯规划最佳时间是在中考前或高一下学期选科前，但目前国内普遍安排在大学一年级；对于青年学生来说，大一进行生涯规划已经较晚。然而，由于大一学生的实习实践体验尚早，对目标职业生涯人物的访谈，成为他们进行实际调查研究的主要方式。

生涯人物访谈是指通过与2～3位目标（或自己感兴趣）行业领域职场人士进行访谈，获得大众传媒无法获取的有关行业、职业和单位内部深层次信息的探索活动。相比较其他实际调查研究方法，生涯人物访谈能帮助个体增加对目标职业的感性认识，收集到目标职业的第一手信息，明确个体的专业实力和不足，扩大职业人际关系网，为进一步筛选、调整初步选定的若干职业发展方向和意向职业打下基础。生涯人物访谈流程如下：

（1）寻找访谈人物：结合自己已掌握的职业知识列出未来可能从事的几个职业，在每个职业领域寻找2～3位在职人士作为生涯人物（避免人数太少，受到个别生涯人物的偏见影响）。生涯人物可以是自己的亲人、老师和朋友，可以是他们推荐的其他人，也可以借助行业协会、大型同学录或某个具体组织的网页来寻找。生涯人物的职业应是自己向往的。每个职业领域的生涯人物应结构合理，既有初入职场的人士，也有工作了一定年限的中高层人士。在正式访谈前，尽量全面掌握生涯人物的信息，包括姓名、职务和联系方式等。此外，还应尽可能收集和熟悉生涯人物的讲话、文章或者在大众传媒和单位网页上公开的信息。

（2）拟定访谈提纲：访谈提纲应从"入""做""得""拓"四个方面展开。"入"，指相应工作岗位入职要求、入职门槛，个体了解后有针对性地查缺补漏以满足该职位的入职要求；"做"，指相应工作岗位工作内容、典型的一天等，让个体了解工作岗位实际工作内容，排除个体不切实际的想象；"得"，指相应工作岗位收入待遇、福利报酬、精神满足等工作所得；"拓"，指相应工作岗位拓展空间和发展前景。上述访谈提纲要在确定访谈对象后针对特定的访谈对象分别拟定。

（3）约定访谈事宜：向访谈对象表明自己身份、访谈目的，征得访谈对象同意后，与访谈对象约定访谈的时间、地点、时长、访谈形式及是否可以录音录像等，并提供访谈提纲以便访谈对象提前了解并做好相关准备。

（4）访谈生涯人物：实施生涯人物访谈，面对面访谈最佳，视频会议、QQ、微信等线上视频访谈次之，电话、邮件书面访谈效果稍差。征得访谈对象同意后，应同步录音录像以备后期资料整理。

（5）完善访后工作：整理录音录像或笔记，归纳、总结访谈工作的成效和不足，以便下一次改进，并将访谈成果用于个体生涯规划。

三、参观实习实践

参观实习实践是一种较高层次的外部环境探索实践体验。

参观，是指到相关职业现场进行短时间的观察、了解。通过参观，可以了解职业相应工作的性质、内容、职业环境及氛围，获得实实在在的职业感受。但缺点是无法对职业的实质进行深入了解，易被营造的氛围迷惑。

实习，即到职业场所进行一定时间的打工、义务劳动或教学实习、实践。实习是一种比较全面的了解职业的方法，不仅可以提供实践经验和职业发展机会，还能帮助学生更好地准备自己的职业道路，并增强自己的职业竞争力。大学生实习的意义具体如下：

（1）获得实践经验：实习为学生提供了在真实工作环境中应用所学知识和技能的机会。通过实习，学生能够将课堂上学到的理论知识与实际操作相结合，获得实践经验，并更好地理解专业领域的实际运作。

（2）明确发展方向：实习可以帮助学生了解自己所学专业的就业前景和职业路径，帮助学生确定自己的兴趣和发展方向。通过实习，学生可以更好地了解自己是否适合从事某个行业或职业，并进一步发展自己的兴趣爱好。

（3）培养职业素质：实习可以帮助学生学习职业素养，如职业道德、责任感、团队合作和积极态度等，并帮助学生培养对特定领域的兴趣和热情。

（4）提升综合能力：实习可以帮助学生发展和提升各种职业技能，也可以培养学生的创新思维、领导能力和适应能力。

（5）了解行业状况：通过实习，学生能够更深入地了解不同行业和专业的工作内容、要求和发展趋势。这有助于他们在大学期间做出更明智的专业选择，并为将来的职业道路做好规划。

（6）建立职业网络：实习提供了一个与行业专业人士、导师和同事建立联系的机会，还可以建立起与雇主、行业专业人士和其他实习同事的联系，为未来的就业创造人脉资源。

本章思考

1. 生涯规划中，外部环境探索的重点和难点是什么？

2. 个体在外部环境探索过程中，如何应对外部环境的动态性？

3. 个体外部环境探索与内在自我探索产生矛盾时，如何权衡？

第七章　职业生涯规划和管理

职业生涯决策涉及目标、道路和计划的选择，这是顺利择业、就业和实现职业生涯可持续发展的关键。在本章中，我们首先解决生涯决策的三大难题，即认知问题、技术问题和心理问题；其次，提供具体方法指导大家设定目标、开发计划以及做出评估与调整；最后，为了有效地推进规划的拟定和执行，提供思维上、认知上和技能上的建议和训练。通过本章的学习，学生需要达成以下目标：

（1）根据信息探索拟定职业生涯目标，并结合决策的步骤和平衡单进行评估；

（2）根据职业生涯目标，开发可行的、具体的执行计划，并做出评估与调整；

（3）认识到职业生涯规划执行与管理的难度，尝试从思维上、认知上和管理上着手改进。

开篇故事

好几年前，一个重要人士在南卡罗来纳州的一个学院进行演讲，我前往听讲。那个学院规模不大，我到场时，整个礼堂都充满了兴高采烈的学生，大家都对有机会聆听到这种大人物的演说而兴奋不已。演讲者走到麦克风前，眼光对着听众，由左到右扫视一次，然后开口道：

"我的生母是一个聋子，因此没有办法开口说话，我不知道自己的父亲是谁，也不知道他是否尚在人间，我这辈子找到的第一份工作，是到棉花田去做事。"

台下的听众全都呆住了。"如果情况不如人意，我们总可以想办法加以改变，"她继续说，"一个人的未来怎么样，不是因为运气，不是因为环境，也不是因为生下来的状况。"她轻轻地重复刚才说过的话："如果情况不如人意，我们总可以想办法加以改变。"

"一个人若想改变眼前充满不幸或无法尽如人意的情况，"她以坚定的语气向下说，"只要回答这个简单的问题：'我希望情况变成什么样'，然后全身心投入，采取行动，朝理想目标迈进即可。"

接着她的脸庞绽放出美丽的笑容："我的名字是阿济·泰勒·摩尔顿，今天我以美国财政部长的身份，站在这里。"

资料来源：程社明，卜欣欣，戴洁．人生发展与职业生涯规划 [M]．北京：团结出版社，2003：99-100.

第一节　生涯决策

一、生涯决策概述

（一）生涯决策的概念

1.决策的含义

简单讲，决策就是做决定，就是在一系列方案中做出选择。但决策绝不仅仅是一个结果，而且是一个比较复杂的过程。职业决策是职业生涯规划的最后环节，是人们根据自身特点和社会需要做出合理的职业方向抉择的过程（如图7-1所示）。

2.决策的本质

我们每一天都在做各种各样的决定。试想，你如何安排你的周末？是否早起、是否吃早饭、早饭吃什么、吃完要干吗……所以，决策无所不在、无时不在，不可避免。即使是你不做决定的时候，这本身也形成了一个决定：你选择不做决定。通常，一个决定对你来说越重要，决策也就越困难。吃什么、穿什么总是比选什么专业、去哪里工作要容易得多。生涯规划面临的大部分都是比较复杂和困难的，因为它对你的生存和未来发展影响较大。

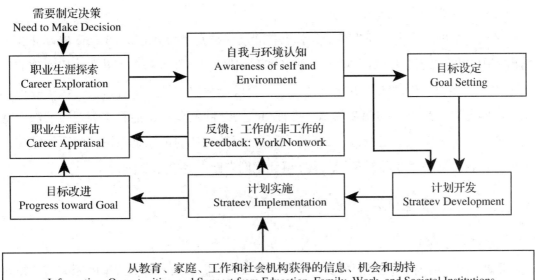

图 7-1 职业生涯规划模型

我们是否可以自由地做出选择？选择与自由是一个长久的话题。通常情况下，我们所理解的自由有两种状态：第一，完全遵照逻辑和理性来做决定，而不受个人主观因素影响；第二，不假思索地、随心所欲地、完全凭感性地做出选择，而不受外界客观因素影响。赫伯特·西蒙（Herbert Simon）的有限理性理论认为，人的理性在决策中会受到限制。社会文化决定论告诉我们，你的选择会受到不可控外力的影响。安妮·罗伊（Anne Roe）博士研究指出有 12 个因素影响着一个人的职业选择，包括：社会总体经济状况、机遇、家庭背景、同伴群体、婚姻状况、一般的学习和教育、后天学到的特定技能、生理特点、认知能力或特殊天赋、气质与个性、兴趣和价值观、性别。所以，现在大部分人认为我们的选择都不是自由的，很多时候是没办法随心所欲地做决定的，但同时我们也认为拥有选择的权力是我们的自由。

（二）良好决策的重要性

1. 指明方向与激发行动

"我们的决定，决定了我们。"决策为我们做了决定，给我们树立了目标，并将引导接下来要走的每一步，决定时间和精力的分配。决策是行动的奠基石。大学生活丰富多彩，我们可以专心读书甚至做点研究，可以参加各种创新创业竞赛甚至开始创业，可以热心公益和各种社团活动。不管选择是什么，我们的时间和精力都有限。可以肯定的是，时间和精力花在哪，成就就在哪。

2. 解决问题与实现自我

做出一个好的决定，新生和成长就近在咫尺。戴安·萨克尼克（Diane Sukiennik）指出运用自我肯定和自我鼓励的方法做出决策，使自己产生积极的变化是可以实现的。对于大学生而言，生涯决策的重要性在于：有助于解决问题和实现自我。认知心理学认为"问题"就是事件的现在状态与更理想状态之间的差距，消除这个差距的需要就是我们生涯问题解决和进行决策的动机源泉。驱动决策的可能是意识到问题的存在，也可能是我们想要"过得更好"，现在就让我们来做一些决定吧！

（三）克服生涯决策的障碍

1. 决策时的感受

既然认识到了生涯决策的重要性，那为什么还不做决策？不做决策的原因是认知问题、能力问题还是心理问题？在不做计划和决定的原因中，常见的有：计划赶不上变化；我很忙没时间；我太懒不想思考。虽然计划和决定不能消除变化，但它正是为了应对变化的，不是因为有变化而不做计划，而恰恰正是因为有变化才要做计划。计划和做出决定是降低不确定性和不踏实感并实现预期目标的手段之一。如果你以很忙为借口，那就会陷入恶性循环之中。如果你做了计划和决定，那很多紧急的事情是可以避免的，成功的计划者和决策者很少会面对紧急事件。或许，你也会说你太懒了，不想那么痛苦地去思考和抉择，而是更愿意立刻采取行动，选择活在当下。其实，这也无可厚非。但现实中，缺乏对未来的思考，没有面对未来做出选择和计划，往往会导致更多的危机。

我们发现很多时候阻碍我们做决策的是焦虑、风险与压力。职业决策涉及风险和未知结果。有时候，你总想能够自由地做出选择，但最终总会感到沮丧，因为其中会牵涉到责任。甚至有些时候你会放弃选择的自由，因为这样一来，当决策的后果不那么令人满意时，你就可以怪罪于别人。职业决策涉及许多因素，人们往往感到焦虑，难以果断地做出决定。研究人员用来描述"长期性地犹豫不决"的人的词语有：普遍而深刻的无目的感和不确定感、缺乏澄清自己价值观及目标的动力、害怕投入、自卑感等。

课堂阅读

一封学生的来信

老师：

不知道您是否还记得我，上学期有发邮件给您，期末论文也写完了，但是说实话上学期是抱着应付的心态写的论文，因为觉得毕业离自己还太遥远。如今，虽然只过了几个月，但是这学期课很少，宿舍的人准备出国的出国，考驾照的考驾照，还有考公务员、注册会计师的。我现在心也开始跟着纠结，之前跟您讨论的问题我至今没有确定的答案。虽然期末您问我的时候我坚定地说以后想做财务总监，但真到了抉择的时候还会犹豫到底是考公务员好还是考注册会计师好。两个都很难，考的人也多，鱼和熊掌不可兼得，只能择一准备之，我该怎么办啊！

2. 犹豫不决及其应对

虽然决策时犹豫不决不一定不好，但一般情况下，生涯决策中的犹豫不决不仅会干扰甚至有害于生涯发展。杰弗里·H.格林豪斯（Jeffery H. Greenhaus）等学者分析了择业犹豫的原因、类型和解决办法，对大学生生涯决策具有很好的指导意义。请对照表7-1，分析你上一次决定时犹豫不决属于哪一种或哪几种原因。前三个原因是缺乏信息，通过加强对自己和工作环境的认知和探索可以解决。而缺乏自信、害怕决策和对决策的忧虑反映的是决策时的心理障碍。非工作要求和境遇制约也会给决策带来很大的不确定性和不适感。

表 7-1　择业犹豫的七种原因

原因	解　释	自我评估
缺乏自我信息	指人们不了解自己的兴趣、长处、价值和生活方式偏好	我十分明白最需要从工作中得到什么（例如：大量的金钱、充分的责任、旅行的机会）
缺乏内部工作信息	指人们对本组织内部的职业生涯机会和工作可能性了解不够	我十分清楚我们组织在未来 5 ～ 10 年中将往何处发展
缺乏外部工作信息	指人们对本组织以外的其他职业、组织和行业的工作机会缺乏足够的了解	换个老板，我就能很好地抓住任何适合我的工作机会
缺乏决策自信	指人们在做出有关职业生涯决策时不具备足够的自信	我确信自己能做出适合自己的职业生涯决策
决策恐惧和忧虑	指人们在进行职业生涯决策中，由于害怕和忧虑而不敢做出决策	让我做出与职业生涯相关的决策，这种念头令我害怕
非工作的要求	指人们的职业生涯愿望与来自非工作（例如家庭）的压力之间的冲突	家庭的压力与我期望的职业生涯发展方向互相矛盾
境遇制约	指人们职业生涯决策受收入状况、年龄和在既定职业中的工龄等的影响	我在现在的职位上已经干了这么多年，其他工作即使很吸引人，也不去想了

资料来源：杰弗里·H.格林豪斯等.职业生涯管理 [M].王伟，译.北京：清华大学出版社，2014：83-84.

3.决策中的策略和风险

做决定时，你永远得不到全部的信息。当收集到了全部的信息后，其实你是在做预料中的事情。所以，大部分决定都是在一定程度的风险和不确定的情况下做出的，人们因此发展了各种不同的选择策略。

想想你在以下情境中会做何选择：假设你在职业选择上寻求高收入和成功，现在有三个工作机会，你会挑选哪一个？

A.这份工作是极好的赚大钱的机会，但在这份工作中取得成功的机会微乎其微。

B.这份工作的收入适中，但极有可能在其中取得成功。

C.不在这三份工作中进行挑选，指望自己能找到另一份报酬不错、失败风险又小的工作。

D.这份工作的报酬大体上普普通通，有一些机会能赢得较多的收入，成功的可能性也比较大。

（1）选择 A："一厢情愿"型策略

这种策略让你选择最能满足自己愿望的那个选项，此时风险和可能性都被忽略了。你挑选了最合乎心意的结果而不考虑要付出的代价或失败的可能性。这种策略很容易实行，只要列出一个可供选择的清单然后挑出最喜欢的那个就行了。风险和成功的机会到底有多大在这里都被忽略了。

（2）选择 B："安全保险"型策略

这种策略会建议你选择最有可能成功的路线。你必须能够估计自己在各种选择中成功的可能性，这样，才能挑选出成功概率最大的那个。

（3）选择 C："逃避"型策略

这种策略让你避免最坏的结果。你试图通过预测各种选择的后果并判断最坏的结果是什么来避免灾祸和不幸。在挑选工作时，拖延也是逃避的一种。

（4）选择 D："综合"型决策

这种策略要求你把"一厢情愿"型和"安全保险"型策略综合在一起，做出一种既合乎心意又最有可能成功的选择。这是最合乎逻辑的一种策略，但也是最难实行的一种。它要求你了解自己的价值观和能力，衡量自己在各种选择中成功的机会，预测可能的后果，明确陈述自己的目标，并按各种选择的理想程度对其进行排列。虽然这种策略有难度，但使用这种策略最有希望做出有效的决策，个人也最有可能对结果感到满意。这种策略的风险程度中等，但相关研究证明高成就需求者在做决定时通常愿意冒中等程度的风险。

二、生涯决策步骤

（一）理性决策的步骤

戴安·萨克尼克等学者为我们提供了一个理性决策的步骤，如图 7-2 所示。遵循这些步骤可以让你学会采用分析、逻辑和演绎推理的方式进行思考。这样的决策是可控的，而不是交给运气或感性。请注意图中双向箭头表示在决策过程中新的信息和想法会不断产生，从而使这个决策的过程往复与循环，不断完善。

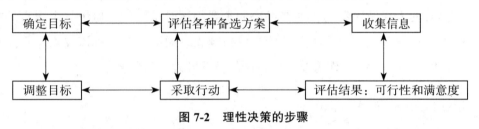

图 7-2　理性决策的步骤

（二）CASVE 循环五步骤

认知信息加工理论能帮助我们了解自己是如何做决策的。决策是一个过程而不是某个时间点上的事件，只有过程科学才能保证决策结果科学。在这个过程中，任何一个阶段出现问题都会毁坏或误导整个问题解决过程，且决策结果的好坏将由最糟的那个阶段决定。

CASVE 循环的五个步骤以及各步骤处理的顺序是：沟通（communication）、分析（analysis）、综合（synthesis）、评估（valuing）、执行（execution）。CASVE 是一个自身不断循环的过程（如图 7-3 所示）。在执行阶段之后，个体又回到沟通阶段，以确定已经做出的选择是不是好的，现实和理想状态间的差距是否已经被消除。

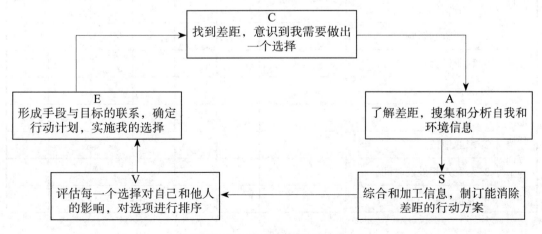

图 7-3　CASVE 循环五步骤

三、生涯决策平衡

生涯决策最难的其实是平衡。职业生涯决策平衡单是指在职业生涯倾向性定位后，用以系统地分析每一个可能的选项，梳理利弊得失，然后依据其在利弊得失上的加权计算分数来排定各个选项的优先顺序，以执行最优先或最偏好的选项的工具。表 7-2 为职业生涯平衡单的样单，横排为你根据职业生涯规划得出的未来可能的几个就业方向或行业、岗位，一般以 3～5 个选项为宜。纵列为个人支持系统，一般分为个人、他人、物质、精神四个内容。每个人都可以根据自己的情况确定需要考虑的因素和每个因素的权重。不同的人在做决定时，需要考虑的主要因素是不同的，赋予每个因素的权重也是不同的。加权范围一般为 1～5 倍，权数越大，说明你越重视该要素。不同的人其决策平衡单是不一样的，你需要根据自己的情况开发一份平衡单。

表 7-2 职业生涯决策平衡单—样单

考虑因素		重要性的权数（1～5 倍）	加权分数					
			选项一		选项二		选项三	
			＋	－	＋	－	＋	－
个人物质方面的得失	1. 收入							
	2. 工作的难易程度							
	3. 升迁的机会							
	4. 工作环境的安全							
	5. 休闲时间							
	6. 生活变化							
	7. 对健康的影响							
	8. 就业机会							
	9. 其他							
他人物质方面的得失	1. 家庭经济							
	2. 家庭地位							
	3. 与家人相处的时间							
	4. 其他							

考虑因素		加权分数					
		重要性的权数（1～5倍）	选项一		选项二		选项三
			+	－	+	－	+	－
个人精神方面的得失	1. 生活方式的改变							
	2. 成就感							
	3. 自我实现的程度							
	4. 兴趣的满足							
	5. 挑战性							
	6. 社会声望的提高							
	7. 其他							
他人精神方面的得失	1. 父母							
	2. 师长							
	3. 配偶							
	4. 其他							
加权后合计								
加权后得失差数								

资料来源：王莹等．大学生职业生涯规划 [M]．北京：清华大学出版社，2020：226-227．

为了更好地展示如何完成一份职业生涯决策平衡单，以下"课堂阅读"引用了一则案例加以说明。经过职业生涯规划分析后，你可以仿照这个案例为自己制作一个职业生涯决策平衡单，并利用该平衡单对你的多个职业发展方向进行利弊得失评估，最终确定一个职业生涯发展的目标职业。

课堂阅读

小丽的生涯决策平衡单

小丽，女，某职业技术学院初等教育专业二年级学生，性格外向，开朗活泼，喜欢与人交往，口头表达能力很强，是学院学生会干部，组织能力强。还有一年就要毕业了，她考虑自己有三个发展方向：中小学教师、市场销售总监、考取初等教育专升本。以下是她的具体想法：

（1）中小学教师。小丽认为这个职业是她的本专业，存在最大的专业优势，工作也比较稳定，但目前社会需求量不大。

（2）市场销售总监。小丽希望用10年时间能实现这个目标，认为这个职业符合自己的性格和兴趣，同时她也有利用暑假和课余时间兼职的经历，她认为可以利用自己的专业来帮助自己更好地做销售工作。

（3）考取初等教育专业专升本。小丽的父母都是老师，他们希望小丽能够再继续深造，以后到学校任教。但小丽认为虽然教师工作稳定，收入也不错，但她不喜欢中小学教学工作，且专升本考试也有一定的困难。

下面是小丽利用生涯决策平衡单做出的职业决策的结果——市场销售总监。

小丽的职业生涯决策平衡单

考虑因素		重要性的权数（1～5倍）	选项一：小学教师 +	选项一：小学教师 −	选项二：销售总监 +	选项二：销售总监 −	选项三：专升本 +	选项三：专升本 −
个人物质方面的得失	1. 符合理想生活方式	5		3	9			5
	2. 适合自己的处境	4	8		9		7	
	3. 有较高的社会地位	3	5			3	9	
	4. 工作比较稳定	5	9			9	9	
	5. 其他							
他人物质方面的得失	1. 优厚的经济报酬	4	5		8		9	
	2. 足够的社会资源	5	8		7		9	
	3. 其他							
个人精神方面的得失	1. 适合自己的能力	4	8		9		7	
	2. 适合自己的兴趣	5	5		9			8
	3. 适合自己的价值观	5	6		8		5	
	4. 适合自己的个性	4	7		9		6	
	5. 未来发展空间	5		3	8		9	
	6. 就业机会	4		3	8		9	
	7. 其他							

续表

考虑因素		可选项目					
		重要性的权数（1～5倍）	选项一：小学教师		选项二：销售总监		选项三：专升本	
			＋	－	＋	－	＋	－
他人精神方面的得失	1. 符合家人的期望	2	6		5		9	
	2. 与家人相处的时间	3	7		4		9	
	3. 其他							
加权后合计			312	30	399	54	384	65
加权后得失差数			282		345		319	

资料来源：王莹等．大学生职业生涯规划 [M]．北京：清华大学出版社，2020：228-229．

◆ 小贴士

2014 年 5 月 4 日，习近平在北京大学师生座谈会上发表重要讲话，与当代大学生畅聊党的奋斗目标与新时代青年的关系。以下是讲话的部分内容：

党的十八大提出了"两个一百年"奋斗目标。我说过，现在，我们比历史上任何时期都更接近实现中华民族伟大复兴的目标，比历史上任何时期都更有信心、更有能力实现这个目标。

行百里者半九十。距离实现中华民族伟大复兴的目标越近，我们越不能懈怠、越要加倍努力，越要动员广大青年为之奋斗。

光阴荏苒，物换星移。时间之河川流不息，每一代青年都有自己的际遇和机缘，都要在自己所处的时代条件下谋划人生、创造历史。青年是标志时代的最灵敏的晴雨表，时代的责任赋予青年，时代的光荣属于青年。

第二节　目标与计划

一、确定目标

（一）目标及其类型

目标泛指努力或奋斗所要达到的目的。根据规划期限，目标包括短期、中期和长期目标以及人生目标。人生目标是指引一个人成长和发展的导航标。人生目标，一定程度上就是你的生涯目标，它不局限于职业目标，其内容更加丰富和多元化。人生目标要描述的主要是以下问题：你要成为什么样的人？你的一生该如何度过？怎样才能使人生过得有意义、有价值？怎样才能取得成功？怎样才能拥有幸福的生活？

这四个目标又包括物质目标与非物质目标（如表 7-3 所示）。物质目标侧重于职业过程的外在标记，包括工作内容目标、职务目标、工作环境目标、经济收入目标、工作地点目标等。非物质目标侧重于职业过程中的知识与经验的积累、理念的提升、能力的提高、内心感受的丰富等。

表 7-3　大学生职业生涯规划的目标类型

规划期限	物质目标	非物质目标
短期目标（2 ~ 3 年）		
中期目标（5 ~ 6 年）		
长期目标（10 年）		
人生目标		

（二）目标分解与整合

首先，我们必须认同长期目标的价值。目标为未来的行动指明方向，越是长期的目标对我们人生的影响越大、指导我们行为的时间越长。另外，一个良好的目标的实现是需要较长时间的。只看眼前利益而忽视长远规划，结果往往是"赢在起点"，却"摔在终点线"，甚至很多时候过于强调短期目标会以个人的长远健康发展为代价。但环境的快速变化令长期目标的实现变得更加困难。

其次，我们可以通过"以始为终"的目标分解来缓解这个两难的困境。长期目标可以分解为中期目标，中期目标又可以分解为短期目标，最终形成一个完整的个人生涯目标体系。长期目标可以相对宽泛，中期目标应与长期目标保持一致，但比长期目标更具体，用明确的语言来定量说明，有比较明确的时间限定，且可做适当调整。短期目标以每日、每周、每月、每季、每年为单位，是对中长期目标的具体化、现实化和可操作化，必须清晰明确。

最后，把这些不同类型的目标整合起来，短中长期目标要互为因果、相互一致，物质目标与非物质目标要互为条件、相互依赖。短期目标是在即将来临的一年或两三年内完成的有关具体行动计划的目标。你可以首先设定自己的人生目标和长期目标，然后思考完成每个目标的所有必要步骤，每个步骤代表的正是一个个中期或短期目标，这样就能够保证自己的短期目标会导向长期目标。如果发现有所偏离，那就需要做出改变。

（三）目标的积极意义

1.目标与人生成功

哈佛大学有一个非常著名的关于目标对人生影响的跟踪调查。调查的对象是一群智力、学历、成长环境等条件都大体相同的年轻人（如图 7-4 所示），调查结果发现目标对人生具有巨大的导向作用，有什么样的目标就会有什么样的人生。你有没有目标？有多长时间的目标？你的目标清晰吗？有没有写下来？你是否经常检查自己的目标？你想成为图 7-4 中 27％、60％、10％、3％中的哪一类人？

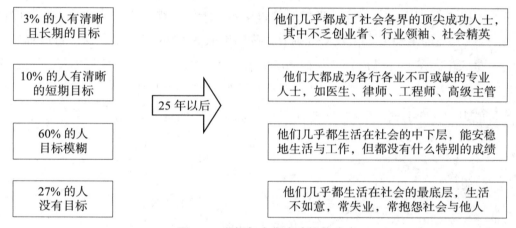

图7-4 目标与人生成功的关系

2.目标与人生幸福

20 世纪 80 年代初，两位哈佛大学的心理学家曾做过一项调查研究，对象是一些自称幸福的人。结果发现，这些自称"幸福的人"，其共同之处不是人们通常认为的那样，是拥有金钱、成功、健康或爱情什么的。他们只有两点是共同的：明确地知道自己的生活目标，同时，也都感受到了自己正在稳步地向着目标前进。

（四）职业目标定位

1.目标定位的重要性

人的时间和精力是有限的，定位能够使你把注意力集中在最重要的事情上，并且寻找到适合自己发展的道路，开拓属于自己的领域。能够做出准确定位的学生，知道自己处于什么位置而不盲目发展，而且能够在激烈的人才竞争中创造差异，形成独特的竞争优势。缺乏定位的学生，往往感到盲目，即使忙碌，也是缺乏效率的，效果自然也不会很好。

2. 目标定位方法

（1）树立并固守核心价值观

核心价值观是你最重要的价值观，它要回答的是"我为什么而活"这个基本问题，是指导个人行为的永恒原则。树立并固守核心价值观是目标定位的关键环节，必须保证你终生追求的正是你想要获得的东西，它是人生成败最关键、最重要的因素。偏离了价值观的追求，到头来只能导致无限的后悔和唏嘘感叹。

核心价值观的另一层意思是一种对人应该承担"社会责任"的深刻认识，是一种对一个人生命意义的敏锐判断和凝练概括，是长期指导和激发自己待人处事行为的永恒准则。著名经理人李开复在《做最好的自己》一书中，提出了"成功同心圆"说，认为一个人要想获得成功，首先必须拥有正确的价值观（如图 7-5 所示）。价值观处于圆心，是人生的基石，是成功的前提，决定着一个人的人生态度和实际行动。同心圆的第二层是人生态度，它受价值观指导，是行动的前提。同心圆的第三层是行为方式，它受价值观和态度引导，是态度在学习、生活和工作中的具体表现。

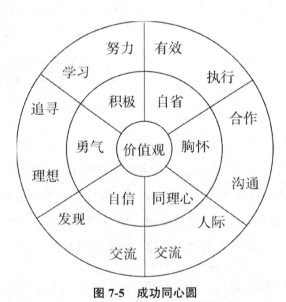

图 7-5　成功同心圆

（2）职业目标三环定位

刺猬理念三环图提供了职业成功要具备的三个基本要素（如图 7-6 所示），即职业志趣、职业能力和职业需求，可用于指导职业目标的定位。职业志趣是指"我对什么充满激情"，职业能力是指"我在什么领域能成为最优秀的"，职业需求是指"是什么驱动我的经济引擎"。三环重叠的核心是你最理想的职业，也就是说，理想职业目标必须是你感兴趣的，也是你能够胜任的，同时还必须是能够符合社会需求的。当然，现实中往往难以"三全其美"，可以首先选择能够兼顾两者的准理想职业，然后根据实际情况进行适当的调整。

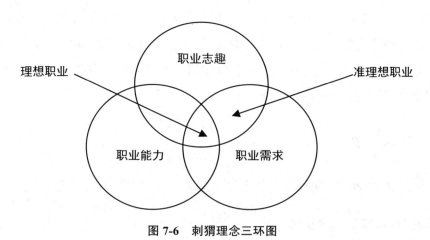

图 7-6　刺猬理念三环图

（3）职业锚定位

埃德加·施恩的职业锚理论为我们提供了很好的将个性特征类型与职业类型联系起来的方法，这使我们得以在人职匹配的基础上拟定合适的目标职业。职业锚是个人动机、价值观和能力互动作用的结果，是人们选择和发展自己职业时所围绕的核心。施恩及后来学者将职业锚分为技术型、管理型、自主型、安全型、创造型、服务奉献型、挑战型和生活型等八种职业锚。学生应明确自己的职业锚，然后围绕该类型选择职业目标和发展道路。

（4）SWOT 分析法

SWOT 分析法是战略规划中的一个主要工具，也可适用于职业规划。SWOT 分析包括四个方面的内容。第一是内在——优势（strength），个人本身可控并能充分利用的具有积极影响的方面；第二是内在——劣势（weakness），在可控范围之内的，希望能进一步提高的内在的影响因素；第三是外在——机遇（opportunity），积极的外部条件，无法控制但是可以充分利用的；第四是外在——局限性（threat），负面的外部条件，无法控制但是可以弱化的。

进行 SWOT 分析时，应遵循以下五个步骤：第一，评估自己的长处和短处。请做个表，列出你自己喜欢和不喜欢做的事情和你的长处所在。同样，通过列表，你可以找出自己不是很喜欢做的事情和你的弱势。第二，找出职业机会和威胁。不同的行业（包括这些行业里不同的公司）都面临不同的外部机会和威胁，所以，找出这些外界因素将助你成功地找到一份适合自己的工作。请列出你感兴趣的一两个行业，然后认真地评估这些行业所面临的机会和威胁。第三，列出今后 3～5 年内的职业目标。第四，列出一份今后 3～5 年的职业行动计划。这一步主要涉及一些具体的内容，即拟出一份实现上述第三步列出的每一目标的行动计划，并且详细地说明为了实现每一目标，你要做的每一件事，何时完成这些事。第五，寻求专业帮助。能分析出自己职业发展及行为习惯中的缺点并不难，但要以合适的方法改变它们却很难。相信父母、老师、朋友、上级主管、职业咨询专家都可以给你一定的帮助。

二、开发计划

（一）职业发展路径

1. 两种基本的职业发展路线

在选择职业发展道路时，有两种基本模式，即直线型职业生涯和螺旋型职业生涯。直线型职业生涯是指终身从事某一专业领域的工作，在线性等级结构中，从低级走向高级，不断取得更大的权力、承担更多的责任和获得更多的报酬。例如，沿着实习生、服务员、领班、主管、部门经理、总监、总经理这样的职业阶梯升迁。螺旋型职业生涯是指一种跨专业的职业生涯方式，围绕着职业锚这个核心，从事不同的专业工作，不断找到发展的新起点。例如，围绕着安全型职业锚，先后从事公司文员、学校教务秘书、政府部门公务员等不同职业。

2. 职业生涯甜筒图

施恩提出了一个关于个人在组织中发展的三维模型，即职业生涯甜筒，如图 7-7 所示。向上发展是指沿着椭圆边上的直线向上升迁，比如在销售部门，从销售员荣升为销售主管、销售经理或销售总监等。如果没有提升的机会，也可以在同一椭圆内（同一级别）向本部门的其他职位或别的部门发展，扩大工作领域，增加工作经验，提升职业宽度和职业综合竞争力，这就是横向发展。

在椭圆中心向上发展是一种微妙的发展，该职员必须充分理解企业政治，具有圆滑的人际关系。一些人判断成功的标准是"个人是否渗入组织的核心层"，获得影响力和权力，但它并不一定要伴以职位或技能的提升。一旦获得这样的机会，职业的成长线就是直升机式的提升。

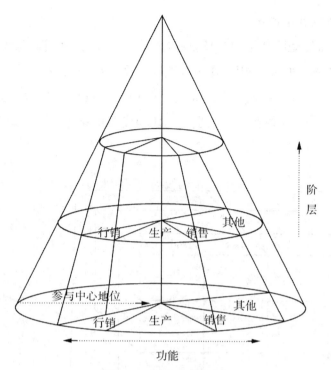

图 7-7　职业生涯甜筒图

课堂阅读

"剩者"为王。所谓"剩者",看起来是剩下,但其实质是留到最后者成了"王",即便成不了王,也是骨干分子,这几乎是一条典型的职场铁律与法则。一般来讲,能在一个团队剩下来,要么其具有较好的团队精神,要么十分敬业;要么在某一方面有优于他人的才干且能独当一面,执行力强;要么纯粹是心态良好,耐得住寂寞,坚持在简单的事情重复地做与快乐地做的日子里,将自己的追求与目标融入团队的使命之中,自觉勤于本职,踏实尽心尽责。

跨界而生。对职场人士来说,职场是一个缓慢向前同时需要自己审时度势、不断调整方向的努力过程。所以,现阶段职业规划与未来职业发展有一定的承接性,但也不会是完全相同的。在某种外力或机会的催化下,个人的职业发展在某个时间点上可能出现令人诧异的华丽转身。在新的时代背景下,个人职业发展不再"从一而终",多元化、多技能、多身份已成为职业发展的一种新时尚。智者总能随时代变化而改变,在保证正职工作不断提升的基础上,我们需要进行适当的跨界发展,即利用适当的条件去培养自己某种技能、新的兴趣点或创建新的平台。

3. 矩阵式职业发展路径

在企业管理领域，矩阵式组织有日渐流行的趋势。目前，矩阵式组织结构被 IT 行业、咨询机构、研究院所等广泛采用。在矩阵式组织中，纵向为专业导向，由专业人士负责，顺应专业发展的规律；横向为问题导向，由项目领导管理，以解决实际问题为目的。在矩阵式组织中，组织管理者为了满足员工职业发展的多方需要，应为员工设计多种职业生涯发展通路，如图 7-8 所示。

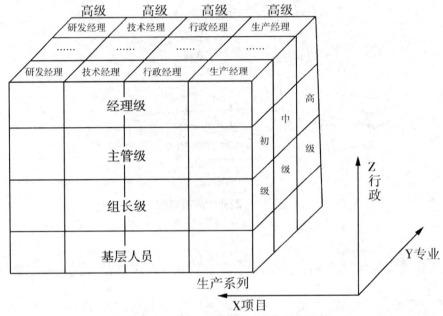

图 7-8　矩阵式组织的员工三维职业道路

矩阵式组织中的员工至少可以有以下六种职业发展方向（如表 7-4 所示）：（1）Z 向发展——在同一专业上向行政高度发展成为管理专家，例如，业务员—区域经理—大区经理—销售总监—总经理。（2）X 向发展——在不同专业之间转换，成为项目专家，例如，程序员—技术架构师—营销／管理人员—项目经理。（3）Y 向发展——在同一专业上向纵深发展，成为技术专家，例如，技术员—工程师—技术总监／高级工程师。（4）ZX 向发展——在管理和项目两个维度上发展，成为项目管理专家，例如，技术人员—研发人员—项目负责人—项目副总—总经理。（5）ZY 向发展——在行政和专业两个维度上发展，成为技术管理专家，例如，财务分析员—会计主管—财务总监—财务副总／总经理。（6）XY 向发展——在项目和专业两个维度上发展，成为项目咨询专家，例如，程序员—首席信息官—独立 IT 咨询／顾问／讲师。

表 7-4　矩阵式组织中的员工三维职业通路的职位设计简表

职业通路	职位设计列举				发展目标
Z 向行政专家	职员	部门主管	部门经理	副总经理	总经理 / 厂长 / 行政副总
X 向项目专家	技术人员	研发人员	营销人员	管理人员	项目经理
Y 向技术专家	未定级研究人员	研究实习员	助理研究员	副研究员	研究员 / 高级工程师
ZX 向项目行政专家	技术人员	研发人员	项目负责人	项目副总	总经理 / 项目副总
ZY 向技术管理专家	研究实习员	助理研究员 / 技术负责人	副研究员 / 技术主管	研究员 / 产品经理	总设计师 / 总工程师
XY 向项目咨询专家	技术人员	研发人员	项目负责人	项目经理	咨询专家 / 顾问 / 讲师

4. 无边界职业生涯

社会大环境在发生变化，职业和雇员本身也在发生变化，在同一组织中一直做下去已不现实，终身雇佣制不再是一个理想的职业模式。不管是个人还是组织，都出现了新的需求。近年来，兼职工不断出现并日渐发展成为一个群体，可供选择的工作方式包括永久性全职工作、非全职工作、弹性工作、加班工作、轮班工作、兼职或多重职业、远程办公、工作共享等。职业发展已出现很多不同的模式，如无边界职业生涯，未来必将会更为多元。

在知识经济时代，无边界职业生涯被认为是大学生职业发展的基本模式。无边界职业生涯（boundaryless career）是指超越某一单一雇佣范围设定的一系列工作机会，即员工不再是在一个或者两个组织中完成终身职业生涯，而是在多个组织、多个部门、多个职业、多个岗位实现自己的职业生涯。无边界职业生涯转换可以分为三个层面：组织内的转换，组织间的转换，职业间的转换。当然，这并不是鼓励频繁地、盲目地跳槽。无边界职业生涯并不是没有规划的、随波逐流的职业生涯，它更需要因应环境和自身变化做出规划与调整，在寻找职业锚的过程中，通过提升职业技能和培育社会资本等手段，提高职业的适应性和灵活性。

（二）拟定行动计划

1. 计划及其要件

计划方案是一种文件，它规定了怎样实现目标，通常描述资源的分配、进度以及其他实现目标的必要行动。计划要件一般包括 5 个 W 和 2 个 H，即① what to do it；② Why to do it；③ When to do it；④ Where to do it；⑤ Who to do it；⑥ How to do it；⑦ How much to do it。你是否拟定了一个较为完备的计划方案，可以根据上述这 7 个要件进行评估。

2. 拟定计划方案

拟定计划方案，将目标转化为切实的行动，这是职业生涯规划中最关键、最重要、最艰难的一步。在这一步，你必须在信息探索的基础上实现对未来的设想，同时还必须忠于承诺和具有强大的执行力。"知易行难"，很多职业规划正是因此变成了"纸上谈兵"或流于形式。

首先，平衡和联结短中长期目标与计划。尝试思考这些问题：目前职位能帮你获得希望得到的工作吗？你可以做些什么来增加目前职位作为踏脚石的价值？中期目标的实现是否有利于实现长期目标？实现这些目标需要你在经验、训练、个人特质和形象上等做哪些准备？

其次，针对每一个目标制订详细的执行方案。大学生应该对大学四年的学习和生活计划有更为明确的和具体的行动方案，即需要将你的目标进行分解，明确主要措施，并进行事务安排，以及能够对未知变化做出一些评估与调整（如表 7-5 所示）。

表 7-5　职业生涯行动计划日程安排表

时　间	目标分解	主要措施	事务安排	补充和调整
第一季度				
第二季度				
第三季度				
第四季度				

最后，作为大学生，你可以为自己的职业生涯做一个行动计划表（如表7-6所示）。通过收集信息，你可以了解到为了实现该目标职业所需要的知识、技能和资源等，将这些内容列出来，就能获得一份具体的执行方案。

表7-6　大学生职业生涯行动计划表

目标职业	目标职业 1	目标职业 2	目标职业 3
所需知识			
所需技能			
其他条件（资质、经验、资源等）			

3.行动的力量

规划是思维的体现，行动是开花结果的支脉。没有切实有效的行动，再好的规划都是枉然。行动是目标与结果之间的桥梁。敢行动，梦想才生动。大学的时光会过得很快，一晃眼你就要毕业了，回想当初的规划似乎却都没完成。当我们叩问原因时，听到的更多的理由是"我太懒了"。生活中，很多人都在歌颂"坚持"的价值，但却很少有人去探讨坚持背后的原因。

首先，要找到我们拖延行动的真正原因。请回忆自己过去的经历，想一想有哪些事情是你应该去做但却没做的。这些原因有些是不可控的外界因素，有些是可控的外界因素，但更多的可能是自身原因。其次，要有意识地去控制和激励自己的行为。自我激励是保持热情和持续行动的燃料。此外，任何人都有惰性，你需要用一些方法来控制自己的行为。这方面的书很多可以帮助我们激励和控制自己的行为，例如：《动机心理学》《征途捷径》《高效能人士的七个习惯》《拖延心理学》《坚持，一种可以养成的习惯》《反惰性》《极简目标管理法》《快行动，慢思考》等。

三、评估调整

（一）评估调整的必要性

1.保持计划的灵活性以应对未来变化

计划是一种具有稳定性和权威性的结果，其本身意味着不可轻易改变的承诺，但这并不意味着计划是对变化的否定或会成为行为调整的障碍。人生风云多变幻，计划最大的挑战在于如何应对未来及其不确定性，从而更好地平衡计划的稳定性和灵活性。

计划着眼于未来，首先应该具有预见性。外界环境的变化既有机会也有风险，计划的任务就是洞察未来的机会并将风险降至最低。其次，计划工作是一个持续的过程，应当准备在环境发生变化时改变前进的方向，保持这种灵活性在计划实施阶段是非常重要的，灵活性和改变航道本就是计划工作的重要原则。

2. 动态反应以保证目标与方案的有效性

职业生涯管理是一个持续不断的动态过程，在设定了职业目标与计划后，因应情势实施和根据反馈做出评估与调整是十分必要的。当实施自己的职业选择时，无论是通过学习、求职还是工作的方式，你都有可能会在某个时候感到不舒服、受阻碍或觉得厌倦与疲惫，甚至可能会因为某些负面的感受而不得不放弃曾经一度令你心仪而成为首选的职业。这些信息告诉你必须做出一些改变或调整来修正自己的目标与行动计划。这一点也说明了职业生涯规划和管理本就是集中于问题解决的，它是一个学习的过程。你永远也不会结束职业决策，因为职业生涯规划在很大程度上也就是对人生的规划，它是终身教育的一部分。

（二）搜集反馈信息

首先，从自我和环境探索过程中发现问题，比如面对感兴趣的职业，你可能觉得自己性格不合适或缺乏进入该职业的技能，父母也可能会提出比较强烈的反对意见。其实，这些问题就是有效的反馈信息。其次，通过与相关人士交谈、讨论获得进行事前评估的信息，这些人包括你的专业老师、已毕业的师兄师姐、同行业的亲朋好友或成功人士等。最后，自己是最好的获取反馈信息的渠道。当执行你的计划时，亲身感受、自己的工作和家庭以及周围同事的变化等都可以提供十分有用的信息。

（三）拟定调整方案

1. 如何评估

规划很重要，但在一定程度上，调整更为重要。调整方案的拟定是基于评估的。可以采取对比反思、交流反馈、分析总结等方法进行评估，评估的内容一般包括职业目标、职业前景、实施计划、其他因素等。具体来讲，调整方案最起码要回答以下问题：①造成评估结果与原先规划之间有差距的原因是什么，是目标设置不合理、实施方案不准确还是执行力度不够？②在实现上述理想目标和职业路径的过程中还可能会碰到哪些问题？这些问题是外部环境因素还是自身实际情况导致的？③在这些差距和问题发生时，我该怎么办？只需要做一些小调整还是需要转换跑道？

2. 如何调整

根据事前评估和事后反馈获得的信息，拟定调整方案，这有助于你在求职或职业发展过程中做一个有准备的人。调整方案有时候就是另外拟定一份计划，这个计划主要是为了应对一些不理想的现实状况。调整方案中包含很多的改变，比如你可能会在同一职业内寻找另一个职位，也可能会完全改变自己的职业，也有可能是曾经一度令人激动的职业失去了挑战性，因此确实需要在职业方向上做一个大的改变来激励自己。这种变化的原因包括职位晋升、失去职位、家庭或企业搬迁、工作条件的变化等。当理想职业因为家庭约束或社会条件不支持等原因而短期内难以实行时，你就需要立即启动事先拟定的调整方案。

◆ 小贴士

党的二十大报告提出了"新时代新征程中国共产党的使命任务"。以下是党的二十大报告对未来十五年，党的目标、道路与计划的论述，这对于当代大学生拟定个人职业生涯目标与计划具有启发和参考作用。

"从现在起，中国共产党的中心任务就是团结带领全国各族人民全面建成社会主义现代化强国、实现第二个百年奋斗目标，以中国式现代化全面推进中华民族伟大复兴。"

"全面建成社会主义现代化强国，总的战略安排是分两步走：从二○二○年到二○三五年基本实现社会主义现代化；从二○三五年到本世纪中叶把我国建成富强民主文明和谐美丽的社会主义现代化强国。"

"未来五年是全面建设社会主义现代化国家开局起步的关键时期，主要目标任务是：经济高质量发展取得新突破，科技自立自强能力显著提升，构建新发展格局和建设现代化经济体系取得重大进展；改革开放迈出新步伐，国家治理体系和治理能力现代化深入推进，社会主义市场经济体制更加完善，更高水平开放型经济新体制基本形成；全过程人民民主制度化、规范化、程序化水平进一步提高，中国特色社会主义法治体系更加完善；人民精神文化生活更加丰富，中华民族凝聚力和中华文化影响力不断增强；居民收入增长和经济增长基本同步，劳动报酬提高与劳动生产率提高基本同步，基本公共服务均等化水平明显提升，多层次社会保障体系更加健全；城乡人居环境明显改善，美丽中国建设成效显著；国家安全更为巩固，建军一百年奋斗目标如期实现，平安中国建设扎实推进；中国国际地位和影响进一步提高，在全球治理中发挥更大作用。"

测试游戏

职业定位问卷的目的在于帮助你思索自己的能力、动机和价值观。下面给出了 31

个问题，根据你的实际情况，从 1 ~ 6 中给自己打分。数字越大，表明这种描述越符合你的实际情况。1 分，表示"从不"；2 分，表示"偶尔"；3 分，表示"有时"；4 分，表示"经常"；5 分，表示"频繁"；6 分，表示"总是"。

请尽可能真实而迅速地做出选择，除非你非常明确，否则不要选择极端的选择，例如"从不"或者"总是"。

1. 我希望做我擅长的工作，这样我的内行建议可以不断被采纳。

2. 当我整合并管理其他人的工作时，我非常有成就感。

3. 我希望我的工作能让我用自己的方式，按自己的计划去开展。

4. 对我而言，安定与稳定比自由和自主更重要。

5. 我一直在寻找可以让我创立自己事业的创意。

6. 我认为只有对社会做出真正贡献的职业才算是成功的职业。

7. 在工作中，我希望去解决那些有挑战性的问题，并且胜出。

8. 我宁愿离开公司，也不愿从事需要个人和家庭做出一定牺牲的工作。

9. 将我的技术和专业水平发展到一个更具有竞争力的层次是职业成功的必要条件。

10. 我希望能够管理一个大公司，我的决策将会影响许多人。

11. 如果职业允许自由地决定自己的工作内容、计划、过程，我会非常满意。

12. 如果工作的结果使我丧失了自己在组织中的安全稳定感，我宁愿离开这个公司。

13. 对我而言，创办自己的公司比在其他公司争取一个高的管理位置更有意义。

14. 我的职业满足来自我可以用自己的才能为他人提供服务。

15. 我认为职业的成就感来自克服自己面临的非常有挑战性的困难。

16. 我希望我的职业能够兼顾个人、家庭和工作的需要。

17. 对我而言，在我喜欢的专业领域内做资深专家比做总经理更具有吸引力。

18. 只有在成为公司的总经理后，我才认为我的职业人生是成功的。

19. 成功的职业应该允许我有完全的自主与自由。

20. 我愿意在能给我安全感、稳定感的公司中工作。

21. 当通过自己的努力或想法完成工作时，我的工作成就感最强。

22. 对我而言，利用自己的才能使这个世界变得更适合生活或居住，比争取一个高的管理职位更重要。

23. 当我解决了看上去不可能解决的问题，或者在必输无疑的竞赛中胜出时，我会非常有成就感。

24. 我认为只有很好地平衡个人、家庭、职业三者的关系，生活才能算是成功的。

25.我宁愿离开公司，也不愿频繁接受那些不属于我专业领域的工作。

26.对我而言，做一个全面管理者比在我喜欢的专业领域内做资深专家更有吸引力。

27.对我而言，用我自己的方式不受约束地完成工作，比安全、稳定更加重要。

28.只有当我的收入和工作有保障时，我才会对工作感到满意。

29.在我的职业生涯中，如果我能成功地创造完全属于自己的产品或点子，我会感到非常成功。

30.我希望从事对人类和社会真正有贡献的工作。

31.我希望工作中有很多的机会，可以不断提升我解决问题的能力或竞争力。

现在重新看一下你给分最高的描述，从中挑选出与你的日常想法最为吻合的三个，在原来评分的基础上，将这三个题目的得分再加上4分，例如：原来得分为5，则调整后的得分为9，然后就可以开始评分了。

计分方法：将每一题的分数填入下面的空白表格（每个题号边上）中，然后按照纵行进行分数累加得到一个总分，将每纵行的总分除以5得到每纵行的平均分，填入表格。记住，在计算平均分和总分前，不要忘记将最符合你日常想法的三项，额外加上4分。

计分表

类型	TF	GM	AU	SE	EC	SV	CH	LS
题号	1	2	3	4	5	6	7	8
	9	10	11	12	13	14	15	16
	17	18	19	20	21	22	23	24
	25	26	27	28	29	30	31	
总分								
平均分								

◆ 职业锚类型

TF：技术/职能型职业锚

你始终不肯放弃的是在专业领域中展示自己的技能，通过施展技能获取别人的认可，乐于接受技术工作挑战，不断提高自己的技术能力，也可能愿意成为职能领域的管理者，但极力避免全面管理的职位。

GM：管理型职业锚

你始终不肯放弃的是升迁至组织中更高的管理职位。你明显地表现出向上发展的愿望，渴求更多的领导机会，愿意承担更大的责任。你对技术工作并不感兴趣，视此为必要的经验积累。为此，你需要提高分析能力、人际协调与团队协作能力、情感管理能力。

AU：自主／独立型职业锚

你始终不肯放弃的是按照自己的方式工作和生活，希望留在能够提供足够的灵活性，并由自己来决定何时及如何工作的组织中。你无法忍受任何程度上的组织约束，你为了自主独立宁可放弃升职加薪的机会。你可能会选择教育、咨询行业，为了能有最大限度的自由和独立，你也可能选择创业。

SE：安全／稳定型职业锚

你始终不肯放弃的是稳定的或终身雇佣的职位，重视财务安全和就业安全。政府部门和事业单位很有吸引力，你会对自己的组织感到自豪，对组织忠诚，即使没有担任很高的或重要的职位。

EC：创造／创业型职业锚

你始终不肯放弃的是凭借自己的能力和冒险愿望，扫除障碍，设计属于自己的东西或创立属于自己的公司。你希望向世界证明你有能力创建一家企业，在为别人打工的同时你会学习和评估未来的机会，一旦时机成熟，你会尽快开始自己的创业历程。

SV：服务奉献型职业锚

你始终不肯放弃的是做一些对社会有意义的事情。你希望职业能够体现个人价值观，关注工作带来的价值，而不在意是否能发挥自己的才能。

CH：挑战型职业锚

你始终不肯放弃的是去解决看上去无法解决的问题、战胜强硬的对手或克服面临的困难。对你而言，职业的意义在于战胜不可能的事情。新奇、多变和困难是挑战的决定因素，如果一件事情非常容易，它马上会变得令人厌倦。这个挑战可能是需要高智商的活动、高难度的任务、处理复杂的关系、激烈的竞技比赛等。

LS：生活型职业锚

你始终不肯放弃的是平衡并整合个人的、家庭的和职业的需要。你希望生活中的各个部分能够协调统一向前发展，因此你希望职业有足够的弹性满足你的需求。事业对你来说并不那么重要，所以有些时候你可能会放弃职业中的某些方面，如晋升等。

第三节　生涯规划管理

一、思维上的改变

（一）生涯教育

1. 生涯教育的含义

生涯教育是对传统教育的修正和提升，它贯穿于一个人的整个教育过程，通过将知识的学习和生涯、生命、生活教育等联系在一起，甚至主张以生涯规划为目的的知识学习，使个人成为自我认知、自我实现及自觉有用的人，从而享受事业和生活，实现成功及美满的人生。以下是黄天中教授关于生涯教育的两个观点。

生涯教育是对全民而非部分人民的教育，它是从义务教育开始，延伸至高等教育及继续教育的整个过程，它教育下一代在心理上、职业上及社会上平衡与成熟地发展，使每个国民成为自我认知、自我实现及自觉有用的人。这种教育同时具备学识与职业功能、升学及就业准备，它强调在传统的普通教育中建立起职业的价值，使学生具有谋生能力。因此，其基本目标是培养个人能过丰饶创造、有生产价值的生活，这是发挥教育真实价值的整体构想。

生涯教育是改变所有教育系统，以求造福全民的革命，它强调所有教育的经验、课程、教学及咨询辅导，要以预备个人能过一种经济独立、自我实现及敬业乐群的生活为目标，它凭借改善职业选择的技巧与获得职业技能的方式，来提高教育的功能，使每位学生能享受成功及美满的人生。

2. 生涯教育的主题

传统的职业辅导大都以"帮助个人选择职业、准备就业、安置职业，并且在职业上获得成功"为主要内容，生涯辅导在此基础上，进一步扩大了职业辅导的领域，特别强调以下六个主题，即生涯决策能力的发展、自我概念的发展、个人价值观的发展、选择的自由、重视个体差异、对外界变迁的因应。生涯教育要传授给学生的理念、思维、方法和技能，也必须围绕这六大主题并努力达成与这些主题相一致的目标。

（二）思维教学

1. 人职匹配的理念和方法

职业生涯理论大都认可这样的观点，即"人和环境的适配性或一致性将会增加个体的工作满意度、职业稳定性和职业成就感"。因此，人职匹配被认为是职业指导的基本原则，其方法也是目前最广泛使用的。理念是指"怎么想"，方法是指"怎么做"。唤醒学生的生涯意识，教会学生"怎么想"，着实要比教会他们"怎么做"困难得多。关于职业指导与生涯辅导的教学，不单单只是方法与技能的问题，更重要和更困难的是理念和思维的问题，只有学生"这样想"了，才有可能"这样去做"。

2. 思维教学的策略

美国耶鲁大学心理系和教育系教授斯滕伯格（R.J. Sternberg）提出了三种教学策略，如表7-7所示。第三种策略最适合思维教学，即以思维为基础的问答策略，也称为对话策略。该策略鼓励师生之间以及学生之间进行交流，教师提出问题以刺激学生的思维和讨论。通常这些问题没有固定的正确答案，所以教师的反馈也并不是简单的对或错。相反，教师乐于评论或补充学生的发言，甚至会隐藏自己的真实看法，或故意发表一些偏激意见，扮演一个反面角色。所以，在这种策略中，师生之间的界限趋于模糊，教师更像向导或协助者，而不是传统意义上的"老夫子"。

表 7-7　斯滕伯格三种不同的教学策略

教学策略	特　征	最适合	例　子
以讲课为基础的策略（照本宣科策略）	教师以讲课的形式呈现材料；师生之间以及学生之间互动最少	呈现新信息	教师："今天我将给大家讲法国大革命。"
以事实为基础的问答策略	教师提问主要是为了引出事实；教师的反馈是"对"或"错"；师生之间互动频繁，但对个别问题不追根究底；学生之间的互动很少	复习刚学的新知识；测试学生掌握的知识；作为照本宣科式策略和对话式策略的桥梁	教师："法国大革命是什么时候发生的？当时的国王和王后是谁？"
以思维为基础的问答的策略（对话策略）	教师提问是为了刺激学生的思维与讨论；教师评论学生的反应；师生之间和学生之间存在大量的互动	鼓励课堂讨论；在关键时激发思维	教师："法国革命和美国革命有哪些相同点，又有哪些不同点？"

资料来源：斯滕伯格、史渥林．思维教学：培养聪明的学习者 [M]. 北京：赵海燕，译．中国轻工业出版社，2008：53-56.

二、认知上的障碍

（一）自我探索陷入困境

1. 自我探索的重要性和困境

自我探索是"人职匹配"职业规划方法的第一步。如果你连自己都不了解，那如何做出选择？当面对外界众多选择时，你对自己越不了解就越困惑。然而，当学生从"自我探索"开始规划职业生涯时，却陷入了困境。"认识自己"是人一生中最大、最难的命题，但是人职匹配职业规划方法却要你在人生最开始的时候通过思考和测试做出选择，试问一个人生经验不多的大学生如何来回答自己想要什么、适合什么、喜欢什么、擅长什么等问题？因此，有很多大学生面对职业规划要么无从下手，要么心情澎湃地开始，却发现无从执行，最终不了了之。

2. 走出困境的对策

学生是生涯规划的主体，但对于指导学生完成生涯规划的老师而言，同样也是一大挑战。可以说，生涯规划是指导者和被指导者共创的结果，值得两者共勉。以下内容值得指导教师特别重视。

在教学过程中，首先通过一些实例让学生明白了解自己并没有想象中的难或无从下手。了解自己其实是一个很有趣的过程，只有激发起学生的兴趣，才能引导学生积极主动地去探索自我个性特征。另外，短短的课堂授课时间不一定能够帮助学生得出一个关于自我个性特征的完整和准确的结论，但起码让学生意识到了解自己的重要性和必要性，并开始关注和探索自我个性特征。

可以采用以下方法引导学生进行自我探索。第一，要学生从回忆自己的过去开始，对自己的过往经历进行反思并说出自身感受。经历和回忆对了解自己很重要，但更重要的是自己对这些经历的感受和反思。第二，使用一些心理测试题或自我盘点的练习来帮助学生了解自己，但必须注意心理测试只是了解自己的手段，绝对不是目的，不可迷恋或盲从。第三，鼓励学生进行自我探索而不是对号入座。个性特征是十分复杂的，尽管存在非常多的理论和方法用于判别个性特征类型，但我们一般很难对一个人的个性特征做出完全准确的描述。

（二）忽视价值观的探索

1. 价值观探索的重要性和难度

职业规划指导课大都会要求学生探索性格、兴趣和天赋，但却常常忽视职业价值观的重要性。价值观与工作满意度相关：当我们根据自己的价值观生活时，会得到最大限度的幸福感和自尊。所以，价值观的探索十分重要，但这却不是一件容易的事情。"你想要什么、你能够舍弃什么、什么东西对你而言更重要"这些问题并不好回答，而且还要对你想要的东西进行澄清和排序，因此价值观的探索是十分艰难和痛苦的。

2. 重视职业价值观的探索

首先可以通过生活的一些事例来理解价值观的概念和重要性。接着运用一些工具帮助学生探索职业价值观类型，例如列出"经济收入、稳定性、独立自主、创造性、管理与领导、工作环境、人际关系、成就感、社会奉献、知识性、多样性而不是单调的工作、生活方式、社会地位"等职业价值类型让学生选择和排序，也可以借用职业价值观测验题，或者通过游戏、情景假设等方式辅助学生明确自己的价值观类型。这一过程的难点在于如何有效地帮助学生依据步骤澄清价值观，并对这些价值观进行排序。值得指出的是，工作本身是具有激励性的，即从人职匹配的理念来看，做什么工作比一份工作可以带来什么更重要，这是一个重要的职业价值观。

（三）难以逾越父母意志

1. 重视家庭环境的影响

成功的职业生涯规划必须平衡个人、工作与家庭之间的关系。家庭的经济状况、人际关系网络以及家人需求、家庭生活等都会对职业选择、职业心态产生重要影响。舒伯的职业生涯彩虹理论指出，工作者、持家者、配偶、孩子、休闲者、父母等九个生活角色之间是高度相关的。家庭的责任和义务对一个人的压力往往远远超出一项工作或职业的压力。

2. 跨越障碍的对策

第一，鼓励学生自主选择。在择业过程中，父母往往单方面强迫孩子，剥夺了学生的主体选择权，学生也没有考虑过父母安排的工作是否适合自己，双方均缺乏职业规划的理念，没有从人职匹配的角度考虑问题。第二，要求学生多与父母沟通。学生需要了解家庭对自己择业和职业发展能提供哪些支持、存在哪些障碍，以及家人在金钱、情感和时间方面对自己的要求，父母也需要了解学生的个性、兴趣和天赋，这样才能真正当好学生的参谋。另外，职业生涯规划和管理的目标不仅是成功，也应该关注孩子的职业满足感。

（四）难以激发成长需求

1. 大学生成长需求的差异

个人成长需求的缺失是当前影响大学生合理规划自身职业生涯的重要因素。学生的成长需求跟个性、家庭背景、性别等都有关系。有些学生较为理性，拥有内向控制点（个体充分相信自我行为主导未来而不是环境控制未来的观念），表现得比同年龄人更成熟，这些学生的成长需求一般较高。在家庭背景方面，"穷人家的孩子早当家"，部分家庭经济条件比较好的学生的确在成长需求上比较低。但是也有部分家庭条件较差的学生可能出于自卑等心理问题，或者是因为过于现实地看待这个社会，认为求职和职业发展均取决于家庭关系网络，从而放弃了努力和成长。另外，研究发现学生成长需求在性别方面也表现出差异，女性一般比男性低。

2. 激发与引导学生成长需求

第一，应该要求学生对自己的未来负起责任，并进行理性思考和自主决策。职业规划是一个理性的过程，对于任性、感性的学生应多加引导，比如可以通过多个例子说明任性地对待自己的人生会导致的不良后果。第二，对于家庭条件优越的学生，激发他们实现自我的愿望；对于家庭条件较差的学生，应引导他们正确看待自己和社会的差距，让他们学会处理自我和世界的矛盾和不公平。第三，要求学生正视和重视女性职业发展的特殊性，思考如何取得家庭和职业发展的平衡。工作对现代女性的独立和发展具有重要的价值和意义，因此必须向女学生讲明工作的意义和职业规划的重要性。当然，女性所面临的家庭和工作的冲突是一个社会问题，需要各方面的共同努力。

（五）对职业规划的误解

社会普遍缺乏对职业规划的正确理解，相关部门的调查充分反映了这一点。中国的职业规划教育虽日渐普及，甚至计划纳入中小学教育课程内，但总体而言仍处于起步阶段。学生在接受职业规划教育时仍对职业规划存在诸多质疑。这可能源于中国职业规划教育的初级性及其表现出的在研究、教学和实践中的不成熟性。

学生认为未来不可预测，"计划跟不上变化"，质疑职业规划的可行性。这个质疑主要是因为学生对计划工作的不理解造成的。规划是计划的一种类型，计划本身存在一定的缺陷，如缺乏灵活性、容易导致僵化等，计划工作最难的也正在于如何处理好稳定性和灵活性之间的关系。其实，正是因为未来难以预测才需要制订计划，如果连最基本的计划都没有，那如何去应对变化？另外，职业规划并不是一锤定音式的，它不是也不能禁锢学生的发展，它必须保持一定的灵活性。职业规划过程包括自我探索、环境探索、确定目标与计划、调整与评估四个部分，最后一个部分正是为了保持职业规划的灵活性。

其余的很多质疑均源于学生对职业规划理念和方法的不理解。在教学过程中，学生提出了一系列问题，如"不同性格的人常常做着同一份工作，工作与个性真的能够匹配吗？""多数工作都是乏味的，把兴趣变成工作可能吗？""难道我们不能改变自己吗？""很多人在不适合自己的工作岗位上成功了，这说明什么？"这些问题都指向了人职匹配理论的可行性。最后，学生的认知还存在诸多误区，如将职业规划等同于职业选择、就业指导、创业计划、晋升计划等。这些认识误区都必须在教学过程中一一给予指正和耐心地加以释疑，否则职业生涯规划就只能流于形式。

三、管理上的困难

（一）目标管理

目标对人生具有重大的导向作用。目标管理有三大步骤：第一步是，要对目标的数量进行控制。有人说："两个以上的目标就等于没有目标。"集中的目标一点即明，让人心中有数；分散的目标则不切要害，让人难以执行。第二步是对目标进行完美表达。优秀的目标表达必须是清楚而流畅的，它们不仅使事情变得简单，而且进行了高度的概括与人性化的设计。第三步是对目标进行科学分解。将总目标具体化和精细化称为目标分解。总目标往往是笼统而抽象的，不便于测量与操作，这就需要把笼统的总目标分解为具体、精确的小目标。

课堂阅读

一分钟目标

所谓"一分钟目标"就是将目标写在一页纸上，最多不超过250个字，任何人都可以在一分钟内看完。这要求目标的表达要简明、集中。很难想象一项目标隐藏在洋洋万言的文字海洋中，却指望自己或别人能深刻而透彻地领悟。表达形式烦琐的目标只能使自己或别人茫茫如在云雾中，不得要领。

（二）时间管理

彼得·德鲁克（Peter Drucker）认为，不能管理时间的人，便什么也不能管理。在日常生活和工作中，我们可以按事情的紧急程度和重要程度将日常要做的事情和工作分成两大类：第一类按工作紧急程度来划分，第二类按工作重要程度来划分。根据这个维度，我们可以将工作分成四类，分别是：紧急又重要的工作，重要但不紧急的工作，紧急但不重要的工作，不紧急也不重要的工作。

（三）压力管理

当你有了欲望或者出现紧迫感的时候，压力就随之而来。压力会成为一种负担，也可以成为一种驱动力，了解压力，可以更好地运用压力。当压力变成一种消极的因素，会影响到你的生理和心理，使你长期处于"亚健康"状态，这时候你也会变得易怒、暴躁。但一定的压力会使你感到精力充沛，如果压力很好地保持在一定可控制的水平，它将激励你在较长的时间里做出高质量的工作。我们必须学会管理自己的压力。

当你感受到压力时，可以尝试以下方法：自我激励法、尽量避免法、环境疗愈法、运动释压法、深呼吸减压法等。以自我激励法为例，人的一切行为都是受激励产生的，通过不断的自我激励，就会有一股内在的动力，推动你朝所期望的目标前进，最终达到成功的顶峰。如果你发现自己过度担心，请用下面的话来帮助自己树立一个更加乐观的态度。

"我是一个乐观主义者。我会关注生活中积极的事情。"

"担心并不能改变这件事情，只会浪费我宝贵的时间和精力。"

"担心自己无法控制的事件是毫无意义的。"

"我越担心，我感觉就越差，因此，我会马上停止担心。"

"无论发生什么，我知道我能处理它。"

"我最好在吃饭之前完成这项工作，但没有完成也不是世界末日。"

"我已经做得足够好了。"

"金无足赤，人无完人。"

"即使我不时地失败，人们仍会喜欢我。"

"犯错误并不意味着做人的失败。"

（四）情绪管理

情绪是指人们对客观事物是否符合自己的需要而内心产生的心理体验及相应的行为反应。情绪的产生和变化不是毫无缘由，而是受自身需要、生理因素、认知因素、早期生活经历等影响和制约的。大学生常见的情绪困扰主要有：焦虑、抑郁、冷漠、愤怒、嫉妒、自卑、恐惧、羞怯以及情绪失控等。这些情绪问题会影响学习和生活，对身心健康不利。

美国著名心理学家阿尔伯特·艾利斯（Albert Ellis）提出著名的情绪失控理论"ABC理论"。在这个理论中，A代表诱发事件；B代表当事人对事件的看法、解释、评价和信念；C代表继这一事件后，当事人的情绪反应和行为结果。通常情况下，人们会认为是外部事件（A）直接引起了情绪和行为结果（C）。实际上，人们忽略了当事人的内心活动，忽视了当事人对事件的解释和评价，正是这一部分（B）导致了不同的情绪和行为状态。比如焦虑、沮丧、敌意等不良情绪，并不是由于某个刺激引发的，而是源于其对那个刺激的看法。一般来说，观念B有合理与不合理之分。合理的观念可以引起人对事物适当的情绪及行为反应，不合理的观念则会导致不适当的情绪及行为反应。若一个人固守某些不合理的观念时，就会陷入不良的情绪之中，甚至导致心理障碍的产生。情绪失控是大学生常见的一种消极情绪反应。处于精力充沛、血气方刚的青年时期的大学生，在情绪情感发展上往往带有好激动、易动怒的特点。如有的大学生因一句刺耳的话或一件不顺心的小事而暴跳如雷；有的因人际交往受阻而怒不可遏、恶语伤人，甚至有的还因此走上违法犯罪的道路；有的因别人的观点或意见与自己相左而恼羞成怒；有的因一时的成功、得意而忘乎所以；有的因暂时的挫折或失败而悲观失望、痛不欲生。

以下建议可以帮助你学会管理自己的情绪。第一，寻找奋斗目标。许多大学生感到郁闷、无聊，找不到生活的方向，逃课玩游戏，甚或上网成瘾。目标是航向，没有目标的人生是无趣和空洞的。有了适合的奋斗目标，就有了克服困难和应对挫折的勇气，有了前进的动力才能使人保持积极愉快的精神状态。第二，掌握一些幽默知识。当一个人发现不调和的或对自己不利的现象时，为了不使自己陷入激动状态和被动局面，最好的办法是以超然洒脱的态度去应对。一个得体的幽默往往可以使愤怒、不安的情绪得以缓解。第三，扩大自己的活动圈。学校活动多彩多样，大学生可以根据自己的兴趣爱好、锻炼需求等积极主动参加学校的社团活动。主动扩大自己的交往圈子，结交一些密友，同他们分享感受、快乐和忧虑。第四，善于控制负面情绪。在日常生活中，虽然我们不能选择何时生气，但是可以控制自己生多大的气、生多久的气以及决定生气时我们该怎么办。因此，生气是可以选择的，愤怒也可以掌控。当出现愤怒的情绪时，你可以选择适当的处理愤怒的方式。第五，解决情绪认知问题。人的心理有两个层面：一个是情绪层面，另一个是认知层面。宣泄法是通过心理宣泄解决情绪层面的问题，情绪层面的问题解决了，人的理智就会逐渐恢复。但是，有时人的认知层面的问题不解决，情绪层面问题的解决也是暂时的，以后遇到问题仍然会受挫。可以通过合理的自我期望、学会取舍、学会自我开导等方式解决情绪认知问题。

课堂讨论

六只狐狸的命运

一个炎热的夏天，几只口干舌燥的狐狸来到一个葡萄架下，抬头仰望，晶莹剔透的大个葡萄挂满枝头，狐狸的口水就流下来了。

第一只狐狸开始跳，够不着；咬牙、跺脚、使劲，再跳，还是够不着；再使劲，再跳，葡萄还是高高挂在上面；去周围找找，梯子、板凳、砖头、瓦片、竹竿等，什么都没有。"这葡萄肯定是酸的，不好吃。走吧，捉只鸡，喝杯可乐、矿泉水，什么不行嘛！"于是乎，这只狐狸心安理得，哼着小曲，高高兴兴地走了。

第二只狐狸使劲跳，同样也是够不着葡萄，心想："我吃不着葡萄，死不瞑目。"于是从天亮跳到天黑，又从天黑跳到天亮，结果呢，这只狐狸累死在葡萄架下，两眼圆睁，望着高高挂在枝头上的葡萄。

第三只狐狸吃不着葡萄，开始骂大街："谁这么缺德，把葡萄栽这么高，让老子吃不着！"结果骂出老农，说："怎么着，这葡萄是我栽的，你骂什么，偏不让你吃。再骂，再骂就打死你。"于是老农抢起锄头打狐狸，狐狸含恨而死。

第四只狐狸也没有办法吃到葡萄，憋在心里，就这样整天压抑、愁眉苦脸，结果抑郁成疾，得癌症而死。

第五只狐狸心想："想吃葡萄都吃不着，真没用，还活着干吗，活着还有什么意思呀？"于是乎，找棵歪脖树，上吊而死。

第六只狐狸，跳了几下，吃不着葡萄，一气之下就精神分裂了，整天蓬头垢面，满大街转悠，口中念念有词："吃葡萄不吐葡萄皮，不吃葡萄倒吐葡萄皮。"

请思考现实生活中你是哪一只狐狸？你愿意做哪一只狐狸？为什么？

◆ 小贴士

学习贯彻党的二十大精神，对大学生个人职业生涯规划的实施富有启发和激励作用。党的二十大报告中提出："坚持发扬斗争精神。增强全党全国各族人民的志气、骨气、底气，不信邪、不怕鬼、不怕压，知难而进、迎难而上，统筹发展和安全，全力战胜前进道路上各种困难和挑战，依靠顽强斗争打开事业发展新天地。"在个人职业生涯规划的实施过程中，必然会碰到各种各样的问题和困难，甚至有大部分困难是我们完全预料不到的，只有保持斗争精神，才能战胜前进道路上各种挑战，实现自己的理想和目标。

"实践没有止境，理论创新也没有止境。不断谱写马克思主义中国化时代化新篇章，是当代中国共产党人的庄严历史责任。继续推进实践基础上的理论创新，首先要把握好新时代中国特色社会主义思想的世界观和方法论，坚持好、运用好贯穿其中的立场观点方法。"这提醒我们在实施个人职业生涯规划时，既要抬头望路，保持坚定的信仰、开放的心态、自信的状态；又要低头拉车，坚持实干务实的作风、开拓创新的精神、科学规律的方法。有效的规划需要大量的时间、精力和毫不动摇的信心。

测试游戏

请根据自己在日常学习与生活中对待时间的方式与态度，选择最适合你的一种答案。

1. 星期天，你早晨醒来时发现外面正在下雨而且天气阴沉，你会怎么办？（   ）

   A. 接着再睡   B. 仍在床上逗留   C. 按照一贯的生活规律，穿衣起床

2. 吃完早饭后，在上课之前，有一段自由时间，你怎么利用？（   ）

   A. 无所事事，根本没有考虑学点什么，不知不觉地过去了

   B. 准备学点什么，但又不知道学什么好

   C. 按照预先订好的学习计划进行，充分利用这一段自由时间

3. 除每天上课外，对所学的各门课程，在课余时间里怎样安排？（   ）

   A. 没有任何学习计划，高兴学什么就学什么

   B. 按照自己最大的能量来安排复习、作业、预习，并紧张地学习

   C. 按照当天所学的课程和明天要学的内容制订计划，严格有序地学习

4. 每天晚上怎样安排第二天的学习时间？（   ）

   A. 不考虑   B. 心中和口头做些安排   C. 书面写出第二天的学习计划

5. 为自己拟定"每日学习计划表"，并严格执行。（　　　）

    A. 很少如此   B. 有时如此   C. 经常如此

6. 每天的休息时间表有一定的灵活性，以使自己有一定时间去应付预想不到的事情。（　　　）

    A. 很少如此   B. 有时如此   C. 经常如此

7. 当发现自己近来浪费时间比较严重时，你有何感受？（　　　）

    A. 无所谓   B. 感到很痛心   C. 感到应该从现在起尽量抓紧时间

8. 当学习忙得不可开交，而又感到有点力不从心时，你怎样处理？（　　　）

    A. 开始有些泄气，认为自己脑袋笨，自暴自弃

    B. 有干劲，有用不完的精力，但又感到时间太少，仍然拼命学习

    C. 开始分析检查自己的学习时间分配是否合理，找出合理安排学习时间的方法，在有限的时间里提高学习效率

9. 在学习时，常常被人干扰打断，你怎么办？（　　　）

    A. 听之任之

    B. 抱怨，但又毫无办法

    C. 采取措施防止外界干扰

10. 当学习效率不高时，你怎么办？（　　　）

    A. 强打精神，坚持学习

    B. 休息一下，活动活动，轻松轻松，以利再战

    C. 把学习暂停下来，转换一下兴奋中心，待效率最佳的时刻到来，再高效率地学习

11. 阅读课外书籍，怎样进行？（　　　）

    A. 无明确目的，见什么看什么，并经常读出声来

    B. 能一面阅读一面选择

    C. 有明确目的进行阅读，运用快速阅读法加强自己的阅读能力

12. 你喜欢什么样的生活？（　　　）

    A. 按部就班，平静如水的生活

    B. 急急忙忙精神紧张的生活

    C. 轻松愉快，节奏明显的生活

13. 你的手表或书房的闹钟经常处于什么状态？（　　　）

    A. 常常慢   B. 比较准确   C. 经常比标准时间快一些

14. 你的书桌井然有序吗？（　　　）

　　A. 很少如此　　　　　　　B. 偶尔如此　　　　　　C. 常常如此

15. 你经常反省自己处理时间的方法吗？（　　　）

　　A. 很少如此　　　　　　　B. 偶尔如此　　　　　　C. 常常如此

评分方法：

选择A，得1分；选择B，得2分；选择C，得3分。将你自己各题的得分加起来，然后根据下面的评析判断出自己的时间管理能力和水平。

35～45分，有很强的时间管理能力。在时间管理上，你是一个成功者，不仅时间观念强，而且能有目的、有计划、合理有效地安排学习和生活时间，时间的利用率高，学习效果良好。

25～34分，较善于对时间进行自我管理，时间管理能力较强，有较强的时间观念，但是，在时间的安排和使用方法上还有待进一步提高。

15～24分，时间自我管理能力一般，在时间的安排和使用上缺乏明确的目的性，计划性也较差，时间观念较淡薄。

14分以下，不善于时间管理，时间自我管理的能力很差，不仅时间观念淡薄，而且不会合理地安排和支配自己的学习、生活时间。你需要好好地训练自己，逐步掌握时间管理的技巧。

案例故事

以下是一个大学生写的职业生涯规划书中的"目标与计划"部分。

目标能够确立前行的方向，让自己的努力有的放矢。设定一个适合自己的目标，能够让自己的努力变得看得见和更有成效。我的短期目标是：努力地学习专业课程，夯实自己的专业基础，抓住每一次提高专业技能的机会，争取通过司法考试。大一的时候，可能对此还没有清晰的认识，所以相对比较迷茫。但是大二以后通过不同的途径，对自己的专业有了深刻的认识，目标渐渐开始清晰明确起来。一旦确立了目标，体内便会产生一种动力，不断地促使我前进，成功也就会一个又一个地接踵而来。只有树立远大的目标才能够取得佳绩，因为远大的目标能够创造一种取得成功必需的兴奋感。仅仅满足于买一所房子、买一辆汽车或得过且过的人是无法产生这种兴奋感的。只有树立了适合自己的目标并且全力以赴为之奋斗的时候，这种兴奋感才会随之而来。

针对我确立的目标，接下来为自己的目标努力奋斗才是最重要的。我对于我的目标的观点是：目标不难，但贵在坚持。我的目标相对来说是比较符合我自身情况的，既没有过高过难也不是轻易便可达到。在专业的学习中我会更加注重与同学的交流学习，因为法学专业的特点决定了交流沟通对我们的重要性。伏尔泰的作品中曾经提到过一个谜语：世界上有一样东西，它是最长的也是最短的，它是最快的也是最慢的，它最不受重视但却又最受惋惜；没有它，什么事也无法完成，这样的东西可以使你渺小地消失，也可以使你伟大地永续不绝。所以，时间也是我在学习中要时刻牢记和把握的，既要保证足够的学习时间又要保证高的学习效率。在学习中，不仅要懂得珍惜时间，更要学会运筹时间，使自己在最短的时间内，得到最大的学习效果。在学习中，必须分清主次，合理地分配自己的精力，从而使自己在繁重的学习中保持清醒的头脑，用有限的精力来帮助自己取得最高的学习效率。在学习中，来自外界和自身的一些干扰都会影响学习效率，必须学会排除和隔离这些学习中的消极因素，将它们的负面效应降到最低。学习时间有限，但学习内容却是无限的，所以要学会选择，把握重点，不要平均使用力量。在学习的过程中还要懂得把握重点，所谓重点，一是指自己学习中的弱科，二是指各学科中的重点内容。重点确定以后，必要时还可以根据本身的系统性，将重点内容再细分为几个专题，在兼顾其他各学科学习的同时，集中时间专攻第二个专题、第三个专题……这种各个击破，集中力量打歼灭战的学习方式，无论对于补差或是提高，都是行之有效的方法。

对于我的计划和目标，首先我是有足够的信心的，因为这些目标与计划是按照我自身的实际情况和特点制订的，并且符合一般规律。在大学以前，也有过设定类似目标的经验，通过自身的努力最终实现了当初设定的目标，所以说在经验方面也是有前车之鉴的。我的目标并没有好高骛远的缺点，每一个目标都是脚踏实地结合实际的，所以我认为是可行的。至于目标的细化程度，可以说我的目标非常具体，有针对专业的目标，有关于人际的目标，以及短期内的学习目标，这些具体的目标又综合构成了我的职业规划目标，可以说是相互照应相互促进的。我相信，有科学的目标并且加上我自己的努力，最终我会实现我的目标。

该生提出了哪些具体目标？是否有具体的计划？他又是如何做出这些决定的？如何判断自己的选择是正确的？请对照自己的职业生涯规划书，反思如何做出好的决策、如何撰写具体目标与计划。

本章思考

1. 试以《西游记》中唐僧、孙悟空、猪八戒、沙僧、白龙马为原型，分析其个性特征类型，并为他们拟定几个合适的目标职业。

2. 谈谈如何从认知和情感角度提高生涯决策的质量。

3. "我想做自己感兴趣的工作" "我想进入新媒体行业"，这两个目标有效吗？如果无效，试着做一些修改。

4. 以通过四级或六级考试为目标，试拟一份三个月的行动计划，注意其有效性。

5. 可能使你在毕业后做出职业调整的因素有哪些？你是否会因此放弃自己的理想职业？如果不会，你又该如何去谋求发展？

第八章　高效时间管理技巧

时间管理就是对个体资源和自我行为的管理。有效的时间管理，能够帮助我们更好地组织和规划生活，使我们的时间得到充分利用。本章将帮助大家更高效地掌握及运用时间，具体从以下几个方面来探讨高效时间管理技巧：

（1）时间管理的基本认识；

（2）有效利用时间的技巧；

（3）大学生时间管理。

有两个人到非洲去考察，突然迷路了，正当他们在想怎么办时，突然看到一只非常凶猛的狮子朝着他们跑过来，其中一人马上从自己的旅行袋里拿出运动鞋穿上。另外一人看到同伴在穿运动鞋就摇摇头说："没用啊，你怎么跑也没有狮子跑得快。"同伴说："你当然不知道，在这个紧要关头最重要的是我要跑得比你快。"

分享讨论：

读完以上故事，你有哪些想法和体会？

这个故事让人联想到：在这样一个竞争激烈的世界，最让人感到束手无策的只有一样东西——时间。

第一节　时间管理的基本认识

时间是每一个人最宝贵的财富，也是每一个人最宝贵的资源，我们不能留住时间，却可以更好地利用时间。所以我们每一个人都有必要学习如何做好时间管理。

一、时间管理的内涵

（一）时间的基本认识

1.时间的含义

时间是什么？时间对于不同的人有不同的意义。对于绝大多数的人来说，时间就是财富，是人生最大的资本。史学家说，时间是铁面无私的法官；企业家说，时间是金钱；医生说，时间是生命。

想要体会"一年"有多少价值，可以去问一个失败重修的学生；

想要体会"一月"有多少价值，可以去问一个不幸早产的母亲；

想要体会"一周"有多少价值，可以去问一个定期周刊的编辑；

想要体会"一天"有多少价值，可以去问一个地震救援的士兵；

想要体会"一小时"有多少价值，可以去问一对等待相聚的恋人；

想要体会"一分钟"有多少价值，可以去问一个错过火车的旅人；

想要体会"一秒钟"有多少价值，可以去问一个死里逃生的幸运儿；

想要体会"一毫秒"有多少价值，可以去问一个错失金牌的运动员。

这些都是不同人基于自己的经验对时间的解释和体会，想要真正了解时间并管理好时间，我们有必要对时间进行初步的认识。时间不可回溯，不能买卖，更无法暂停。总之，时间是一个较为抽象的概念，是物质的运动、变化的持续性、顺序性的表现，是人类用以描述物质运动过程或事件发生过程的一个参数。

2.时间的类型

时间的特征决定了它是世界上最为稀缺、最宝贵的一种资源。人们可以根据活动的不同类型把时间划分为工作和学习时间、休闲时间、家庭时间、个人时间、思考时间等。

（1）工作和学习时间。时间用在工作和学习上，是为了谋生和充实生活。就业前的学习和工作时的进修，也是为了充实生活。学习和工作将成为个人实现梦想，成就幸福人生的主旋律。

（2）休闲时间。它包括休息、睡眠及体育活动、娱乐时间。学会养生，懂得放松，养成良好的睡眠、休闲及运动的习惯，才能把身心调整到最佳状态。

（3）家庭时间。家庭是心灵放松的港湾，是幸福生活的源泉，所以应倍加珍惜亲情，珍惜和家人团聚的机会，与家人和谐地相处。

（4）个人时间。这是完全属于个人独自享受的时间，是用来修身养性、充实自我的。

（5）思考时间。思考过去、现在和未来。反思以前的错误，考虑现今如何改进，重在规划自己未来的发展。

3. 时间的特性

时间有四项特性：无法开源、无法节流、不可再生、不可取代。

时间的供给量是固定不变的，在任何情况下都不会增加，也不会减少。不论性别、职位、贫富，我们度过的每一年都有 365 天，每一天都有 24 个小时，所以我们无法开源。

孔子说："逝者如斯夫，不舍昼夜。"时间不像人力、财力、物力和技术那样被积蓄储藏。不论愿不愿意，我们都必须消费时间，所以我们无法节流。

陶渊明说："盛年不重来，一日难再晨。"曾国藩也说："天可补，海可填，南山可移。日月既往，不可复追。"时间一旦丧失，则会永远丧失，任何人都无法失而复得，不可再生。

任何一项活动都有赖于时间的堆砌，这就是说，时间是任何活动不可缺少的基本资源。因此，时间是不可取代的。

4. 时间的价值

从人们投入时间的活动价值看，时间可以被描述为一种资源。作为资源，时间是珍贵的。因为人的生命是有限的，投入一项活动，可能就选择了放弃其他的活动，所以人类在时间的投入上是有成本的，成本投入需要回报，这就决定了时间的价值。时间的价值基本上分为两种：一种称为无形的价值，另一种称为有形的价值。

（1）时间的无形价值。时间的无形价值是把时间投资于工作、家庭、社交的功能方面，建立工作关系、家庭关系、人际关系等。为此花掉大量的时间，但它带来的收获可能是无法用金钱来衡量的，这称为无形的价值。

（2）时间的有形价值。时间的有形价值是指把时间投资于相应的事物和关系所带来的有形的报酬。例如，一名销售人员，拜访客户，跟客户建立关系，最后与客户达成交易，就会拿到一定的报酬。

可见，虽然每个人每天都有相同的时间，但时间在每个人手里的价值却不同。从生命的有限性来说，我们必须认真对待时间，并高效使用时间，也可以称为高效管理时间。

（二）时间管理的基本认识

1.时间管理的含义

古人诗曰"海上生明月，天涯共此时"，描绘了这样的意境："一轮明月在海上升起，你我虽天各一方，却能共赏这共同的月亮。"而这句诗引申到本章中，反映了"时间对任何人都是公平的"道理。那么，怎么理解"时间管理"呢？

问题在于"时间是无始无终的，而每个人的生命却是有限的"。因此，时间管理的对象不是"时间"，而是每一个"使用时间的人"，其本质就是"自我管理"。由此可以理解，所谓的时间管理，不是管理时间，而是基于时间的"无法开源、无法节流、不可取代、不可再生"等特性，去管理"自我对时间资源使用的方式、方法以及与时间对应的事项安排"，以求减少时间浪费，用最短的时间或在预定的时间内实现既定目标的行为。

时间管理是指个体为有效利用时间资源进行的计划和控制活动，即要在同样的时间消耗下，为提高时间的利用率和有效性而进行的一系列工作。其目标是使人们从被动地、自然地使用时间转到系统地、集中地、有目的地、有计划地主动分配使用时间，从而进行高效的、富有创造性的劳动。从某种意义上说，时间管理就是对个体资源和自我行为的管理。大多数人长期处于"我不知道做什么"的状态中，他们等着外力使自己目标明确，殊不知，目标是靠自己明确的。

2.时间管理类型

时间管理有三种类型：简单型时间管理、详细型时间管理、规划型时间管理。

（1）简单型时间管理：备忘录。备忘录或者便签条可以简单快速地按照事件任务进行时间分配和使用管理。备忘录的作用并不是要完整地规划时间，而是为了防止遗漏。备忘录通常做完一件勾掉一件，好处是知道自己做了哪些事，但是也有一些缺点如不够详细、没有优先概念等。

（2）详细型时间管理：计划表。计划表要比备忘录详细一些，能提前安排时间，为一天甚至多天的学习和工作做好时间预留和准备。例如，早晨8点到9点半要上第一节课，10点到12点要到图书馆自习等，这样的计划表对任务有了更多的控制，效率相对提高。

（3）规划型时间管理：规划书。比计划表更为复杂详细的时间管理是规划型时间管理。这样的时间管理已经无法简单地列出，当任务越来越多，多到在简单的表格中无法妥善安排时，就要分门别类地对工作或学习进行长期规划。这样的规划常见于重大的职业规划、人生规划，甚至是国家发展规划。

二、时间管理的目的

时间管理的目的就是将时间投入与个人目标相关的工作中，获得"三效"，即效果、效率、效能，如图 8-1 所示。效果是指确定的期待的结果；效率是指以最小的代价或花费获得更多的结果；效能是指以最小的代价或花费获得最佳的期待结果。

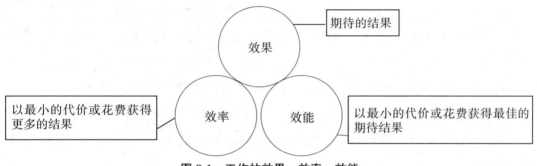

图 8-1　工作的效果、效率、效能

在这三个要素中，效能最为重要，效率次之，效果再次之。也就是说，做好时间管理，选择做最重要的事（效能）是根本，再正确地去做事（效率），最后根据前两个要素的实际效果并结合原定计划，保持适度的效果。就是说，效果必须以做正确的事和正确地做事为前提条件，否则盲目追求效果，对实现时间管理的效益作用不大，反而让自己活得很累。

效能反映了所开展活动目标选择的正确性及其实现的程度，是产出和产能之间的平衡，是短期利益与长期目标之间的平衡。管理学家、诺贝尔经济学奖获得者赫伯特·西蒙（Herbert Simon）认为，效率的提高主要靠工作方法、管理技术和一些合理的规范，再加上领导艺术；但是要提高效能必须有政策水平、战略眼光、卓绝的见识和运筹能力。由此可见，虽然效率很重要，但我们不能一味地追求效率，高效能才是真正值得我们追求的，高效能正是我们做时间管理的真正目的。如果我们进行了有效的时间管理，就会对目标和成效有所规划，我们就不会陷入"追求效率"的陷阱中。

效率代表速度和数量，效能代表质量和持久，而时间管理就是让每个人坚持去花时间做真正有价值、能带来高效能的期待的结果。明确时间管理目的，会给我们的人生带来积极的、深远的影响。

三、时间管理的要素

时间管理的关键就是对事件的控制，即把每一件事情都能够控制得很好。时间管理是在日常事务中常用的一种有目标的、可靠的工作技巧。例如，如何安排自己的生活、怎样规划自己的职业生涯或者工作的步骤，其中的关键都是如何合理有效地利用可以支配的时间。

时间管理有以下七要素：

（1）强烈的时间观念。所谓时间观念，就是指运用时间的自觉性。时间观念的强弱，决定了管理者能否有效地利用时间。这是时间管理的基础。

（2）清晰的时间成本效益观念。时间成本效益，是指做某项工作取得的效果与耗费时间之比，取得的效果越大，或耗费的时间越少，时间成本效益就越高。效果是目的，合理利用时间是手段，效果决定了时间的价值，合理利用时间又保证了效果。

（3）明确的时效观念。所谓时效观念，是指不要错过时机。机不可失，时不再来。一项工作，在一定时间内会产生令人瞩目的效果，然而时机一过，就会大大贬值，甚至毫无价值。

（4）定量控制自己时间的能力。这种能力主要体现在制订定期的计划和保证计划执行的措施上，使管理者成为时间的主人。

（5）区分关键和一般事情的能力。时间的有限性与工作的无限性之间的矛盾，迫使每个人有选择地去学习和工作。必须找出关系到全局或自我发展的关键性问题，投入自己能控制的大部分时间。

（6）节约和灵活运用时间的技巧。这些技巧包括：只做自己职权范围内的事，而不参加无意义的工作和争论；学会授权，调动下级分担自己的一部分工作；隔绝、分割与集中时间，使若干不可控的时间变为可控时间。

（7）完成工作的熟练技能。这是减少时间耗费的有效手段，因为熟练的工作技能能提高工作效率，加强工作的可靠性，在单位时间内取得更多的成果。

◆ 小贴士

时间如流水，稍纵即逝。珍惜每一分每一秒，把握现在，追逐梦想。勿让拖延和懒散成为前进的绊脚石，让每一天都充满活力和收获。坚持计划和目标，让时间成为你成长的助力，成就更美好的未来。记住，时间不会等待，只有你自己能决定它的价值。因此，要掌握科学的时间管理方法，必须先了解时间的独特性，同时思考自己的时间管理方法。

资料链接

时间管理的目的是帮助自己过得幸福，提高生活质量。分清哪些事情是重要的，把时间花在自己喜欢的事情上。时间的本质是选择，按照自己的价值观进行选择，选择做或者不做，选择做事情的优先顺序。

如何确定事情的优先顺序？

首先需要清楚自己的三观，然后用三观来建立一个判断依据，用来选择处理不同事务的优先级。在生活中做到失衡而不失控，这才是正确的时间管理。

什么叫失衡而不失控？

在人生的不同阶段中，总会因为一些因素而对某一部分过分投入，比如考试前的学习、工作初期或某个阶段的疯狂加班、沉迷于某个游戏、陷入恋情等。这种方式的投入，会挤占生活中的其他事情，短期内会失去各方面的平衡，长此以往，很容易慢慢失控，而一旦失控到临界点就会造成工作或生活的全面崩溃。时间管理，能够做到的就是帮你失衡而不失控，在临界点之前解决问题。

生活中哪些事情对自己更重要？

这并不是一个能简单回答的问题。每个人都认为自己知道答案，但这个答案是真的吗？如果从时间和精力的分配来看，人通常会自我欺骗，产生行为和理念上的冲突。比如有人说爱家庭爱孩子，但时间分配上更多的是在游戏、工作或其他事情，从时间和行为上，完全没看到任何的重要性。当你认为哪些因素对自己更重要，就应该多分配一些时间和精力，比如，哪怕需要一段时间的加班，也应该给你的另一半或家人留出足够的沟通时间。如果是长期需要加班，腾不出时间陪伴家人，那无论该工作有多好，你都需要反思，而不是任凭事态更恶劣，让自己的生活失控。

测试游戏

管理时间、运用时间调查：

1. 你一天中最高效的时间是什么时候？
2. 你一周中最高效的时间是星期几？
3. 你睡眠最高效的时间是什么时候？
4. 你每天在读书、学习上花费的时间是多少？
5. 你每天浪费的时间有多少？是做哪些事情浪费的？

6. 如果每天有额外的两个小时，你想用来做哪件事？

7. 在过去几个月里，你是否曾花费一些时间来记录你运用时间的情况？

8. 你是否对事件的紧迫性与重要性进行分类？

9. 你是否总有时间做最重要的事情？

10. 你是否能够按计划在预定的时间内完成工作？

让全体成员围坐成一圈，一起根据测试游戏的问题分享和探讨自己使用时间的状况。

第二节　有效利用时间的技巧

一、时间管理的原则

1. 先行一步原则

在实际工作和生活中，人们必须增强时间观念，无论做什么事情，都要有时不我待的紧迫感，早谋划、早准备、早着手，争取主动，避免因一步之差而与成功失之交臂。

2. 黄金时间原则

每个人都有不同的作息习惯，了解自己一天中的体力和精神状态后，试着调整时间表来配合身心状态。依据自己的心情和体力状况调整时间表，就会发现这样做不但能节省时间，还能让工作更有效率。

3. 帕金森原则

帕金森原则指出，工作在最终期限到来前是不可能被完成的。人们会下意识地根据完成时限的远近把工作分为三六九等，完成时限越近，人们对某项工作的关注度越高，投入的精力越大。

4. 集中处理原则

集中处理原则是指在一个合理的时间段内，连续进行有固定模式的重复工作，工作效率会按照一定的比率递增，从而使单位任务量耗时呈现一条向下的曲线。集中处理能提高效率是在以下两种因素的共同作用下实现的：一是熟能生巧，二是规模效应。

5. 时间"套种"原则

时间"套种"原则与集中处理原则相反，是指从事某项创新型的工作超过一定期限以后，单位时间内取得的工作成果会逐渐降低。其原因是多方面的，长时间从事单调的工作，人的兴趣会降低，创造力逐渐减退，工作效率会快速下降。

6. 自控原则

自控原则包含三层含义：一是对于能自我掌控的事物，不用再花过多的时间和精力去掌控，它会自行朝着既定的目标前进；二是对于无法掌控的事物，不必为其多费心思，时间会给出一切问题的答案；三是对于能够而且应该掌控的事物，用心去掌控。

7. 聚光原则

聚光原则认为，只有把有限的时间聚焦到重要的目标上，才能保证事业的成功。目标过于分散等于没有目标，把有限的时间分散到众多的目标上，就像将有限的资金用在众多的项目上，最终只能导致每一个项目都虎头蛇尾、半途而废。

8. 时间—资源互补原则

时间—资源互补原则来源于项目管理领域，是指时间与用于项目实施的其他资源之间存在互为补充、互相替代的关系。在项目实施过程中，当某一任务完成时限紧迫时，可通过调剂其他资源，增加人力、资金、物资、设备等投入的方式来加快任务的进程；当某一任务完成时限较为宽松时，可调剂部分人、财、物用于完成时间更为紧迫的其他任务，从而实现项目资源最优利用。

二、时间管理的方法

（一）时间管理的一般方法

1. 明确目标

目标能够刺激我们积极向上，激发我们的潜能。一个目标应该符合 SMART 原则，即具体的（specific）、可以衡量的（measurable）、可以实现的（attainable）、相关的（relevant）和有时间限制的（time-based）。

2. 有计划、有组织地进行工作

（1）设立目标；

（2）搜寻达成目标的各种途径与方法；

（3）选定最佳的达成目标的方式；

（4）将最佳途径转化成每月、每周和每日的工作事项；

（5）编排每月、每周和每日的工作次序并加以执行；

（6）定期检查目标的现实程度以及目标最佳途径的可行性。

3. 分清工作的轻重缓急

我们习惯按照事情的紧急程度来判断工作的轻重缓急，愈紧迫的事，其重要性愈高；愈不紧迫的事，其重要性愈低。但是，在多数情况下，愈是重要的事偏偏不紧迫，如期末考试、一个月后要交的一篇重要论文等。如果我们习惯于按照事情的轻重缓急办事的话，可能会使原本重要不紧急的事转化为重要又紧急的事，从而使自己经常处于危机或紧急状态之下。例如，很多研究生都认为期末要交的课程论文是一件极其重要的事，但若现在距离期末尚有两个月的话，则一般人大概不会把它视为"今天应该做的事"，更不会把它视为"今天必须做的事"。既然今天可以不做这件事，那么就可以不断地拖延下去，直到截止日期前的数日，才如临大敌般地处理"紧急事件"，结果可能不是迟交了论文，就是草草应付了事。虽然经过一番挣扎之后，可能会信誓旦旦地决定下次一定要将论文提前准备好，但是除非能够彻底地改变按缓急程度办事的习惯，到了下一次极有可能重蹈覆辙。

因此，我们认为，处理事情优先次序判断的主要依据不是事情的紧急程度，而是事情的重要程度。所谓重要程度，指对实现目标的贡献大小。我们也不应全面否定按事情紧急程度办事的习惯，但需要强调的是，在考虑行事的先后顺序时，应先考虑事情的轻重，再考虑事情的缓急。

四象限法则是美国著名管理学大师史蒂芬·柯维（Stephen Covey）提出的一个时间管理理论。

第一象限是重要且紧急的事。这些任务应具有最高的优先级，应该从现在就开始做。

第二象限是重要但不紧急的事。主要是与生活品质有关，如职业生涯的规划、参加培训、向上级提出问题处理的建议等。这些任务应该及早筹划，给自己设定时间期限，防止转化为第一象限的任务。

第三象限是不重要但紧急的事。我们平常花很多时间在这里面打转，以为自己很忙，其实是"瞎忙"。

第四象限属于不重要也不紧急的事。此时应该仔细考虑这些事情是否有做的必要性。

科学地管理时间要学会分清工作的轻重缓急，高效时间管理法的核心是：先轻重，后缓急。

4. 明确规则

在进行工作的时候，一定要牢记这个工作应于何时截止。即使外部没有规定截止的日期，自己也要树立一个何时完成的目标。

（二）时间管理的其他方法

1. 兴趣目标

做你真正感兴趣、与自己人生目标一致的事情。你的"生产力"和你的"兴趣"有着直接的关系，而且这种关系还不是单纯的线性关系。如果面对你没有兴趣的事情，你可能会花掉 40% 的时间，但只能产生 20% 的效果；如果遇到你感兴趣的事情，你可能会花 100% 的时间而得到 200% 的效果。要在工作上奋发图强，身体健康固然重要，但是真正能改变你的状态的关键是心理而不是生理上的问题。真正地投入工作中，你需要的是一种态度、一种渴望、一种意志。

2. 记录时间

知道你的时间是如何花掉的。挑一个星期，每天记录下每 30 分钟做的事情，然后做一个分类（例如读书、和朋友聊天、社团活动等）和统计，看看自己什么方面花了太多的时间。凡事想要进步，必须先了解现状。每天结束后，把一整天做的事记下来，在一周结束后，分析一下，这周你的时间如何更有效率地安排？有没有活动占太大的比例？有没有方法可以提高效率？

3. 零散时间

使用时间碎片和"死时间"。如果做了上面的时间统计，你一定会发现每天有很多时间流逝掉了，如等车、排队、走路、搭车等。它们可以用来背单词、打电话、温习功课等。重点是，无论自己忙还是不忙，你都要把那些可以利用时间碎片做的事先准备好，到有空闲的时候有计划地拿出来做。

4. 要事为先

每天一大早挑出最重要的三件事，当天一定要做完。在工作和生活中每天都有干不完的事，唯一能够做的就是分清轻重缓急。要理解急事不等于重要的事情，一定要注意不要成为急事的奴隶。有些急但是不重要的事情，要学会放掉。每天在这三件事里最好有一件重要但是不急的，这样才能确保你没有成为急事的奴隶。

5. 要有纪律

有人会说自己"没有时间学习"，其实，换个说法就是"学习没有被排上优先级次序"。曾经有一个教学生做时间管理的老师，他上课时带来两个大玻璃缸和一堆大小不一的石头。他做了一个实验，在其中一个玻璃缸中先把小石头、砂倒进去，最后大石头就放不下了。而另一个玻璃缸中先放大石头，其他小石头和砂却可以慢慢渗入。他以此比喻说："时间管理就是要找到自己的优先级，若颠倒顺序，一堆琐事占满了时间，重要的事情就没有空位了。"

6. 二八原则

人如果利用最高效的时间，只要 20% 的投入就能产生 80% 的效率。相对来说，如果使用最低效的时间，80% 的时间投入只能产生 20% 的效率。一天中头脑最清楚的时候，应该放在最需要专心的工作上。与朋友、家人在一起的时间，相对来说，不需要头脑那么清楚。所以，我们要把握一天中 20% 的最高效时间（有些人是早晨，也有些人是下午和晚上；除了时间，还要看你的心态、血糖的高低、休息是否足够等进行综合考量），专门用于最困难的科目和最需要思考的学习。许多学生喜欢熬夜，但是晚睡会伤身，所以还是尽量早睡早起。

7. 寻找平衡

怎样才能找到生活中的平衡点？这个问题长期困扰着许多人，因为对于大多数现代人来说，事业和私人生活总是像鱼与熊掌一般，难以兼得。为了取得事业上的成功，我们不得不做出妥协，而这种妥协的前提通常都是牺牲私人生活。

在寻找平衡点的过程中，组织才能与时间管理能力尤为重要。但是，时间管理并不是教你买一本记事本，学会制作一个高效的日程表；也不是让你故意放慢速度，消极地应对生活中的压力。所谓寻找平衡点，就是寻找自己的生活节奏，寻找自己心目中最重要的事，而且，还要注意同时顾及工作和私人生活两个方面。

要想同时获得事业的成功与生活的幸福，我们必须在以下这四大生活板块之间找到一个黄金平衡点：①家庭与社会交际，包括家庭、夫妻关系、朋友、爱、外界关注、社会认同；②事业与成就，包括成功、升职、金钱、稳定的生活；③身心健康，包括营养、充沛的体力、放松解压、精神状态；④人生的意义与价值，包括自我实现、心理满足、信仰、哲学思考、关于未来的设想。

8. 选择与放弃

一天只有 24 个小时，时钟每时每刻都在不停地往前走，但是，我们想干的事情又偏偏那么多，因此，我们必须学会选择并做出明确的决定：面对不同的人或事，我们要选择说"是"或者说"不"。这本来就不是一件容易的事，更何况对一件事情的选择与决定，往往还意味着放弃更多其他的可能性。正是出于这种原因，人们才会那么害怕选择、害怕决定。当你面临这种恐惧而止步不前时，请想想这句话：没有选择与放弃的生活是不可能达到平衡的。

9. 学会专注

你是否经常边打电话边写邮件，还不时地翻翻手中的财经类日报？当然，一心多用是一种了不起的本领，但这往往会使你不知不觉地在琐碎的小事上浪费了很多时间。因此，请你在处理一件事情的时候尽可能地专注，在生活中也要时刻谨记自己的目标与方向。千万不要只顾追求表面上的高效率，不断地盲目加速，却忘记了自己生活与工作的重心。如果你学会了如何专注于重要的事情，你就能掌握生活中的主动权，提高自己的创造性，并最终为自己赢得时间，为生活赢得平衡。

10. 接受不完美

所谓的完美主义对己对人都是不必要的苛求。每个人都有自己的缺点，也都会时不时地犯些小错，这有什么关系呢？一个人如果能够集中精力把所有重要的事都做好就已经很不容易了，对那些无关紧要的细枝末节睁一只眼闭一只眼，用省下来的时间与精力关注自己生活的重心，难道不是既省心又省力吗？

11. 学会享受生活

在我们周围普遍存在一种对成功的极大误解：大多数人都认为，获得成功的第一步就是高效利用时间，而提高效率的方法则是把生命中的每分每秒都安排得有意义，即便是在双休日或是假期也要始终过得积极主动。真正的成功人士是懂得享受时光的，而且放松与享乐也是创造力与灵感的最佳源泉。

12. 坚持与调整

很多时候，我们会自以为找到了生活的平衡点，但通常不过一个月，忙碌与混乱就又会使我们迷失在高速运转的社会之中，失去了生活的重心。因此，我们绝不能以一劳永逸的心态对待平衡。平衡是要我们不断寻找或创造的，平衡是需要坚持不懈地努力的，平衡是一项一生都做不完的功课。

三、时间管理的技巧

世界上最快而又最慢，最长而又最短，最平凡而又最珍贵，最易被忽视而又最令人后悔的就是时间。但是，时间并不是不能管理的，也就是说，懂得利用时间，意识到时间花费在哪，运用一定的策略管理时间，能够节约时间，也许能让你更加接近你的目标。研究显示，善于科学地管理时间的人相对没有进行时间管理的人的生活质量有显著的差异。时间管理技能可以通过训练，在掌握一定技巧后得到提高。

（一）番茄工作法

"番茄工作法"可以有效地帮助对时间不够敏感的人直观地感受到时间的流逝并迅速地进入工作状态，它简单易行、直观强化，让人更加专注地完成当时当下需要完成的工作。在"番茄时间"内要专注工作，中途不允许做与该任务无关的事直到"番茄钟"响起，这一工作法能够在当时当下让人更高效地进行学习或工作。对于进入图书馆，却拿起手机放不下的大学生们，可以首先试一下"番茄工作法"。

（1）使用理念：首先，不要在非工作时间内使用"番茄工作法"（例如，用3个"番茄时间"打扫宿舍、用5个"番茄时间"游泳等）。其次，不要拿自己的"番茄数据"与他人的"番茄数据"比较。再次，"番茄"的数量不可能决定任务最终的成败。最后，必须有一份适合自己的作息时间表。

（2）使用原则：首先，一个"番茄时间"（25分钟）不可分割，不存在半个或一个半"番茄时间"。其次，一个"番茄时间"内如果做与任务无关的事情，则该"番茄时间"作废。最后，每完成一个"番茄时间"可以休息5分钟。

（3）工作优点：首先，"番茄时间"不长，但是不要小看25分钟的"番茄时间"带来的超高效率。在这个时间内，通过"番茄工作法"可以明显提升集中力和注意力，从而减少完成任务的时间。其次，通过计时可以激励时间管理者完成目标，增强完成目标的决心。最后，"番茄工作法"上休息、工作的顺序可以改进工作学习流程，强化决断力。

（二）角色平衡法

每个人身上都有多重社会角色，这些角色和时间保持动态的平衡。事实上，各种角色是一个整体的不同面，就好像一个生态系统，生活的均衡不是穿梭在各个角色之间，而是一种动态的平衡，动态地花不同比例的时间在不同的角色上。各个角色之间的关系是双赢的，彼此共同组成紧密的整体，一个角色的成功无补于另一个角色的失败，如事业的成功不能弥补家庭的失败。

（三）一万个小时

一万小时定律是作家马尔科姆·格拉德威尔（Malcolm Gladwell）在《异类》一书中指出的。"人们眼中的天才之所以卓越非凡，并非天资超人一等，而是付出了持续不断的努力，一万小时的试练是任何人从平凡变成世界级大师的必要条件"，他将此称为"一万小时定律"。如果一万个小时的时间是三到五年，那么大学时光完全可以好好进行规划。

（1）定律理念：要成为某个领域的专家，需要一万个小时。如果每天工作八个小时，一周工作五天，那么成为一个领域的专家至少需要五年，这就是一万小时定律。

（2）使用原则：从心理学上分析，用上千上万小时来做一件事并不是一件理性的事。这常常会产生困扰，还会被人家认为是死心眼。但是无数事实证明，一个人只要不是太笨、太不开窍，有这一万个小时的苦练打底，你即使成不了大师、巨匠，至少也会成为本行业一个具有丰富经验的专家，一个对社会有用的人。因此，使用这一时间管理方法的原则就是好好规划和认真坚持。

（3）工作优点：虽然一万个小时定律目前还没有充分的科学依据，但是无数已经成功的例子让相信的人迈上了长期时间规划的征程。从这个角度讲，做好自己的五年计划，要比不知道做什么好得多。在大学期间，除了专业课还有许多学生工作和校园活动、人际交往等都需要占用大学生们的时间，如果能确定好自己未来的一万个小时做什么，做好长期规划，也是一件幸事。

◆ 小贴士

能不能做好时间管理，往往也是一个人能力的体现。事业有成的人，可能成功原因有很多种，但是，共同之处就是，他们往往都是时间管理的专家。不善于管理时间的人，会经常感到时间不够用。在实际工作中，一些人经常忙忙碌碌，甚至加班加点，但是到了绩效考评时，却很少有能摆得上桌面的业绩。其中重要的原因就在于控制和规划时间的能力欠缺，导致工作主次不分，劳而无功或劳而少功。

每个人都有自己的梦想，或者都有自己理想中的生活目标，用专业一点的话说，就是有自己的人生规划。所谓人生规划，无外乎就是你希望能够做自己想做的事情，成为自己想成为的人，达到自己预设的目标。我们只有妥善安排并利用好时间，通过实现人生旅途中一个个小目标，才能最终实现自己的人生大目标，实现规划中的理想生活。

目标管理将有助于人们把力量集中在真正的重点上，将潜意识的力量转化到实际行动上，同时引发强烈的自驱力。通过目标探索练习，人们可以高效地管理时间，实现人生规划。

课堂阅读

死神的叹息

深夜，一个危重病人迎来了他生命中的最后一分钟，死神如期来到了他的身边。此前，死神的形象在他脑海中闪过几次。他对死神说："再给我一分钟好吗？"死神回答："你要一分钟干吗？"他说："我想利用这一分钟看一看天，看一看地。我想利用这一分钟想一想我的朋友和我的亲人。如果运气好的话，我还可以看到一朵绽开的花。"

死神说："你的想法不错，但是，很抱歉，我不能答应你。我们留了足够的时间让你去欣赏，你却没有珍惜。你看一下这份账单：在过去60年的生命中，你有三分之一的时间在睡觉；剩下的40多年里你经常拖延时间。你曾经感叹时间太慢的次数达到了10000次。上学时，你拖延作业；成人后，你抽烟、喝酒、看电视，虚掷光阴。你做事拖延的时间共耗去了36500个小时，折合1520天；做事马虎，使得事情不断重做，浪费了300多天；你工作时间和同事聊天，把工作丢到了一旁毫无顾忌；你经常埋怨、责怪别人，找借口、找理由、推卸责任；你还常常和无聊的人煲电话粥；还有……"

说到这里，这个危重病人就断了气。死神叹了口气说："如果你活着的时候能节约一分钟的话，你就能听完我给你记下的账单了。哎，真可惜，世人怎么都是这样，还等不到我动手就后悔死了。"

测试游戏

测测你的时间管理能力

请你根据自己的实际情况，如实地给自己评分。对以下问题，选择"从不"计0分，选择"有时"计1分，选择"经常"计2分，选择"总是"计3分。

1. 我在每个工作（学习）日之前，都能为计划中的工作（学习任务）做些准备。
2. 凡是可以往后推的工作（学习任务），一般都有推后的想法和做法。
3. 我利用工作（学习任务）进度表来书面规定工作任务（学习任务）与目标。
4. 我尽量一次性处理完每份资料。
5. 我每天列出一个应办事项清单，按重要顺序来排列，依次办理这些事情。
6. 我尽量回避干扰电话、不速之客的来访，以及与工作（学习任务）无关的事情。
7. 我试着按照正常节奏变动规律曲线来安排我的工作（学习任务）。
8. 我的日程表留有回旋余地，以便应对突发事件。
9. 当其他人想占用我的时间，而我又必须处理更重要的事情时，我会说"不"。
10. 当天工作（学习任务）没有完成时，我会经常拖到明天，没有日事日毕。

结果分析：

0～12分：你自己没有时间规划，总是被别人牵着鼻子走。

13～17分：你试图掌握自己的时间，却不能持之以恒。

18～22分：你的时间管理状况良好。

23～27分：你是值得学习的时间管理典范。

第三节　大学生时间管理

大学是我们青春绽放的地方，我们一生中最美好的时光都给了它。在精彩的大学生活里，合理的时间管理起着不可忽视的作用，拥有合理的时间管理可以助你成长、成功。

在大学生的日常中，时间管理是不可回避的问题，无法灵活把握时间是大多数学生的共同体验。在学校期间，大学生形成良好的时间管理习惯，不仅能够使其学业有所长进，同时也能使大学生未来的职业发展领先他人一步。对于大学生而言，时间管理具有举足轻重的地位。在大学阶段，学生需要处理各种课程、实践活动、社交活动和兼职工作，这使得时间成为一种宝贵的资源。通过合理地安排和利用时间，大学生可以在学业上取得更好的成绩，为自己的未来职业生涯积累宝贵的经验。此外，良好的时间管理习惯可以帮助大学生提高自律性和自主学习能力，这对于未来的工作和生活具有重要意义。时间管理对于提高大学生的生活质量和心理健康具有积极作用，当学生学会如何有效地管理时间，他们将能够在繁忙的学习生活中找到平衡，避免因拖延、焦虑和压力而影响身心健康。同时，合理的时间管理可以让大学生有更多的时间投入兴趣爱好、社交活动和家庭生活中，从而提高幸福感和满足感。

一、大学生时间管理的特点

1.闲暇时间总量增加

有关调查结果显示，当代大学生平均每天的闲暇时间相较于过去有了明显的增加，大学生闲暇时间充足主要是以上课时间减少以及生活必需时间压缩为基础实现的，因为时间的总量不变。

上课时间的减少是由于教育改革和教学方式的变化，现代教育越来越重视培养学生的自主学习能力和创新精神，许多高校开始调整课程设置，减少传统的课堂授课时间。一方面，这种变化能鼓励学生自主安排学习进度，培养自主学习能力；另一方面，这为学生提供了更多时间参与课外活动、跨学科探究和实践，有利于个人综合素质的提升。

生活必需时间的压缩主要得益于网络服务和各种便捷设备的普及，例如，通过网上购物和外卖服务，学生们能够节省时间，使得大学生有更多的时间用于学习、兴趣爱好和社交活动。

大学生闲暇时间的增加对他们的生活和发展产生了积极影响。更多的闲暇时间使得学生有更多机会发掘自己的潜能、培养兴趣爱好和提升个人技能。此外，闲暇时间的增加还有助于学生扩大人际交往，建立更广泛的社交网络，为未来的职业生涯和人生发展奠定基础。同时，闲暇时间的增加也给大学生带来了一定的挑战，如何合理利用闲暇时间，避免沉迷于网络、游戏等，成为学生们需要关注的问题。因此，学会合理安排和有效利用闲暇时间对于大学生的成长至关重要。

2. 明显的制度特点

大学生的日常生活制度性比较强，其中包括学制安排、学习内容选定等，大学生长期生活在这种环境之下，很难不受到制度的影响。与之相适应，大学生时间安排、运用等方面也呈现出了比较明显的制度性特点，最为明显的就是固定的作息时间。

3. 明显的个体差异

有关于大学生课余时间管理现状的调查充分表明，在时间管理方面，由于年级的不同而存在着明显差异。此外，性别因素差异不够明显，男生与女生的时间管理差距通常比较小，但是女生相对来说比男生具有更好的时间管理自信以及时间管理行为能力的估计。有关研究还充分表明，成绩相对优异的学生，在自我效能方面明显高于其他的学生。与此同时，时间价值观念相对来说比较强的人，有着更强的统筹时间能力，并且能快速完成任务。

二、大学生加强时间管理的意义

著名数学家华罗庚曾说过："凡是较有成就的科学工作者，毫无例外都是利用时间的能手。"时间就是生命，时间就是效率，时间就是金钱。时间的宝贵人人知道，但是科学地管理时间、合理地利用时间、有效地珍惜时间却并非人人都能做到。

有效地管理时间对大学生的发展具有极其重要的意义。科学地管理时间可以缓解紧张情绪、提高学习效率和生活质量，使繁杂的事情变得井井有条，使自身变得自信从容。

（1）有利于节省时间。进入大学阶段，校园生活完全不像以学习为主的高中阶段，专业学习、学生工作、社团活动的时间分配成为每一个大学生需要解决的问题。但是时间是唯一对我们每一个人都公平的资源，我们只有把有限的时间加以管理，才能更好地完成校园生活中的各项任务。

（2）有利于未雨绸缪。时间是挤出来的，更是安排出来的，如果没有提前预留时间，那么遇到棘手的工作，或者需要大量时间完成的学习，是无法顺利完成的。根据时间管理的优先顺序，科学地进行时间管理规划，能够提前有效地预留相应的时间来完成重要但并不紧急的事情。不紧急并不代表不需要规划，反而，不紧急的事情为了避免拖延和没有目的的进行，更需要未雨绸缪。

（3）有利于完善自我。科学地管理时间，而不是被时间所控制，能够最大限度使用时间，从而完善自我，形成良性循环，如果在一定时间内安排的事情太多太满，就会导致学习和工作缺乏动力，完不成目标的时间管理也就失去了管理本身的意义。因此，一个科学的时间管理应该是一个合理的时间安排，而这个安排将更有利于时间管理者自己的发展，一切管理都是为自我发展服务。

研究发现，大学生的时间管理能力越强，其成就动机就越强、自尊水平越高、健康状况越好。同时，有效的时间管理还能发挥调节作用，降低压力带来的焦虑和抑郁程度。

三、大学生时间管理现状与原因分析

（一）大学生时间管理现状

目前大学生的时间管理现状并不尽如人意，表现在以下几个方面：

1. 时间安排不合理，利用质量差

随着大学生独立自主意识的增强，受社会多元文化的影响，他们对业余时间的安排与利用呈现多样化的趋势。大学生群体大多不喜欢循规蹈矩，在学习和工作中不愿按计划使用时间，从而效率低下，浪费了大量时间。有部分大学生并不是不愿意计划自己的时间，而是时间规划得不合理，没有将时间进行具体分配。如许多人在业余时间沉迷于网络、游戏、聊天、玩乐等。大学生对课余时间的利用效率低、质量差，严重影响了正常的学习，影响身心健康，甚至出现行为偏差等不良现象。

2. 缺乏时间意识和自我管理能力

大学与中学最大的区别是，大学业余时间增多了。很多大学生对忽然增多的大量业余时间感到茫然，对时间没有安排计划，不重视，随感觉和心情而定，安排带有很大的随意性和盲目性。随意、盲目安排业余时间，这说明部分大学生缺乏时间意识，没有明确的人生目标，没有科学合理的人生规划，自我管理能力差。

3. 闲暇时间安排过于享受化

当今的大学生在物质经济上没有压力，无忧无虑，致使部分大学生对闲暇时间的安排过于宽松。一些大学生虽然怀揣着雄心壮志进入大学，但因为不知道自己应该做什么、不知道如何管理好大学时光，最后后悔莫及。

4.时间价值感的深度不足

大学生时间价值感是其对成长价值的稳定的认识、态度和观念，直接影响时间监控度和效能。大部分大学生具有一定的时间价值感，知道时间与自身发展的关系，也能意识到时间的有限，但能够做到深入思考的人却很少，多数局限在教条式的认识上，在提高思维水平、知识储备以及自我实现等方面缺少必要的实践。

5.时间监控度弱

大学生时间监控度主要体现在目标的设置、计划的拟订、优先级别的安排、时间的利用等外在行为上，无法系统有序地去执行子项目造成了个体时间监控上的薄弱。没有了父母的严格管束，没有了高中老师的具体要求，大学生对自身的时间具有较高的掌控力，合理安排时间，主动进行规划，成为大学生的必然需要。然而调查发现，真正能习惯性地做时间计划和安排的大学生不到两成，而对时间规划缺乏理性思考的大学生近四成。尤其在时间监控的目标设定上，大学生存在根本性的认识不足和行动的缺乏。时间分配上，许多大学生在学习与娱乐活动的平衡上有所偏差。此外，大学生时间效能低。大学生时间效能是制约时间监控的一个重要因素。在实际执行中仅少数学生能严格按照计划执行。对于无法按计划行事的原因，多数学生不会主动检讨、总结，而是忙于找各种理由，仅仅口头上重视，实际行动严重滞后、缺乏落实，直接导致时间管理效能的降低。

（二）影响大学生时间管理的因素

1.客观因素

（1）现代新媒体。现代大学生几乎人手一部智能手机或掌上移动设备，他们是互联网的主要使用人群之一。网络、智能设备为大学生提供了快捷的学习方式，也带来了弊端，有些学生开始沉迷于网游、网购和其他娱乐中，耽误了课余甚至上课的时间。更糟糕的是，这种影响并不仅局限在校园内，还延伸到了校外，比如，通过社交网络结识校外不良人员，可能会对大学生造成巨大的身心伤害。

（2）家庭教养方式。父母教养方式是父母的教养观念、行为及其对子女情感表现的一种组合形式。父母的爱和理解让子女体会到温暖，产生信任感，有助于养成良好的学习习惯，学会正确支配时间、设定目标并合理安排时间。相反，父母的过分干涉会使子女产生逆反心理和自卑感，对学习产生厌恶，而且这类学生的人际关系通常不佳，学习成绩落后。

（3）性别、年级和专业。不同性别、年级的大学生的时间管理倾向存在差异。女大学生的时间管理倾向水平要高于男大学生，高年级大学生的时间管理倾向水平高于低年级大学生。应届毕业生由于面临就业、考研的压力，会对时间、职业目标等进行管理规划，表现出较高的时间管理水平。另外，不同专业的大学生也会在时间价值感方面存在差异。

（4）学校氛围。不同学校的学生在学习能力、学习动机、学习主动性上存在一定的差异，其中学校的学习氛围是主要影响因素之一，这种氛围也会影响大学生的时间管理。

2. 主观因素

大学生适应相对自由的学习生活，需要一个必然的过程，学生的个体差异在某种程度上决定了他们不同的适应力，也对其时间管理的能力产生了不同程度的影响。

（1）心理健康。心理健康即正常的心理状态，是指精神活动正常，心理素质好。心理健康与否，直接影响了有效的时间管理，大学生时间管理能力越强，其体验到的焦虑情绪就越少。个体主观幸福感的积极情绪越高，消极情绪越少，时间价值感和效能感就越高。

（2）完美主义。完美主义是一种人格特质，是个体设立过高的标准，并根据目标的实现与否来评价自己的倾向。消极的完美主义者总希望把任何事情都做得无可挑剔，在没有把握顺利完成某项任务之前，迟迟无法开展行动，一拖再拖。因此，完美主义往往造成结果与期望的巨大差距，影响了大学生的心理健康，而大学生是否心理健康，又影响到能否有效的时间管理。

（3）自立人格。学者夏凌翔和黄希庭将自立人格的概念界定为在社会背景下，个体在自己解决关于基本生存与发展问题中所形成的个人、人际的特质，主要是独立个性、主动性、责任性、开放性和灵活性等。自立人格对个体的行为起着重要作用，自立人格对大学生时间管理的优先级、反馈性、时间分配和行为效能预测力最强。

（4）身份认同。学生怀着憧憬步入大学，但面对专业枯燥乏味、校区配套设施欠佳等问题，理想与现实的巨大差距使身份认同产生了偏差，导致大学生对大学生活产生迷茫，时间管理意识也就不足。

四、大学生时间管理技巧与方法

善于管理时间的大学生，不仅能在有限的时间内轻松而高效地完成学习，同时今后也会得到公司的认可与重用。

1.规划时间

华罗庚说："时间是由分、秒构成的，只有善待每一分钟的人，才能做出伟大的成绩来。"

初入大学的新生很快会发现，大学比高中自由，不像高中有那么多作业，周末更自由，没有家长的监督管束，也没有人限制上网，可以随时浏览微信、微博，感受到前所未有的自由，也有更多可支配的时间。但不少同学在大一过后总结生活，蓦然回首，发现竟浪费了那么多的时间。

魏同学是2015级的学生，大二时发现自己的学习效率不高，成绩下降，她决定开始管理时间。她记录了自己一周时间使用情况，发现浪费的时间主要是早上和晚上。早上从起床到出门时间太久，而早上的时间正是自己记忆力最好的时候；晚上总是无所事事，而晚上的时间是最适合思考研究的时候。她决定提高这两个时间段的利用率。她准备了专门的笔记本做时间手账，并给自己设立了100天计划、季度计划、周计划和日程表。完成计划给她带来了成就感，还找到了自己的目标。大三学年期末她的专业成绩排到了第二名，后保送至北京大学攻读研究生。

从魏同学的时间管理情况我们可以看到时间管理的内容和效果，记录时间，可以提高对时间的觉察力。首先要梳理自己的时间使用情况，找出自己的时间都去哪了。当连续一周记录每天的日程，拉出一条时间轴，就能看到时间的消耗情况。除了找出自己浪费的时间，还要看看哪些时间段是高效的，制作出自己的时间效率表，将高效的时间段用于优先要完成的事情。

制订计划，有助于提高学习生活的有效性。正如魏同学一样，给自己一个学习生活计划，制订年度、季度或周计划，设置日程表，可以按照学习、工作、生活等进行划分，制订合理的、切实的计划，要避免计划的假大空。比如避免设立一个减肥的大计划，要分为饮食、运动等具体的小点，并将具体的问题细化到月、日等。2016级的王同学说："比起没有计划的时候，对生活进行规划提高了效率，减少了生活中的焦虑感。尽管制订的计划未必能100%完成，但收益是巨大的。"

总结复盘，可以及时反思，调整计划，以达成目标。进行每周、每月、每季度或年度复盘。花点时间回顾阶段计划完成情况，总结成果，肯定自己的努力，同时发现问题，反思现状，以便及时调整计划，达成自己心中的目标。

大家对时间四象限法一定不陌生。时间四象限法将事情分为紧急重要的事、重要而不紧急的事、紧急但不重要的事、既不紧急又不重要的事。值得我们注意的是，重要而不紧急的事,需要我们有更好的计划提前去做,才不会让事情都变成紧急重要的事。比如提升演讲能力,虽然对于近期来说并不紧急,但如果现在不练,未来在面试时可能变成紧急重要的事。紧急但不重要的事,就尽快地处理掉,对于既不紧急又不重要的事,采取最简单的策略,对它说"不"。

时间不是取之不尽用之不竭的,特别是大学四年,"谁说毕业遥遥无期,转眼各奔东西"。实施时间管理办法,有助于减轻时间焦虑,提升集中力和注意力,巩固达成目标的决心。

2. 克服拖延症

张同学是 2012 级的学生,游泳课不及格,本该抓紧练习尽快重修,但素有拖延症的她总忙于各种事情,直至拖到了大四。大四时忙着考研,考研失利后又忙着找工作,总有要忙的事。最后一次补考,她匆匆忙忙下游泳池游了两三次,也没有学会游泳。最后,她成为当年学院里唯一一个因为游泳课未通过而延期的学生。

拖延是现代人常犯的问题,事情不会因为拖延而消失,反而因为拖延不断地耗费人的心理能量。克服拖延症,需认真分析拖延的原因,找到拖延背后的心理因素。

要做的事情太多会引发拖延。日程表太满了,很多事情做不完,不得不拖延。不断地赶在截止日期前先完成截止时间早的事,拖延截止时间晚的事件,并将自己弄得疲惫不堪。对此可以列出任务清单,不让事情如滚雪球一样增多,将事情分门别类,填入时间四象限中,对于不紧急不重要的事果断舍弃,对于必须完成的事提高效率、限定时间完成,完成后进行自我奖赏。

要做的事情太难会引发拖延。时间管理并不总和时间有关,有时我们不愿做某些事情,是因为它们做起来很困难或者让我们感觉不舒服,于是拿没有时间为借口来拖延。张同学在延期后思考了这件事,她发现自己之所以总用别的事情来拖延游泳,是因为害怕下水,并认为自己学不会。后来她正视了这个问题,请了一位教练教自己游泳,很快就学会了游泳。直面问题,找到解决问题的办法,可以减少拖延。

对所做的事情没有兴趣或认为不重要也会引发拖延。《活得明白》作者、生涯咨询师贾杰说:"没有什么拖延症,只不过你潜意识已经判断事情并没有那么重要。"从拖延里我们也可以发现问题,如果拖延的事情是你觉得没有意义没有兴趣的,那就要思考一下是否要放弃它,寻找你感兴趣或更重要的事。

不要拖延,去行动吧!或者直面问题,或者学会取舍,或者改变方向,寻找更有兴趣或重要的事,别让拖延耗费你的心理能量。不完美的行动胜过完美的等待。时间是有限的,想要在有限的时间里完成更多的事,需要提高自身的执行力,避免成为拖延症患者。

3. 创造余闲

《稀缺：我们是如何陷入贫穷与忙碌的》一书中提到余闲就是我们在拥有很大空间、不存在稀缺心态时的产物，也是我们在资源丰富时进行资源管理的特定方式。

举个例子，学校为了给师生更多的空间，整理出所有能使用的教室、会议室，并设置了网络预约系统，师生可以提前预约。但现实中并非所有的日程都在计划中，临时需要召开的会议，计划之外的学术讨论，新增的学生活动往往会突然出现，这时候却因没有空余的会议室陷入尴尬的境地。后来，学院办公室修改了一下预约设置，留下一间会议室，以备临时急用。这看上去有些浪费，实际上空置的这间会议室却常常起到救急的作用，对师生更有利。

《稀缺》一书认为稀缺就是没有余闲，余闲是应对突发事件的利器。时间上的余闲就像空置的会议室，可以让我们更有选择权，让我们的学习生活更加游刃有余。

创造余闲，就要防止过密的工作计划，在日常安排中留下空白，留出充分的机动时间，给可能突然出现的工作任务留出资源。要提高学习和工作效率，还要预测未来可能发生的事情，让自己在时间管理上更加主动。

忙碌而焦虑的现代社会，人们常常像被故事中的时间窃贼一样窃走了时间，机械地奔波，没有停留喘息的时间，逐渐陷入危机。要让时间之花绽放，就不能让生命陷入稀缺的状态，做好时间管理，警惕时间窃贼，创造出时间的"余闲"，才能让生活更有质量。

课堂游戏

养成合理分配时间的习惯

1. 活动思路

依据美国著名心理学家埃里克森提出的人格发展理论，青少年的基本任务是发展自我同一感。如果不能顺利完成这一任务，就可能发生自我同一性的混乱，其中的一个表现就是时间混乱，如缺乏时间观念、不考虑时间限制、任意拖延或者急于立刻解决问题等。

2. 活动准备

（1）为使大学生对自己的时间管理情况有明确的认识，课前可以安排其连续记录一周自己的时间分配状况，课上进行分析。

（2）给每个学生准备一张长40厘米、宽5厘米左右的纸条，分为十等份，为节约时间可以事先画好刻度。

（3）课上学生分组活动，每组准备一张白纸，一支水彩笔，用于记录讨论结果。

3.活动过程：度量人生

假设我们可以活到100岁，用带有0～100刻度的纸条象征人的一生。

（1）找到你现在的年龄刻度，把走过的人生撕掉。

（2）通常人们在60岁退休，找到那个年龄刻度，把那之后的人生撕掉。

（3）想想你希望自己什么时候做到事业有成，找到那个年龄刻度，把那之后的人生也撕掉。

时间馅饼

1.发给每位成员"时间馅饼"练习纸。

以大圆代表一天24小时，请根据你一天的平均活动状况，将各类活动所花费的时间按比例在圆内画出。圆内每格表示1小时。

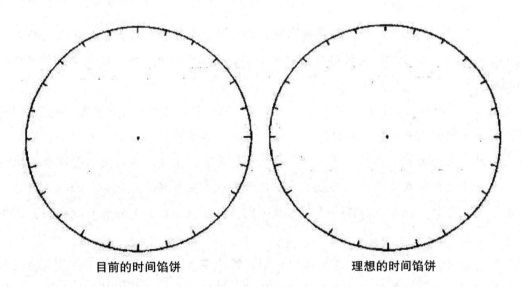

目前的时间馅饼　　　　　　　　　理想的时间馅饼

完成实际的时间馅饼后，请你看看自己的馅饼，并问问自己：①你对自己目前使用时间的情形满意吗？②在你的理想中，应该怎样使用时间？③你希望能花更多的时间做什么？④你希望减少做哪些事的时间？⑤三件你想要去做，却一直还未去做的事是什么？

然后画一个你理想中的时间馅饼。你理想中的时间使用情况与现实有哪些不同？你将采取哪些行动，改变你目前的时间使用情况，让它更接近你理想中的生活？最后同组同学分享。

2.请每组推派一名代表将该组讨论的结果与全班同学分享。

3.当你认真地了解自己运用时间的情况，并了解其他同学的时间分配后，你是否想要调整一下自己的生活步调？在你理想的生活安排中，哪些是你生活的重心？课业、社团、亲情、爱情，你将如何排出轻重缓急，分配你的时间，让你的大学生活充实愉快、收获良好？

职场案例故事

职场中的时间管理

安筠和凌青在同一家公司上班，在同样的职位上做着相同的工作。这天，她们面临着同样的工作安排：①拟订下季度的部门工作计划，第二天上午交给主管；②11：30去机场接一位外地客户，并将他送到酒店；③去银行办理相关的手续；④下班后和朋友约会，因为今天是个纪念日。

先看安筠是怎么做的。

由于她前一天晚上加班，睡得有点晚，所以早晨起床有些迟，她匆忙赶到公司，结果还是迟到了5分钟。走进办公室刚一坐下，她就听到电话响，原来是主管提醒她要按时交计划书。

然后，她打开计算机，开始了一天的工作。她首先打开了自己的邮箱，查看邮件，并一一回复内部以及客户的邮件。随后就一直处理各类电话，有的是客户的，有的是分公司的，当她处理完最后一个电话，已经11点了。这时，她突然想起还要去机场接客户，于是匆忙在外出登记上做了一下记录，就赶往机场。赶到后，客户已经在机场等了十几分钟，她一边解释一边向客户道歉，将客户安顿好并陪客户吃完饭，已经到了下午2点。

回到公司，她刚刚坐定，想写工作计划，银行那边就打电话来催了。于是她又匆忙赶到银行，没想到银行突然须加一份文件，急得她跟银行工作人员理论了半天，最后还是不得不返回公司取文件。就这样，当她处理完银行事务返回公司时，离下班只剩下一个小时了。这时，她觉得太累了，不想再写那份计划书了，于是就先给朋友打了一个电话，聊聊天感觉好了许多。放下电话，看到满桌堆着的文件，她忽然觉得特别烦，决定整理已拖了几个星期的文件。整理完文件，已经到了下班时间。18点跟朋友约会，一起吃晚饭庆祝纪念日，吃完饭已经很晚了。回到家，由于工作计划还没有完成，她不得不泡了一杯浓浓的咖啡，坐在计算机前，继续加班。

再来看凌青是怎么做的。

凌青在前一天晚上休息前就把第二天要做的重要事情在脑海里过了一遍。

第二天赶到公司后，根据安排，她先给各分公司打电话，请他们将相关材料传送过来，并且礼貌地告知上午不再接受他们的其他询问，下午她会在适当时间给予答复，然后又给机场打电话，确定班机到达时间。最后，她又给银行打电话，以确认需要的相关手续及要准备的材料。打完电话后，她开始抓紧写工作计划，对此计划她早已构思得差不多了，所以很快就完成了，并提前交给了主管。中间除了几个重要的来电，她暂停了其他的工作。11点她离开公司前往机场，顺便带上到银行办理业务所需的一切资料。等她赶到机场时，客户刚下飞机，由于提前订了酒店，所以她很快就将客户安顿好，并在愉快的氛围中同客户共进了午餐。告别客户后，她又顺道去银行办完手续，在下午3点回到了公司，将上午各分公司的事务集中处理完结。17：30，接到朋友打来的电话，她到洗手间重新打扮一番，开开心心地去赴约，过了一个富有情调的纪念日。

从安筠和凌青对工作时间的安排及对工作的处理来看，安筠没有按照事情的轻重缓急来安排自己的工作，所以弄得自己既紧张又忙碌，而且工作还没有做到位。而凌青深谙有效进行工作时间安排及管理的精髓，最终从容不迫而又出色地完成了任务。

人生最宝贵的两项资产：一项是头脑，另一项是时间。无论你做什么事情，即使不用脑子，也要花费时间。因此，管理时间的水平高低会决定你学习、生活、事业的成败。时间管理不是要把所有事情都做完，而是更有效地利用时间。进行时间管理，除了要决定你该做些什么事情之外，还要决定什么事情不应该做。

本章思考

1. 时间的本质是什么？时间管理的内涵是什么？时间管理一般存在哪些误区？
2. 时间管理的原则有哪些？
3. 时间管理的方法与技巧有哪些？

第九章　有效沟通技能

沟通是为了特定的目标，把信息、思想和情感在个人或者团体间传递，并且达成共识的过程。沟通强调双向传递，简单，却也困难。研究表明我们工作中 70% 的错误是由于不善于沟通造成的，避免错误是人们需要沟通的理由之一。本章将从以下几方面介绍如何提升沟通的艺术，达成沟通目标，以促进支持与合作：

（1）有效沟通的认识；

（2）有效沟通的关键能力素质；

（3）有效沟通的艺术。

开篇故事

某精密机械工厂生产某项新产品，将该产品部分部件委托小工厂制造，当该小厂将零件的半成品呈示总厂时，不料全不合要求。由于迫在眉睫，总厂负责人只得令其尽快重新制造，但小厂负责人认为他是完全按总厂的规格制造的，不想重新制造，双方僵持了许久。总厂厂长知道了这种局面，问明原委后，对小厂负责人说："我想这件事完全是由于公司方面设计不周所致，而且还令你吃了亏，实在抱歉。今天幸好是由于你们帮忙，才让我们发现竟然有这样的缺点。只是事到如今，事情总是要完成的，你们不妨将它制造得更完美一点，这样对你我双方都是有好处的。"那位小厂负责人听完，欣然应允。

第一节　有效沟通的认识

社会的发展在不断影响着我们相互交流的方式，不管是职场新人还是职场精英，都需具备良好的协作沟通能力。沟通是人际交往协作的基础和生存发展的基本技能之一。在大学里，和老师、同学相处，以及在社团工作，都是锻炼自我社交技能的渠道，这也是在课堂上很少涉及的内容，需要我们在日常学习生活中加以体会和练习。

一、沟通概述

（一）什么是沟通

所谓沟通就是信息传授的行为，是指发送者凭借一定的渠道，将信息传递给接收者并寻求反馈以达到相互理解的过程。沟通是信息运动的过程，信息是沟通传递的材料，形式与内容，两者密不可分。世界上既没有不沟通的信息，也没有无信息的沟通。沟通包括以下三层含义：

1. 沟通首先是信息的传递

没有信息的沟通是不存在的，而信息不能被接收也不能形成真正意义上的沟通。如树林中有一棵树倒了，却没有人听见，那么它是否发出了响声？从科学的角度讲，确有响声，但从沟通学角度讲，却是不存在的。

2. 信息要被充分理解

信息只有被接收者充分理解才有实际意义，才能谈得上"通"，才有可能达到沟通的目的。因此，理解是有效沟通的前提。信息是否能够被充分理解受到很多因素的制约，如知识结构、社会阅历、思维方式、表达能力、地域文化、合作经历、做事风格等。大学生在与人沟通时不仅要考虑自己的目的，更要考虑沟通对象的实际情况，要因人而异、因时而动、因事而变。

3. 积极的沟通意识是巨大的无形资产

沟通意识包括了解他人、认识他人、尊重他人的意见，对影响和形成与公众良好关系的必要性和能动性的意识，对沟通行为如何影响个人成功的意识，塑造自身形象的意识，真诚互爱的意识，我为人人、人人为我的意识，帮助他人就是帮助自己的意识，良好的关系是一种无形资产的意识，等等。因此，培养、引导大学生树立优良的沟通意识对于社会的和谐与发展，个人的成长、成功、成才与幸福是十分必要的。同时，沟通理念、沟通意识、沟通思想作为人类精神文明的一种成果为越来越多的人所接受，对人际关系的和谐与协调，对社会的进步发挥着日益重要的作用。

（二）沟通的分类

1. 按信息反馈的角度分类

从信息有无反馈的角度看，人际沟通可以分为单向沟通和双向沟通。

（1）单向沟通

单向沟通是指发送者和接收者之间的地位不变（单向传递），一方只发送信息，另一方只接收信息的方式。这种沟通的模式在日常工作中很普遍，如公司领导布置任务，或者交代工作等。在进行单向沟通时，要特别注意沟通渠道和接收者的接受能力，是不是完整地表达出了要传达的意思。

（2）双向沟通

双向沟通是指在沟通过程中，发送者和接收者之间的位置不断交换且发送者是以协商和讨论的姿态进行沟通的，如交谈、协商等。面对接收者，信息发出以后还需及时听取反馈意见，必要时双方可进行多次重复商谈，直到双方共同明确和满意为止。其优点是沟通信息准确性较高，接收者有反馈意见的机会，产生平等感和参与感，增加自信心和责任心，有助于建立双方的感情。

2. 按组织程度分类

按照组织程度分类，人际沟通可以分为正式沟通和非正式沟通。

（1）正式沟通

正式沟通是指社会结构内部各种社会角色之间遵照社会规定与角色规范，通过内部正式安排的沟通渠道所进行的人际沟通。正式沟通包括上行沟通、下行沟通及平行沟通三种，如表9-1所示。

表9-1　正式沟通的三种形式

分类	定义与分析
上行沟通	指下级向上级直接说出意见和想法。这是一种精神上的满足，作为领导爱给下级这种上行沟通的机会。可以通过制定相关的制度来保证上行沟通的顺畅。比如定期召开座谈会，设立意见箱，制定定期汇报制度等。如果下级主动来沟通，上级要鼓励和奖励这样的行为。让其他下级看到，上级希望能够和下级进行更多的沟通

分类	定义与分析
下行沟通	是指把部门的目标、制度、工作程序向员工传达。在传达过程中要注意减少信息的误传和曲解，清除相应的隔阂，这样有助于决策的执行和控制
平行沟通	指的是部门之间的信息交流与合作。平行沟通有助于减少部门之间的相互推诿，提高工作效率和协调工作进程

正式沟通的优点是，沟通效果好，比较严肃，约束力强，易于保密，可以使信息沟通保持权威性。重要信息和文件的传达、组织的决策等，一般都采取这种方式。其缺点是，由于依靠组织系统层层传递，因此比较刻板，沟通速度慢。

（2）非正式沟通

非正式沟通指的是正式沟通以外的信息交流和传递，它不受组织监督，自由选择沟通渠道。例如，团体成员私下交换看法，朋友聚会，传播谣言和小道消息等都属于非正式沟通。非正式沟通是对正式沟通的有机补充。在许多组织中，决策时利用的情报大部分是由非正式信息系统传递的。与正式沟通相比，非正式沟通往往能更灵活迅速地适应事态的变化，省略烦琐的程序，并且常常能提供大量的正式沟通渠道难以获得的信息，能真实地反映员工的思想、态度和动机。因此，非正式沟通往往能够对管理决策起重要作用。

非正式沟通的优点是，沟通形式不拘，直接明了，速度很快，容易及时了解到正式沟通难以提供的"内幕新闻"，能够发挥基础的作用，维持团体中良好的人际关系。其缺点是，难以控制，传递的信息不确切，易于失真、曲解，而且，可能导致形成小集团、小圈子，影响人心稳定和团体的凝聚力。

3. 按照对媒介的依赖程度分类

按照对媒介的依赖程度，人际沟通可以分为直接沟通和间接沟通。

（1）直接沟通

直接沟通是指人们运用人类自身固有的手段（如语言和非语言手段）而进行的面对面的沟通，如谈话、演讲、上课等。

（2）间接沟通

间接沟通是指人们通过中间人或借助中介技术手段（如书信、电话等个人媒介和电视、广播、报刊、网络等大众媒介）而进行的相互沟通。

人类社会之初，由于中介手段的局限，直接沟通成为人类沟通的全部。伴随着社会的发展，间接沟通的比重逐步上升。直接沟通与间接沟通各有优势，直接沟通方便人与人之间的情感交流，而间接沟通则能发挥方便、快捷的优势。在学习型社会中，直接沟通与间接沟通同时存在，互为补充，两者同样不可忽视。一般来说，在社会能够进行直接沟通的情况下，我们提倡进行直接沟通；而在直接沟通存在困难的情况下，我们则提倡间接沟通。

4. 按照所使用符号的形式分类

按照所使用符号的形式分类，人际沟通可以分为语言沟通和非语言沟通。

（1）语言沟通

语言是人类交流和沟通的基本工具，无法想象如果没有语言，人类的生活将会变得怎样。语言包括词汇和语法两个部分。词汇是语言的基本构成要素，每个词汇都代表着某一类特定的事物、动作、情感、特征或关系。从沟通的角度看，语言实际上是人们表达思想的一种代码或编码形式。只有沟通双方赋予词汇相同的含义，沟通才能得以顺畅进行。由于词汇的有限性，很多词汇都存在多种含义，因此在具体的语句中首先必须弄清楚每个词汇的含义，否则就会出现误解。词汇不仅存在多义性，而且随着时间的推移也会发生变化。此外，不同国家、不同地区甚至不同的个人对同一词汇的理解也不尽相同。因此，在沟通时，必须首先弄清楚沟通对象的语言习惯，否则不是词不达意就是误会不断。

语言沟通的形式可以分为两大类，即书面语言沟通和口头语言沟通。书面语言沟通的特点是正式、权威和持久，有利于准确地理解，并且在一定程度上排除了传递过程中信息遗失或信息被曲解的可能性，通常运用于组织正式沟通中。口头语言沟通主要通过声音符号来传递信息，其特点是反馈快、弹性大、效果好，而书面语言沟通则通过文字和图案等视觉符号传递信息。口头语言沟通的优势在于除了能表达具体的信息内容外，还可通过语音和语调等副语言来表达信息发送者的感情和态度，较书面语言更具有灵活多变性。口头语言表达中副语言的辅助作用使口头语言沟通的信息解码更加复杂，更容易出现歧义和曲解。

（2）非语言沟通

非语言沟通，是指用语言以外的，即非语言符号系统进行的信息交流。这种形式一般表现为身体语言沟通，即人们在生活和工作中约定俗成的具有明确指代意义的动作，如点头、摆手、耸肩和皱眉等。非语言沟通形式是最古老的沟通形式，早在人类诞生以前就产生了，如各种动物都具有自己的非语言表达形式。与动物相比，人类的身体语言和表情等更加复杂。现在，人类已经创造了非常发达的标志符号体系。很多文字在早期都有明显的符号特征，如交通标志和危险标志等。与语言沟通形式相比，非语言沟通形式更加直观、迅速，具有个性。有时非语言沟通在某种程度上更能充分地体现一个人的素质、能力和修养。

实验证明，7%的信息沟通取决于语言用词，38%的信息沟通取决于语音音质，55%的信息沟通取决于眼神、手势、双方距离等非语言因素。因此，最好的沟通方式是面对面的沟通。

二、有效沟通概述

（一）什么是有效沟通

未来竞争将是管理的竞争，竞争的焦点在于每个社会组织内部成员之间及其与外部组织的有效沟通之上。

——约翰·奈斯比特

美国著名学府普林斯顿大学对一万份人事档案进行分析，结果发现："智慧""专业技术""经验"只占成功因素的25%，其余75%取决于良好有效的人际沟通。

那么什么样的沟通才是有效沟通呢？有效沟通是指沟通者为了获取沟通对象的反应和反馈而向对方传递信息的全部过程，它是通过听、说、读、写等载体，或演讲、会见、对话、讨论、信件等方式将思维准确、恰当地表达出来，以促使对方更好地接受。一个有效的沟通过程必须满足以下六个基本要素：

1. 沟通的主体

沟通的主体是指拥有信息、有明确的沟通目的并主动采取沟通行为的人。他们是沟通活动的主动发起者、执行者和信息的传递者。他们启动沟通活动，选择沟通对象，并决定沟通的目的。信息发送者，有时是有意识的，有时是无意识的，但沟通立足于有意识的信息传递。信息发送者的主要任务是信息的采集、加工、传递和对反馈信息的再沟通。

2. 沟通的目的

沟通要有明确的目标，这是沟通最重要的前提。沟通开始就要说出你要达到的目的，这是非常重要的，也是你的沟通技巧在行为上的一个表现。作为一个沟通的组织者在沟通前一定要明确将要进行的沟通所要达到的目标，思想还是情感，办事还是交友，要充分为听者考虑设想内容，准备听者最切身的应用范例。只有明确了沟通的目的，才能衡量沟通的效果。沟通的目的一般有以下几种：传达你想要对方了解的信息；针对某个主题，想要了解对方的想法或感受；想要解决问题，达成共识或达成共同的协定；倾诉自己的情感。

3. 沟通的对象

沟通的对象是信息接收人，是发送者的信息传递对象。由于沟通常常是一种分享的过程，而非单向的，所以在大多数情境中，发送者与接收者会在同一时间既发送又接收。在人际沟通行为中，人们面对面地进行交流，接收者常在交流时，及时地把自己的思想和情感反馈给发送者一方。接收者对接收到的信息是否理解对信息沟通效果有极大影响，而理解程度与接收者的水平、主观立场、知识阅历等因素有关。一般接收者容易根据个人的主观立场和认识来理解他所获得的信息。

4. 沟通的信息

信息就是发送者所要表达的内容，是由发送者与接收者所要分享的思想和情感组合而成的。所有的沟通信息都是由语言和非语言组成的，沟通的内容不仅是信息，还包括重要的思想和情感。事实上我们在沟通过程中，传递更多的是彼此之间的思想，而信息的内容往往并不是最主要的。

5. 沟通的方式

沟通的方式有很多，传统的沟通方式有当面沟通、电话沟通和书面沟通。随着社会的发展、科技的进步，传真、电子邮件等各种现代沟通方式越来越多地被人们运用。根据沟通的目的、内容、对象、环境等选择恰当的沟通方式是保证沟通效果的重要前提条件。沟通的方式是信息经过的路线，是发送者把信息发出和接收者接收与反馈的手段。在面对面的沟通中，沟通的渠道主要是声音和视觉，我们可以互相倾听和观看，因此影响力最大。另外，我们生活中的大众媒介如广播、电视、网络、报纸、杂志等，还有利用非语言符号，如握手（接触）、表情、着装、语气语调（声音）等，也是沟通的手段和方式。

6. 沟通的反馈

沟通结束以后一定要形成一个双方或者多方都共同承认的协议，只有形成了这个协议才是完成了一次沟通。反馈是接收者对信息的反应，它反映出接收者对信息的理解程度和接收情况，展示沟通的效果。沟通者可以根据反馈的信息进行再次沟通，要注意的是，反馈是双向的，沟通的任何一方都在不断地将信息回送给另一方，因此双方都可能是信息发送者和接收者。沟通结束的标志为，是否达成了一个协议。如果没有达成协议，那么不能称之为沟通。在实际的工作过程中，我们常见到由于对沟通的内容理解不同而没有达成协议，最终造成了工作效率低下，又给双方增添了很多矛盾。

在明确了沟通目的的时候，我们应该知道，在与别人沟通结束之时，一定要用这样的话来总结："非常感谢你，通过刚才的交流我们达成了这样的协议，你看是这样的吗？"这是沟通技巧的一个非常重要的体现，在沟通结束的时候一定要有人来做总结，这是一个非常好的沟通行为。

（二）有效沟通的本质

有效沟通是为了一个设定的目的，把信息、思想和情感在个人或人群间传递，并且达成共同协议的过程。其本质是通过双方坦诚、广泛、细致的沟通，在关键点上达成共识。关于"沟"，每个人都有体验，也有自己的风格；关键是"通"，"通"一方面传达信息内容本身，另一方面还要让对方认可你，这种认可，可能是赞赏、夸奖、鼓励、理解等，达到了这一点，才是沟通共识的全面达成。

一次有效的沟通必须符合以下三个条件：

（1）明确的目标。真正的沟通要从内心开始，只有你懂得为什么沟通，并带着目的真诚地与人沟通，才能获得成功的结果。

（2）共同的协议。沟通就是一个通过创造一种和谐的人际关系，相互理解、相互信任，以达成共同认识的过程。

（3）主要的内容。沟通主要包括信息、思想和感情。与人交流要求我们巧妙地听和说，而不是无所顾忌地谈话。

（三）有效沟通的障碍

障碍是沟通行为中的干扰因素，是阻止正确理解和准确解释信息的噪声。障碍发生在发送者和接收者之间，可分为三种形式：外部干扰、内部干扰和语义干扰。外部干扰来自环境，如沟通的时间、地点和不当的场合。内部干扰发生在发送者与接收者的头脑中，沟通任何一方的思想和情绪处于不利于沟通的状态下，都将影响沟通的正常进行。内部干扰有时也来源于信念和偏见，因情感不同和理解不同而造成沟通障碍。

1.语言障碍

语言障碍导致沟通失败屡见不鲜。语言障碍包括两个方面：一是口头语言障碍，二是书面语言障碍。比如，模棱两可的语言，难以辨认的字迹，表达能力不强，词不达意，或逻辑混乱、艰深晦涩等，存在于沟通过程的任何环节之中，都将严重影响沟通效果。

（1）不良习惯是说话中最主要的障碍。不良的说话习惯有面无表情、动作过多、眼神飘移、声音欠佳、有口头禅等。克服办法：对着镜子说话，观察表情是否过于严肃；

利用录音机审查自己的语音条件；说话时保持双唇的距离，尽量用胸腔发音，除非你说的是秘密，否则不要低声细语；大声朗读，检查自己的声音是否单调，控制好说话的速度；说话时，动作不宜太多，要与听众进行眼神交流；当意识到自己出现多余动作时，应立即改正。

（2）言语粗俗的人登不了大雅之堂，严重影响说话者的形象。言语间看修养，这种人常被看成缺少思维能力和知识浅薄的人。克服办法：加强自身修养，用词当心，注意形象。

2. 个性障碍

在人际沟通中，一些不利因素会导致沟通交往产生障碍，主要有：

（1）年龄差异障碍

由于年龄差异出现代沟，交往双方持有不同的态度和观念，比较难以交流和沟通。克服的办法是换位思考，用与时代同步的意识观念沟通。

（2）各种偏见障碍

人们常常持有一些偏见，如阶层的偏见、种族和民族的偏见、地区的偏见、性别的偏见等，形成了态度障碍。

（3）认知差异障碍

交往双方的文化程度、认知方式、观点意见、兴趣爱好以及经历背景等各方面的显著差异，将不可避免地引起双方认知失调，从而妨碍进一步交往。克服的办法是尽可能向对方靠拢。

（4）自我认知障碍

有些人在认识上发生较大偏差，表现为过度自负或过度自卑。前者自视过高，盛气凌人，脱离群众，后者则妄自菲薄，两者均会引起人们的反感，难以交往。克服的办法是融入人群，融入社会。

（5）个性特征障碍

良好的个性特征可以促进沟通，不良的个性特征自然会破坏人际关系。典型的不良特征有自私、粗鲁、贪婪、虚伪、冷酷、恶意、狭隘、嫉妒、猜疑等。实践表明，这些不良的个性是导致沟通失败的最重要原因。克服的办法是提高思想道德修养，谦虚好学，养成乐观、自信、宽仁、友善、真诚的美德。

3. 环境障碍

环境是进行沟通的地方，能对有效沟通产生重大的影响，当环境发生变化时，沟通效果也随之发生变化。例如，沟通重要的事情，通常都会安排在比较正式、安静的环境中进行，尽量寻找安静、舒适、雅致、有格调的咖啡厅、茶室等，同时力求避免电话、手机和他人干扰。如果在家中聚会，则有必要将电视的音量关小，保证室内的空气清新、舒适。此外，还应选择恰当的时间，时间选择对沟通效果有直接的影响。公共场合都有高峰期，如餐馆在中午 12：00 前后、下午 6：00 以后客人较多。如果被安排在一个嘈杂的环境中，那么其沟通效果可想而知。最后，要选择合适的场所。应避免在噪声比较大的地方如施工场所、十字路口交谈。

4.情绪障碍

情绪是面对面沟通时最常见的因素，情绪反应有时会扭曲甚至阻挠信息的传递，直至阻碍沟通。情绪的产生可能源自人们对沟通主题所持的成见，也可能源自人们内心的情绪。每个人都有爱、讨厌、迷恋，以及其他人类所有的丰富情感。厌烦心理、乐观态度、占有欲等，这些反应可能是无意识的，你也许不知道它们对沟通产生的影响，但是不可以否认的是，在进行沟通的过程中必须将这些感情因素考虑在内。例如，"我请你吃饭"这样简单的一句话由于情绪的不同，可能产生的效果也不同，要从对方在说这句话时所表现的情绪中判断对方真正要表达的意思。

◆ 小贴士

中国有句俗话："一言能使人笑，一言也能使人跳。"这就极其形象地说明了沟通的重要性，所以与别人之间的良好沟通越来越受到企业的重视。沟通在市场经济持续发展的今天，正日益发挥强大的作用。比如作为销售人员，我们的重点工作是什么？那就是取得订单合同，实现客户回款，达到客户满意。那么怎样做才能实现以上三个目的呢？那就必须通过有效的沟通来实现。只有认识了加强沟通的重要性，我们才能更好地去沟通，从中学习和掌握沟通的技能，实现有效沟通，达到最终目的。

第二节　有效沟通的关键能力素质

一、有效沟通交流能力

沟通交流能力是指个体在事实、情感、价值取向和意见观点等方面采用有效且适当的方法与对方进行沟通和交流的本领。沟通交流能力是现代职业人职业核心能力之一。

（一）有效沟通交流能力的内涵

1. 理解能力

在沟通中，理解是辨识、组织和理解互动情境的能力。作为沟通的基础，理解是动态的调整模式。我们在沟通的场景中会观察到对方的各种变化，如何从言语、姿态、表情中敏锐地捕捉细微的信息，在感知他人的情绪和态度的过程中，同时评估沟通的情境，都需要在日常对话中磨炼。例如，判断当下的场景是工作场合还是私人场合，正式场合还是非正式场合。

2. 角色能力

角色能力是指扮演社会角色，遵守社会准则，做出符合角色的恰当行为、表达恰当的语言的能力。这种能力也是环境适应的能力。换句话说，沟通时自己的定位要鲜明。打个比方，如果是以权威者定位时，你就会发现语言中的肯定句式多，而且很少出现疑问句。

3. 自我能力

自我能力是指选择和表现理想自我形象的能力。我们常说沟通中坦诚相待、真实不做作，这就需要合适而不是过分地自我揭露。清楚明确在一定情境中你想怎样表现自己，比如在面试中要表现出在专业能力上的自信心，而不是胆小恐惧的模样。如何选择和表现自我形象在不断调整、塑造着你的语言和沟通行为。

4. 目标能力

目标能力是指设定目标、预期结果和选择有效行为，采用最佳的方式实现目标的能力。沟通是有目的的，这种讲法可能会有人产生误解，闲聊天也有目的吗？其实，人际交往中的沟通也有着潜在的目标。我们和朋友的交流目的是建立更好的关系，或者了解对方。而在工作场合中的沟通是为了解决问题、商讨最佳方案、达成合作的目的。在沟通之前先思考是为什么而沟通，沟通中采取怎样的方式调整改进，直至达成目标。

5. 信息能力

信息能力是指把思想"编码"为其他人能够理解和反应的具体信息的能力。这就是表达的前置能力。但信息能力更重视的是如何转换，也就是把抽象复杂的东西变成非常具体的展示，其主要通过言语、非言语和关系行为得以展现。

言语能力：运用词语、词组和其他语言策略的能力；

非言语能力：运用手势、音乐、语调和其他非言语编码的能力；

关系行为能力：快速加工能传递所渴望的（人际）关系类型和信息的能力。

提升信息能力最好的方法就是反复地练习，有意识地去构建、完善这三种能力。

（二）沟通交流能力的行为特征和分级定义

有效沟通交流能力的行为特征如表 9-2 所示，有效沟通能力的分级定义如表 9-3 所示。

表 9-2　有效沟通交流能力的行为特征

能力素质	具备此能力素质的行为特征	不充分具备此能力素质的行为特征
有效沟通交流能力	1. 以合理的论据、数据和明白无误的沟通来影响他人； 2. 针对不同的听众对象，调整沟通的方式和方法； 3. 努力与他人建立融洽的关系，取得他人的支持和认同； 4. 能够站在不同的立场思考问题，运用换位思考获得双赢的结果	1. 提出的想法或项目经常得不到支持； 2. 不重视别人可能做出的贡献； 3. 只有一种说话方式，无论针对什么样的沟通对象； 4. 沟通问题时仅考虑自己怎样获得胜利，无法采用双赢的思考问题的方式

表 9-3　有效沟通交流能力的分级定义

能力素质	分级	行为表现
有效沟通交流能力	1 级	1. 谈话中，不善于抓住谈话的中心议题； 2. 表达自己的思想、观点不够简洁、清晰； 3. 在沟通过程中以自我为中心，缺乏对他人应有的尊重； 4. 在沟通中，能够基本理解、使用日常专业和非专业词汇
	2 级	1. 能以开放、真诚的方式接收和传递信息； 2. 了解交流的重点，并通过书面或口头的形式，用清楚的理由和事实表达主要观点； 3. 尊重他人，能在倾听别人的意见、观点的同时适时地给予反馈； 4. 在沟通中能够理解、使用日常专业和非专业词汇
	3 级	1. 沟通时语言清晰、简洁、客观，且切中要害； 2. 能够针对不同听众调整适当的语言和表达方式以取得一致性结论； 3. 能拓展并保持广泛的人际网络； 4. 熟练掌握专业和非专业词汇，能够阅读、理解相关外文资料

（三）提高有效沟通交流能力

沟通交流是工作和家庭生活中必不可少的部分。如何提高沟通交流能力？提高沟通交流能力的方法有哪些？下面整理了几种提高沟通交流能力的方法。

1. 心怀感激

在进入谈话主题之前，一定要感谢其他人，礼貌尊重和体谅周到是很重要的。当然，他们的认可或所做的任何积极贡献也同样重要。感谢和赞扬对建立良好的关系是大有帮助的。

2. 找共同的交集

如果可能的话，找出个人层次的交集点所在。即使在职场，也会有个人兴趣的共同点，如兴趣爱好、体育运动特长、孩子的话题等。要注意避开一些诸如政治倾向或宗教信仰等容易引起争论的话题。

3. 保持积极的心态

保持一种积极的态度对富有成效的沟通交流至关重要。要积极向上而不是消极或抱怨。当人们觉得自己受到攻击或批评的时候，就会立即停止所有的沟通交流。

4. 注意说话的语气

即便为了证明你的观点正确，想得到认可，语言也不要带攻击性。不满、对抗的语气是不会奏效的，交流时既要坚定、直接，也要沉着、和谐。

5. 注重结果

在开始沟通交流之前，要弄清你自己想要达到什么样的结果，这是很重要的。目标明确，有助于你在谈话中保持主动和清醒。

6. 倾听

要注意倾听对方讲话，不要插话。没有人喜欢被打断讲话，在别人看来，插话是很不尊重人的行为。要尽量站在他人的角度思考问题。

7. 注意肢体语言

留心身体语言。如果缺少目光交流、注意力分散或者显得烦躁不安，都表明对方已没有耐心。当你在谈话交流中看到对方出现这些肢体信号，表明这次谈话交流是没有多大效果的，应尽快结束谈话、推迟交流。如果双方关系较密切的话，可询问对方是不是身体不舒服。

8. 请求反馈互动

要确保双方经沟通交流后能互相理解。我们有时自认为已经达成一致、取得共识了，结果发现我们完全误解了对方的想法。要寻求对方的意见和反馈，这不仅能确定你已经沟通交流成功了，而且会让对方感觉到他们确实被认真倾听和理解了。

9. 跟进落实

关于要采取什么样的行动和建立什么样的责任关系都要心中有数，要确认截止日期、责任和期望。如果可以，把有关协议的文件记录下来。对下一步会发生什么事情做到心中有数，这样有助于避免之后的冲突。

二、客户服务能力

客户服务是指一种以客户为导向的价值观，它整合及管理了预先设定的最优成本——服务组合中的客户界面的所有要素。任何能提高客户满意度的内容都属于客户服务的范围之内。客户服务能力是指全心全意服务于客户，为其解决问题并提供超值服务的能力。

（一）客户服务能力的内涵

1. 良好的语言表达能力

良好的语言表达能力是实现与客户有效沟通的必要基础。

2. 熟练的专业技能

熟练的专业技能是客户服务人员的必修课。每个企业的客户服务人员都需要学习多方面的专业技能。

3. 良好的人际关系沟通能力

客户服务人员具备良好的人际关系沟通能力，跟客户之间的交往会变得更顺畅。

4. 优雅的形体语言表达技巧

掌握优雅的形体语言表达技巧，能体现出客户服务人员的专业素质。优雅的形体语言表达技巧指的是一个人的气质。内在的气质会通过外在形象表现出来，举手投足、说话方式都表现出你是不是一个专业的客户服务人员。

5. 丰富的行业知识及经验

丰富的行业知识及经验是解决客户问题的必备武器。不管哪个行业，都需要具备专业知识和经验。跟客户沟通，不仅要成为掌握产品知识的专家，还要能够解释客户提出的相关问题。

6. 良好的倾听能力

良好的倾听能力是实现与客户有效沟通的必要保障。

7.专业的客户服务电话接听技巧

专业的客户服务电话接听技巧是客户服务人员的另一项重要技能。客户服务人员必须掌握怎么接客户服务电话、怎么提问等方面的内容。

8.思维敏捷，具备对客户心理活动的洞察力

对客户心理活动的洞察力是做好客户服务工作的关键所在。思维要敏捷，要具备对客户的洞察力，洞察顾客的心理活动，这是对客户服务人员技能素质的起码要求。

（二）客户服务能力的行为特征和分级定义

客户服务能力的行为特征如表9-4所示，客户服务能力的分级定义如表9-5所示。

表9-4　客户服务能力的行为特征

能力素质	具备此能力素质的行为特征	不充分具备此能力素质的行为特征
客户服务能力	1.清晰了解客户的需求，并主动为客户提供服务及其他有用信息； 2.迅速及时地解决客户的问题，不推卸责任，不拖延，即使不是自己的过错造成的问题，也能立即采取行动解决问题，而不是先追究责任； 3.能就如何提高客户满意度提出可行性建议，发掘超出客户期望的服务机会	1.漠视客户需求，或者必须客户反复要求才愿意提供帮助； 2.拖延客户所面对的问题，或者因为并非自己的过错而推卸责任，不首先帮助客户解决问题； 3.只求完成客户服务的基本工作，没有让自己的服务超出客户期望的意愿和建议

表9-5　客户服务能力的分级定义

能力素质	级别	行 为 表 现
客户服务能力	1级	1.耐心倾听客户的咨询、要求和抱怨，及时回应客户的要求，解决常规性的客户问题； 2.与客户保持沟通，当客户需要帮助的时候可以随时取得联系，关注客户的满意度，提供对客户有帮助的信息
	2级	1.把客户的明确需求看成自己的工作任务，为此投入时间和精力去做工作； 2.当常规产品和服务不能满足客户需要时，为客户提供个性化的产品和服务，尽可能快速准确地解决客户问题； 3.关注和了解客户的潜在需求，致力于开发符合客户需求的产品和服务
	3级	1.担任客户的顾问角色，针对客户的需求、问题，提出自己独立的观点，并采取行动解决问题，积极参与，帮助客户进行决策； 2.关注客户长期利益，能够采取具体的措施为客户提供增值服务，并借此成功取信于客户

（三）客户服务人员的素养

1. 心理素质要求

具有"处变不惊"的应变能力；具有承受挫折打击的能力；具有情绪的自我掌控及调节能力；具有满负荷情感付出的支持能力；具有积极进取、永不言败的良好心态。

2. 品格素质要求

忍耐与宽容是优秀客户服务人员的一种美德；不轻易承诺，说了就要做到；勇于承担责任；拥有博爱之心，真诚对待每一个人；谦虚是做好客户服务工作的要素之一；具有强烈的集体荣誉感。

3. 综合素质要求

具有"客户至上"的服务观念；具有独立处理工作的能力；具有分析、解决问题的能力；具有协调人际关系的能力。

◆ 小贴士

沟通的途径有很多，包括拜访、信函、电话、网络、邮件等。俗语说，"人怕见面，树怕扒皮"，只有见面后才更方便交流沟通。信函（传真）是沟通传递重要信息中不可或缺的。电话、网络、邮件等是在沟通中最方便快捷的途径。通过各种途径经常性联系，可以让沟通变得顺畅，进而维护和发展稳定关系。

测试游戏

测测你的人际沟通能力

下面是一组有关沟通能力的小测试，请选择一项最适合你的情形。

1. 在说明自己的重要观点时，别人却不想听你说，你会（　　）。

　　A. 马上气愤地走开

　　B. 不说完，但可能会很生气

　　C. 等等看还有没有说的机会

　　D. 仔细分析对方不听的原因，找机会换一个方式去说

2. 去参加老同学的婚礼回来，你很高兴，而你的朋友对婚礼的情况很感兴趣，这时你会（　　）。

　　A. 详细述说从你进门到离开时所看到和感觉到的相关细节

B. 说些自己认为重要的

C. 朋友问什么就答什么

D. 感觉很累了，没什么好说的

3. 你正在主持一个重要会议，而你的一个下属却在玩手机，并且手机发出的声音干扰了会议现场的秩序，这时你会（　　）。

A. 幽默地劝告下属不要玩手机

B. 严厉地命令下属不要玩手机

C. 装作没看见，任其玩手机

D. 给那位下属难堪，让其下不了台

4. 你正在跟老板汇报工作时，你的助理急匆匆跑过来说有你一个重要客户的长途电话，这时你会（　　）。

A. 说你在开会，稍后再回电话过去

B. 向老板请示后，去接电话

C. 说你不在，叫助理问对方有什么事

D. 不向老板请示，直接跑去接电话

5. 与一个重要的客人见面前，你会（　　）。

A. 像平时一样随便穿着

B. 只要穿得不要太糟就可以了

C. 换一件自己认为很合适的衣服

D. 精心打扮一下

6. 你的一位下属已经连续两天下午请事假了，第三天中午快下班的时候，他又拿着请假条说下午要请事假，这时你会（　　）。

A. 详细询问对方为何要请假，视原因而定

B. 告诉他今天下午有一个重要会议，不能请假

C. 你很生气，什么都没说就批准了他的请假

D. 你很生气，不理会他，不批假

7. 你刚应聘到一家公司就任部门经理，上班不久，你了解到本来公司中就有几个同事想就任你的职位，老板不同意，才招了你。对这几位同事你会（　　）。

A. 主动认识他们，了解他们的长处，争取成为朋友

B. 不理会这个问题，努力做好自己的工作

C. 暗中打听他们，了解他们是否具备与你竞争的实力

D. 暗中打听他们，并找机会为难他们

8. 与不同身份的人讲话，你会（　　　）。

A. 对身份低的人，你总是漫不经心

B. 与身份高的人说话，你总是有点儿紧张

C. 在不同的场合，你会用不同的态度与别人讲话

D. 不管是什么场合，你都是用一样的态度与别人讲话

9. 你在听别人讲话时，总是会（　　　）。

A. 对别人的讲话表示兴趣，记住所讲的要点

B. 请对方说出问题的重点

C. 对方总是讲些没必要的话时，你会立即打断他

D. 对方不知所云时，你很烦躁，会去想或做别的事

10. 在与人沟通前，你认为比较重要的是了解对方的（　　　）。

A. 经济状况、社会地位

B. 个人修养、能力水平

C. 个人习惯、家庭背景

D. 价值观念、心理特征

评分方法：

在 1、5、8、10 题中，选 A 得 1 分、B 得 2 分、C 得 3 分、D 得 4 分；其余题中选 A 得 4 分、B 得 3 分、C 得 2 分、D 得 1 分。将 10 道测验题的得分相加，就是你的总分。

结果分析：

如果你的总分为 10～20 分，说明你经常不能很好地表达自己的思想和情感，所以你也经常不被别人了解。许多事情本来是可以很好地解决的，正是因为你采取了不适合的方式，所以有时把事情弄得越来越糟。但是，只要你学会控制自己的情绪、改掉一些不良的习惯，你随时可以获得他人的理解和支持。

如果你的总分为 21～30 分，说明你懂得一定的社交礼仪，尊重他人；你能通过控制自己的情绪来表达自己，并能实现一定的沟通效果。但是，你缺乏高超的沟通技巧和积极的主动性，许多事情只要你继续努力一点儿，就可大功告成。

如果你的总分为 31～40 分，说明你很稳重，是控制自己情绪的高手，所以，他人一般不会轻易知道你的底细。你能不动声色地表达自己，有很高的沟通技巧和人际交往能力，只要你能明确意识到自己性格的不足并努力优化，一定能取得更好的成绩。

第三节　有效沟通的艺术

与人交流要求我们巧妙地听和说，而不是无所顾忌地谈话。用什么样的方法和感觉将信息传递过去是决定沟通成败的关键因素之一，另一个关键因素就是如何接收对方的信息。下面我们介绍一些提升有效沟通过程中应关注的艺术和技巧。

一、积极倾听

积极倾听是一种非常好的回应方式，既能鼓励对方继续说下去，又能保证你理解对方所说的内容。

（一）倾听的层次

认识自己的倾听行为将有助于你成为一名高效率的倾听者，按照影响倾听效率的行为特征，倾听可以分为 5 个层次。下面是对倾听的 5 个层次的描述。

1. 同理心倾听

一般人聆听的目的是做出最贴切的反应，根本不是想了解对方。所以同理心倾听的出发点是为了"了解"，而不是为了"反应"，也就是透过交流去了解别人的观念、感受。用同理心去积极主动地倾听，这不是一般的"听"，而是用心去"听"，这是一个优秀倾听者的典型特征。这种倾听者不急于做出判断，而是对对方的情感感同身受。他们能够设身处地，总结已经传递的信息，质疑或是权衡所听到的话，有意识地注意非语言线索，询问而不是质疑讲话者。他们的宗旨是带着尊重和理解的态度积极主动地倾听，这种感情注入的倾听方式在形成良好人际关系方面起着极其重要的作用。

2. 主动积极地听

某些沟通技巧的训练会强调"主动式""回应式"的聆听，以复述对方的话表示确实听到。但即使每句话都进入大脑，是否都能听出说者的本意、真意，仍是值得怀疑的。倾听者主动积极地听对方所说的话，能够专心地注意对方，能够聆听对方的话语内容，但这种层次的倾听很难引起对方的共鸣。

3. 选择地听

只听符合自己的意愿或口味的，与自己意愿不同的一概自动过滤掉。遇到喜欢的话题就认真对待，听到不同意见或不感兴趣的内容就虚以应付。

4.被动消极地听

倾听者被动消极地听对方所说的字词和内容，常常错过了讲话者通过表情、眼神等体态语言所表达的意思。这种层次上的倾听，常常导致误解、错误的举动，失去真正交流的机会。

5.心不在焉地听

倾听者心不在焉，几乎没有注意说话人所说的话，心里考虑着其他毫无关联的事情，或内心只是一味地想着辩驳。这种倾听者感兴趣的不是听，而是说，他们正迫不及待地想要说话。这种层次上的倾听，往往导致人际关系的破裂，是一种极其危险的倾听方式。

（二）倾听的类型

1.获取信息式倾听

大学生在课堂中的大部分时间都花在了听课上，这种倾听主要是为了获得信息和知识。我们日常的很多倾听也都是在获取信息，如参加培训、听讲座、听广播等。在信息时代，倾听是信息来源的重要渠道。获取信息式倾听的着眼点是什么呢？如果在听演讲或听课时，你首先应该倾听和识别中心思想——贯穿于整个内容的基本思想；然后是倾听主要观点——加强中心思想的观点；最后是倾听支持性观点——支持主要观点的材料。识别中心思想是最重要的，因为所有的主要观点都应该与它相联系。识别中心思想也帮助记忆，如果记住了中心思想，主要观点将容易被记住；如果只记住了主要观点，你记住的可能是不相关的观点。一个团队设法解决某个问题、完成某个项目时，一旦确立了中心思想，他们将工作得更有效。但在人际沟通中，中心思想并不总是明显的，在有些情况下可能没有中心思想，尤其是在闲聊时。在进行热烈讨论或辩论时最可能将中心思想表现出来。

2.批判式倾听

批判式倾听是指对所听到的内容进行评价和质疑。这些质疑可以在头脑中进行，也可以直接向对方表达出来。在理想状态下，所有沟通中的倾听都应该是批判式的。然而，在接收新的信息时，由于对这方面的知识和说话人了解不多，所以有时很难去做批判式的评估。在批判式的倾听中，我们首先要弄清楚对方的动机和目的，才可以对这种信息进行批判。事实是永远真实的，而观点是人的信念和看法，在沟通时，我们听到的更多的是观点而不是事实。在批判式的倾听中，要把事实从观点中区分出来。严格来说，我们每个人都是有偏见的，有时存在着我们不愿意听到的信息，因为这些信息与自己的态度和信念相矛盾。在这种情况下，我们可能不知道自己正在堵塞信息。

3. 情感式倾听

人生来就有一种想向别人倾诉的愿望。尤其身处困境、心情烦闷时，发牢骚是缓解心理压力的最佳方法之一。我们需要一个倾诉的对象，而且往往只是需要一个听众，并不指望从他那里得到什么见解。一位心理咨询家说，当一个人找不到机会将心中的理想说出来的时候，常常会郁闷在胸、感受到压迫和痛苦。他所接待的许多咨询者其实身体上并没有病，许多人花钱找他咨询，只不过是为了向他倾诉心中的郁闷。倾听他人的情感是给予情感支持的一种方式，并且这种方式能造就与他人之间的亲密关系。如果这种情感不牵涉我们自己，倾听就更容易。当这种情感是负面的，情感移入自身的倾听就更困难了。所以，这时你要暂时忘掉自我意识，使自己沉浸在对方的讲话当中，这就是心理学中所强调的"共情"。

4. 享乐式倾听

我们经常为了享乐而倾听，如打开电视、手机音乐播放软件，靠着甚至躺着，尽量放松地听听音乐、相声、小品。但倾听不仅是舒服地坐着、让声音进入耳朵就可以了，还要理解其内涵，产生情感上的共鸣，复杂的内容还需要很多的倾听技巧。例如在倾听戏剧时，就要运用相关的倾听技巧：

（1）为了获取信息而倾听：这个戏剧是关于什么内容的？情节是什么样的？

（2）批判地倾听：场景是连续的吗？人物可信吗？

（3）情感移入地倾听：人物在想什么？她是怎样与其他人物联系到一起的？

如果我们能把听到的内容跟自己的知识联系起来，倾听通常是充满乐趣的。

（三）带着任务去倾听

1. 成功地接收对方传达的信息

这是倾听的主要任务。听，可以了解对方（现在讲话者）是否真正理解你（刚才讲话者）所表达的含义。听，可以获得必要的信息，提供最新的资料。注意聆听别人的讲话，从说话的内容、声调、神态中了解对方的需要、态度、期望和性格。他们会自然地向你靠近，这样你就可以与很多人进行思想交流，建立较广泛的人际关系。成功地接收对方信息的要领，首先是全神贯注和洗耳恭听。全神贯注可以使你正确地接收信息，使信息不变形。洗耳恭听，是指你在倾听时，要摒除偏见和成见，否则会妨碍你接收信息。

要成功地接收对方的信息，倾听的时候必须开动脑筋，务必了解说话人要表达的真正意愿，理解沟通信息。这里关键的倾听技巧是，若有不明白的地方应当提问，如果听到的话比较含蓄，还要了解说话人的言外之意。倾听是我们每天都要做的事，但有的人在倾听上经常出现错误。例如，你是否在课堂上不能集中精神，抓不住老师的重点呢？你是否经常抢话，不等对方说完就说话呢？跟人交谈时，你说的总比他人多吗？

2. 整理自己的思路

注意听别人讲话，还可以同时思考自己所要说的话，整理自己的思路，寻找恰当的词句，以完善地表达自己的意见，给人鲜明的印象。一般来讲，听比说快，听话者在听话的过程中总有时间空闲等待，在这些时间里，应该回味讲话人的观点、定义、论据等，把讲话人的观点和自己的观点做比较，预想好自己要阐述观点的理由，设想可能有其他观点等。

二、准确表达

我们每个人从一岁左右就开始学习说话，但是在日常生活中往往会发现某些人很善于辞令，口才一流，说话总是有说服力，而某些人不但穷于表达，有时候说话更会冗长得让人抓不到重点。语言是由具有共同意义的声音和符号构成的，有系统地沟通思想和感情，是人类的主要沟通桥梁。我们在大学的生活中就应该慢慢培养自己的口语表达能力，学会了解"语言表达艺术"的规律，掌握其要领及技巧，这不但对人际关系有极大的帮助，而且对事业前途有决定性的作用。

（一）声音的讲究

交谈的过程中，说话者的语速、音质和声调，也是传递信息的符号。同一句话，说时或缓慢或急促，柔声细语或大嗓门，商量语气或颐指气使，面带笑容或板着面孔，效果大相径庭，交流者要根据对象、场合进行调整。说话是一门艺术，要想把话说得好、正确地表达自己的意思，首先就必须发音准确、清晰易懂，否则口齿不清、发音不准，就会影响内容的表达。清晰易懂的发音依赖平时的练习，如多关注别人的谈话，多朗读书报，交谈时克服紧张情绪，讲话时不急不躁。其次语速要适中。说话太快会令人应接不暇、反应跟不上，而且自己也容易疲倦。有些人以为快速说话可以节省时间，其实不然，说话的目的在于使对方领悟你的意思。说话太慢，也会使人着急，既浪费时间，又使听者不耐烦，失去继续交流的兴趣。因此，谈话中，只有使自己谈话的速度适中，才能达到最佳效果。还应注意情、声、气的结合。情是内涵、是依托；声是形式、是载体；气是基础、是动力。情要取其高，声要取其中，气要取其深，以情带声，以声传情，气随情生，声随情动，以达到字正腔圆、清晰持久、刚柔并济、声情并茂的境界。

（二）口语表达的基本要求

1. 清晰

表达清晰是指别人明白你讲的是什么意思。当然，有时夹带着幽默效果会更好，但一般情况下口齿要清晰，让人听得懂。

2. 流畅

表达流畅是指不要有口头禅。有的人做报告时开头喜欢用"这个、这个"，有的人喜欢在每句后面用"啊、啊"，让人听起来很不是滋味。

3. 洪亮

话是说给大家听的，除非是悄悄话。一般要把声音传送到别人的耳朵里，让人听清楚。

4. 口语化

口头语与书面语是有区别的，当要把书面的发言稿、演讲稿等的意思告诉大家时，就要口语化。

口语化有三个途径：其一是书面语中的单音节词在口语里都要变成双音节词。比如书面语"此时"，口语表述就可以用"这个时候"。其二是文言词变白话词。如"良久"，口语就可以说"很久"。其三是书面语停顿靠标点，口语停顿靠情感的处理和语气的变化，要把书面的停顿变成口语的停顿。口语的停顿用词与词（组）之间、句子与句子之间间歇的时间来表现。

5. 同步性

同步性即外部语言表达与内部语言思维是同步进行的，口语只是将思维外化了。

6. 暂留性

心理学家曾做过一次测试：我们听话的过程中能够精确留在记忆中的时间大概不超过七八秒钟。因为我们讲话的声音是通过声波传播的，而声波转瞬即逝。既然是短暂的，怎么去评价一个人的口才呢？应该从整体上把握，从语流上把握。语速给我们的启示之一就是想好了再说，启示之二是说话速度不可太快。一般发言的速度为200字/分钟，每次发言（座谈会、讨论会）最好不超过2分钟，否则，被吸收的信息将大大削弱。

7. 临场性

所谓的临场性是指时空是特定的，说话必须符合特定的时间（长短）和空间（大小）环境，并受其制约。表达的对象——听众是特定的。现场的氛围是特定的。

这给我们两点启示：第一，由于这些特定因素，说出去的话想收回来是不可能的，这就要求我们想好了再说；第二，说话会受现场氛围的影响，要根据"现场效果"，适时调整语言，提高自身的素质，以便做到随机应变。

8. 综合性

系统的综合。说话时，要综合考虑语言、声调、态势语等。如果语调没有变化，语言就是枯燥的。没有一点体态语，那么语言就是不生动的。系统的综合要求在说话时调动各要素的积极性来完成说话内容，且各要素之间要有整体感、协调感。

调动的综合。口语表达有一个过程，就是从生活到思维，再由思维外化成口语。在这个过程中，一个人所说的话，包含了他的生活体验、文化素质、道德水准，听其言可知其人。同一件事由不同的人说出来的效果是不一样的，这是因为各人的生活阅历不同，对生活的理解不同，表达能力不同，因此要调动知识素养、能力素养，生活积累也不同。

手段的综合。口语表达是传声的、有感情的，同时手段是多样的。传声包括声音的高低、快慢、强弱、长短，体态语言包括面目、眼神、手足等。

（三）口语表达的最基本原则

1. 准确

在交谈中，语言必须准确，否则不利于彼此之间的沟通。要注意的问题主要有以下几个方面：

（1）发音要准确。交谈中，要求发音标准，其含义有四：一是发音要标准，不能读错音、错字，让人见笑或误会。二是发音要清晰，而不是口齿不清，含含糊糊。三是音量要适中，过大震耳欲聋，过小则让人听来吃力。四是语速要适中。在讲话时，对语速应加以适当控制，使之保持匀速，快慢适中。在交流中，语速过快、过慢或忽快忽慢，都会影响效果。

（2）口气要谦和。交谈中，讲话的口气一定要亲切谦和，不能端架子、摆派头，不要以上压下、以大欺小、官气十足、倚老卖老、盛气凌人、随便教训和指责别人。

（3）内容要简明。交谈时，应力求言简意赅，节省时间。不要没话找话，短话长说，废话连篇、节外生枝、任意发挥、不着边际，让人听起来不明不白。

（4）方言要少用。在多方交谈中，交谈对象若非家人、乡亲，只要有一个人听不懂，就不要采用方言交谈，以免使其产生被排挤、冷落之感。

（5）外语要慎用。在普通性质的交谈中，若无外宾在场最好慎用外语，应当讲普通话。与国人交谈时使用外语，不仅不能证明自己水平高，反而有卖弄之嫌。

（6）语言要文明。有些人认为讲话时带一些粗俗语言能使自己显得很豪放、很解气、很平民化。作为有文化、有知识、有教养的现代人，在交谈中一定要使用文明优雅的语言。

2. 礼貌

在任何社交场合，诚实和热情都是交谈的基础，只有开诚布公的谈话才能使人感到亲切自然，气氛才会融洽。平等相处，以礼待人，既能显示出自身的人格和尊严，又可以满足对方的自尊需要。为此，交谈中要随时随地有意识地使用礼貌语言，这是文明人应当具备的基本素养。在交往、交谈的过程中常用、勤用礼貌用语，日久天长，必见功效。

礼貌用语的作用是不可忽视的。所谓礼貌用语，是指约定俗成的表示谦虚恭敬的专门用语。人们见面时要互致问候，如"你好""早安""好久不见，近况如何""能够认识你真是太高兴了"等；初次见面，要说"久仰"；许久不见，要说"久违"；客人到来，要说"欢迎光临"；等待客人，要说"恭候"；探望别人要说"拜访"；起身作别，要说"告辞"；中途先走，要说"失陪"；请人别送，要说"留步"；请人批评，要说"指教"；请人指点，要说"赐教"；请人帮助，要说"劳驾"；托人办事，要说"拜托"；麻烦别人，要说"打扰"；求人谅解，要说"包涵"等。尽管这些问候与寒暄用语的本身并不表示特定的含义，但它却是交往中不可缺少的。它既能传递出尊重、亲切、友好的信息，同时又显示出自己懂礼貌、有教养、有风度，从而形成一种和谐、亲切、友善、热情、尊敬的良好"人际气氛"。在交谈中多使用礼貌用语，是博得他人好感与体谅的最为简单易行的做法。

（四）交谈技巧

要想使自己成为一个健谈、善谈之人，首先要消除胆怯心理，克服内向心态，打消顾虑，增强信心。每个人在社会上都有一席之地，都渴望受到尊重。每个人在与人交往、交谈中都有要说的话。须知"言为心"，只要是发自内心、态度真诚的话，都会打动人心。有些人往往以自我为中心，在交谈时先想的是别人会怎么看他，他是否会失态。这种心理状态不利于谈话的深入。最好的谈话心理应该以谈话内容为中心，稳定情绪，自然地加入谈话。如果感到自己与人交谈缺乏内容，话题很少，语言枯燥，可以多看报纸、杂志、书籍、电视，关心历史、时事、艺术、体育等，随时留意周围所发生的事，同时多和他人谈话，谈的次数多了，就可以储存知识以供将来谈话之用，日积月累，久而久之，一定会感到话题多了、内容充实，词汇也丰富了。此外，在与人交谈时，应力争主动，尽可能先提出自己最得心应手的话题，放开来讲述，以表示有信心与人交谈，从而克服胆怯心理。谈话的姿态也会反映出一个人的性格和心理，良好的姿态会使人增强信心。

谈话要尊重别人的意见，交谈的过程中要常常说话，但不要说得太长。谈话并不是独角戏，如果只顾自己发表意见，而不愿听别人说话，甚至不容别人插话、发表看法，交谈就变成了"一言堂"。"一言堂"的谈话方式，虽然展示了自己的口才，但效果往往事与愿违，不仅容易使人厌倦和不耐烦，而且别人可能认为你自高自大，无视他人的存在。为此，自己每次"发言"所用的时间从总体上讲，宜短不宜长，通常自己讲一两分钟之后，就应适时地把"讲坛"主动让与他人。如果碰上别人"发言"过久，或是意欲发表个人见解，应耐心等候。在他人讲话结束之前，千万不要随意打断。耐心是一种基本修养。聪明的谈话者往往不急于发表自己的意见，而是设法让对方先开口，谈他所关心的问题，吸引对方与自己交谈。

交谈中还经常会遇到不同意对方某个观点或某一说法明显错误的情况，此时应该怎么办？在正式的社交场合，一般以表示疑问或商讨的语气为宜，以免伤害对方的自尊心。比如，若不同意对方的某个观点，可以说"我对这个问题倒也十分感兴趣，但我有些不同的看法"或"你刚才的观点比较新颖，能否再详细地解释一下"等。假如认为对方的某个观点和说法是错的，可以说"在我的记忆中，好像这个问题不是这样的"，或者说"我在某本书上看到的好像与你讲的不完全一样"……虽然语言非常婉转，但这足以使对方明白其中的意思。倘若别人真的犯了错误，又不肯接受劝告和批评时，别急于求成，把时间延长些，隔一两天或一两个星期再谈。

三、善用态势语

态势语言是一种非口头语言，它是通过身体形态、手势动作、眼神表情等来表达的。它是演讲与谈话中重要的信息交流手段。

经研究表明，一条信息传播出去，60%的信号是通过无声的信息发出去的。这提示我们除了要注重有声语言的表达，更要注重无声语言的表达。态势语是通过人体器官的动作，或者某一个部分形态的变化来进行思想和情感交流的一种方式。凡是通过手势、动作、眼色和面部表情来进行信息传递、思想沟通、感情交流的活动方式，统称为体态表达或态势表达。一位传播学者在经过大量的分析研究之后得出这样一个公式：

$$冲击力 1=0.07 \times 言辞 + 0.38 \times 声音 + 0.55 \times 面部表情$$

这个公式表明，在传播的过程中，有声语言所产生的冲击力只占45%，而无声语言却占了55%。

从个人来说，态势语能反映人的性格和心理，反映人的真实感受和内心需求，弥补有声语言的不足。从日常交际来说，态势语能更形象地传递信息、表达思想；更有力地传达情感、反映情绪，如拍案叫绝、暴跳如雷、扪心自问、趾高气扬等；更有效地昭示心灵、加深理解；更恰当地联络各种关系，使交际更得体。

（一）态势语的作用

态势语的作用主要表现在以下几个方面：

1. 补充、强化口语信息

人们在进行口语交流时，不少思想、情感、信息单纯依靠言辞声音不可能完全或充分地表达出来，而需要借助态势语加以补充或强调，譬如一个人愤怒到了极点，或伤心到了极点，除了大声嚷嚷或哭泣之外，还会拍桌子、打板凳，或捶胸顿足、抓头发等。

2. 沟通和调控交际

人们在研究人体动作时发现，任何心理特征都很容易转化为人体特征，任何人体特征都有一定的心理依据。《人体语言》一书中指出：一个懂得人体语言并善于应用人体语言的人，如果能将他所了解的姿势同周围人的感情联系起来，他将永远胜过对方一筹、处于主动地位。之所以能"胜过一筹"，是因为一是善于通过体态语言恰当地表现自我，二是准确地理解对方。其之所以"主动"，就在于能在表现自我和理解对方的基础上，进行迅速沟通和及时调控。

3. 产生动态的直观形象

在口语交际的过程中，虽然有声语言也是动态的，但只作用于听觉。在此基础上辅之以态势语，就能同时作用于视觉，产生动态的直观形象。有声语言和无声语言的协调统一所产生的冲击力远远大于单一的无声语言，这就是电视机为什么会优于收音机的道理。同时，优美的体态语还能获得自我形象的审美价值。自我形象的审美价值越高，与人合作的机会就越多。恰当地运用态势语，既是一般口语交际的基本功，同时也是教师职业口语的基本功。

（二）态势语的基本要求

1. 准确

即完全符合口语表达的思想实际和表达内容的需要。

2. 自然

态势语应情之所至，自然大方；态势动作不僵硬，不呆板，不矫揉造作，不故作姿态，要舒展大方；不动则已，动则令受众赏心悦目。

3. 得体

即与交际环境、交际对象的年龄、身份等相符合。

4. 适度

适度指运用的幅度、力度、频率要适度，不宜过分夸张，力度要适中，不要过于繁杂。

5. 协调

态势语要与有声语言的内容、语调、响度、节奏相协调，与说话者或听者的心态、情感相吻合，不能与特定语境和交流目的产生冲突。

（三）态势语的种类

在演讲和交流中，常用的态势语有眼神、面部表情、手势、体态、仪容仪表等。

1. 眼神

眼睛的神态，也叫眼色，是一种态势语言。"眼睛是心灵的窗户"，眼睛的神色变化，倾诉着一个人的微妙心理，帮助人们传达许多具体、复杂甚至难以言传的思想感情。它在演讲与交谈中具有重要的表情、表意和控场作用。在与听众的交流中，有经验的演讲者总是能够恰如其分地、巧妙地运用自己的眼神，去表达千变万化的思想感情，去调整他的演讲和现场的气氛，去影响他的听众，以收到最佳的效果。反之，凡是不成熟的演讲者，却总是一站到台上，就把自己的眼睛"藏"起来，不是低头看着自己的讲稿、看着地板，就是抬头看着天花板，转头看着会场的外面，从不正视听众一眼。像这样的演讲，可以肯定地说，其结果只能是失败。

（1）视线的角度

纵向角度：指演讲者视线的上下角度。视线太低，只能看到前几排的听众，照顾不了大多数听众；视线太高（仰视），又会使人感到趾高气扬、盛气凌人，似乎看不起听众。最好保持平视，把视线落在会场中排的听众身上，以此为基本落点，并在演讲中做适当变动，以顾及前排和后排的听众。

横向角度：指演讲者视线的左右角度，演讲者绝不要把视线长时间地停留在某一点上，而应当常从左边自然地扫到右边，然后从右边移到左边。

（2）演讲中使用眼神的方法

环视法：演讲中使用眼神的主要方法之一，即有节奏或周期性地把视线从会场、教室的左方扫到右方，再从右方扫到左方，从前边扫到后边，从后边扫到前边，以便不断地观察和发现所有听众的动态。演讲人切忌眼睛老是向上翻动、瞅天花板或老盯住某一个人、某一个地方，而忘记前排及左右两边的死角，更不能经常望向窗外。

点视法：演讲中使用眼神的主要方法之一，指演讲者的观察要有重点。在环视过程中，发现哪里不安静了，应立即投去严肃的制止性的目光，讲到重点和难点需让听众做笔记。应向那些学习吃力、做记录慢的人投以帮助性目光；对有疑问的人，投以启发性目光；对偏离轨道、说东道西的听众投以引导性目光；对犹豫不决、欲言又止的提问者投以鼓励和赞许的目光。

虚视法：演讲中使用眼神的主要方法之一，就是演讲者的眼睛好像盯住什么东西，但实际上什么也没有看。这种眼神既可以克服紧张的毛病，显示出端庄大方的神态来，又可以把精力集中在演讲内容上。它对初次登台的演讲者十分有效，但因为它是一种转换性目光，不可常用。

（3）眼神的使用原则

一是要自觉赋予眼神一定的内容，明确使用的目的性，因为眼神本身总带有一定的思想感情色彩。如果你不能有意识地使用它，或者失去自我感觉地乱用一通，势必引起听众的误解。比如，要给听众一种可亲感，以利于他们接受你的意见，就应该让眼神闪现热情，有诚恳、坦白、亲切的光芒。倘若你不能明白这一点，或甚至不自觉地让眼睛放射出一种轻蔑、冷淡、虚伪或者咄咄逼人的光芒，得到的就必然是相反的效果。

二是环顾或者专注不能失度。"环顾"不是不断地变换眼睛的瞄准点、让眼珠转个不停，而是有意识地、有节制地流转。经验表明，眼睛从一个地方扫到另一个地方，又从另一个地方转回原来的地方，如此不断地循环往复，不但不能照顾全场，集中听众的注意力，相反，还会使听众也跟着你乱转，从而分散了注意力，严重时甚至可能引起一种厌倦情绪，从此不再注意你的眼神。也有一些演讲者走向另一个极端，以为专注便是固定于一点，无须变动，这样才能加深听众的印象。其实专注也是有限度的，一般只是短暂的停留。演讲者如果只把眼神固定在一个死点上，那么他便把大多数的听众忘了，大多数听众也不能从他的眼睛里去理解他的思想与感情。

三是眼睛的活动不但要和脸部的表情协调一致，还要同有声语言和态势密切配合，才能收到更大的交流效果。因为协调一致才容易为听众所理解，才能有效地把眼睛的神色变化烘托出来。

2. 面部表情

如果说"眼睛是心灵之窗"，那么脸面就是"心灵的镜子"。这面镜子，是由脸的颜色、光泽，肌肉的收缩、伸展，以及脸面的纹路组成的。它把具有各种复杂变化的内心世界，如高兴、悲哀、痛苦、畏惧、愤怒、失望、忧虑、烦恼、疑惑等最迅速、最敏捷、最充分地反映出来。在口语表达中，我们运用面部表情表达自己的内心情感时，要注意：

（1）要灵敏，能较迅速、敏捷地反映内心情感。

（2）要鲜明，能准确、明朗地让观众觉察到你的微小变化。

（3）要真实，让对方相信是发自你心灵深处最真挚的流露。

（4）要有分寸，不温不火，适可而止。过火则造作，不及则平淡。

3. 手势

手势，即手的动作与姿势，是一种极其复杂的符号，能够表达一定的信息、思想甚至感情。手势的作用有三：一是澄清和描述事实，二是强调事实，三是吸引注意力。恰当的手势往往是在内心情感的催动下自然做出来的，可以反映人的修养、性格。手势对于增强教学效果具有十分重要的作用，所以沟通要注意手势语言的运用幅度、次数、力度等技巧。在沟通实践中，以各种不同形态的手势，描摹事物的复杂状态，传递潜在心声，显露心灵深处的情感体会与优雅举止。

手势的活动范围不同，所表现的意义也不同。手势的活动范围分三个区间：肩部以上为上区，表示积极向上或激昂；肩部至腹部为中区，多表示记叙事物和说明事理，一般表明演讲者的心情比较客观平静；腹部以下为下区，表示鄙夷、厌忌。手势由手指、手掌、拳头以及手臂的不同形状构成，形状不同，表现的意义也截然不同。例如，食指与拇指，如果接触并置于太阳穴，这就表明话说得很有见地，很精确；如果不接触，留有一定的空隙，并配合手臂的挥动，这就意味着很难把这个精确的意思说清楚，需要做进一步的探讨。手势在态势语中的动作最明显，表达最自然。

在整个手势中，手掌的运用占据首位，其基本方法和作用如下：

一是手心向上，胳膊微曲，手掌稍向前伸。这种手势，主要表示贡献、请求、承认、赞美、许诺、欢迎、诚实的意思。例如，"我想大家是能够做到的。""希望同志们为开创社会主义建设现代化的新局面而多做贡献！""希望同志们多多提出宝贵的意见。"

凡属这类内容的，就可以用这种手势。

二是手心向下，胳膊微曲，手掌稍向前伸。这种手势，主要表示神秘、压抑、否认、反对、制止、不愿意、不喜欢的意思。例如，"这里面一定有问题。""这种损人利己的行为，我们是坚决反对的！""我们不同意采取这种办法。"大凡这类内容，就可以用这种手势。上述两种手势，是用单式还是用复式手势，可由演讲者视具体情况而定。

三是两手由合而分开。这种手势，多表示空虚、失望、分散、消极的意思。比如"一个人如果没有远大理想，那他将一事无成！""我简直是没有办法。""虽然做了许多工作，仍然是不见效的。最后他们还是分开了。"类似这样内容的，基本上都用这种手势。

四是两手由分而合。这种手势主要表示团结、亲密、联合的意思。"我们要团结起来，把这个工作做好。"凡是这类内容的，就可以用这种手势。

五是单式手势的"冲击式"。如"同志们，如果敌人敢进犯我们，我们就坚决把它打出去！""同志们，向着未来，向着胜利，前进吧！"手势就要紧密配合最后一句话，果断、猛力地向前方伸出去，给人一种信心和力量。

六是单式手势的"推换式"。"中国人民是无所畏惧的，就是天塌下来，我们也顶得起。"以手心向上推顶出去，就给听众一种气魄浩大之感。另外，手掌向下、向后，则表示卑微、消极、后退、黑暗的意思，讲话时可灵活掌握。

4.体态

体态不仅可以强化口语信息的表达效果，还可以反映一个人的气质、风度、素养和内心活动。正确的身姿是站如松、坐如钟、行如风。

站有站相。头部端正，两脚基本平行，或一前一后，自然站定。说话之前，前胸做提气动作，展示全身挺拔、精神焕发的形象。在大庭广众之中应该站着说话，这样做的道理在于：第一，表示对听众的尊重；第二，避免长篇大论，或埋头念稿子的毛病；第三，展示说话人的精神风貌；第四，调节气氛。

坐有坐相。坐的总体要求是收腿、平肩、直腰、身正。坐的姿势分为严肃坐姿和随意坐姿两大类。严肃坐姿，坐在座位的前半部，两腿平行垂直，两脚落地，腰板挺直。这种姿势表明说话人和听话人都十分严肃认真。随意坐姿的情况较为复杂。深坐在椅内，腰板挺直，表示向对方显示优越感，很有信心；坐在座位的前缘，上身前倾，身体的重心落在两只脚，既表示谦然，又表示一定程度上的畏惧与紧张；等等。但一般以面向正对膝盖的一方为宜，这样，姿势才显得优雅动人。

走路时，要求挺胸抬头，目视前方，步态从容，手臂自然摆动。

5.仪表仪容

演讲者的外表包括人体(如容貌、姿态)和修饰(如衣着、发型、装饰品)两个方面。爱美之心,人皆有之。仪表的整洁、大方、美观,不仅是个人爱好,而且体现了对他人和社会的尊重,是自爱、爱人和热爱生活的表现。仪表美应当体现正确的指导思想、时代的精神风貌、鲜明的民族特点、健康的生活情趣,并且同周围的环境、本人的年龄和身份相适应。

(四)态势运用的原则

演讲中运用态势有以下四条原则。

1.要有目的性

下意识的态势一般没有明确的目的性,比如,有时一种手势、动作的产生,纯粹只是生理上的要求,并没有明确的目的性。不过这种手势、动作还是有用的,它可以帮助演讲者把声音有力、有情、生动地送出去。而有意识的态势则具有很强的目的性。有意识就是要使一挥手、一摆头,身子或向前倾,或往后仰,都有内在的根据、清楚的用意。

2.要确要精练

所谓确要,就是准确、优美,由演讲者内在的思想意图决定,能恰当地传情达意,具有补充或加强话语、帮助听众理解、促使听众接受的作用。所谓精练,就是要以少胜多。对于每个人来说,手势动作本来就不多,变来变去也不会出什么新花样,要是不间断地、随便地使用,或者多次重复一种手势动作,就可能丧失它的功效。

3.要自然活泼

要自然,就是反对造作,强调活泼,不单调、不呆板。要表现得得心应手,前后连贯,不能太突然,不能与整体言语表达脱节。每个人都有自己的习惯动作,要取其"精华",去其"糟粕"。

4.要坚持自己的个性

态势的特点与个人的性格气质紧密相连,而且个人的性格气质往往"规定"了他的态势特点。一个开朗、爽直、麻利,说话、办事都十分快速的人,他的表情动作,尤其是手势动作,一般表现为急速、频繁、果断、有力;一个比较内向的人,他的态势表情往往表现为动作缓慢,手的活动范围较小,而且变化不多。因此,我们在运用态势进行表达、交流的时候,必须保持自己的个性特征,显示自己的风格,切勿一味模仿别的大演讲家。

首先进行分组，请确定每个小组的名字、LOGO、小组组长，并介绍设计的一两项原理。

游戏 1：倾听测试

老师念一段话，参与者填写一张有判断题的纸张引出小组讨论。

（1）当沟通预设立场时，会产生怎样的结果？

（2）书面沟通与语言沟通各自的优势？

（3）书面沟通与语言沟通分别适应什么情况？

游戏 2：模拟产品销售和售后服务

规则：

各小组成员每两人一组，一人为 A，一人为 B，A 将产品卖给 B，并互换角色。

卖出后，产品出现问题，模拟售后服务。

职场案例故事

改了就应当轻装前进

某工厂有位 19 岁的青年工人，纪律松懈，作风散漫，过去还曾有过小偷小摸行为。大家不愿理睬他，更不愿与他同住一个宿舍。领导和团干部虽多次对他进行批评教育，但收效甚微。

后来车间调来一位女团支部书记，她决心帮助这个青工进步。她了解这名青工的身世、经历和性格以后，首先动员了自己的母亲、妹妹，在一天之内把这个青工的棉衣和被褥全部拆洗了一遍，批评劝说的话一句没讲。结果这个青工深受触动，半宿没睡着觉。

过后，她找这名青工谈话时说："我娘很小就失去了母亲，她对我讲，没有母爱的人是很苦的。你母亲去世早，听说你遭了不少罪。"听了这话，青工眼眶里滚动着泪珠。女团支书接着说："你总不能背着过去偷吃过别人东西的包袱，我了解，这不全怪你，你小啊。继母不让吃饱，你饿啊！这是无奈，再说你已改了嘛，应当轻装前进啊！"听着句句真诚感人的话语，这位青工失声痛哭。从此以后，他发生了转变，取得了可喜的进步。

这位女团支书对这名青工就采取了真情激励的方法来教育帮助。在情感沟通的基础上再谈人生道理，引导他放下包袱向前看，轻装前进。正是这浓郁的关怀之情、理解之情和期望之情，给予青工心灵的震撼，使他能够发生转变并取得进步。

本章思考

1.有效沟通的本质是什么？沟通的内涵是什么？沟通一般有哪些类型？

2.有效沟通有哪些障碍？如何克服有效沟通的障碍？

3.沟通过程中应关注哪些重点？有效沟通有哪些技巧？

4.通过哪些方式可以提升有效沟通的关键能力？

第十章　应对职场压力的策略

大学生在高校面临着学习、就业、发展等诸多压力。所谓压力，是指当人们去适应由周围环境引起的刺激时，身体上或者精神上的生理反应，它会对人的心理和生理健康状况造成积极或者消极的影响。保持适度的、最佳的压力，可以提高学习和工作的效率。本章从以下三个方面的学习来进行有效的压力管理：

（1）压力概述；

（2）大学生压力管理；

（3）应对职场压力。

开篇故事

西班牙人爱吃沙丁鱼，但沙丁鱼非常娇贵，极不适应离开大海后的环境。渔民们把刚捕捞上来的沙丁鱼放入鱼槽运回码头后，用不了多久沙丁鱼就会死去。死掉的沙丁鱼味道不好销量也差，倘若抵港时沙丁鱼还活着，鱼的卖价就要比死鱼高出若干倍。为延长沙丁鱼的活命期，渔民想方设法让鱼活着到达港口。后来渔民想出一个法子，将几条沙丁鱼的天敌——鲶鱼放在运输容器里。因为鲶鱼是食肉鱼，放进鱼槽后，鲶鱼便会四处游动寻找小鱼吃。为了躲避天敌的吞食，沙丁鱼自然加速游动，从而保持了旺盛的生命力。如此一来，沙丁鱼就一条条活蹦乱跳地到达渔港。

这个故事在经济学上被称为"鲶鱼效应"。在人生发展过程中，适当的压力和竞争犹如催化剂，可以最大限度地激发人们体内的潜力。

第一节 压力概述

心理学家常说，焦虑是推动世界前行的动力。引发焦虑的往往是生活中的各种压力。压力是人类生活的常态，也是自然界的常态，所以，适者生存是物种进化的法则。如达尔文（Darwin）所说，"能够生存下来的，既不是最健壮的，也不是最聪明的，而是最能够适应变化的物种"。这句话凸显了一个道理——对压力的有效管理是生存和生活的艺术。人一生都与压力相伴相随。那到底什么是压力？它对我们的生涯发展会有什么影响？我们该如何有效管理压力？

一、压力概述

（一）压力的内涵

"压力"（stress）一词最早是物理学中使用的一个概念，是一个外来词，来源于拉丁文"Stringere"，原意是痛苦。后来被加拿大学者汉斯·塞尔耶（Hans Selye）博士引入医学界。之后，"压力"一词开始广泛应用于社会科学领域。现在，人们更多地将其视为一个心理学概念。从心理学上讲，压力是个体在察觉需求与满足需求之间产生的能力不平衡感。

压力是指人们在社会适应过程中，对各种刺激做出生理和行为反应时所产生的一种紧张的心理体验和感受，可能对人们心理和生理健康状况产生积极或者消极的影响。

1.压力的性质

不同的心理学流派，对压力有不同的解释：

（1）精神分析学派认为，压力是人生早期时的矛盾冲突。

（2）行为心理学派认为，压力是由刺激引起的某种经过学习的反应。

（3）认知心理学派认为，压力起因于个人对事物的看法而不是事物本身。

（4）社会心理学派认为，压力是由社会和文化的因素造成的。

以上解释都从不同角度说明了压力的性质。

2.压力的分类

通常人们认为压力是一个不好的东西，压力常常被描述为威胁生命的东西或是破坏我们舒畅感的一种状态。其实压力也有分类，汉斯·塞尔耶博士把压力分为积极压力和消极压力。

积极压力是一种正向的压力。它可以使我们有更大的动力和能量来完成工作，但又没有超过我们的承受能力。它是没有达到破坏程度的压力，可以激励我们奋进。

消极压力则是一种负向的压力。当你"实际可以完成"和你"认为自己应该完成"之间存在明显的不平衡时，就会产生消极压力，它会使我们觉察到异常的压迫感，随之产生生理和心理的不良症状。

3.压力的来源

压力的来源即压力源，是指具有威胁性或伤害性并因此带来压力感受的事件或环境。压力源与压力的不同在于，压力是主观感受，而压力源是刺激事件。一般而言，压力源可分为以下三类：

（1）心理因素

①挫折。挫折是因为个体的需求和想达到的目标被阻碍而产生的心理感受。按照引起挫折的原因，又可分为内因性挫折和外因性挫折。因内在及本身的阻碍而引起的挫折，即内因性挫折，如身体疾病、能力缺乏、孤独寂寞等，都会让人有挫折感。因外在环境的阻碍而引起的挫折，就是外因性挫折，如意外事故、不和睦的人际关系、不公平的制度等。不论是内因还是外因引发的挫折感，都会给人带来压力。当许多挫折接踵而至时，其压力效应就会不断累积，最终可能会使人因为最后一个小小的挫折而感到无法承受，这就是人们常说的"压死骆驼的最后一根稻草"。

②冲突。冲突最容易带给人们压力。人们可能因为两个或多个生活事件的矛盾和冲突而产生压力。冲突又分为趋避冲突、双趋冲突、双避式冲突。趋避冲突，就是必须从两个或多个目标中选择其中一个，但每个目标各有优缺点。例如，在高薪但偏远的地方工作与在低薪但繁华的大城市工作中进行职业选择，这就是趋避冲突。双趋冲突是多个目标选项都各有吸引力，难分伯仲。"鱼与熊掌不可兼得"，就是对这种冲突的经典比喻。解决这类冲突一般遵循"两利相权取其重"的决策原则。双避式冲突是多个目标都有风险，但无法避免，必须在其中进行选择，这时冲突就发生了。对于此类冲突，只能"两害相权取其轻"。在现实中，人们遇到的冲突往往是上述三种冲突交织在一起的。

③强迫。当个人或他人迫使自己达到某个目标时就会感受到被强迫的压力。例如，

有些同学为了实现父母的心愿，勉强自己选择考研。结果想玩的时候不敢玩，有很期待的就业机会时也只能放弃，造成自己矛盾重重，疲惫不堪。

（2）环境因素

在现实生活中，有许多压力来源于外在环境，如日常生活秩序的改变（搬家、新生入学、毕业、入职等），自然环境恶化等，都可能成为环境因素带来的压力源。

（3）角色因素

角色间冲突、角色内冲突以及角色超载等，都是与角色因素有关的压力源。角色间冲突指一个人在家既是孩子的妈妈，又要扮演老师的角色辅导功课，这时妈妈角色与教师角色容易发生冲突。角色内冲突指对于同一个角色，却得到矛盾的信息。例如同一个高中生，老师和家长跟他说，辛苦熬三年，考上大学就自由了，就不用辛苦考试了；但上大学的表哥表姐却跟他抱怨说，大学很辛苦，要考各种证书，自由的时间并不多。角色超载是指组织对个人提出了过高的角色期待，使个人产生重大的角色压力。

（二）压力的影响

1.压力对健康的影响

积极的影响是指适度的压力是维持人们正常身心功能的必要条件，能激发人们的积极性和主动性，从而锻炼和培养其良好的意志品质。如经受过生活压力的人在生活和工作中更容易适应环境，更容易取得成功；未经历过挫折和压力的人，则可能经不起生活的风吹雨打。消极的影响是指压力不及时进行疏导和转化，就容易引发个体一系列的身心不适症状，如易疲劳、心悸和胸痛等生理症状以及焦虑、抑郁、精神倦怠等心理症状。现代医学研究发现，人的情绪状态和机体的免疫系统之间有着特殊的关系，长期巨大紧张的压力，会对机体的免疫系统产生负面影响。

2.压力对认知的影响

心理学研究表明，压力影响人的认知功能。一般来说，压力越大，个体用于关注压力来源及个人焦虑的注意力就越大，认知效率就越低，思考的变通性也越差。压力还会影响个体的记忆，干扰个体解决问题和决策的能力。长期处在过度压力状态下，个体的反应速度会下降，记忆力减退，对非常熟悉的事物的记忆和辨别能力下降。人难以进入聚精会神的状态，经常遗忘正在思考和谈论的事情，出现中途"思维短路"的现象。

3.压力对人格的影响

现代社会日益激烈的竞争给人们带来的巨大压力，容易导致自我迷失，不利于健全人格的形成。比如，人在压力之下，冷漠、压抑、否定和执拗等短暂性的压力反应就会加剧，这些压力反应会随着压力的大小、时间的长短而恶化或者消失。过大的压力会使人看不到目标实现的希望，容易打击积极进取的信心，长期的压力会逐渐改变一个人的人格倾向。长期处于紧张压力的状态下，某些心理素质差的人会产生很强的挫败感。此外，身心疲惫时，人就会丧失竞争的勇气和做好事情的信心，从而产生莫名的烦恼、愤怒、抱怨和忧愁，不少人甚至会产生自杀的念头或实施自杀。

（三）压力状况的识别

尝试用手拿起一杯水，这杯水的重量并不重要，重要的是你能拿多久？拿一分钟，谁都可以；拿一个小时，可能觉得手酸；拿一个星期，可能就得进医院了。其实，这杯水的重量是一样的，但是你拿得越久，就越觉得沉重。这就像我们承担压力一样，如果我们一直把压力放在身上，不管时间长短，到最后就会觉得压力越来越沉重而无法承担。我们必须做的是放下这杯水，休息一下后再拿起，如此我们才能拿得更久。这阐明了一个简单的道理：无论什么样的压力，唯有科学面对，才能获得解决之道。

适度的压力可以使我们集中精力，创造性地解决问题；而过度的压力则会让我们苦恼而焦虑。如何知道一个人的压力是否过度了呢？

（1）情绪方面：紧张、敏感、多疑、焦躁不安、难以放松、忧虑烦恼等。

（2）生理方面：口干舌燥、心跳急促、异常出汗、便秘、失眠、疲劳、精神不振、胃口差、没食欲等。

（3）行为方面：抱怨、争执、挑剔、哭泣、暴力、责备、生活作息混乱、寝食难安等。

二、压力管理的内涵

（一）压力管理的概念

压力管理（stress management）是人们对感受到的挑战或威胁性环境的适应性反应，即针对可预见的压力源进行必要的干预，维护身心健康，提高问题处理的效率，保证学习生活目标顺利实现的管理活动。

（二）压力管理的方法

压力管理就是个体用有效的方法应对在压力情况下的生理、心理唤起。压力管理可以分成两部分：首先是处理造成压力源的问题；其次是处理压力所造成的反应，包括情绪、行为及生理等方面。

压力每天都在，有压力才有动力，但面临的压力过大、过多会损害身体健康。现代医学证明，心理压力会削弱人体免疫系统，从而使外界致病因素引起机体患病，导致心理失衡，引起抑郁、焦虑等心理疾病。现代生活的压力，像空气一样围绕着我们。那么，我们如何面对各种压力呢？

1. 改变认知，减少压力源

随着社会竞争不断升级和生活节奏日益加快，遇到困难、逆境和挑战是难免的，但这些事情是否会成为压力源，取决于人们对它们是否不愉快、厌恶、抱怨、愤恨、焦虑等消极的感受与评价。这个就是"合理生涯信念与乐观解释风格"中不断强调的，影响我们的不是事情本身，而是我们对事情的看法。认知的转变是解决压力问题的关键。当认知得到调整，很多原来认为是造成压力的问题，也许就不再是大问题。很多时候，我们想通了、想明白了，就不紧张、不害怕了，压力就随之消失了。

2. 直面压力，克服拖延症

遇事马上做，这是解决压力的有效方法。遇到有难度的事，越拖延压力越大。为逃避困难采取的拖延策略，往往给自己带来更大的压迫感。拖延并不能省下时间和精力，更无法逃避问题，相反，它只会使你心事重重，举步维艰。这时，解决压力的最好办法就是当机立断，马上行动，不仅解决了问题或完成了任务，还彻底地消除了压力。

3. 建立良好的支持系统

寻求社会支持和帮助，对于改善压力有着非常重要的作用。社会支持包括来自家人、朋友、同学、老师、同事、领导及心理机构等。个体要学会成为有效的社会支持网络中的一部分，在必要时积极寻求他人的帮助，不能把自己孤立起来。国内一些企业已经开始尝试导入一种名为员工帮助计划（Employee Assistance Program，EAP）的项目，把它作为帮助员工处理包括压力在内的职业心理健康问题的整体解决方案。在已经实施 EAP 的企业里，管理者可以利用这个项目有效实施压力管理。国内成功实施 EAP 的企业经验表明，EAP 在对工作压力进行系统诊断、针对性干预、有效预防等方面显示出强大的力量，对心理压力管理具有显著的效果。

4. 自我减压的技巧

（1）冥想减压

如果我们感到压力较大，那么不妨每天利用学习或工作的间歇时间进行 10 分钟的冥想放松。事先准备好舒缓的音乐，如果带有放松指导语最好，以舒适的姿势坐好，随着音乐放松自己身体的每一部分。在冥想放松过程中不用过于注重技术，更多的是去体验放松的感觉。每天坚持 10 分钟，两周之后就可以感受到效果了。

（2）呼吸减压

我们在感觉压力大的时候，可以通过调节呼吸来进行减压。5 分钟的深呼吸可以让自己狂跳的心脏放慢速度，可以让焦躁的情绪平复下来，可以让自己因压力而颤动、抽搐的肌肉恢复平静……深呼吸过后再去学习或工作，这样压力发泄了，思路也变得更加清晰。

（3）适当运动

适当运动有利于调节大脑功能，可以起到锻炼身体、消除压力的作用。适用的运动方式有游泳、跳绳、打乒乓球等。每天安排半个小时左右的运动，即可轻松减压。

5. 具体减压方法

（1）一吐为快

假如你正为某事所困扰，千万不要闷在心里，把苦恼讲给你可信的、头脑冷静的人，以取得解脱、支持和指正。

（2）开怀大笑

开怀大笑是消除压力的最好方法，也是一种愉快的发泄方法。"笑一笑，十年少"，忧愁和压力自然也就消散了。

（3）听听音乐

轻松的音乐有助于缓解压力。如果你会弹钢琴、吉他或其他乐器，不妨以此来对付心绪不宁。

（4）阅读书报

读书可以说是最简单、消费最低的轻松消遣方式，不仅有助于缓解压力，还可使人获得知识与乐趣。

（5）重新评价

如果真做错了事，要想：谁都有可能犯错误。若事与愿违，就应进行重新评价，不钻"牛角尖"，继续正常工作。

（6）大声喊叫

在僻静处大声喊叫，可以将情绪发泄出来，也是减轻压力的一种方法。

（7）与人为善

遇事千万别怀恨在心。怀恨在心付出的代价是使自己的情绪紧张，是用别人的错误惩罚自己。

（8）不要挑剔

不要对他人期望过高，应看到别人的优点，不要过于挑剔他人行为。

（9）留有余地

不要处处争先，强求自己时刻都以一个完美形象示人。生活不须如此，你给别人留有余地，自己也往往更加从容。

（10）学会躲避

从一些不必要的、纷繁复杂的活动和人为制造的杂乱中脱离出来。在没有必要说话时最好保持沉默，听别人说话同样可以减轻心理压力。

（11）免当超人

不要总认为什么事都应做得很出色，应明白哪些事你可稳操胜券，然后集中精力干这些事。知足常乐，可以减轻心理压力。

（12）做些让步

即使你完全正确，做些让步也不会降低你的身份，"退一步海阔天空"，何况一些事也许冷处理更好，退一步会有更多余地。

（13）遇事沉着

沉着是一个人成熟的标志之一。沉着冷静地处理各种复杂问题有助于舒缓紧张情绪。

（14）逐一解决

紧张忙乱会使人一筹莫展，这时可先解决当务之急，其他事再一个一个地处理。

（15）平息怒火

遇事切莫发火，学会克制自己，平息怒火。待怒气平息后，你会更有把握地、理智地处理问题，多想"车到山前必有路"。

（16）做点好事

不妨帮助别人做点好事，这样可缓解你的烦恼，给你增添助人的快乐。

（17）眺望远方

当你烦躁不安时，请睁大眼睛眺望远方，看看天边会有什么奇特的景象。既然昨天和以前的日子都过得去，那么今天和往后的日子也一定会安然度过。

（18）换个环境

适当地改变环境可以减轻心理压力，这并非消极的回避。有益的"跳槽"可另谋新的岗位，再自我反省，吸取教训。

（19）外出旅游

思想压力过大，不妨在亲朋好友的陪同下，外出旅游。秀丽的祖国山河，定会使你心醉，让你把一切忧愁和烦恼抛到九霄云外。

（20）放慢节奏

当局面一团糟而无法控制时，不妨放慢节奏，清空日程表，进行一次"冷处理"。

◆ 小贴士

8个减轻压力的小窍门

在快节奏的现代生活中，压力似乎已经成为我们日常生活中的一个常客。无论是来自工作、学习还是生活的种种压力，都让我们感到身心疲惫。除了已经提到的方法，这里还有一些简单而有效的小窍门，可以帮助你轻松减轻压力，让你更加健康、快乐地生活。

①良好的睡眠：充足的睡眠是减轻压力的关键。尝试保持规律的睡眠时间，避免在睡觉前使用电子设备，让自己拥有一个舒适的睡眠环境和更好的睡眠质量。

②调整自己的态度：积极乐观的态度可以帮助你更好地应对生活中的挑战。试着将注意力集中在解决问题上，而不是担忧问题本身。

③寻找自己的兴趣爱好：做自己喜欢的事情可以帮助你放松身心，减轻压力。无论是阅读、绘画还是烹饪，都可以让你享受其中的乐趣。

④避免过度思考：过度思考只会让你更加焦虑和沮丧。当你的思维变得混乱时，试着转移注意力，让自己放松下来。

⑤保持健康的饮食：健康的饮食可以让你保持身体和心理的健康。尝试多吃水果、蔬菜和全谷物等营养丰富的食物，避免过多摄入咖啡因和糖分。

⑥制定合理的目标：制定合理的目标可以帮助你更好地规划自己的时间和任务，避免过度压力和焦虑。

⑦寻找灵感：当你感到压力和困惑时，寻找灵感可以帮助你重新点燃激情和创造力。尝试阅读、参观艺术展览或与创意人士交流。

⑧保持平衡：保持平衡是减轻压力的关键。尝试在工作和生活之间保持平衡，避免过度投入工作而忽略生活。

压力与身体症状

适度的心理压力或应激，对驱动机体适应环境是有利的，它可以提高机体的警觉水平，动员机体内部的潜能，以应付各种变化的情境和事件的挑战。但是如果心理压力持续时间过长或应激状态过于强烈，需要机体努力才能适应，或者超出了个体所能承受的应对能力，就会扰乱人的心理活动和生理功能的平衡，损害人的身心健康，严重者会造成身体及精神疾病。

在压力状态下人们的生理反应主要表现为植物神经系统和内分泌系统的变化。首先，在压力状态下，人体神经系统中交感神经活动增强，它会动员机体潜能立即采取行动应付紧张刺激。一方面这能促使心血管系统机能迅速变化，血液循环加快，另一方面也会促使肾上腺髓质分泌茶酚胺来增强代谢过程。此时，心跳加快、脾脏收缩、肝脏释放糖原并转化为葡萄糖，皮肤和内脏血管收缩，使肌肉和大脑有充分的血液供应。呼吸加快，支气管扩张，加快血氧置换速度，血凝速度加快使危急情况下供血减少。

其次，神经内分泌系统也参与该活动。除肾上腺髓质系统的作用外，肾上腺皮质系统分泌的糖皮质激素和盐皮质激素也参与应激反应。它们为应付紧急状态而升高血糖、储备能量和调节盐与水的代谢。在压力状态下，血管紧张素、甲状腺素、生长素以及性腺激素等也会发生相应变化。

通过这些生理上的变化，人体则可以缓解压力对其造成的直接伤害。如果个体长期处于这种压力状态将导致神经内分泌系统紊乱，甚至造成一系列的与紧张压力有明显关系的身心疾病（也称为"适应性疾病"，或叫"应激状态病"），比如高血压、冠心病、脑卒中、消化性溃疡、支气管哮喘、糖尿病、肥胖症、斑秃、类风湿性关节炎等，以及某些免疫性疾病，还有各种癌症和各种神经功能症。

团队压力测试

1. 捆绑过关

简述：被绑在一起来完成任务。

人数：不限。

场地：不限。

道具：绳子或其他可以绑的东西。

游戏方法：

（1）分组，不限几组，但每组最好两人以上。

（2）每一组组员围成一个圆圈，面对对方。老师帮忙把每个人的手臂与隔壁的人绑在一起。

（3）现在每组的组员都是绑在一起的，老师想些任务要每组去完成。如：吃午餐、包礼物、完成个美术作品、帮每个组员倒水等。

2. 猜猜是谁

简述：猜背后的名字。

道具：一些名片贴纸，或是任何纸加胶带；笔。

适用范围：刚认识或不认识的人。

游戏方法：

（1）给每个人一张名片贴纸，要求大家把自己的名字写在上面。

（2）老师收集所有的名片贴纸，然后把每一张贴纸贴在每个人背后（不能是同一个名字贴在同一个人背后），不能让他们知道他们背后的人的名字。

（3）游戏开始，每个人必须去问别的人任何是或不是的问题来猜背后名片上的名字。（注：人数多的话，只限问一个问题。）

第二节　大学生压力管理

当代大学生在生活中有许多重大的事件或者决定都需要自己面对，想要正确面对这些事件所造成的压力，对于大学生来说也是一种挑战。如果缺乏一定的认知或者面对压力的能力，不仅会对大学生的心理健康造成影响，同时也会导致他们出现身体上的不良反应。因此，正确面对压力或者挫折至关重要，只有如此，才能轻松学习、快乐生活。

一、大学生常见的压力来源

在大学生涯的不同阶段，压力始终存在。比如刚步入大学阶段，大学生主要面临着适应新环境、新生活的压力，他们处在新环境的时候通常会无所适从，如果无法把握自身的压力，那么就比较容易丧失人生的方向。

（一）外在环境的挑战

1.适应压力

这种情况主要出现在大一新生时期，有的大学生因为远离家乡、亲人，所以表现出了不同程度上的怀念家乡、思念家人等情绪。刚刚融入新的环境之中，大学生与同学、朋友之间的关系并未发展建立起来，所以在不同程度上体验到了孤独感。

与此同时，在进入大学校园之前，大多数的学生都对大学生活充满幻想和希望，但是当真正走进大学生活之后却发现与自己的想象有比较大的差距，所以会感到失望。在进入大学之后，许多大学生发现身边优秀的人比较多，于是就开始自我怀疑，从而产生失落感。

如果大学生的这些不适应未能得到及时调整与改善，那么就容易产生自卑、焦虑、抑郁等心理问题，有的学生甚至因为长期难以适应大学生活而退学。

2.学习压力

在学习方面，大学生也容易出现不适的情况，主要表现在大学生对于学习方式、学习习惯等方面的不适应。大学生活中的主旋律就是学习，大学期间许多活动都是围绕着学习开展的。大学时期学生学习的专业性相对来说比较强，他们学习的主要目标不再仅仅是单纯学习知识、储存知识，而是不断通过知识学习强化自身的能力与综合素养，重视知识的应用，在实践中检验真理，增强对于未知领域的创新、探索。但是诸多有关的资料证明，传统的死记硬背知识的学习方式，是造成学习压力的主要因素，可见，在大学期间，大学生面临的重大挑战之一是学会学习。

3.人际交往压力

结合实际情况来看，大学生人际交往压力主要源自处理与老师或者同学的关系。例如，一些学生在人际交往的过程中缺乏正确的自我认知，以自己为主，对他人不予理解、尊重等，事事处处都希望能够满足自己的期望，不能充分考虑他人感受；一些学生在人际交往的过程中谨小慎微，生怕与同学之间出现矛盾、分歧等，所以一再忍让他人，并且在与人发生不愉快的时候，通常会出现束手无策的情况；还有一些学生有着比较强的自我封闭心理，畏惧与他人进行交往；等等。

当今时代背景之下，伴随着互联网的快速发展，大学生人际交往呈现出了新的趋势，一些大学生沉浸在网络交往中，通过虚拟世界发展人际关系。但是这种交往活动通常导致他们无法融入现实生活之中，甚至过于沉溺于虚拟世界，对学习与生活造成了严重影响。

4.经济压力

虽然有关部门以及学校都在不同程度上加强了对于贫困学生的资助力度，但是仍然未能完全解决困难学生的具体问题。例如，一些学生为了解决生活、学习费用，通常勤工俭学、节衣缩食，面临着经济与学业两方面的压力，心理负担比较重。此外，还有部分学生由于不合理的消费观念和消费行为，导致自身经济困难。

5.就业压力

近年来，大学生毕业人数处于急剧上升的状态，导致了大学生就业形势日益严峻，就业市场竞争更加激烈。大学生找工作面临着较大的困难，这为大学生带来了较大的心理压力与精神压力。

（二）内在自我的冲突

事物变化发展主要是内因与外因相互作用的结果，外因通过内因起到了一定作用。外部世界即"外因"，真正的原因即"内因"。从本质上来看，压力主要来自人们的观念与想法，内因主要有以下几方面：

1.期望大于现实

大学生往往充满激情，处在这一阶段的大学生正面临着期待与现实之间的冲突。未来有着诸多的不确定因素，正是由于这种因素使得大学生对于未来抱有许多美好设想。但是，大学生不得不面对现实生活中存在的诸多问题，比如成绩普通、求职无门等，大学生在期望与现实的夹缝中生存，承受了很大的心理压力。

2.完美主义人格的约束

优秀的学生都存在一定的完美主义个性特征，通常来讲，完美主义者比一般人更加负责、认真。但是一些完美主义者追求的标准比较高，不仅表现在对自己过高的期望，也表现在对他人以及环境的苛求，习惯站在完美的角度上衡量自我或者周围环境。然而，这个世界并非完美的，所以他们常常会无法接受失败，且比较在意他人的评价。

3.盲目比较的思维模式

盲目比较导致人们远离了自己内心的需求，且使人产生盲目自信的心理，认为自己是最强的。同时，盲目比较也容易导致人们出现自卑心理，认为别人处处都比自己强，甚至一度怀疑自我。

4.动机冲突

动机是有效激发和维持个体参与活动，并且导致该活动朝着某一个目标发展的动力、倾向。如果只有一个动机，人们通常就能直接展开行动。但是如果既有想要好好学习的动机，又有想要好好玩的热情，自己又无法将两者相互整合，那么动机之间则容易出现冲突，基于这种背景之下产生了无形的压力，使人感受到了不适。

二、大学生的压力管理阶段

大学生压力管理可分成两部分：第一，处理压力源造成的问题本身；第二，处理压力所造成的反应，即情绪、行为及生理等方面的纾解。

在压力反应阶段中适应压力，个体的生理、心理及行为特点分为三个不同的阶段，如图 10-1 所示。

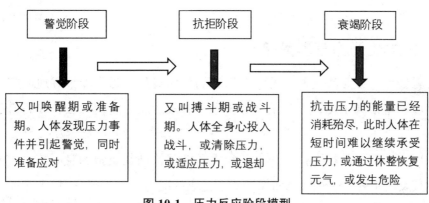

图 10-1　压力反应阶段模型

（一）警觉阶段

警觉阶段又称唤醒期或准备期。这一阶段人体发现事件并引起警觉，同时准备应对。交感神经支配肾上腺分泌肾上腺素和副肾上腺素，这些激素促进人体的新陈代谢，释放储存的能量，于是主要器官的活动处于兴奋状态，包括呼吸、心跳加快；汗腺分泌加速；血压、体温上升；骨骼肌紧张；等等。

（二）抗拒阶段

抗拒阶段又称搏斗期或战斗期。继警觉之后，人体全身心投入战斗，或消除压力，或适应压力，或退却。这一阶段人体会出现以下生理、心理和行为特征：

（1）警觉阶段的生理生化指标恢复正常，外在行为平复，处于意识控制之下的抑制状态。

（2）个体内部的生理和心理资源以及能量被大量耗费。

（3）个体变得极为敏感和脆弱，即便是微小的刺激，也能引发个体强烈的情绪反应。

（三）衰竭阶段

衰竭阶段又称枯竭期或倦息期。由于抗击压力的能量已经消耗殆尽，此时人体在短时间内难以继续承受压力。如果一个压力反应周期之后，外在的压力消失了，经过一定时间的调理和休息，人体很快就能恢复正常的体征。如果压力源持续存在，人体仍不能适应，那么一个能量已经消耗殆尽的人，就必然会发生危险。此时，疾病、死亡都是极有可能的。长期处于叠加性压力和破坏性压力状态下易出现身心疾病，就是这个道理。

三、大学生压力管理策略

压力无处不在，无法逃避，关键在于我们如何对待。为了能很好地适应大学乃至今后的学习、生活和工作，大学生有必要学习有效的压力管理方法，提高自己的压力适应能力。

所谓压力适应，是指个体在压力反应之后能很快恢复正常的身心特征，或者面对持续压力其反应不处于极端状态而保持身心健康的能力。

所谓压力管理，是指针对可预见的压力源进行必要的干预，维护身心健康，提高处理问题的效率，保证学习生活目标顺利实现的管理活动。我们建议大学生从以下几个方面着手进行压力管理：

（一）构建自己的社会支持系统

当一个人独自面对压力的时候，其应激反应的消极作用会比较大。要想不在压力面前孤立无助，最好构建自己的社会支持系统，其中包括自己的亲人、朋友、同学、老师等。社会支持系统可以在你需要的时候给你情感安慰、行动建议，帮助你渡过难关。强大的社会支持让你不再感到孤立无援，可以迅速恢复你的信心和勇气，面对挑战，解决问题。因此，平时你需要在建立和增进友谊、密切亲情方面多做些努力。

（二）觉知和调整自己的生理状态

生理状态是压力最直接的指标。要想有效管理压力，首先要有压力意识，要能觉察压力的信号。人在应激状态下，本能会驱动机体的防御机制，这是自发的。有效的压力管理，需要我们建立一个对付压力，尤其是那些慢性压力的预警机制。

（1）有意识地觉知自身的紧张、焦虑等情绪状态。当你处于应激状态时，自己的生理和情绪上会有什么样的不适反应？记录自己的这些压力反应，并锁定这些反应指标，以后每当你产生这些不适反应时，便对自己发出警告。压力预警就像战争中的雷达一样，让你保持必要的警惕。

（2）学会控制自己的不良生理指标。当你的压力直觉性提高时，还需要提高对生理指标控制力，比如心跳、呼吸、血压等。

（三）减轻和消除自己的心理负担

应激，即便是本能反应，也足以使我们身心疲惫。现在，必须卸掉我们身上由压力带来的紧张和焦虑，否则持续性的压力累积效应，迟早会让我们垮掉。消除心理负担的方法有：

（1）理性辨析和积极归因。找来纸笔，将你面临的核心问题写下来，接下来你需要围绕着这个问题逐步回答：这个问题是如何产生的？这个问题真的与我有关吗？这个问题真的就是一个威胁吗？这个问题真的就不能解决吗？通过如此反复逐层深入地自我辨析，厘清问题症结所在，从而有效缓解焦虑。

（2）学会经常进行放松训练。放松训练是通过一定的练习程序，有意识地控制和调节自己的身心活动，以达到降低机体唤醒水平，调整因紧张而紊乱的身心功能，从而使机体内环境保持平衡与稳定的过程。

（四）掌握积极的减压方式

（1）直面问题不回避。直接面对问题，而不是逃避、压抑，转嫁或迁怒于无关的人或事。要理性地评价、选择解决问题的方案。解决问题的策略要与现实相符，其出发点是对问题的真实估计，而不是自我欺骗或自暴自弃。

（2）管理自己的情绪和行为。学会认识和抑制毁灭性的或有潜在危害性的各种负面情绪，即学会情绪管理：学会控制自己具有危害性的习惯性行为；努力保证自己的身体不遭受酒精、药物的伤害；加强锻炼，保证睡眠。

（3）坚持适当和必要的体育锻炼。当感到有压力的时候，你需要做的不是坐在那里发愁或者抱怨，走出去，让身体活动起来。慢跑可以让神经和身体放松下来。体育活动是非常有效的减压方式，可以迅速改善你的某些生理系统及其功能，让你充满生命活力，找回控制感，从而有效减轻你的心理负荷。坚持体育锻炼还有一个好处是培养自己的毅力，而毅力是我们面对压力和挫折最好的武器之一。

（4）郊游或者远足。暂时离开给你带来压力的环境，放下那些烦恼和不愉快，把自己交给大自然，在大自然的怀抱里转移心情，放松身心。户外活动和拓展训练也是有效的减压方式。

（5）阅读书籍，吸取榜样力量。当你面对压力感到不知所措的时候，可以看一些人物传记等，从榜样身上寻找力量。杰出人物毫无疑问都经历了无数的挫折与压力，他们的经验和成长，会激励和启发我们。

（6）寻求专业人士的帮助。如果上述方式都无济于事，那么，你可以寻找学校的心理老师或心理咨询人员，让专业人士引导你排除压力，走出困境。

资料链接

压力与人体疾病

在感受压力的过程中，一般会有下列情况发生，继而导致疾病：

①脑：压力可能激发如焦虑及沮丧等行为及情绪上的问题。

②嘴：压力会造成口腔溃疡和口腔扁平苔藓等口腔疾病。

③耳：压力很可能导致突发性耳聋，是神经性耳聋的一种，多为突然一侧耳朵听不到了，可能同时伴有耳鸣、耳朵闷胀的感觉等。

④肺：在压力情况下，哮喘患者的病情常会恶化。

⑤心：常会出现心绞痛、心律失常症状。

⑥肌肉：人在压力状态下，各种轻微的肌肉震颤现象及"神经质"现象都会变得更明显。

⑦消化道：胃炎、十二指肠溃疡、溃疡性结肠炎及过敏结肠炎等消化道疾病，有的是由于压力所造成的，有的会由于压力而更加恶化。

⑧生殖器官：人体此部分与压力有关联的问题包括月经紊乱（如月经周期紊乱），男性的阳痿、早泄等。

⑨膀胱：许多人的膀胱在压力状态下的反应是"尿意频繁"。

⑩皮肤：有些人在压力状态下，会出现湿疹及银屑病等皮肤病。

测试游戏

中国大学生压力测试

请根据自己的实际情况，从0～3分中选择一个数字代表以下事件对你的压力程度。0= 没有压力；1= 轻度压力；2= 中度压力；3= 重度压力。

1. 渴望真（爱）情却得不到。

2. 青春期成长。

3. 同学关系紧张。

4. 外形不佳。

5. 身体不好。

6. 同学间互相攀比。

7. 居住条件差。

8. 遭受冷遇。

9. 社会上的各种诱惑。

10. 晚上宿舍太吵。

11. 没有人追或找不到男 / 女朋友。

12. 没有人说知心话。

13. 没有学到多少真本领。

14. 独立生活能力差。

15. 各种应酬有困难。

16. 家庭经济条件差。

17. 对有些科目怎么努力也学不好。

18. 学习成绩总体不理想。

19. 讨论问题时常反应不过来。

20. 考试压力。

21. 同学间的竞争。

22. 每学期期末考试成绩排名。

23. 完成课业有困难。

24. 有些课程作业太多。

25. 各种测验多。

26. 累计两门以上功课考试不及格。

27. 一门功课考试不及格。

28. 当众出丑。

29. 被人当众指责。

评分及结果分析：把每个项目得分相加，如果高于 45 分，则说明你所承受的压力偏高，需要采取措施应对和调整；如果低于 45 分，则说明你面临的压力较低。

第三节 应对职场压力

一、职场中压力来源

职场中的压力主要来自工作本身、职业发展、工作中的关系、组织结构的氛围。

1. 工作本身

工作环境条件差；不能或极少参与决策；投入 / 产出的压力；单调，缺乏变化；客户难以应对；不必要的形式或程序。

2. 职业发展

得不到提拔 / 提拔过高；工作缺乏安定感；职位、薪酬等变动不大，前景渺茫；缺乏业绩评估程序。

3. 工作中的关系

工作独立，缺乏同事或社会支持；工作职责难以区分；与下属有矛盾；圆满完成工作却不能得到褒奖。

4. 组织结构的氛围

变化太快 / 太多；缺乏有效的咨询支持决策；行为有很多限制 / 条框；市场竞争激烈；频繁出差。

二、职场压力反应的应对策略

对职场中压力的反应，是从消极适应到积极适应的连续过程。有很多反应不一定是完全消极或完全积极的，而是介于二者之间。在此只讨论积极和消极的适应方式，如图 10-2 所示。

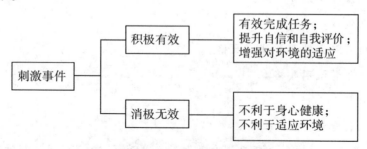

图 10-2 职场压力反应的应对策略

（一）积极有效的压力反应

积极有效的压力反应，就是积极乐观地面对自己的问题。具有建设性的压力调适方式如下：直面压力问题；不离开现实世界；准确和真实评测压力情况，而不是扭曲事实；学习认识压力，并拒绝用有伤害力的情绪反应方式；意识清醒，并且理性地去评估选择可行的行动；不采用不实际的想法，也就是不异想天开。

（二）消极无效的压力反应

消极无效的压力反应包括过度抽烟、酗酒、滥用药物、网络成瘾、疯狂购物等。现实疗法（reality therapy）创始人、美国精神病学家威廉·格拉塞（William Glasser）在其著作《控制理论》中提到，如果我们连续使用上述这些压力应对方法，不论我们主观感觉有多好，我们都将失去更多，甚至失去对生活的自我控制感。他认为，当我们使用麻醉自己的方法时，等于阻止自己寻找直接而有效的方式来处理压力。长期消极无效的压力处理方式，会导致情绪衰竭、自我感丧失、个人能力下降。

（三）职场中压力反应处理

无论问题处理的结果如何，身心都会对处理过程中产生的压力有明显的反应，因此，如何适当处理身心的反应，也是压力管理相当重要的一环。

1. 情绪纾解

情绪的不适当表现常会干扰问题的解决过程，甚至会使问题本身恶化。如何有效纾解情绪，成为问题处理过程中相当重要的环节，否则，即使有了一个较好的解决计划，也可能因为情绪失控，使成效大打折扣。任何形式的心理治疗初期，纾解情绪均是最重要的步骤，只有如此，才能顺利进入问题的核心。情绪纾解的方法如下：

（1）接受情绪经验的发生。情绪经验的发生是相当正常的，因此觉察自己的情绪并接受自己情绪的过程，会使自己正面看待情绪本身，而采取较为适当的行动。问题不在情绪本身，而是当事人对情绪的扭曲及压抑而出现的问题。如果不能正视情绪的存在，反而会为情绪所奴役。

（2）适当宣泄情绪。如寻找忠实的聆听者诉苦，有助于恢复思绪的平衡，对方也可以给予精神上的支持与关怀。另外，也可以在不干扰别人的前提下，痛哭一场或捶打枕头，适当宣泄情绪，以避免在解决问题的重要时刻把不适当的情绪表露出来。

2. 正向乐观的态度

在处理压力问题时会遇到困难，如果这是因为自己的能力不足，那么整个问题的处理过程就会成为增强自己能力的重要机会；如果是环境或他人的因素造成的，则可以理性沟通解决。如果无法解决，则尽量以正向乐观的态度去面对每一件事。正向乐观的态度不仅会平复紊乱的情绪，也能使问题导向正面的结果。

3. 生理反应的调和

当一个人在沉思冥想或从事缓慢的松弛活动时，如肌肉松弛训练、练瑜伽、打坐等，在体内会产生一种宁静气息，使得心跳、血压及肺部氧气的消耗降低，而使身体各器官得到休息。对于常常不自觉的神经紧绷，甚至下班后仍有工作压力的人而言，这是非常好的休息方式。另外，处于压力状态时，运动是使生理反应平静下来的相当有效的方式。因为压力会促使肾上腺素分泌及流动性增加，而运动则可以降低并消散其作用。因此，形成规律、适当的运动习惯，是对抗压力行之有效的方式。

4. 行为上的调适

应该避免不适合的宣泄行为，如滥用药物、酗酒、大量抽烟及涉足不良场所等，而应该选择正当的休闲娱乐，如与朋友聚会、登山、参加公益活动及技艺学习、团体活动等。

（四）职场中压力问题处理技巧

通常，一般大学生在职场中面对自己无法顺利处理的压力时，常采取不太理想的方式，如逆来顺受、逃避、紧张或鲁莽行事等。但是，这样的处理方式往往无法有效处理问题，有时还会惹来更大的麻烦。由于问题处理过程关系到压力的调节，一旦处理过程出了问题，压力严重程度可能增加或者持续时间更长，从而导致严重的情绪、生理及行为伤害，甚至引发各种身心疾病。较理想的处理问题的态度为冷静面对问题并解决它。

解决问题的步骤如下：

（1）认清压力事件的性质；

（2）理性思考及分析问题事件的来龙去脉；

（3）确认个人对问题的处理能力；

（4）寻求能帮助解决问题的信息，包括如何动用家庭及社会环境支持系统；

（5）运用问题解决技巧，拟订解决计划；

（6）积极处理问题。

若已尽力，问题仍无法在短时间内解决，则表示问题本身处理的难度很高，有可能需要长期奋战。此时除了需要培养坚韧不拔的斗志外，还需要其他精神力量的支持。

化解压力的方式如下：

（1）树立压力管理意识；

（2）培养积极的心态；

（3）保持良好的情绪状态；

（4）增强自信心；

（5）找出压力源并化解。

同时也可以改善工作模式，可以重新组织你的工作，如确立明确的目标、减少过多的工作量和适度调节工作的节奏。

◆ 小贴士

1. 观察呼吸与冥想

人的大脑没有放空的时候，哪怕千分之一秒，大脑都在活动。比如看到某本书上的只言片语，或者忽然想起来的对某个人的回忆等，这些都是头脑的活动。冥想就是观察呼吸，一出一进，静下来。观察呼吸是进入冥想的基础，是最简单而且最有效的方法，但是静一会儿并不是目的，重要的是训练自己的内心。

2. 非理性信念压力

美国心理学家艾利斯将人类常见的非理性信念压力归纳为以下几种：①畸形的思维（如强迫思维）；②易受暗示影响；③过度以偏概全；④尽善尽美，认为不是完美的就是无用的；⑤对他人过分要求；⑥追求绝对化，不能忍受不确定性；⑦夸大负面事件的危害性；⑧自暴自弃；⑨自我贬低；⑩过分关注自身机体的变化。

3. 压力的分类

压力按照强度的不同可分为一般单一性生活压力、叠加性压力和破坏性压力。叠加性压力是极为严重和难以应对的压力种类，它给人造成的危害很大。可将其分为两类：一个是同时性叠加压力，另一个是继时性叠加压力。有的人会在"四面楚歌"的同时性叠加压力中倒下，有的人会被继时性叠加压力打垮。

4. 压力有害吗？

凯利·麦格尼格尔（Kelly McGonigal）是斯坦福大学的心理学教授，她指出压力对于个人适应困难处境，基本都是正向影响。而"压力有害"的观点导致人们对压力感到厌恶甚至恐慌，进而造成压力管理的失效，限制了人们潜力的发挥。人们通常认为压力管理就是避开压力，这是不解决根本问题的。如果你想实现有效的压力管理，就要合理地评估压力，正视压力的积极作用，培养正向的压力思维模式，驾驭压力，在困境中实现转折和飞跃。

资料链接

压力铸就成功

狄更斯出生于英国的一个普通家庭。他自幼体弱多病，干任何事情都不能过于劳累。于是，他的童年不是在游戏中度过，而是在读书中度过。在他10岁的时候，父亲因负债被关进监狱，为了维持家庭，狄更斯不得不设法谋生，去当了一名学徒。他不仅要以惊人的意志承受一个幼小虚弱的身体无法承受的劳累与折磨，还要以顽强的毅力承受一颗稚嫩心灵难以忍受的冷酷与侮辱。但是，即使在这样巨大的压力下，狄更斯对知识的渴望也丝毫没有减退。一有空闲，他就拼命阅读所能找到的任何书籍。丰富的知识和经历为狄更斯未来的文学生涯打下了牢固的基础。另一方面，少年的苦难也磨炼了他的意志，正如他所说："顽强的毅力可以征服世界上任何一座高峰。"狄更斯没有被压力压倒，反而更加坚韧了，并最终攀上了文学的高峰。

喷水池只有承受压力，才能喷出朵朵银花；航船只有载重，才能安全远行；人只有担当压力，才有动力，才能获得成功。每个人都会遇到大大小小的压力，这些压力会令我们疲累、烦躁，但它们也是让我们前进的动力。

职场案例故事

新员工压力管理

小华是明锐公司的新入职员工，性格比较内向。一天，他正在忙着手头的工作，忽然，同事张杰怒气冲冲地走到他的面前："小华，你昨天帮我给张总发的资料有没有检查好再发，他今天给我打电话说收到我们寄过去的资料，可是里面的内容完全不对呀。你给他发的是我们内部的保密资料啊，怎么搞的？你看，你应该发的是这份材料。你说现在怎么办？"

很明显，小华承受了很大的压力。那么，什么是压力呢？根据对压力研究的内容和侧重点不同，人们归纳了以下三种压力：第一种压力是机体对情境的整体性反应，就像我们会对潜在威胁的事物报以抵抗的情绪。第二种压力是使人感到紧张的事件或环境，就像自然灾害、战争、工作中的冲突一样，让我们紧张、害怕。第三种压力是机体与环境相互作用的过程。这是指人们感受到压力，其实不仅只是身处有压力的环境引起，也有自身对压力认识的因素。好比一项工作，对有些人来说压力比较小，但对其他人来说可能压力很大。

就像案例中的小华，许多新员工为了给领导和同事留下好印象，往往不会拒绝同事的要求，最终的结果是自己的工作没做完，还揽了一大堆其他的活儿，这就产生了一定的压力。另外，也可能是新员工不善于与人沟通而产生一定的压力。这个时候，不少人倾向于默默忍受，在不适当的压力中继续工作，坚信自己的努力终有一天会得到领导和同事的认可。不幸的是，采取这种方法往往是最糟糕的。实际上，新员工在刚入职的一段时间都会遇到来自各方面的压力。及时发现压力并寻求帮助，才能提前做好预防措施。正视压力的存在，并努力寻求缓解压力的方法，才是明智的选择。

部门经理姚丽听说了小华和同事张杰之间的问题，觉得是时候该给小华一些指导了。于是，她把小华叫到了办公室。"小华，进公司的三个月还习惯吧，和同事之间合作愉快吗？""还好吧，大家都很照顾我。""听口气好像不是那么愉快，听说最近你和张杰之间有点小矛盾，怎么回事啊？""这事吧，是这样的，那天快要下班的时候，张杰让我帮他寄一份资料给张总，我答应了他，但这几天事太多，当时头脑有点不太清醒，所以寄错资料了。哎，这事是我的错。""嗯，我知道这事的经过了。怎么，最近工作压力很大吗？""是有点儿。我最近一直被两个问题困扰：第一，我不知道是否该对同事的要求来者不拒。同事之间是需要互帮互助的，那么哪些事情是属于互助的范畴呢？另外，我也不知道应该怎么拒绝才好。第二，我感觉自己的能力似乎不能胜任工作的要求，其他人在短时间内就能做好的事，我常常需要花更多的时间。如果这种情况得不到改善，这将影响我的职业发展规划。"

"好的。我来回答你的第一个问题。假如同事让你帮忙，而你手上有其他的工作，那么我的建议是，你可以跟他说明，现在你手上有事情要处理，如果他不介意的话，在你完成这项工作后可以帮助他。""嗯，这听起来很有道理。"

"接下来回答你的第二个问题。工作能力的提升是一个循序渐进的过程，一开始工作需要花的时间比别人多也是很正常的。你目前的工作情况我也了解，这并不与职业发展规划相矛盾。""嗯，我可能太急于求成了。"

其实每个新人刚进公司，都会产生一定的压力。这些压力有些来自个人因素，有两种常见情况：第一种是个人缺乏职业规划。因为不清楚现在做的工作是否能提升自己工作方面的能力，从而造成职业发展困惑。第二种是员工进入公司发现现实与期望差异较大，那么他就很可能需要去给自己重新定位，从而产生压力。

当然，压力的来源也不仅仅是员工个人，也有组织因素。比如多头领导、组织目标设定过高，这些因素都会让你产生压力。除了工作本身的因素，环境因素也会给我们带来压力。环境因素有公司内部的，也有公司外部的，如企业文化、工作氛围以及人际环境属于公司内部的；很多年轻人都背负着房贷、车贷，还有孩子的教育问题，这属于公司外部的。为了更好地判断小华目前承受压力的程度，姚丽给了小华一张压力自检表，让其将这张表和自身状态做一个对照。以下各项症状从轻到重依次列出了压力对个体造成的影响程度：

对员工工作质量的影响。完成的工作多，但是质量低下，一定时间内，消极情绪主导员工的工作态度。

对员工人际关系的影响。没有时间与同事沟通交流，工作得不到周围同事的积极配合，经常产生冲突。

对员工职业生涯规划的影响。对自己目前工作的价值存在疑虑，对未来自己的能力提升存有担忧，不断地更改职业规划。

其实，并非所有的压力都是有害的。压力有一个最佳临界值，也就是我们通常所认为的拐点。在这个点上，它可以最大限度地激发你的工作动力、热情和效率，让你具有更可靠的判断力、更清晰的洞察力、更大的灵活性、更充沛的精力、更临危不乱的应变能力。当所处的压力离最佳临界值越近，你的工作状态也会越好。需要提醒的是，压力的最佳临界值因人而异。工作中有的员工最佳临界值偏低，就要充分考虑到工作任务给他带来的压力是否过大。而对于相对成熟一些的员工，他们的最佳临界值可能会偏高。这时可以适当提高对他们的要求，设置更高的目标，增加挑战性，从而激发出更好的工作状态。

小华的问题让人力资源部李经理感到有必要对新员工的压力予以重视。他认为，只有建立职业健康心理，才是提升应对压力能力的根本，因为职业健康心理本身就能够促使员工在遇到压力时进行自我调节。

面对压力时，以下几个方法能让你表现得更好：

（1）积极地看待压力。不要怨恨工作压力，事实上，压力意味着你的工作正在不断前进。可以把一项沉重的工作负担看作一个激动人心的机会，它可以催你奋进，学习新技能。抱怨只会耗尽你的精力，还不如乐观地迎接超负荷工作的日子。请提醒自己，这是一个我有能力去应对的挑战。

（2）调整工作节奏。一整天或者整个星期都做着同一项急需完成的项目，这会增加不安感，却不会提高生产力。何不每过 60 分钟到 90 分钟，放下原先的事，休息一下，花 15 分钟做些别的事情？如果你已经在办公桌前阅读了很久，那么去其他人的办公室走走，参与别的项目，来个头脑风暴，你将精神振奋，做事果断。

（3）适当运动。有规律的体育锻炼对于应对压力十分重要。大多数人很容易忽略那些实际上每天都能进行的锻炼。比如，可以走着去自己或他人的办公室，而不要乘坐电梯。在接电话的时候，可以站起身，舒展一下背部和颈部肌肉。

（4）整理办公桌。有研究证明，整理办公桌是一种最常见也最有效的让自己冷静下来集中注意力的方法。整理，有助于人们减缓紧张情绪，从而进入到一种有效率的心境。

（5）注意补充能量。当你在工作中感到压力，你会错过吃饭或是熬夜吗？这两种情况都可能会导致倦怠。保证 8 小时的睡眠，每晚固定时间上床睡觉。别吃得太多，但每过几个钟头可以进食一些高碳水化合物、低脂肪的零食，别再碰那些会扰乱你睡眠的酒精饮品。

（6）解决让你恐惧的问题。压力不会击垮你，但恐惧的情绪却会使你瘫倒。你的压力常常来自担心，而非源于你正在努力解决的工作任务或难题。写下这些让你忧心的事，并一项项有条不紊地解决它们。

（7）多和朋友交流。在感觉压力很大的时候，不要把自己锁在屋子里埋头工作。和朋友、同事们相处交往，和那些能让你欢笑、能和你交换想法的人待在一块儿，这都会让你恢复精力并受到鼓舞。所以想要得到积极的支持，就和朋友们分享你的工作经历，同时获取他们给你的反馈，解决问题的方案，还有鼓励。

本章思考

1. 什么是压力？举例说明压力与身心健康的关系。

2. 当前大学生的压力源主要有哪些？

3. 什么是压力管理？大学生压力管理的途径和方法有哪些？

第十一章　个人理财管理技能

本章概要

　　个人理财是指在既定的理财目标下，充分分析个人财务现状和风险承担能力，通过平衡安排各种收入与支出，选择不同风险收益特征、不同期限结构的投资组合，实现收益和风险的平衡，其目标是价值最大化。这个定义包含理财的几个特性：首先，理财是一场持久战，理财作为实现人生目标的财务规划过程，要着眼于大的方向，从每个人的人生规划入手，因此合理的人生规划是理财不可或缺的条件之一。其次，基于长远考虑的理财，更多关注的是平衡，也就是所谓的价值，而并非价格的最大化。本章从三个方面阐述个人理财管理：

　　（1）个人理财与财富管理概述；

　　（2）不同生涯阶段的理财与财富管理；

　　（3）大学阶段的理财与财富管理。

开篇故事

　　国外一位富豪开着豪车到一家银行贷款，奇怪的是，他的贷款金额只有1万元，期限为半个月。既然是贷款，那无论如何都要有抵押或者证明，这位富豪没有选择证明，而是将自己的豪车用作抵押。半个月后，富豪来银行还款，并支付了贷款利息30元。负责办理这笔业务的银行职员非常好奇，富豪为什么会贷这么点款呢？出于好奇，便向富豪询问原因，富豪呵呵一笑，答道："像你们这种30元就可以把车停半个月的'停车场'，在这附近可是找不到的！"

分享讨论：

读完以上故事，你有哪些想法和体会？

理财很多时候需要转换思维，其宗旨就是让自己的每一分钱都发挥最大价值。

第一节　个人理财与财富管理概述

一、理财概述

通俗地说，理财就是懂得花钱和挣钱，就是盘活资产，保值增值。通过个人理财达到财务自由的过程，就是我们一步步摆脱对金钱的恐惧、焦虑、担忧的过程。

个人与家庭理财的方式归纳起来有储蓄、债券、股票、基金、房地产、保险、外汇、古董、字画、彩票、钱币、邮票、珠宝等。

理财活动包括投资行为，投资是理财的一个组成部分。

二、培养健康的财富观

（一）正确的金钱观

1. 不鄙视财富

在商品经济时代，金钱财富是直接和物质生活挂钩的，是物质生活的前提和保证。但是由于受到我国长期以来的"君子不言利"的传统思想的影响，社会上有一些人过分轻视财富，耻于谈论财富。这些思想和行为也深深地影响了大学生，对他们的金钱观造成了一些不良的影响。根据马克思对财富的划分，财富应当包括物质财富和精神财富。鄙视财富实际上是割裂了物质财富和精神财富的关系，是一种不健全的财富观。

2. 不贪恋财富

鄙视财富的另一个极端是贪恋财富，认为金钱是万能的。改革开放之后，随着市场经济的发展和大量资本的涌入，很多人的金钱观发生了逆转，产生了对金钱的绝对崇拜。很多人在金钱面前迷失了自我，成了完全物化了的人。我们应当培养大学生合理健康的金钱观，让他们在追求金钱与保持自己的人格尊严之间做好平衡。

3. 尊重他人的财富

面对当今社会日益扩大的贫富差距，"不患寡而患不均"的仇富心理开始在一部分人的心中涌动，仇富思想产生的根本原因是现在贫富差距的逐步拉大及人们对先富带动后富政策的曲解。我们应当看到，确实有少部分人利用社会经济转型时期法律规范的不健全而获取了一些非法财富，但是绝大多数人还是通过自己的诚实劳动和合法经营富起来的，我们应当保持理性的眼光，学会尊重别人的财富。

（二）积极的劳动观

对个人来说，劳动是个人维持自我生存和自我发展的唯一手段；对社会来说，劳动创造了物质财富和精神财富，是人类文明的起源。大学生正处在人生的黄金阶段，日后，他们将成为创造财富的中坚力量。作为社会人才中的高智商团体，如何引导他们通过合法劳动获取财富，通过先进科学技术、生产方式和管理模式为个人和国家共同利益创造出更多的财富，是财富观教育的重要内容。

（三）理性的消费观

消费观是指人们对待其可支配收入的思想和态度及对商品价值追求的取向，是消费者主体在进行或准备进行消费活动时对消费对象、消费行为方式、消费过程、消费趋势的总体认识评价与价值判断。我们获取财富的最终目的是使用财富，消费观是大学生财富观教育的重要环节。

当代大学生的消费主要有生活消费、学习消费、娱乐消费、人际消费四个方面。如今，随着我国市场经济的不断完善和高等教育的普及，大学生的消费观念和消费结构产生了很大的变化：生活消费高质量化、学习消费不断增加、娱乐消费多样化、人际消费社会化。而与消费结构的变化形成强烈反差的是，大学生的经济来源依然相对单一，主要还是依靠家庭资助。

合理的消费观应该包含：一方面，量入为出，适度消费。我们要在消费和自己的经济能力相适应的前提下，学会适度消费。过度消费会造成财务危机，影响我们的正常生活；相反，如果一味地聚财敛财，不敢消费，那么我们生产和劳动也就失去了最终的意义。另一方面，崇尚节约，绿色消费。艰苦奋斗、勤俭节约是中华民族的传统美德，是我们宝贵的精神财富。大学生还没有踏上工作岗位，平时的经济来源主要靠家庭给予，节约用钱也是对家庭应尽的责任。因此，要对大学生进行消费观教育，促进大学生的身心健康和全面发展，培养大学生科学的、健康的、适度的消费观念，提升大学生的生活质量和品位，促进大学生身心全面发展。

能挣会花，善于投资，不妨学学浙江人的理财消费观。

最近，浙江有关部门对全省中等收入家庭进行了一次抽样调查，在年人均可支配收入 6800 ～ 15800 元的中等收入家庭中，有三成家庭在未来两年内有购房意向，并且其中多数已经有了人均 20.64 平方米的自有住房，购房目的是进一步改善居住条件。有两成的家庭有境内外旅游的消费意向，其中 45.3% 的家庭准备省内就近出游，68% 的家庭计划跨省旅游，16.3% 的家庭有出国观光的打算。四成以上的家庭有进行股票、债券、房产等高收益投资的意向。

虽然这只是一个普通的抽样调查，但如果仔细分析调查结果就会发现，浙江人的消费投资理念较为科学，符合与时俱进的时代要求，对全国多数省份的居民具有一定的借鉴意义。

1. 投资不必太保守

该调查还显示，未来两年内有投资意向的家庭占调查总户数的 43.8%。其中，股票仍是投资者的首选方式，占投资家庭的 42.9%；其次是保险，占投资家庭的 38.5%；债券、国库券排在投资的第三位，占投资家庭的 28.8%，另外有 16.3% 的家庭有投资房产的意向。由此可看出，排在前四位的全是高收益的投资方式。

浙江的中等收入家庭把股市作为投资首选，是因为他们知道持股是分享国民经济增长成果的最好方式。当前，中国的股市日趋规范，前景应当非常乐观，只要选好有潜力的股票，中、长期的投资回报率会大大高于普通投资方式。

人无远虑，必有近忧。如今，人们财富积累的速度加快，但家人一场大病往往就会让人倾家荡产，所以应当有未雨绸缪的意识。将近 40% 有投资意向的浙江家庭会考虑购买家庭保险，这是一种增强家庭保障能力、科学理财的体现。

"置房置地"是自古以来国人所特有的一种理财传统。面对攀升的房价，多数投资者不敢出手，但调查中有 16.3% 的浙江中等收入家庭看好房产投资，说明他们对当地房产投资的未来充满信心，并懂得以房产投资来规避物价上涨带来的家庭资产贬值。

考虑国债不征利息税等因素，债券的实际利率较储蓄高出不少，调查中 28.8% 的家庭有投资债券的意向，正说明了"以收益论英雄"的投资观念正在被越来越多的浙江居民所接受。

科学地借鉴浙江人"能挣会花"的消费观，有助于提高家庭的生活质量；借鉴"放弃保守求收益"的理财观，则会更加有助于家庭资产的保值和增值。

2. 合理消费，慎重贷款

随着各银行对住房、汽车等个人贷款业务的积极推介，先消费、后还款的生活方式逐渐成为一种社会时尚。那么，这种超前消费方式是不是人人都适合？哪些人办理消费贷款需要慎重考虑呢？

一是传统观念强、心理承受能力差的人不宜贷款。对于多数人来说，"无债一身轻""量入为出"的传统理财观念在短时期内是很难改变的。此观念根深蒂固的人，就不宜盲目跟风，赶贷款消费的时髦。否则，到时为债务所累，背上沉重的心理包袱，就得不偿失了。同时，办理贷款应事先多和家人商量，取得他们的同意和支持，避免日后落下埋怨。

二是要考虑自身还本付息的承受能力。目前银行中、长期贷款利率是同期存款利率的一倍以上，每月还本付息的压力相当大。因此，贷款之前要对自己的收入情况和每月还本付息额进行衡量，仔细测算，以此确定是否贷款，或确定所能够承受的贷款额。另外，在能够向亲朋借款的情况下，尽量不要贷款。目前存款利率非常低，你可以和出借人协商，按照银行存款利率为其支付利息。这样，出借人的利益不受损失，你又避免了沉重的贷款还息负担。

三是有条件提前还贷。按有关规定，银行允许借款人提前偿还全部或部分贷款，提前全部归还本息的，按合同利率一次结清还本付息额；部分提前归还的，以后每月还本付息额按剩余本金和剩余还款期数重新计算。这样，如果你办理消费贷款后，手中余钱积攒到了一定数额，这时可考虑提前偿还贷款或部分还贷款。因为日常积蓄一般是存成银行储蓄，如果不及时偿还贷款的话，一方面你的存款年收益不足 2%，另一方面要支付着 5% 以上的高额贷款利息，3% 的差额就白白流失了。因此，提前还贷是减轻利息支出的好办法。

（四）科学的理财观

理财是对于财产的经营。有句流行话叫"你不理财、财不理你"，在市场经济社会，理财已经成为一项必备技能。许多大学生认为自己现在没有工作，理财有难度，这种想法是不正确的。理财不分多寡，尽早学会投资理财很有必要。还有些人认为自己每月资金不充足，不需要理财，这种观点也是不正确的。无论你手头的资金是否充足，都应当学会理财。因为我们手头的资金越多、造成损失的可能就越大，而理财在一定程度上可以让我们规避这些风险。

（五）牢固的法律责任

法律制度是创造和保护财富必不可少的条件，通过法律给予创财的人应有的尊重，并且确保他们获取财富手段的正当合法。尽管我国目前的法律体系相对完备，但是制定法律是一方面，遵守法律又是另一方面。法律责任的缺乏导致了部分人对财富追求的非理性。在经济发展、生活水平进步的同时，大学生应增强法律责任意识，要明白，失信者不仅要承担舆论谴责，更要付出法律上的代价。最终促进正确的财富观深入人心并外化为正确的财富行为，实现民族振兴、国家富强和个人的全面自由发展。

（六）坚定的诚信意识

如果说法律是依靠国家的强制力量来保障实施的行为规范，强调的是"他律"，那么，道德通过公序良俗、社会舆论及内心信念来调节人与人之间的利益关系，强调的是一种"自律"。我国古代经商就有讲求诚信的传统美德，诚信是中国古代商人的发家致富之道，是我国传统财富观的精髓。在现代，诚信同样是完成自己财富目标、促进国家宏观经济良性发展的必要手段。我国目前正处在社会转型时期，由于社会结构的调整、利益格局的变动，造成了一部分人道德滑坡。很多人认为只要能够赚钱，可以不择手段，这是一种典型的错误财富观。如果只追求物质利益，而抛弃了道德和尊严，最终会使人们失去奋斗目标和人生动力。因此，在发展经济的同时，诚信意识的教育一定要跟上。大学生要加强社会主义思想道德建设，意识到市场经济必须建立在以诚信为核心的道德基础上，在今后走向社会的过程中，将诚信意识贯穿到自己的政治和经济活动中去，真正成长为祖国的栋梁。

课堂阅读

按"麦穗哲理"打理家财

古希腊哲学导师苏格拉底的三个弟子曾求教老师，怎样才能找到理想的伴侣。苏格拉底没有直接回答，却带徒弟们来到一片麦田，让他们在麦田穿梭的过程中，每人选摘一支最大的麦穗，不能走回头路，且只能摘一支。

其中两个弟子一个刚走几步便摘了自认为是最大的麦穗，结果发现后面还有更大的。第二个弟子一直是左顾右盼，东挑西拣，一直到了终点才发现，前面几个最大的麦穗已经错过了。第三个弟子吸取前两位教训，当他走了三分之一时，即分出大、中、小三类麦穗，再走三分之一时验证是否正确，等到最后三分之一时，他选择了属于大类中的一支美丽的麦穗。

投资不要孤注一掷，更不要因循守旧，而要用理智和果敢发现投资过程中"最大的麦穗"。实践证明，用"麦穗投资法"的回报率大大高于"不加分析盲目型"和"左顾右盼胆小型"投资者。

20世纪90年代，那时银行存款利率较高，收益又稳妥，所以多数人把钱毫不犹豫地全部存成了银行定期储蓄。而老张当时只是把三分之一的资金存成了三五年的定期存款，其他三分之二选择了支取更为方便、提前支取利息不吃亏的定活两便储蓄（当时定活两便按同档次定期利率打九折），以等待更好的投资时机。第二年，国家发行国债，利率比银行高出不少，而且带有保值性质，于是他支取了定活两便存款，购买了国债。这一投资决定，让老张抱上了一个"大金娃娃"——国债利息加上保值贴息，年收益高达20%以上，五年时间资产翻了一番。

后来，我国股市异常火爆，连街上卖菜的小贩都在大谈"割肉、建仓、K线、D线"，别人都劝老张趁机进股市捞一把，而老张却自有他的小算盘。他看到股票一、二级市场差价很大，于是将陆续收回的各种资金存入证券公司，办理了新股自动申购。

一年多的时间下来，孤注一掷的股市投资者因为遇上了大熊市，股指连续下跌，不但炒股的盈利全赔了进去，原来的成本也缩水了近50%，而老张申购新股的收益算起来已达到了15%。

2002年以来，多数投资者见股市一蹶不振，银行储蓄和国债利率连续走低，因此在确定投资方向上左顾右盼，举棋不定。多数人是把钱放在银行收取0.576%（税后）的活期利息。而老张经过仔细观察和研究，发现国外投资基金盛行，收益也非常稳妥，入世后我国的开放式基金肯定会有大的发展。

当时正值某稳健成长基金发行，于是他以1元的单价购买了20万份基金。一年的时间过去了，他已享受了基金公司的两次每10份基金单位0.25元和0.15元的分红，一年的分红收益达到了4%，而那些举棋不定的投资者同期收益还不到老张的八分之一。

听说国内金融机构近来不断推出委托贷款、分红保险、180指数基金等新的投资品种，老张又天天盯着报纸的理财版进行分析研究。他非常有信心地说虽然现在家庭资产增值越来越难了，但"最大的麦穗"还是一定要继续捡下去！

理财中的"稀释减损法"

某地有两家银行，其不良贷款占全行贷款总量的比率都是20%，上级行要求他们在一年之内将不良贷款降低10%。甲银行由行长亲自挂帅，成立了专门的清欠机构，全行千方百计抓不良贷款清收；乙银行则没有如此兴师动众地清收不良贷款，而是组织全行大力营销消费贷款。

到了年底，甲银行清收不良贷款的成效自然比乙银行好，但最后一算账，其不良贷款仅下降了3个百分点；乙银行却由于贷款营销得力，全行的贷款总量翻了一番，不良贷款所占比例一下子降了10%，圆满地完成了任务。

在金融界，乙银行的这种"绝招"叫"稀释减损法"。其实，对于个人理财来说，这种办法也极具借鉴意义。

炒股的人可能都遇到过亏损，有的人为了减少损失便忍痛进行换股、割肉，可这样的结果往往是你今天刚卖出，明天这只股票就开始上涨，而且操作越频繁损失越大，实际上成了"越减越亏"。

在此情况下，不妨用一下"稀释减损法"。假设你手中持有某股票1000股，现已从买入时的10元跌到了5元，经过观察，你发现该股票有跌止迹象，并且认为该股票具有中长期的投资价值，这时你可以用每股5元的价格再买2000股，增加持仓量，从而"稀释"你持有该股票的成本。这样，该股票上涨到6.7元的时候你就彻底解套了，此后每上涨1元，你就会有3000元进账。

除了炒股以外，家庭出现亏损的情况还有不少。如果你的家庭积蓄只有1万元，因盲目参加民间借贷等不当理财，致使这笔血汗钱打了水漂，这时多数人一定会捶胸顿足，后悔不迭，并且此后很长一段时间，理财亏损的阴影会笼罩着整个家庭，有时还会引起夫妻不和，甚至会导致家破人亡。这和炒股一样，对待亏损的态度和对策是非常重要的。如果及时吸取教训，以失败为动力，通过为自己充电、开拓其他生财门路等方式，积极去赚钱，一段时间之后，你的努力取得了成效，财富总量增加了，从而使过去的"家庭不良资产"变得微不足道，成功实现了"稀释减损"。

第二节　不同生涯阶段的理财与财富管理

投资理财与职业生涯规划是密切相关的。一方面，职业是大多数人收入的主要来源、安身立命之基，规划好职业，也就相当于理好了财；另一方面，无论是幸福生活还是生涯规划都需要资金支持，没有钱，许多生涯目标就无法实现。在通胀持续的当代，如何使自己的财富跑赢通胀，既让自己的财富不贬值，又能很好地规避风险，这是职场人士一生都需要处理好的问题。因此，应该学会把自己的职业生涯规划与投资理财规划紧密结合起来，这样才能在生涯发展中过上理想的生活。

一、长期投资理财规划与生涯发展

（一）投资理财规划的长线思维

每个人的一生都是在赚钱与花钱中度过的，从独立生活起，就面临着投资理财的挑战。如果把职业生涯规划与投资理财规划有机结合起来，可以帮助我们预先规划人生处在哪一站，如从事什么职业、大致收入是多少、住哪里、拥有什么样的生活水平、有多少家庭成员等，并将其转化为投资理财目标的数据，合理地算出一生中要花多少钱，一生中有可能赚多少钱，平衡一生的收支差异。

在人的一生中，从出生到成年这18年中，我们有长辈关照；之后，如果我们一直工作到60岁，那么这42年都是为将来做准备的；60～80岁这20年里，如果以每月2000元的生活水准计算的话，我们需要48万元的养老金，这还不算上80岁之后的用钱期。此外，还要考虑深造学习、成家立业、教育孩子、购买房产、投资、旅游等的费用，怎么办？

一方面，提高职业能力，进而提升职业工资收入。另一方面，学会投资理财，树立投资理财的长线思维，做好长期投资理财规划。财富让我们自由、安全，获得尊严、责任以及生命价值，也让我们的职业生涯规划发展有经济基础支撑。个人长期的理财规划要有长线思维，重点是挣、赚、省、防的紧密结合，在获得财富和控制风险中寻求平衡。

挣：靠自己的劳动和时间去获取财富，要增进自己挣钱的能力、保持体力，提升专业能力，发展人脉。

赚：靠自己的钱，利用自己或别人的智慧和时间去获得财富。要选择好的金融机构，选择好的金融产品，设立稳健的投资组合。

省：做好支出管理，要养成记账习惯，规划家庭支出，量入为出。

防：保护好自己的财富，维持正常生活水平所需要的资金，控制好投资理财风险，避免损失。

（二）生涯规划需要资金支持

今天的职场上，无论是选择充电来提升自己，还是找寻新的发展舞台，无不需要一个精于理财的头脑，同样，规划好了职业，无疑是事半功倍，成功地完成了人生中最重要的一项"长线投资"。随着社会保障体系的健全，每个人正在从单位人向社会人过渡，每个人都必须为自己的一生进行财务上的预算与策划，科学地规划自己的理财生涯。

一个企业的发展需要长远的规划，人生的经营也是一个需要努力思索、大胆实践，以不懈的勇气去面对失败与挫折的成长过程。经营人生包括经营自己的才能和职场生涯实践活动，也包括经营自己的财富。一个成熟的职场人士，应该根据自己的情况，建立自己的理财理念与思路，设立长远的投资理财规划方案，形成自己独特的投资理财风格，才可能创造出独特的人生财富和幸福生活。

（三）跳槽、转行成本也需"精打细算"

跳槽是当前一个很热门的话题，转行也是现代职业人士经常会碰到的难题。当一个人面对这些职业调整问题时，决策之时一定别忘了仔细计算成本和收益，这也是理财的重要内容之一。很多人跳槽的首要条件是找到比目前薪水高的东家，其实跳槽也需要一定的成本。

先说跳槽。假如一个人的新东家愿意支付其比以往更丰厚的薪水，千万不要一看到较高数字就兴奋地投入其怀抱。先来看一下成本。放弃原来的工作投入新工作，很可能需要经历3个月的试用期，这就意味着在这段时间内他的收入会打折扣。现在的公司有不少软性的福利待遇，这些福利待遇新东家很可能没有，虽然看起来给他的薪水比较高，但是扣除五险一金、个人所得税之后很可能所剩无几。跳槽后往往需要一段时间的适应，这段时间如果过渡不好，很可能造成职业的暂时性"中断"，也会影响收入。当一个人打算跳槽时，不妨"精打细算"，算一笔账，再考察一下前后两家公司的总体待遇问题，不要辛辛苦苦跳完槽，发现待遇竟不如以前了。

再说转行。隔行如隔山，当一个人下定决心转换他所在行业的时候，这里面的成本更加难以估量。虽然有工作经验，但新行业所需的知识和技能也许和以前的工作截然不同，必然要从头开始学习，这时又牵涉到"充电"的投资问题。放弃目前的工作跳槽到另外一个行业，或许一时的薪水有了提高，但长远来看，如果新的行业发展势头并不好，将来薪水呈现下降态势，很可能带来更大的损失。当然，当一个人在决策是否要转行的时候，除了计算成本之外，更要做好职业规划，新行业或许一时难以为他提供较高的薪水，甚至比原来还要少很多，但经过学习和适应阶段过后，说不定这个更适合他的行业会让他得到更好的发展和更丰厚的回报。总而言之，职业调整要从长远职业规划出发，一边精打细算，一边理性规划，这样才能在财务上得到较好的收益。

二、不同生涯阶段的投资理财需求及规划

个人生涯规划可以分为探索期、建立期、稳定期、维持期、高原期以及退休期这6个阶段。由于个人生涯规划几个阶段存在差异，因此理财重点也不同。

1. 探索期——就业前的准备，18～24岁

（1）学业：生涯规划应从一个人念大学时选择科系开始。个人的兴趣和专长、学科及社会的需求方向都要加以考虑。

（2）家庭：处于此阶段的人大多未婚，和父母同住或住在学校宿舍，是家庭形成期前的阶段，以父母的家庭为生活重心。

（3）理财活动：重点在提升专业知识，取得可提升未来工作收入的证书。此时可理的财相当有限，可能是零用钱、打工或家教所得。在银行开一个活期储蓄账户，可申请一张信用卡来延迟给付，但切忌超额消费把卡刷爆。

（4）保险：在找到第一份工作的同时投保第一张保单，以低廉的费用购买一份20万元保额5～10年期的定期险或50万元每年缴费的意外险，以父母为受益人，以此作为保险状况发生时，对父母的回馈。

2. 建立期——从职场新人到独立贡献者，25～34岁

（1）事业：处于此阶段的人此时刚刚踏入社会，第一份工作的选择相当重要，最好是能学有所用。但若未如所愿，在工作的前10年可再留意是否有更合志趣，更能发挥抱负，同时待遇也较高的其他工作机会。

（2）家庭：这段时间是一般人择偶、结婚、养育幼儿子女的时间，和家庭形成期相当。婚前和父母同住，若夫妻商量后决定要拥有自己的房子，就要开始制订储备购房首付款的计划。

（3）理财活动：该阶段可投资的钱不多，但因为还年轻，可以承担较高的风险。

可以将相当 3 ～ 6 个月支出的金额作为存款，当作紧急备用金，多余的钱尝试投资一些股票，或以定期定额的方式投资国内股票型基金。

（4）保险：婚后可互以配偶为受益人购买保额为 30 万～ 50 万元的 20 ～ 30 年期的定期寿险，子女出生后以子女为受益人，购买保额为 15 万～ 20 万元的 20 年期定期寿险，万一发生保险事故，可把理赔金用来作为子女的高等教育金。

3. 稳定期——确定生涯方向，35 ～ 44 岁

（1）事业：处于此阶段的人若在企业循序发展则很有可能做到中层管理者；若走专业路线，积累 20 年的职场经验应该可以建立专业声誉。

（2）家庭：此阶段子女多处于念大学或深造阶段，属于家庭成长期的后半段，子女教育费用是最大支出。由于房贷多已在前阶段 10 年内提前还清，但稍具经济能力的家庭在子女长大时会考虑换房，因此仍要准备由小换大的房价差额及装潢费用。

（3）理财活动：最重要的理财目标是为自己及配偶准备退休金。因为收入增加而负担减轻，离退休至少还有 10 年，此时投资能力最强，同时还能承担中等程度的风险，因此除了前阶段定期定额投资股票型基金外，对于已累积的资产，应该构建一个多元化的投资组合，包括存款，货币市场基金，债券基金，股票型基金，投资房地产、艺术品等等，来分散风险。

（4）保险：若选择以基金而非储蓄来累积资产，此时最好投保 10 万元的终身险附加终身医疗险。此时人已到中年，对医疗的需求增加，只依靠社保则不能满足对医疗品质的要求，以及因此可能中断的收入。

4. 维持期——财富巩固阶段，45 ～ 54 岁

（1）事业：处于巩固阶段的人通常已过了工作生涯的中点，可以成为接班人了。

（2）家庭：这阶段已经支付了大部分或全部未清偿的债务，付清了子女的教育费用或已拥有了用以支付其子女教育费用的资产。此时的收入大于支出，所以这部分超额收入可以用于投资。

（3）理财活动：在此阶段比较关注个人的资本保值，不想承担太大的风险，以防遭受损失。由于自己的工作能力、工作经验、经济状况都已达到了最佳状态，加上子女开始独立，家庭负担逐渐减轻，经济收入达到高峰状态，最适合积累财富，理财重点是扩大投资。

（4）保险：在保险需求上，应逐渐偏重于养老、健康、重大疾病险。

5. 高原期——退休前的准备，55 ～ 64 岁

（1）事业：在中国，一般人的退休年龄为 55 ～ 64 岁。此时还在企业发展者，可

望成为高层管理者。专业工作者也到了经验最丰富的时候，可传承经验培养接班人。

（2）家庭：子女应已就业，可能自己租房或仍和父母同住，若已成家也到了离巢的时刻，和家庭成熟期的阶段相当。居住多半维持原有住所到退休，届时再考虑是否换购可满足银发族需求的住宅。

（3）理财活动：应开始规划退休后的银发生涯，把退休当作圆梦的开始而非人生的终点。在投资上应在该阶段逐步降低投资组合的风险，增加债券、基金或存款的比重。以保守稳健型投资为主，配以适当比例的进取型投资，多配置基金、债券、储蓄、结构性理财产品，以稳健的方式使资产得以保值增值。

（4）保险：该阶段进行保险规划时，需要综合考虑医疗保障、意外保障和退休金保障。明确保障需求，选择适合自己的医疗保险和意外保险计划，同时规划融合退休需求的保险投资。另外，检视已经拥有的保险规划，进行适当的调整，避免无人照顾或成为子女的负担，并奠定较为扎实的经济基础，保障后续幸福退休生活。

6. 退休期——退休后享受生活，65 岁以后

（1）事业：处于此阶段的人已从职场退休，若体力、智慧尚可，还可以做个名誉顾问，传承经验以保持成就感。

（2）家庭：子女应已成家，可去探望他们，含饴弄孙，相当于家庭衰老期的阶段。夫妻中一方身故后，剩下的一方可能和子女同住。居住可以考虑从大换小，变现差额来补充退休养老金。

（3）理财活动：若前述安排妥当，既有企业退休金，也已经累积 100 万元以上的自储退休金，应足以过上有尊严的晚年生活。因为已经没有工作收入，开始吃老本，此时的投资组合应以固定收益工具为主，但无论如何报酬率还是要高于通货膨胀率。

（4）保险：可将已累积退休金的一大部分用于购买活得越久领得越多的终身保险，一直领至终老为止。

三、不同年龄阶段的投资理财策略

在具体的投资项目上，需要就该项资产做多样化的分配，使投资比重恰到好处。按照年龄阶段采取不同的投资理财策略，没有什么特行的标准和原则，但大体上可遵照 100 减去目前年龄的经验公式。

20 ～ 30 岁时，年富力强，风险承受能力是最强的，可以采用积极成长型的投资模式。按照 100 减去目前年龄的公式，你可以将 70% ～ 80% 的资金投入各种渠道，在这部分投资中再进行组合。30 ～ 50 岁时，家庭成员逐渐增多，承担风险的程度较低，投

资相对保守，但仍以让本金快速成长为目标。这期间应将资金的 50%～60% 投在证券方面，剩下的 40%～50% 投在有固定收益的投资项目上。50～60 岁时，孩子已经成年，是赚钱的高峰期，但需要控制风险，你至多将 40% 的资金投在证券方面，60% 的资金则投于有固定收益的投资项目。到了 65 岁以上，多数投资者会将大部分资金存在比较安全的固定收益投资项目上，只将少量的资金投在股票上，以抵御通货膨胀，保持资金的购买力。

（一）单身期：参加工作到结婚前（2～5 年）

（1）理财重点：这一时期自己没有太大的家庭负担，精力旺盛，因为要为未来家庭积累资金，所以，理财的重点是要努力寻找一份高薪工作，打好基础。也可拿出部分储蓄进行高风险投资，目的是学习投资理财的经验。另外，由于此时负担较轻，年轻人的保费又相对较低，可为自己买点人寿保险，以应对因意外导致收入减少或负担加重。

（2）投资建议：可将积蓄的 60% 投资于风险大、长期回报高的股票、基金等金融品种；20% 选择定期储蓄；10% 购买保险；10% 存为活期储蓄，以备不时之需。

（3）理财优先顺序：节财计划→资产增值计划→应急基金→购置住房。

（二）家庭形成期，结婚到孩子出生前（1～5 年）

（1）理财重点：这一时期是家庭消费的高峰期。经济收入有所增加，生活趋于稳定，为了提高生活质量，往往需要支付较高的家庭建设费用，如购买一些较高档的生活用品，每月还购房贷款等。此阶段的理财重点应放在合理安排家庭建设的费用支出上，稍有积累后，可以选择一些比较激进的理财工具，如偏股型基金及股票等，以获得更高的回报。

（2）投资建议：可将积累资金的 50% 投资于股票或成长型基金；35% 投资于债券和保险；15% 留作活期储蓄。

（3）理财优先顺序：购置住房→购置硬件→节财计划→应急基金。

（三）家庭成长期：孩子出生到上大学（9～12 年）

（1）理财重点：家庭的最大开支是子女教育费用和保健医疗费等，但随着子女的自理能力增强，父母可以根据经验在投资方面进行风险投资，购买保险应偏重教育基金、父母自身保障等。

（2）投资建议：可将资本的 30% 投资于房产，以获得长期稳定的回报；40% 投资股票、外汇或期货；20% 投资银行定期存款或债券及保险；10% 存为活期储蓄，以备家庭急用。

（3）理财优先顺序：子女教育规划→资产增值管理→应急基金→特殊目标规划。

（四）子女大学教育期：孩子上大学以后（4～7年）

（1）理财重点：这一时期子女的教育费用和生活费用猛增。对于理财已经取得成功、积累了一定财富的家庭来说，完全有能力支付，不会感到困难。因此，可继续发挥理财经验，发展投资事业，创造更多财富。而那些理财不顺利，仍未富裕起来的家庭，通常负担比较繁重，应把子女教育费用和生活费用作为理财重点，确保子女顺利完成学业。一般情况下，到了这个阶段，理财仍未取得成功的家庭，就说明其缺乏致富的能力，应把希望寄托在子女身上，千万不要因急需用钱而盲目投资。

（2）投资建议：将积蓄资金的40%用于股票或长型基金的投资，但要注意严格控制风险；40%用于银行存款或国债，以支付子女的教育费用；10%用于保险；10%作为家庭备用。

（3）理财优先顺序：子女教育规划→债务计划→资产增值规划→应急基金。

（五）家庭成熟期：子女参加工作到父母退休前（10～15年）

（1）理财重点：这期间，由于自己的工作能力、工作经验、经济状况都已达到最佳状态，加上子女开始独立，家庭负担逐渐减轻，因此，最适合积累财富，理财重点应侧重于扩大投资。但由于已进入人生后期，万一风险投资失败，就会葬送一生积累的财富。所以，在选择投资工具时，不宜过多选择风险投资的方式。此外，还要存储一笔养老金，并且这笔钱是雷打不动的。保险是比较稳健和安全的投资工具之一，虽然回报偏低，但作为强制性储蓄，有利于累积养老金和资产保全，是比较好的选择。

（2）投资建议：将可投资资本的50%用于股票或同类基金；40%用于定期储蓄、债券及保险；10%用于活期储蓄。但随着退休年龄逐渐接近，用于风险投资的比例应逐渐减小。在保险需求上，应逐渐偏重养老、健康、重大疾病险。

（3）理财优先顺序：资产增值管理→养老规划→特殊目标规划→应急基金。

（六）退休以后

（1）理财重点：应以安度晚年为目的，投资和花费通常都比较保守，身体和精神健康最重要。在这一时期最好不要进行新的投资，尤其不能再进行风险投资。

（2）投资建议：将可投资资本的10%用于股票或股票型基金；50%投资于定期

储蓄或债券；40% 进行活期储蓄。对于资产比较丰厚的家庭，可采用合法节税手段，把财产有效地交给下一代。

（3）理财优先顺序：养老规划→遗产规划→特殊目标规划→应急基金。

理财总会有风险，所以，我们在进行投资前，有必要先盘算一下自己承担风险的能力。因为任何人在承受风险时都有一定的限度，超过了这个限度，风险就会变成负担或压力，可能就会对我们的心理、健康、工作甚至家庭生活造成伤害。

◆ 小贴士

人生路上，真正意义的理财应从有收入开始。多数人会沉浸在积累财富的喜悦中，虽然手中现金数额可能很小，但还是要兴冲冲将它逐月存入银行。如果用四则运算来比喻，这个时期运用的是加法：一月份的工资是被加数，二月份的是加数，相加后产生一个"和"；第三个月，"和"又成了被加数，新的工资结余成了加数，以此类推。

经过日积月累，这个"和"会不断增大，达到一定数额后，你可能到了结婚的年龄。对于不能依靠父母的人来说，这笔因"加"而来的积蓄会派上大用场；家庭经济条件好的，这笔钱则会成为婚后小家庭的第一笔财产积累。

成家之后理财不再是一个人的事，而是两个人、两双手共同堆积家庭财富的"金字塔"。这时，两人正年富力强，收入会稳步增长，不知不觉间存折上已经过了五位数甚至六位数。随着人生阅历的增加，理财观念也会发生很大的变化，收益最大化成为家庭理财的第一目标。于是许多人逐渐对收益高的投资方式感兴趣，往往不看风险只认收益，炒股、企业集资、民间借贷等让人趋之若鹜，结果有人炒股赔钱，有人集资被骗。经过这些投资失败的教训，许多人冷静了许多。这时减法派上了用场，一些风险大的投资方式被逐个减少，炒股、集资等都成为"减数"，最后的结果可能是只留了开放式基金、国债或银行储蓄。

步入中年门槛，这时已是三口之家，理财智慧也达到了最高境界，并积累了很多"实战"经验。经历减法之后，你的投资渠道不是很多，但都是根据个人实际而"浓缩的精华"，并且你会"一条道走到黑"。炒汇、买基金有了经验，你肯定会倾其所有而"不浪费一分钱的资源"；认准比较稳妥的储蓄、国债，你会"翻着跟头往银行存钱"。这实际上是运用了乘法，这条适合你的投资渠道会呈现裂变式的发展——在经历加、减两种运算之后，乘法将你带入人生理财最辉煌的时期。

到了老年后，虽能按月领养老保险，但奖金、提成、各种补贴已与你无缘，实际收入可能只有壮年时的三分之二。对这些养老、保命钱你会非常谨慎，不容有半点风险，所以一些投机性质的理财方式逐渐淡出，这时除法便进入了你的生活。多数老年人会选择银行储蓄作为理财的主渠道，理财收益顶多能达到炒股、炒汇时的三分之一。虽然你的积累不算少，但一场大病就可能使你的资产被除去一半。

如果说，退休前是财富的积累期，退休后就是财富的消费期，也可以说是被除期。由此也让我们明白一个道理：加、减、乘是人生理财的关键时期，这时运算的结果直接关系到晚年幸福，运算的数额大了，即使被除去一半你可能还很有实力，但如果本来积累就少，除不了几次就会两手空空了。

资料链接

家庭理财应忌"三多三少"

1. 活期存款多定期存款少

如今，存款利率是历史上较低的时期，扣除利息税，1 万元一年定期储蓄的年实际收益只有 158 元。许多人因此便产生了"不差这几个小钱"的心理，而随意将工资收入等积蓄放在活期存折和银行卡上，特别是一些不善理财的青年人，随意储蓄现象更是非常普遍。虽然储蓄利率较低，但时间长了，积蓄的金额大了，这种损失就会越来越明显。

比如，对于长期不用的存款来说，三年定期的年利率为 2.52%，是活期储蓄的 3.5 倍，存款的实际收益相差很大。目前许多银行开通了定活"一本通"业务，你可以委托银行待活期存款达到某一个数额后，自动转存为定期存款，从而省却去银行转存的麻烦，最大限度地减少活期存款太多带来的利息损失。

2. 考虑风险多考虑收益少

当前的理财渠道越来越多，但对于众多追求绝对稳健的投资者来说，他们首选的是银行储蓄、国债等利率较低但收益稳妥的投资方式，而对投资收益考虑较少，更没有考虑当前 1.98% 的储蓄年收益（一年定期储蓄利率）能否抵御物价上涨所带来的货币贬值风险。

适当进行一些风险性投资。比如炒股、炒金、炒期货、购买房产等，也可以选择从银行即能办理的开放式基金、炒汇、分红保险等投资品种。

关于风险性投资的比重，可以参考国际理财专家推荐的"最佳投资公式"，即风险类投资比率 =100− 年龄。比如你今年 35 岁，则你购买开放式基金等风险投资的占比最高可以达到 65%；到了 80 岁，风险投资则应控制在 20% 以内。

3. 一味攒钱多适当消费少

中国是世界上储蓄率最高的国家之一，这与人们勤俭持家的传统观念密不可分。

过去一角一分地精打细算、不敢花钱是因为太穷，但在如今社会不断进步，收入水平日益提高的情况下，一味勤俭持家、使劲攒钱的老观念已经落伍了。

理财的最终目的是生活得更好，具备一定经济基础后，就应改变这种旧观念，挣钱后科学打理，然后积极用于子女教育、居家旅游、改善物质和文化生活等消费，尽情享受挣钱和消费带来的人生乐趣，这才能称得上是科学理财。

案例分析

职场员工的个人理财

网友郝先生，今年30岁，目前在苏州工作，是一名技术人员，每月薪资8000元，有五险一金。妻子每月5000元，也有五险一金。夫妻俩育有一个三岁小孩，平时父母照顾着，一家人每月吃住开销4000元，下半年小孩需要上幼儿园，预计一个月要新增开支1000元。现有12万元存款，没房产，没有其他任何投资理财。

理财目标：

1. 想在两年内买80万元左右的房子；

2. 想给孩子和太太买保险；

3. 银行中的11万元存款，今年即将到期，想购买一些银行理财产品。

理财建议：

从郝先生家的财务情况可以看出，夫妻俩月收入13000元，再除去每月4000元的家庭生活开支，每月还能结余9000元，1年108000元，2年216000元。结合家庭的理财目标，理财师给予他以下几点理财建议。

1. 现金规划

郝先生现有的资产配置，流动性资产有些偏低，应该至少保持3～6个月的家庭生活月开支，即2万元比较适宜；若以后孩子上学，家庭月开支再适当调整，增加一些。这部分资金可以选择存货币基金中，1年也有4%左右的收益，要比存活期利息翻倍，资金也能随用随取。

2. 保险规划

保险是家庭经济保障之一，郝先生和太太都有基础社保，而要想退休后保持现在的生活品质，理财师建议要增配一些商业保险，比如夫妻俩各配置一份意外险和重大疾病险，提高整体保障。此外，考虑到孩子以后的教育金问题，可以考虑购买教育类的保险，一来帮助储备教育金，二来也起到一定的保障功能。但家庭保费一定不可超过年收入的 10%。

3. 投资规划

对于像郝先生这样普通的工薪家庭，适合配置一些比较稳健的理财产品。比如年化收益率 4%～6% 的银行理财产品，以及一些固定收益类理财产品。但是，银行储蓄利息会因降息下调。所以，此时郝先生家在投资规划方面需做进一步调整，让资产投资收益最大化。

4. 购房规划

郝先生计划在 2 年内买房，但是根据目前家庭的收支和资产情况，买房经济方面会有点压力。为了能缓解部分买房压力，理财师建议在买房时采取个人公积金＋商业贷款的方式，会比纯商业贷款的月供压力小一些。2 年的收入 20 多万元，12 万元存款和最高 3 万多元的收益，剩余的资金可以进行贷款。假如个人公积金贷款 40 万元，目前年利率 4%；商业贷款 10 万元，年利率 5.9%，按等额本息还款法，月供 3134.59 元，相对于夫妻俩 13000 元的月收入来说，压力并不大。但建议最好选择精装现房，买房就可以直接入住，节省装修及租房的费用。

按照这样的家庭理财规划，郝先生家 2 年内能顺利买房，且月供压力并不大。此外，家庭保障方面也有了相应的提高，抗风险能力增强。

第三节　大学阶段的理财与财富管理

大学阶段的主要任务是学习，但也要学会有效地管理金钱，知道金钱是如何获得的。一提起大学生个人理财，很多同学第一个想到，那是工作以后的事情，现在没有收入，怎么理财？有的人会说，我想让零花钱更多一些，可是每个月家里给的生活费去掉各种花销，就剩不了多少钱了，有时候为了和同学出去吃顿饭、一起玩、买东西，还要注意省吃俭用才能实现，想理财也没有余钱。有的同学倒是很想理财，有点剩余的零花钱，就全扔到股市里，结果往往是赔得多赚得少，甚至有的会在一起用钱作筹码来玩牌，个别人还会上当受骗落入传销的圈子。这些都是不恰当的理财观。

大学生的收入来源虽然比较单一，但是在独立生活的小天地里，各种开支林林总总。有的总是留有余地，可以用节余的钱报班、旅游、购物；有的只能满足正常的生活开支，遇到大的消费再向家里要钱；还有的东拆西借，借了新账还旧账，一个月第一个星期还没过完生活费就差不多花光了。让自己单一的收入花得更加合理、更有价值，才不会捉襟见肘，大学时候的收入支出也是有文章可做的。

虽然财务问题对于大学生来说，还不是最迫切的问题，但是大学生工作后不可能靠父母的支持生活一辈子，未来很快就会面临很现实的组建小家、日常生活、车房消费、结婚生子、子女抚养、疾病保障、老人赡养、教育培训、休闲娱乐等问题。及早树立合理的理财观念，培养自己的理财能力，可以让自己的资金能够抵御通胀的影响，实现保值增值，让未来的生活更具保障。任何一项能力的培养，都不是一朝一夕的事情，在理财方面，大学生更需要从现在就开始有意识地锻炼自己。

那大学阶段怎样开始自己的理财与财富管理呢？可以按照下面的方法一步步来。

（一）清楚个人资金情况

我们的收入从何而来？在校大学生大部分是靠家庭支持来保证自己的经济来源的，这是大部分同学收入的主体；也有的同学会在课余兼职，或者做一些财务上的投资；还有的人在校期间开始创业，运作良好，带来现金流入；此外还有获得各类奖学金奖励的，一些特殊群体还可以得到特殊资助，由此构成了整个收入来源。支出呢？去掉学杂费、教材费、住宿费，大学生最首要的开支就是一日三餐了。在有结余的情况下，大学生的花销五花八门，其中较大金额支出的有报考研究生、考驾照、报各类辅导班，以及旅游、聚会等休闲娱乐。你知道自己的收支情况吗？每个月有多少钱流进、多少钱流出？具体的来源和去向有哪些？主要的构成有哪些？有没有可以替代掉的部分？大学生可以通过类似时间管理的方法，先从为期一天、一周、一个月的记账开始自己的理财之旅。记账表如表 11-1 所示。

表 11-1　记账表

20×× 年 ×× 月记账表格							
日期	餐饮伙食	水果零食	交通通信	文化娱乐	人际交往	日常用品	服饰装扮	医疗保健
1								
2								
3								
4								
5								
……								
31								

（二）养成良好的消费习惯

理财无非开源和节流两个方面。大学生的收入比较稳定，所以好的理财习惯的核心是养成好的消费习惯。大学生处在最青春、最美好的年纪，买一些时尚的衣服和炫目的潮物，让自己在人群中更有个性，从外在形象和日常交往中多吸引一些异性的青睐，这些都很正常。可是，大学生要知道最适合自己的是什么，要明白自己的经济实力，不要铺张挥霍、浪费和盲目攀比。

1. 做好消费计划，先投入必需的支出

列出消费计划。开学前提前计算好学期内必须花的钱，提前留出如书本、饭卡、水卡、班费等必需的开支。如果要购买大件的电子设备或参加学习培训等，可以提前留出经费，甚至可以提前为了目标存钱，如每个月固定存一点钱，这样积少成多，也能攒够所需要的钱。

2. 理性消费，关注性价比

很多消费者有这样两种心态，即希望买更好的东西和希望买更便宜的东西，所以要么买同类中最好的，要么买最便宜的。这两种心态都不是理性消费的心态。理性消费的最好衡量指标是性能和价格的比值，简称性价比。在自己的需求范围内，寻找能以最低价格获得满足的方案，才是正确的消费观念。例如，一般的笔记本电脑已经可以满足正常学生大部分的学习和生活需求。如果不是设计专业的学生或游戏发烧友，买高配置的电脑可能"效能"并不明显，性价比并不高；买配置太落后的电脑貌似省钱，但是考虑到过几年需要更新换代，性价比也不足。购买适中配置、有一定前瞻性配置的电脑，性价比最高。

3. 控制人际交往消费

大学生的很多消费用在人际交往方面。无论是过生日、入选学生干部、比赛获奖、拿奖学金，还是朋友来了、同学聚会都免不了请客吃饭或者赠送礼物，这样的人际关系投资在大学校园里并不少见，有的大学生开学一个月下来，已经花了接下来几个月的钱，实际上很多是不必要的。其实有很多方法可以控制这部分的支出：尝试 AA 制；靠近的节日、生日、纪念日尽量一起办；点菜以吃完为标准，不铺张浪费；偶尔自己做饭或野餐，既增进感情又节约；精心设计小活动、自己做小礼物，用心的准备更感人。

4. 找到自己的品位，不盲目跟风

学校里和社会上永远都有各种潮流，新流行的服装、运动、小吃甚至新流行的证书都在吸引大学生的注意力。与其追赶每一个潮流，不如逐渐固定适合自己的方式、口味和风格。把资源集中在最适合自己的方向，是非常聪明的理财手段。大学生要逐渐寻找自己喜欢的阅读、运动和休闲方式，适合自己的服装和品牌，喜欢的旅游方式及比较合适的消费场所。不该花的钱一分不花，该花的钱大胆投入。

（三）为自己创造营收

创造恰当的营收也是一种理财方式。在大学阶段，有些大学生会成为创业一族，有些金融专业的大学生较早开始金融投资行为，尽管成功率并不高，但其中的成功人群还是可以获得一定的经济收益。对于多数大学生而言，他们最主要的创收渠道就是兼职。兼职一个字是"兼"，即处理好学业和工作之间的关系。这也是未来理解财务重要的一课。另一个字是"职"，即外出兼职和职业技能的关系。例如，有的大学生通过发传单赚到了一些收入，此兼职收益的同时也是锻炼自己与陌生人交流的能力，甚至开始学习广告公关的运作技能。个别同学甚至通过兼职认识了一些企业家，建立起了自己的人脉资源。因此，大学生在通过兼职为自己创造营收时，更重要是获得和锻炼了职业技能。

大学生应该为每一次兼职做好筹划，利用兼职的机会多体验，从而了解真实的职场，提升自己的技能和适应能力。下面是对兼职的两点建议：

（1）切忌本末倒置，不要单纯为了赚钱而赚钱。在大学阶段，首要任务是顾好学业，按部就班找实习、找工作，挣钱不必急于一时。所以，大学生选择的兼职最好能兼顾两点：一是和专业相关（提前实习），这样能为将来职业上的发展积累经验；二是能提升某项技能，这能增加自己在职场上的竞争力。

（2）实习是最好的兼职。一方面，实习所做的工作通常跟专业相关，能为毕业后的正式工作打基础，提高收入起点；另一方面，实习期可能会有一些收入，即使没有收入，其实也是在为自己未来的就业铺路，算是一种无形收入。

（四）了解、学习理财工具

大学生以前在家里经常听父母说起的可能是银行储蓄、保险，现在社会上更多出现的可能是各种各样的股票、基金、投资等广告。近一两年，各种互联网金融横空出世、大行其道，这些都是理财、投资的工具。此外还有外汇、期货、信托等，对理财人群的专业性要求不一，差异度很大。对于非财经专业学生而言，需要了解一些基本的常识，知道一些常见的、适合大众的通用理财工具，选择适合自己的工具。

对于有日常理财需求的普通大众（非专业投资者）而言，常用的理财工具主要包括储蓄、债券、理财产品、开放式基金等。虽然社会上炒股的人比较多，但是真正做好股票投资需要研究经济和企业状况，风险性也较高，已经超出了大众理财的专业度要求。就各种保险而言，其主要功能在于出险时的经济保障，从理财的保值增值角度来说，把它们叫作理财有些牵强。最常见的理财工具是储蓄存款，有活期的、定期的，活期利率低，定期利率相对高一些。债券分为国债和企业债，企业债比国债收益高一些，二者都分为各种年期。

理财产品和开放式基金相当于把钱集中起来，由专业的投资经理投向特定类型的金融产品，年期、类型、收益不尽相同，在产品说明书中会有详尽的阐述。例如，有的保障本金安全，有的不承诺保本，有的偏向于投资股票，有的偏向于投资债券，有的偏向于投资央行的票据。因此，根据投资对象的不同，其收益、风险也各不相同，需要认真仔细阅读说明以后再决定是否购买。各种互联网金融工具属优化的货币型基金，年化收益率（按年计算的收益率）和一年定期存款相近，甚至优于定期存款，而又具有类似活期存款的流动性，有的还可以实现当日购买、赎回，渐渐成了一些人替代中短期存款的工具。

（五）树立个人信用管理

公民的信用是在银行等金融机构申请贷款等业务时的重要依据，那些存在拖欠还款、恶意套现等信用违约问题的人，会在办理金融业务时受到较大影响。当前，国家的个人征信体系正在建设之中，相关机构开始共享消费等数据，一些互联网巨头也开始涉足个人征信业务，利用大数据呈现个人信用评估状况。因此，每个大学生都要注意从身边的小事做起，防止产生信用污点。例如，有的同学经常拖欠通信费用，甚至恶意欠费，这在以后将会影响个人再次办理通信业务。当有一天行业间数据共享交换后，就可能会影响到其他业务，对自己的生活造成不便。

更为严重的是，有些大学生将拥有信用卡视为迈入社会的"第一步"，有的甚至把拥有一张高透支额度的信用卡看作富裕的标志、成功的象征。盲目办卡、高额透支消费的不理性不仅让自己成为"负翁"，受卡所累，而且会造成"子债父还"的情况。大学生的每一笔透支与偿还都会在信用档案上留下记录，随着个人信用信息系统的全国联网，恶意欠款行为将会在信用档案中留下痕迹，不仅影响大学生的未来就业，还会影响工作后申请房贷、车贷。因此，大学生在透支消费时，务必要清醒、理性。

课堂练习

记录自己在校期间一天、一周、一月的个人开支情况，填入表 11-2 中。

表 11-2　开支记录

项　目	预算/元	实际/元
交通费用		
学习班费用		
日用品与服务		
电话费		
聚餐		
同学聚会、礼物与家庭礼物		
服装、化妆与运动用品		
旅行		
电影演出		
个人爱好		
其他		

用业余时间对自己的家庭做个小调查，了解家庭上个月的收入、开支情况，将表11-2 中的项目根据实际情况进行调整，自己制作一张新表格，并进行填写。填表后请思考：哪些是必需的消费、哪些是可控的消费？根据家庭闲余资金情况，给家庭做一个理财规划。

课堂阅读

小 A 和小 C 都是大四学生，二人家庭经济条件相当，每月的生活费都是 2000 元。小 A 的父母从事商业工作，他们从小就注重培养孩子的理财能力。上幼儿园大班的时候，父母就"放权"把买零食、学习用品的开支交给小 A 打理，加上耳濡目染的影响，小 A 的理财能力大大高于一般孩子。上大学以后，小 A 每月将 2000 元进行规划，购物货比三家，花钱精打细算，每月竟然渐渐有了结余。

后来他见学校鼓励勤工俭学，便用结余的钱从图书市场批发一些学生喜欢的畅销书，在学校内摆摊出售。从小养成的理财能力和经济头脑，使小 A 很快成了学校有名的小书商，此后的大学生活他不但没有再花父母的钱，还攒了一笔积蓄。

学生小 C 的父母是公务员，他们对孩子溺爱，从小学到升入大学，孩子的各种开销都是父母一手包办，小 C 从小基本没有和钱打过交道。上大学以后，这种"全包"

的教子方式的缺点逐渐露出端倪，小 C 的理财能力很差，将 2000 元花得稀里糊涂，经常寅吃卯粮，有时还要靠借债度日。

启示

从小进行理财教育可以影响孩子的一生。

人对钱产生概念性认识在两三岁时，小孩子知道这些花花绿绿的纸片能换取糖果和玩具，这时应让孩子区分各种面额的钞票，并灌输一些钱的概念；六七岁时，孩子可替大人打酱油了，这时不妨将买酱油剩下的零钱送给孩子作"收入基金"，引导其正确进行支配，并让孩子知道父母赚钱的辛苦，养成勤俭节约的良好习惯。

总之，对孩子理财教育越早越好，家长注重引导，刻意培养，孩子成人后将受益终生。

测试游戏

理财风险偏好测试

1. 风险投资对你来说（　　　）。

    A. 觉得很危险 　　　　　　　　　B. 可以尝试低风险

    C. 比较感兴趣 　　　　　　　　　D. 非常感兴趣

2. 你的亲友会以下面哪句话来形容你？（　　　）

    A. 从来都不冒险 　　　　　　　　B. 是一个小心谨慎的人

    C. 经仔细考虑，愿意承受风险 　　D. 喜欢冒风险

3. 假如你参加一个有奖竞赛节目，并已胜出，你希望获得的奖励方案是（　　　）。

    A. 立刻拿到 1 万元

    B. 有 50% 的机会赢取 5 万元现金的抽奖

    C. 有 25% 的机会赢取 10 万元现金的抽奖

    D. 有 5% 的机会赢取 100 万元现金的抽奖

4. 因为一些原因，你的驾照在未来三天无法使用，你会（　　　）。

    A. 搭朋友的便车，坐出租或公交

    B. 白天不开，晚上交警少的时候可能开

    C. 小心点开就是了

    D. 开玩笑，我一直都是无照驾驶的

5. 刚出现一个很好的投资机会，但是得借钱，你会选择融资吗？（　　　）

    A. 不会

B. 也许

C. 会

6. 刚有足够的储蓄实践自己一直梦寐以求的旅行，但是出发前三个星期，忽然被解雇。你会（　　　）。

A. 取消旅行

B. 选择另一个比较普通的旅行

C. 依照原定的计划，因为你需要充足的休息来准备寻找新的工作

D. 延长路程，因为这次旅行可能是最后一次豪华旅行了

7. 如果投资金额为 50 万元人民币，以下四个投资选择，你个人比较喜欢（　　　）。

A. 最好的情况会赚 2 万元（4%）人民币，最差的情况下没有损失

B. 最好的情况会赚 8 万元（16%）人民币，最差的情况下损失 2 万元（4%）人民币

C. 最好的情况会赚 26 万元（52%）人民币，最差的情况下损失 8 万元（16%）人民币

D. 最好的情况会赚 48 万元（96%）人民币，最差的情况下损失 24 万元（48%）人民币

8. 如果你收到了 25 万元的意外财产，你会（　　　）。

A. 存到银行

B. 投资债券或者债券型基金

C. 投资股票或者股票型基金

D. 投入生意中

风险接受能力测试

9. 你现在的年龄（　　　）。

A. 60 岁以上　B. 46～60 岁　C. 36～45 岁　D. 26～35 岁　E. 25 岁以下

10. 你的健康状况（　　　）。

A. 一直都不是很好，要经常吃药和去医院

B. 有点不好，不过目前还没什么大问题，我担心当我老的时候会变得更恶劣

C. 至少现在还行，不过我家里人有病史

D. 还行，没大毛病

E. 非常好

11. 是否有过投资股票、基金或者债券的经历？（　　　）

A. 没有

B. 有，少于 3 年

C. 有，3～5 年

D. 有，超过 5 年

12. 你目前投资的主要目的是（　　　）。

A. 确保资产的安全性，同时获得固定收益

B. 希望投资能获得一定的增值，同时获得波动适度的年回报

C. 倾向于长期的成长，较少关心短期的回报和波动

D. 只关心长期的高回报，能够接受短期的资产价值波动

13. 你的投资总额占你个人（或家庭）总资产（含房产等）的（　　　）。

A. 低于 10%

B.10%～25%

C.25%～40%

D.40%～55%

E.55% 以上

14. 你预期的投资期限是（　　　）。

A. 少于 1 年

B.1～3 年

C.3～5 年

D.5～10 年

E.10 年以上

15. 当你投资 60 天后，价格下跌 20%，假设所有基本面均未改变，你会（　　　）。

A. 为避免更大的担忧，全部卖掉再试试其他的

B. 卖掉一部分，其余等着看看

C. 什么也不做，静等收回投资

D. 再买入。它曾是好的投资，现在也是便宜的投资

16. 有没有想过如果有一天你的财务状况发生很大的变化，比如，突然有一笔很大的开支，这笔开支可能会动用你 10% 的个人资产甚至更多。（　　　）

A. 没想过，我感觉这种大变化不会出现在我身上

B. 经常想，我很担心整个生活都将变得一团糟，可是我又有什么办法呢

C. 想过一两次，感觉挺可怕的

D. 曾经想过一两次，但是我还年轻，无所谓的

17. 你对你目前的财务状况的评价是（　　　　）。

A. 不太好，常常要借钱

B. 刚刚好，我要特别小心打理

C. 我做得还行，一直按照我人生的规划在顺利进行

D. 特别好，现在想买什么就买什么

18. 当你退休后，你计划做什么？（　　　）

A. 节俭地生活，避免把钱花光

B. 继续工作挣钱，因为我的养老金估计不够用

C. 享受人生，周游世界

D. 努力花钱，直到去见上帝之前

评分标准及结果分析

A.1分　B.2分　C.3分　D.4分　E.5分。

风险偏好类型（最低8分，最高31分）：8～15分风险厌恶型，16～25分风险中性，26分以上风险偏好型。

风险承受能力类型（最低10分，最高44分）：10～15分非常保守型，16～20分温和保守型，21～30分中庸稳健型，31～38分温和进取型，39分以上非常进取型。

本章思考

1. 如何理解理财的内涵？理财有哪些原则？

2. 如何正确看待个人理财观念？你有哪些理财计划？有什么理财策略？

3. 适合大学生的理财方式有哪些？如何做好收支平衡？

第十二章　跨文化交流技巧

　　跨文化交流不仅是拓宽视野的手段，更是一种无形的能力，一种能在未来生活中给予我们无限可能性的力量。在全球化时代，这种能力的重要性不容忽视，值得我们深入培养和提升。本章旨在帮助大学生提高在全球化背景下进行跨文化交际的能力。围绕跨文化交际的核心要素，如语言、文化、社会习俗、认知、心理和情感、沟通风格、教育背景和知识结构等，通过理论阐述、案例分析、实践活动等多种形式，引导学生认识文化差异，培养文化敏感性和跨文化适应能力，力求达到以下目标：

　　（1）在跨文化的学习和交流方面扩大自己的文化视野，提高跨文化的意识和敏感度；

　　（2）在语言交流方面进行训练和练习，获得清晰准确地传达信息所需的技能和能力；

　　（3）具有适应不同文化环境的能力，增强沟通的灵活性和应变能力；

　　（4）持续学习和坚持创新，提高解决冲突和问题的能力。

开篇故事

　　徐静是一个初入管理层的中层女性，目前在一家知名跨国公司担任项目经理，负责协调公司遍布多个国家的新能源项目。由于文化差异，项目的初始阶段就遇到了不少难题。在会议中，一位来自中东的同事对项目的进度表示非常不满，另外一位欧洲同事则因对环保要求的误解表现出不合作的态度，使得会议气氛一度十分紧张，项目进度也因此受到影响而停滞不前。徐静面对这个两难的选择，毫不退缩。她审时度势，努力寻求与每一位队员最好的沟通方式，以每个队员的文化背景为切入点，让大家在轻松的氛围中把问题解决掉。日积月累，徐静的付出得到了很好的回馈。她学会了尊重和理解队员，耐心倾听不同意见。在接下来的项目会议中，她总能找到一个最恰当的切入点，用幽默化解紧张的气氛，让大家都能心平气和地讨论问题，一起寻找解决的办法。

徐静的出色表现为她赢得了整个团队成员的尊敬与信任，在项目年度总结会议上，徐静被授予了"优秀项目经理"的称号，所在的团队也拿到了最高的年终奖金。徐静在台上微笑着接过奖杯，心中却感慨万千，这份荣誉的取得，是自己无数个日夜努力与付出的结果。徐静在多元文化的职场中，充分发挥了自己的优势，展示了惊人的实力，经过几年的不断努力，已经成为公司里的中流砥柱，是团队中必不可少的存在。

徐静在回忆过去时认为，跨文化交流不仅是工作中的必要技能，而且是个人成长和发展的重要动力，她以自己的经历告诉每一位职场新人：在这个全球化竞争的时代，优秀的跨文化交际能力是通往成功的一条有效之路。每当有人向徐静询问职场秘诀时，她总是非常谦虚地说："实际上没有什么特别的秘诀，只是多了一点交流与尊重，多了一点学习和练习的机会而已。"

优秀的跨文化交际能力，不仅使徐静在职业生涯上崭露头角，也成为其人生道路上一道亮丽的风景。

第一节　跨文化交际能力概述

一、跨文化交际能力的定义与重要性

（一）定义

跨文化交际能力是指个体在与来自不同文化背景的人交流时，充分利用自身所具有的语言、文化、社会背景和认知，以达到有效沟通、理解和合作的能力。这种能力是一种交际能力，是个人综合素养的重要组成部分，它包括态度、知识和技能等多个要素，强调的是对文化的深刻理解和对不同文化的积极态度。除了语言行为之外，非言语行为，如肢体行为、面部表情等也发挥着相当重要的作用。具体来说，它能够识别和解决文化障碍，如文化差异、文化陌生感、本文化群体内部的态度以及伴随而来的心理压力等。此外，跨文化交际能力还包括超越民族中心主义的思想、善于欣赏其他文化的能力，以及能够在不同的文化环境中恰当表现的能力。

（二）重要性

2022年，习近平总书记在党的二十大报告中就"增强中华文明传播力影响力"作出重要指示，强调"坚守中华文化立场，提炼展示中华文明的精神标识和文化精髓，加快构建中国话语和中国叙事体系，讲好中国故事、传播好中国声音，展现可信、可爱、可敬的中国形象"。

加强国际传播能力建设，促进对外文化交流和多层次文明对话，是不断增强中华文明传播力影响力、提升国家文化软实力的重要途径，也是推进文化自信自强、加快建设社会主义文化强国的必然要求。我们既要满怀文化自信讲好中国故事，也要运用全球思维找准对外话语体系建设与传播的"突破口"，用受众乐于接受的方式、易于理解的语言推动中国故事"讲出去"、中华文化"走出去"、中国力量"传出去"。这就要求我们要建强适应新时代国际传播需要的专门人才队伍，而其中跨文化交际能力的培养是关键之一。

国际上，跨文化交际能力已经成为世界各国（包括国际组织）广泛认可和重视的人才必备能力。在全球化的背景下，无论是在求职、国际合作，还是文化交流等方面，跨文化交际能力对大学生的意义都显得愈发重要。

首先，对于求职来说，跨文化交际能力已经成为许多企业和组织在招聘时的重要考量因素。随着全球市场的不断扩大，企业越来越多地涉及跨国业务，需要与来自不同文化背景的客户、合作伙伴和同事进行交流与合作。因此，具备跨文化交际能力的大学生往往更受青睐，他们能够更好地适应多元文化环境，为企业带来更大的竞争优势。

其次，在国际合作方面，具备跨文化交际能力可以更有效地参与国际项目、跨国研究等活动。因为具备跨文化交际能力，大学生在与他国成员进行沟通与交流时能够提高沟通与协作的效率和质量，从而保证项目的顺利进行，达到互利共赢的目的。因此，培养跨文化交际能力是大学生在全球化背景下开展国际合作的重要课题。

最后，在文化交流方面，有助于使我们对不同文化背景有更深的认识和反应能力，从而在传达信息时更加准确清晰。在全球化日益推进的今天，文化交流的作用也越来越大。大学生作为文化交流中举足轻重的一环，培养跨文化交际的能力，不仅可以更好地传播本国文化、学习他国文化，增进不同国家间的相互理解和友谊，而且对于促进文化多样性和世界和平也是大有裨益的。

二、 影响跨文化交际的文化因素

（一）语言

不同的语言系统都有各自的特色，对沟通的方式和效果有着很大的影响。以下是几个比较典型的语言系统及其特征对沟通所产生的影响。

1. 汉语（汉藏语系）

特点：汉字属于表意文字系统而不是表音文字系统，即同一个词的书写形式会因其意义的不同而产生变化。另外，与其他大部分语言不同，汉语具有声调语言的特征，即同一个词的意思会根据不同的音调而发生变化。

对沟通的影响：声调和汉字的复杂性可能对沟通造成一定的障碍。与中文使用者沟通时若不了解这些特点容易产生认识上的分歧。

2. 英语（印欧语系）

特点：英语是一种具有丰富的时态和语态的语言，同时有大量的词汇和短语作为补充。另外，英语的发音和拼写之间存在一定的不一致性。

对沟通的影响：英语的时态和语态多样性增加了学习的复杂性。同时，拼写与发音的不一致可能导致沟通不畅，特别是在听力理解方面。

3. 阿拉伯语（阿非罗—亚洲语系）

特点：阿拉伯语是一种形态丰富的语言，单词的形态会因其在句子中的位置和功能而发生变化。此外，阿拉伯语具有复杂的语法结构。

对沟通的影响：形态和语法的复杂性可能使阿拉伯语对非母语者来说较为困难。在沟通中，不熟悉形态和语法可能会产生误解或沟通不畅。

4. 日语（日语系）

特点：日语中包含了汉字（称为"漢字"）和假名（分为平假名和片假名）。此外，日语是一种含有敬语的语言，其中包括对长辈、上级和客人的尊敬表达。

对沟通的影响：汉字的使用可能使对汉语有所了解的人在学习日语时感到一定的

亲近感。然而，日语的敬语系统对于非母语者来说可能是一个挑战，不熟悉这些规则可能导致沟通中的误解或冒犯。

为了有效地与不同语言背景的人进行沟通，了解并尊重这些语言特点是至关重要的。此外，掌握多种语言可以更好地适应多元文化环境，促进国际交流与合作。

（二）社会习俗与礼仪规范

1. 饮食习俗差异

不同的文化背景造就了千差万别的饮食风俗，如西方国家以刀叉为主，讲究用餐礼仪；而在亚洲国家以筷子为主要餐具，并因地域文化差异，餐桌礼仪也有很大差别。另外，人们在食物的选择和口味上也因地域文化的不同而有所差异，比如某些人群偏爱辣味食物，而另一些人则对甜食情有独钟。

2. 服饰风格多样

服装是文化的一个重要体现。在西方国家，正装通常指的是西装革履；而在一些亚洲国家，传统服饰如和服、旗袍等仍然受到重视。此外，随着全球化的发展，各种时尚元素也开始融合，形成了多样化的服饰风格。

3. 节日庆祝方式

各个文化背景下的节日庆祝方式各具特色。例如，圣诞节在西方国家是一个重要的节日，人们会装饰圣诞树、送礼物等；而在中国，春节则是最重要的传统节日，人们会放鞭炮、贴春联等。

4. 婚丧嫁娶仪式

婚姻和丧葬仪式是文化习俗中非常重要的一部分。不同文化中的婚礼和葬礼仪式流程、服饰、食物等都有所不同。例如，西方的婚礼通常会在教堂举行，新娘穿婚纱；而在某些亚洲国家，婚礼则有更加复杂的流程和仪式。

5. 社交场合礼仪

在社交场合，不同文化背景下的礼仪规范也有很大差异。例如，在一些文化中，见面时习惯握手；而在其他文化中，可能会行鞠躬礼或亲吻礼。此外，对于座位安排、交谈内容等也有不同的要求和习惯。

6. 身体接触禁忌

不同文化对于身体接触有着不同的禁忌和观念。例如，在某些文化中，与陌生人保持一定的距离是必要的；而在其他文化中，亲密的身体接触可能被视为友好和热情的表现。了解这些禁忌对于避免误解和冲突至关重要。

7. 交际言语表达

言语表达是文化交流的直接方式，不同文化背景下的交际言语也有很大的差异。例如，在某些文化中，直接和坦率地表达观点被认为是诚实的表现；而在其他文化中，则可能更加注重委婉和含蓄的表达方式。此外，对于赞美、感谢等言语的使用也存在差异。

8. 时间观念差异

在不同文化背景下，人们对时间的观念和重视程度是有差异的，因此造成人们的日常生活和工作方式也有所不同。这种文化上的差异对人们的价值观产生了深刻的影响。

综上所述，在不同文化背景下的社会习俗与礼仪规范具有相当的复杂性和多样性。既然如此，了解并尊重这些文化上的差异，对我们提高国际交流能力、促进跨文化的相互认识和了解具有十分关键的作用。为达到这一目的，需要更加深入地认识各种文化习俗和礼仪规范。只有如此，才能在多元文化的适应上更好地发挥作用，推动国际交流与合作。

（三）认知与心理

跨文化交际是指不同文化背景的人们之间的交际过程。在全球化大背景下，跨文化交际变得越来越频繁和重要。然而，由于文化背景、社会习俗、语言习惯等方面的差异，跨文化交际中往往会遇到各种问题和挑战。其中，认知和心理因素是影响跨文化交际的重要因素之一。

认知因素是指人们在跨文化交际中对不同文化信息的认知和理解。由于不同文化背景下的人们有着不同的思维方式、价值观念、行为准则等，因此他们对同一事物或现象可能会有不同的认知和理解。这种认知差异可能导致误解、冲突甚至对立。因此，在跨文化交际中，我们需要学会尊重和理解对方的认知方式，积极寻求共同点，避免过度解读或误解对方的行为和意图。

心理因素通常是指人们在跨文化交际中的情感、态度、动机等方面。人们在不同的文化背景下，情感表达、情绪管理、人际交往等方面往往存在差异。例如，同等条件下，有的人群可能更注重个人情感和隐私的保护，而另一些人则可能更加注重集体利益和社交关系的和谐。这些心理因素的差异可能会导致言行的巨大差异，从而影响跨文化交际的效果和质量。因此，我们要尝试了解对方的心理感受和需求，尊重对方的文化差异，以建立良好的跨文化交际关系。

如何有效应对认知和心理因素对跨文化交际的影响，可以采取如下建议：

（1）注重跨文化培训和学习。了解不同文化的背景、习俗和价值观，可以增强对不同文化的认知和理解能力，减少误解和冲突的发生。

（2）提高跨文化沟通能力。在跨文化交际中，我们需要学会倾听和理解对方的观点和需求，表达自己的想法和感受，建立有效沟通，促进相互理解与合作。

（3）在跨文化交流中提高解决冲突与问题的本领。由于文化间存在的差异性往往会引起沟通中的误解与冲突，因此，提高解决冲突的能力显得十分关键。

（4）把注意力放在跨文化适应能力的培养上。对不同文化背景保持开放和包容的心态加以重视；对不同文化环境进行适应能力的培养；以相互学习和借鉴为基础来促进不同文化的交流与融合；不断拓展自己的视野和认知范围，接受并应对文化差异带来的挑战；以跨文化的相互融合来促进人类社会的发展和进步。从以上几个方面着手，在跨文化适应和融合上下足功夫，才是真正意义上的跨文化。

三、培养跨文化交际能力的策略

（一）学习外语

跨文化交流中，外语学习的重要性显得尤为突出。外语学习能够增强对不同文化的认知，提升跨文化交际能力，促进文化的交流与融合。作为语言交流的工具，外语也是文化的重要载体，掌握外语能更好了解和融入另一种文化。因此，跨文化交际过程中外语学习是非常有必要的。

国际化的时代，各个企业和机构都需要具备跨文化交际能力的人才。在求职市场上具有较大竞争力的是那些掌握多门外语的人才，因为他们能较好地适应国际环境并为企业发展贡献自己的力量。随着国际化程度日益加深，跨文化交际能力已经成为一种必备的职业素养。

（二）增加文化体验

为增进对不同文化的了解，我们可以采取旅行和项目交流的方式。这两种方式作为有效的手段，为我们提供身临其境的体验和深入交流的机会，是我们拓宽视野、丰富人生经验的有效途径。

旅行能直观地体会到不同文化的差异与魅力所在，不管是建筑、风俗习惯、美食还是生活方式、宗教信仰等方方面面，我们都能进行感知和学习。以当地人为视角深入到日常生活中去，对其行为习惯、交流方式、社会关系等有较全面的认识，从而以更加开放包容的心态对待其文化。

项目交流给我们创造了很多机会，不管是以学术研究为基础的学习经历，还是以志愿服务为主导的经历，或者是以语言培训为基础的交流经历，都为与不同文化背景的人深入交流和互动搭建了很好的平台。在这些环境下，大家相互分享彼此的文化背景、生活经历和价值观，并就加深相互认识进行深层次的对话与研讨，从而增进相互认识。在以项目交流为基础的交流中，不仅可以拓宽大家的视野，而且可以培养创造性和批判性思维。

（三）掌握沟通技巧

跨文化交际中保证顺畅和谐的交流是重点，不同文化背景下存在价值观、信仰习俗等的差异，传统的沟通会因此产生障碍，所以应对这些差异需要一些特定的策略，以下是一些跨文化交际中行之有效的沟通技巧与策略。

1. 了解文化差异

认识不同文化间的差异对跨文化交际具有十分重要的意义，这是跨文化交际的第一步。了解对方的价值观、信仰习俗、社会结构等，有助于我们对对方的行为方式和交流方式进行更好的认识和理解。

2. 尊重对方习惯

沟通时，要尊重对方的习俗和规范，尽量避开对方的禁忌，不能因自己的文化习惯而冒犯到对方。例如，在某些文化中直接的眼神接触被认为是礼貌和自信的表现，而在另外一些文化中可能被视为不尊重或挑衅，所以要尊重对方文化的差异。如有必要，可采用对方文化习惯的方式进行交流。

3. 明确沟通目标

进行跨文化交际时，对沟通目的的认识是非常关键的。因此，在交流前需要花费更多的时间和精力来使双方建立对沟通目的的共同认识和对交流的期望，这样可以减少由于文化差异造成的沟通障碍。

4. 使用通用语言

当和沟通对象没有共同的语言背景时，用英文交流是极其重要的。另外，在交流过程中学习对方的一些基本语言表达方式和习惯用语也可以有效地提高沟通效率，增进相互认识和理解。

5. 避免语言陷阱

不同的语言有各自的特殊表述方式和习惯用语，有可能造成认识上的歧义或冲突。在跨文化沟通时应注意避免因语言的差异而使用可能产生歧义的语言现象，如俚语、双关语等，这样可以减少沟通上的不顺畅与冲突。

6. 倾听与反馈

在跨文化交际中，认真倾听对方的观点和意见，并给予正面的回馈，是一个很重要的技巧。在尽量了解对方观点的基础上，要鼓励和促使对方把自己的想法表达出来。通过反馈的方式，对所了解的信息进行确认。

7. 非语言沟通

在非语言交流方面要尊重对方的沟通习惯。身体语言所传达的信息是不容忽视的，面部表情和姿态也可能有重要的暗示。

8. 灵活调整策略

由于文化差异的存在，我们可能遇到很多没有预料到的情况，所以我们应该保持一种开放灵活的心态，在各种不同的情境下灵活调整我们的交流方式和策略，以应对文化差异带来的各种挑战，并对之进行适应和学习。

总之，通过了解文化差异、尊重对方习惯、明确沟通目标、使用通用语言、避免语言陷阱、倾听与反馈、非语言沟通和灵活调整策略等方式，我们可以更好地应对跨文化交际中的挑战。

◆ 小贴士

2000 年，欧盟委员会开始着手实施公民"终身学习"战略。在其向成员国推荐的公民 8 项核心素养中，将"跨文化能力"认定为所有公民都应具备的"新基本能力"。2013 年，联合国教科文组织发布了《跨文化能力：基本概念与行动框架》文件，再次强调了当今全球化时代，个体在跨文化交际方面具备竞争力的重要意义。2018 年，经济合作与发展组织发布了《PISA 全球胜任力框架》，将"全球胜任力"的考查纳入 PISA（国际学生评价项目）的测试中，检验考生是否具备未来生活所必需的跨文化交流知识与技能。

跨文化能力作为重要教学内容和目标，已经纳入我国大中小学英语学科课程标准、教学指南等。如何立足新时代，回应新需求，是我们亟待思考的时代命题。

第二节　语言在跨文化交际中的作用

一、语言与信息传递

不同语言在表达同一概念时存在的差异是多方面的，从词汇到语法再到表达都有所涉及。这些差异会对信息的准确传递产生一定的影响，因此需要对它们进行认真的分析认识并采取相应措施来减少误解与冲突，提高信息传递的效果与精确性。跨文化交流中，翻译是首先需要解决的问题。机器翻译可以作为辅助工具，先给出初步的翻译结果，再由人工翻译进行进一步的修正和完善，以提高翻译质量和翻译效率。为了更好地应对各种复杂的翻译任务，保证跨文化交际的效果和准确性，翻译者要不断提高自己的语言能力、专业知识和翻译技巧，并运用专业的词典语料库和翻译软件等工具来辅助自己。

二、语言与情感表达

（一）情感词汇的文化差异

不同文化中对情感词汇的使用与表现有很大差别，如有些文化更倾向于用直截了当的语言表达情绪，而另外一些文化则以含蓄委婉的方式进行表达，这就可能造成跨文化交流过程中情感的传递出现认识上的歧义或障碍。文化差异导致语言的不同运用方式会影响到情感传递的顺畅与否，在跨文化沟通中了解和尊重目标文化的情感表达习惯是必不可少的。

（二）非言语沟通的重要性

在跨文化交流中，肢体语言、面部表情等非言语交流也起着举足轻重的作用。它们能传达言语所不能表达的内容，弥补了言语沟通上的不足，促进双方的相互了解。肢体语言、面部表情在不同文化中的含义不同，演绎方式也不同。举例来说，某些文化中的一些手势和表情可能会表达了尊敬和礼貌，而在另一些文化中则会被看作冒犯或侮辱。所以，了解并尊重目标文化的非言语交流方式，在跨文化交流中是必不可少的。通过对目标文化的非言语交流方式的观察和学习，可以更好地了解对方的行为和意图，从而建立起更有效的交流，并及时反馈和澄清。此外，在跨文化交流中，灵活运用非言语交流的方式，有助于建立良好的人际关系，也能增强个人的自信心和人格魅力。

三、 语言与文化理解

（一）语言与文化的关系

语言既是沟通表达的工具，又是社会文化的载体和社会文化的镜像。一个社会的价值观体系在它所使用的语言中得到了很好的体现，语言以某种方式反映了一个社会的文化。语言中的词汇、短语和表达方式往往能反映出某个群体的文化价值观念。例如，在突出个人主义思想的文化背景中，会大量出现表达个人意见情感选择的词汇；在强调集体主义的文化背景中，更多的是表达群体团结合作等概念的词汇。

语言本身的语法和句法结构也受到文化习俗的影响，具体地说，在强调辈分尊卑的某些文化中，语言中会出现对长辈、权威人物的敬称和对年轻、低地位者的谦称。此外，也不能忽视信仰对语言的作用。许多语言由宗教演化而来，文化中的神话、传说、故事也常常通过语言的传承与传播，将人们的信仰系统不断塑造与强化，语言承载着人类的信仰与宇宙观。

语言既可以反映文化的方方面面，又可以对文化进行强化和塑造。文化的价值、风俗、信仰，通过语言的沟通与传承得以传播与强化。

（二）语言学习与文化适应

掌握一门语言是理解并适应目标文化的关键途径。多读经典文学作品，观看电影和纪录片，从中感受其价值观、历史和传统，尊重文化差异，也是增进理解和适应的关键。

参与语言沉浸项目或交换生计划，能更直观地体验目标文化的日常生活。在与当地人交流中，尝试理解他们的行为模式和沟通方式，这对于适应目标文化至关重要。

◆ 小贴士

在跨文化交际中，表达情感是一项复杂而重要的任务。由于文化背景和社交习惯的不同，情感表达的方式和接受度也会有所不同。以下是一些在跨文化交际中表达情感的实用建议：

● 使用普遍认可的情感符号

微笑通常被看作世界各国普遍接受的友好和善意的标志。适当的眼神交流，能将关心、理解或认同等情绪传递给对方。

了解并正确使用一些普遍认可的手势，可以帮助表达情感。某些手势，如挥手致意、竖起大拇指等，在多种文化中都有相似的含义。

表达感谢和道歉时，使用简单的词汇和短语，如"谢谢""对不起"，通常能够在不同文化中得到理解。

● 注意非言语沟通的使用

面部表情是情感表达的重要组成部分。了解不同文化对面部表情的解读和期望，可以帮助你更有效地传达情感。

身体语言包括很多不同的组成部分，比如姿势、动作、肢体接触等，了解目标文化的身体语言习惯是很有必要的。

● 文化敏感性和适应性

在沟通之前，我们应对目标文化情感表达的规范与期望有深入的了解和认识，通过对不同文化中情感表达方式的学习与研究，使自己在融入目标文化中时能够有更准确的认识与把握，从而更好地适应和融入其中。

在跨文化交际中，保持灵活性和开放性是必要的。如果遇到困难或误解，不要害怕，调整自己的表达方式，以适应不同文化环境的需求。

尊重他人的情感表达方式和保持一定的界限是建立有效跨文化交际的关键。通过尊重他人的感受和需求，你可以建立更好的人际关系并促进文化之间的理解和融合。

通过这些实用的方法，你可以在跨文化交流中更有效地表达情感，促进理解和交流。

第三节　文化认知与刻板印象

一、文化认知与跨文化交际

（一）文化认知的定义与意义

文化认知（cultural awareness）是指个体对特定文化的认识、感知和解释过程，涵盖对这一文化各个方面的认知，如历史、价值、风俗、信仰等。这种认知不是静止的，而是随着个人的成长、体验和交往，不断地发展、加深。

对不同文化背景下人们的行为和思维方式有了深入的认识，对如何与不同文化背景的人打交道就有了更好的把握。了解并尊重对方特有的价值观和习俗，做出与对方期望相符的行为来增强相互间的理解和信任，从而增进沟通与交流。因此，文化认知的重要性不容忽视。

文化认知还能帮助人们预测和解释文化交流中可能产生的冲突与误解，在交流时能对潜在的文化差异做到心中有数，从而避免产生误解。文化认知的提高也有助于促进文化的多元性和包容性，推动不同文化间的交流与融合。

（二）文化认知与跨文化交际的关系

首先，文化认知能够显著提高沟通效率。通过增强文化认知，我们可以更加准确地理解对方的语言和非言语信息，减少误解和冲突，使沟通更加高效顺畅。这不仅能够加速信息传递和理解，还能够节省沟通成本，提高工作效率。

其次，文化认知能促使文化的交融和相互融合，促进文化交流与沟通的进行。了解与尊重差异性有助于打破文化的割裂感，增进相互之间的理解与信赖，从而促进文化的融会贯通与和谐发展。

总之，我们应该注重提高自身的文化认知能力，以更好地适应跨文化交际的需要，促进不同文化之间的和谐共处和共同发展。

二、刻板印象的形成与影响

（一）刻板印象的心理学原理

刻板印象是人们对某一特定文化、群体或个体持有的固定而简化的观念或看法。它们通常基于有限的个人经验、社会媒体的影响或传统的文化偏见，而不是基于全面、客观的事实。

跨文化交流中刻板印象可能会导致误解和偏见、沟通障碍、文化冲突、社会排斥等负面影响。强烈的刻板印象可能导致某些文化群体在社会中被边缘化或排斥，进一步加剧了文化间的隔阂。为了促进有效的跨文化交流，我们需要警惕刻板印象的形成，并努力培养开放、客观的文化认知态度。

（二）刻板印象与文化冲突

在跨文化交流中，当我们持有刻板印象时，很容易对他人的行为和意图做出不准确的判断，甚至误解对方的真实意图，主要是因为它们限制了我们对不同文化的理解和接纳。例如，在商业谈判中，一个讲求个人主义、直截了当沟通文化的谈判者，面对讲求集体主义、委婉表达文化的谈判者，可能会觉得对方过于含糊其词或回避问题，而这其实可能是后者为了维护和谐关系而采取的策略。这种因刻板印象导致的误解，可能使双方产生不信任，影响谈判的进程和结果。

此外，一成不变的印象也可能让文化冲突愈演愈烈。当我们对某一文化抱有刻板的印象时，很容易忽视个体和境遇的不同，而把对方的行为简单地归结为文化使然。这种以偏概全、简单化的做法，既有失公允，又可能招致彼此的反感。

为尽量避免以上现象发生，提高跨文化交流的意识和敏感性是比较重要的，以尊重和开放的态度去理解不同文化的文化和价值观，深入了解不同文化的沟通方式，减少误会和冲突，增进理解和尊重，从而达到和谐共处的目的。

三、破解刻板印象的策略

（一）积极倾听与探索

跨文化交往时，采取主动倾听的态度是极其重要的。在听对方说话的时候，既要注意他们所讲内容的字面上的意思，又要对其背后的文化背景有所认识并尊重。以积极主动的心态进行跨文化倾听者应该，不局限于语言交流的层次，而以探求对方文化习惯和思维定式为要务；以积极主动的心态进行跨文化沟通者应当，既能对对方的观点和资料做到融会贯通，又能尊重对方的文化习惯和思维定式。

（二）批判性思维的培养

对文化信息的评价、刻板印象的识别，批判性思维起着举足轻重的作用。批判性思维有助于我们在信息中辨别真假、辨识偏见和避免误导。在各种文化信息交织的全球化时代，需要通过思辨的方式加以甄别和整合，形成自己的独立见解。批判性思维教会我们质疑这些固有的观念，对问题进行多角度的思考，避免走入成见。同时，在不同的文化背景下，批判性思维也可以帮助我们认识信息，减少彼此间的误解与冲突。通过批判性思维，我们可以对不同群体、不同文化有更客观、更全面的认识，减少歧视和冲突，促进彼此的认识和尊重。

（三）多元文化教育与培训

多元文化教育的作用不可低估，它有利于社会在包容尊重的基础上发展起来。实现有效的多元文化教育的方式很多，有将课程整合起来模拟国际情景、参加跨文化交流资源培训和国际交流项目等办法。在今天全球化的时代，培养批判性思维与跨文化交流能力是同等重要的，以多元文化教育为基础的跨文化培训是达到这一目的的有效途径。

资料链接

要了解某个文化的习俗，选择适合自己的学习资源就显得格外重要。下面向大家推荐几个文化习俗的学习资源，既可以快速掌握基础知识，又可以对其背后的文化历史传统价值观有更深的认识和领悟，是有效的学习工具。

1. 传统文化概述

《中国文化常识手册》：一本全面介绍中国传统文化的实用手册，涵盖了历史、哲学、宗教、文学、艺术等多个领域。

"世界文化遗产"系列纪录片：用高清影像向人们展示世界各国的文化遗产所表现出来的独特魅力和历史价值，帮助人们认识和感受不同的文化和特色。

2. 节日庆典习俗

《全球节日庆典指南》：详细介绍了世界各地的主要节日庆典活动，包括其历史背景、庆祝方式、传统习俗等。

"节日背后的故事"系列讲座：通过讲述节日的起源、发展和演变，帮助听众深入了解节日的文化内涵和社会意义。

3. 礼仪与礼貌规范

《现代礼仪全书》：一本全面介绍现代礼仪的权威著作，涵盖了商务、社交、餐饮、职场等多个方面的礼仪规范。

"礼仪与人际关系"在线课程：通过案例分析、专家讲解等形式，帮助学员掌握礼仪技巧，提升人际交往能力。

4. 饮食文化特点

《中国饮食文化大观》：一本全面介绍中国饮食文化的专著，包括食材、烹饪技艺、饮食习俗等多个方面。

"世界美食之旅"系列纪录片：通过探访世界各地的美食文化，展示不同地区的饮食特色和风味。

5. 艺术与手工艺术

《世界艺术史》：一本全面介绍世界艺术发展历史的著作，涵盖了绘画、雕塑、建筑等多个艺术门类。

"手工艺术工坊"：提供线上线下的手工艺术课程和工作坊，帮助学员学习并实践各种传统和现代的手工技艺。

6. 服饰与装饰风格

《全球服饰文化概览》：详细介绍了世界各地的传统服饰和装饰风格，包括材料、款式、寓意等多个方面。

"时尚博物馆"线上展览：通过展示各种时尚服饰和配饰，帮助观众了解时尚文化的演变和发展趋势。

第四节　跨文化心理适应与调适

一、跨文化心理适应的概念与过程

跨文化心理适应是指个体在跨文化环境中通过一系列心理过程和策略来调整自己的心理状态，使之与新环境相适应的过程，是个体在新环境下融入社会的重要心理过程和策略。

跨文化心理适应的过程，一般包括三个方面的内容，即认知适应、情感适应和行为适应。个体在进行跨文化心理适应的过程中会运用很多策略，比如文化比较策略、文化适应策略、社会支持寻求策略等。跨文化心理适应的过程，也按照一定的阶段性特征分为蜜月期、挫折期和适应期等不同的阶段。

二、跨文化心理适应的挑战与应对策略

（一）常见的跨文化心理适应挑战

新环境中的语言障碍、社交圈子的变化以及生活习惯的不同，都可能增加我们的心理压力。人在异国他乡面临的心理挑战多种多样，其中最为显著的是孤独感和文化差异带来的不适。这种孤独感可能会进一步引发抑郁、焦虑等情绪问题，影响身心健康。

与此同时，文化差异也是我们需要面对的一大挑战。不同的文化背景和价值观可能导致我们在理解和适应新环境时感到困惑。我们需要调整自己的行为习惯、思维方

式和价值观，以适应新的文化环境。这种适应过程可能需要时间，也可能需要付出一定的努力。

（二）应对策略与方法

保持积极向上的心态，对克服困难具有十分关键的作用。另外，学会调整心理期望值使之保持平衡状态也是很重要的一点。面对心理方面的诸多考验，主动寻找社交机会扩大交际圈是应对之策，参加学校或社区组织以及加入兴趣小组来认识新同好也是很好的办法。利用社交媒体保持与家乡或亲人的联系，对于排解孤独感也是有好处的。为了增强自己的跨文化交际能力，可以积极学习当地语言文化等方面的知识，寻求专业心理咨询与帮助也是必不可少的。总之就是要保持身心健康，积极面对人生的种种考验与挑战。

三、 跨文化心理调适能力的培养

（一）提升跨文化心理调适能力的重要性

在跨文化交流中培养心理调适能力，对于个体成长和职业发展具有至关重要的意义。具备心理调适能力的个体，能够更好地应对跨文化交流中的挑战，实现个人成长和职业发展。

进行跨文化交流时，个体既能从不同文化中获得知识和技能，又能开阔自己的国际视野，增强跨文化意识。由认识到视野的开拓，个体会变得更为开放与包容，具有更强的跨文化适应能力，从而为今后的职业发展创造更多的机会与空间。

（二）心理调适能力的培养方法

跨文化交流中遇到困难时，要以积极的心态勇于接受挑战；对自己的优点和不足之处有清醒的认识；确定好自己的价值观和奋斗目标；多和别人交流分享自己的感受和困惑，从别人身上得到建议和支持；通过学习和自我反思来增强心理调适能力；不断积累跨文化的知识和经验；对自己的行为和态度进行反思和改进，不断优化自己的跨文化交流能力。

综上所述，培养心理调适能力的关键是运用正面的方法和战略，积极面对挑战并保持乐观心态，强化自我认识，寻求支持并不断地进行学习和反思。

测试游戏

跨文化交流进阶之战

游戏背景：玩家作为语言学家，将被派往世界各地，面对不同文化背景下的沟通挑战，进行语言学习与文化交流。

地点选择：选取五个文化差异比较大的国家，如中国、印度、美国、巴西和沙特阿拉伯，由 5 位同学分别扮演来自不同国家的人。

游戏目标：在每个国家，玩家需与当地人进行交流，了解当地的文化习惯、沟通方式和礼仪规范。通过对话，学习语言技巧，解决沟通难题，建立跨文化友谊。

任务挑战：在游历各个国家的过程中，玩家将需要完成一系列任务，包括购物就餐、参加聚会等。在完成任务的过程中，玩家将遇到各种各样的交流难题，如语言障碍、文化差异等。为了成功地解决问题并完成任务，玩家需要运用所学语言技巧，还可以尝试与当地居民交流并了解当地的风土人情，灵活应对各种语言障碍和文化差异。

第五节　跨文化商务礼仪与实务

一、跨文化商务礼仪的基本知识

（一）不同国家的商务礼仪特点

每个国家都有不同的商务礼仪和文化背景，其往往反映出国家文化的独特性和价值观的差异，下面分别着重介绍日本的商务礼仪、美国的商务礼仪与阿拉伯国家的商务礼仪，以做进一步的了解与研究。

日本商务礼仪着重于尊重对方和表现出谦逊与谨慎的风度，在初次见面交换名片时必须双手恭敬地接受，并对名片进行认真的阅读以显示对他人的敬重与重视。在会议或讨论中直接的反对和争论往往被认为是失礼的，日本人倾向于在表达观点时使用委婉的措辞和仪态。日本文化比较讲究礼尚往来，在会面时为了表达谢意，一般要带上精心挑选的礼品作为回礼。

美国的商业文化比较直接和开放，在商业会议或谈判中，美国人往往喜欢就事论事，以最直接的方式与对方讨论问题并希望得到迅速的答复。相对于个人关系，美国人对业务本身的重视程度更高，因而更重视效率与结果。美国人在穿着上比较随意，但是在正式场合仍需保持整洁和专业。另外，美国文化也讲究个人空间和隐私，所以在交流中要避免过于亲密或涉及私人问题。

阿拉伯国家的商务礼仪，受宗教礼法的约束。商务活动是以人际关系为根本的，所以建立良好的人际关系对于商业上的成功必不可少。商务会议或谈判中，阿拉伯人往往重信任与尊重，而不是着眼于具体的业务细节问题。另外，在和阿拉伯人交往的时候，尤其要尊重女性并讲究礼节。

总之，了解不同国家和地区的商务礼仪差异是成功进行国际商务交流的关键。只有尊重和理解这些差异，才能建立更加有效的合作关系，促进全球商务的发展。

（二）商务场合的着装要求

商务场合的着装规范因场合和文化的不同而有所差异。以下是几种常见商务场合的着装规范：

（1）正式场合：诸如重要的商务会议，比较正式的晚宴与颁奖礼等活动。在这些场合下一般要求男士着西装搭配领带与皮鞋。由于西装颜色以深沉系为主，因此会给人以成熟稳重的印象。而套装或者职业装是女士比较保险的选择，颜色以深沉中性系为主，避免过于花哨或者暴露。

（2）半正式场合：如一般的商业会议、午餐会或办公室聚会。男性可穿便装西装搭配领带或领结；女性可穿职业的休闲装，如衬衫搭配长裤或裙子。颜色上可相对活泼一些，但仍需要保持整体的专业形象和仪态的规范性。

（3）休闲场合：休闲场合一般指户外野餐、打高尔夫球等一些非正式的商业活动。这样的场合穿衣打扮可以比较随性，但还是要整洁、专业一点。男士避免穿短裤或运动鞋，可以选择穿休闲裤、T恤或衬衫。淑女们则可选择轻装或休闲裤装的穿法，避免太暴露或太花哨的款式。

总的来说，在选择衣物时，应考虑到整体形象的协调性、专业性和舒适度。同时，还需注意保持整洁干净，避免有破损或污渍。通过合理的着装搭配，可以更好地展现个人的专业素养和形象，促进商务交流的成功。

（三）商务场合的言谈举止

在商务场合中，礼貌用语是表达尊重和建立专业形象的基础。无论是在与同事、客户还是合作伙伴交流时，都应使用"请""谢谢""对不起"等礼貌用语。在沟通中，尽量使用正面、鼓励性的语言，避免使用负面或攻击性的语言。同时，注意倾听对方的意见和观点，尊重对方的立场，展现出你的同理心和理解力。

尊重他人的隐私是建立信任和良好关系的基础。在商务场合中，应避免讨论一些可能引起争议或不适的话题，如宗教信仰、政治立场、种族歧视、性别歧视等敏感话题。此外，避免在公共场合谈论涉及个人隐私的话题，如收入、年龄、婚姻状况等。

非言语交流在商务场合中同样占有举足轻重的地位。在非言语交流中保持微笑是传递正面信息的有效途径；与对方保持眼神接触，注意姿态与动作，是建立自信的有效手段。在非言语交流中也要避免一些不良的举止，比如交叉手臂或低头等动作会给人消极或不自信的印象。

二、跨文化商务实务技巧

（一）跨文化商务谈判策略

在跨文化的商业谈判中，文化背景的不同、价值观念的不同、商业习俗的不同，都有可能对谈判进程和结果产生影响。文化上的差异在谈判中可以成为挑战，也可以变成有利条件。制定成功战略的关键是了解并利用文化差异的优势，同时也要建立信任关系。

建立信任，是跨文化商务洽谈的长久合作之本，以下两点需注意：一是要对对方的经营习俗、谈判风格等进行深入的研究，这样才能更好地了解对方的需要与期待。比如，有的文化可能对私人关系的关注程度更高，有的文化对契约条款的严谨性关注程度更高。二是利用文化差异，在协商策略上进行创新。比如，通过建立深厚的人脉关系，在关注人脉关系的文化中增进买卖关系；强调契约条款的公正性和明确性，在比较重视契约条款的文化中建立信任。

此外，树立共同的奋斗目标和良好的价值观念，也是建立相互信任的关键所在。例如，以共同利益为基础，以相互尊重的价值观为原则，为达到双方的共同目的和追求共同的价值理念来强化合作。

在跨文化谈判中，要保持开放和灵活的心态。遇到文化差异时，不要急于评判或拒绝，而是尝试理解对方的立场和需求。通过沟通和协商，寻找双方都能接受的解决方案。

（二）跨文化商务沟通技巧

倾听、反馈和澄清是跨文化商务沟通中三个至关重要的技巧。

倾听是有效沟通的基础。要成为一个有效的倾听者，需要注意以下几点：

（1）保持耐心和开放心态，不要急于打断或给出自己的观点。

（2）尽力理解对方的观点，考虑到文化差异可能导致的不同看法和解释。

（3）使用非言语信号，如点头、微笑等，来展示自己在积极倾听。

反馈是确保沟通顺畅的重要环节。提供反馈时，需要注意以下几点：

（1）确保反馈准确、清晰，并尽量使用简单易懂的语言。

（2）避免过于直接或负面的反馈，尤其是在文化差异可能导致敏感话题的情况下。

（3）在提供反馈的同时，也要寻求对方的反馈，以建立双向沟通。

当收到信息或对方的观点时，如果存在不确定或疑惑，及时进行澄清是非常必要的。在澄清时，需要注意以下几点：

（1）不要害怕提问，尤其是在对某个概念或做法不太了解的情况下。

（2）用自己的话复述对方的观点或要求，以确保自己理解正确。

（3）如果对方使用了自己不熟悉的术语或表达方式，可以请求对方用更简单或更直接的方式解释。

（三）跨文化商务合作中的风险管理

在跨文化商务合作中会面临多种风险，这些风险可能源自文化差异、语言障碍、法律环境、市场环境等各个方面。下面重点介绍法律环境风险和市场环境风险。

1. 法律环境风险

不同国家的法律环境不同，对商务合作可能有影响的包括合同法、知识产权法、劳动法等。为了更好地解决这个问题，我们可以在合作初期就请专业律师进行法律风险评估，确保合作符合双方国家的法律法规；签订合同时，在合同中明确规定双方的权利和义务，避免纠纷；了解并尊重对方的法律环境和文化习俗，避免误解和冲突。

2. 市场环境风险

不同国家的市场环境都是独一无二的，包括市场需求、竞争环境、消费者偏好等。

为了更好地解决这个问题，我们可以事先进行深入的市场调研，了解目标市场的需求和竞争情况；调整产品或服务策略，以适应目标市场的需求和偏好；建立与当地企业的合作关系，利用当地资源和经验来拓展市场。

总之，在跨文化商务合作的开展中，既要认识到风险的存在，又要有相应的应对策略加以规避，或尽量减轻风险的影响。

三、跨文化商务礼仪的综合应用

（一）跨文化商务活动的准备与策划

在跨文化商务活动中，充分的准备和策划是成功的关键。这不仅涉及对目标国家商务环境的深入了解，还包括制订合适的商务策略，以及确保团队成员具备跨文化沟通能力。

1. 了解目标国家的商务环境

深入了解目标国家的文化特点、价值观、习俗和传统。这有助于理解当地人的思维方式、决策过程和沟通风格，从而更好地适应和融入当地商务环境。

研究目标国家的商务礼仪和习俗，包括见面礼仪、谈判风格、会议组织等。这有助于避免因文化差异导致的误解和冲突，提升与当地企业和个人的交往效果。

对目标国家的市场进行深入研究，了解市场需求、消费者偏好、竞争对手情况等。这将有助于确定合适的营销策略和产品定位，提高市场占有率和竞争力。

了解目标国家的法律法规和政策，特别是与商务活动相关的法律条款和政策规定。这有助于确保商务活动符合当地法律法规，避免因违规操作而引发的风险。

2. 制订合适的商务策略

市场定位：根据目标国家市场的特点，明确产品或服务的市场定位。确保产品或服务能够满足当地消费者的需求和偏好，从而在市场上获得竞争优势。

营销策略：制订符合当地市场的营销策略，包括广告宣传、促销活动、渠道拓展等。确保营销策略能够有效地吸引目标消费者，提高品牌知名度和市场份额。

合作伙伴选择：在目标国家寻找合适的合作伙伴，包括代理商、分销商、供应商等。确保合作伙伴具备良好的信誉和业务实力，能够助力企业在当地市场的拓展和发展。

谈判策略：根据目标国家的商务习俗和谈判风格，制订合适的谈判策略。确保在谈判过程中能够把握节奏、掌握主动权，争取到最有利的合作条件和资源。

3. 团队建设和培训

对团队成员进行跨文化沟通培训，提高他们对不同文化背景下的沟通方式和沟通技巧的认识；鼓励团队成员学习目标国家的语言，提高语言能力。这将有助于更好地融入当地商务环境，与当地人进行更有效的沟通和交流。组织团队建设活动，提高团队成员之间的凝聚力和协作能力。在跨文化商务活动中，团队成员需要相互支持、理解和配合，共同应对各种挑战和困难。

4.持续监控和调整

在跨文化商务活动中，需要持续监控项目的进展和效果，及时发现和解决问题。同时，根据当地市场的变化和反馈，及时调整商务策略和执行计划。

通过深入了解目标国家的商务环境、制订合适的商务策略、加强团队建设和培训以及持续监控和调整，可以有效地降低风险、提高效率和竞争力，从而实现跨文化商务活动的成功。

（二）跨文化商务礼仪应用的案例分析

◆ 案例 12-1

华为与欧洲电信运营商的合作

华为在欧洲市场的成功，首先，得益于对当地市场的深入研究和细致的文化分析，对欧洲市场的文化和商业习惯有较深入的了解和认识，并能积极融入当地商业生态。其次，基于对市场需求和偏好的了解，华为能有针对性地推出符合当地市场需求的产品和服务。再次，华为与当地企业建立了良好的合作关系，以建立联合研发中心的方式共享技术资源，形成紧密的合作关系。这一合作模式既有利于提升华为在当地市场的竞争力，又能促进技术创新和产业升级，从整体上提高华为在欧洲市场的地位。最后，华为还重视技术研发和创新，不断推出符合欧洲市场需求的高品质产品和服务。因此，华为能不断为欧洲市场带来变革和创新。华为在跨文化管理方面表现优秀，通过各种方式提高员工的跨文化沟通能力，从而保证企业在不同文化背景下的顺畅运作，在业界享有盛誉。

◆ 案例 12-2

可口可乐在日本市场的本土化策略

可口可乐在日本市场的成功，首先归功于其对日本文化的深入理解和尊重，这是可口可乐推出符合当地市场口味和文化特色的产品，并增强品牌与当地消费者情感联系的关键所在；其次，可口可乐在本土化营销策略的运用上做得不错，通过与当地企业和文化机构合作，开展一系列具有日本特色的营销活动，来提升可口可乐在日本市场的知名度和美誉度；再次，可口可乐在跨文化管理中还注重员工的本地化和培训，确保企业在不同文化背景下的顺畅运作；最后，可口可乐能够深入了解当地消费者的需求和偏好，推出与之相适应的产品来取得进一步的成功。从整体上看，可口可乐能够为不同文化背景下的消费者带来愉悦的消费体验，并通过不断努力和创新来满足消费者多元化的需求并持续取得市场的成功。

资料链接

以下是一些有关跨文化交流的图书和网站资源，供同学们深入学习。

1. Larry A. Samovar 和 Richard E. Porter 著《跨文化交流》（第 5 版）（影印版），北京大学出版社 2004 年版。该书是跨文化交流的经典之作，详细阐述了跨文化交流的基本原理和实践技巧。

2. Carly Dodd 著《跨文化交际动力》（第 5 版），上海外语教育出版社 2007 年版。该书从动力学的角度探讨了跨文化交际的过程和影响因素，对于理解跨文化交流中的动态变化很有帮助。

3. 胡文仲著《跨文化交际学概论》，外语教学与研究出版社 1999 年版。该书系统地介绍了跨文化交际学的基本理论和方法，适合初学者入门。

4. www.idrinstitute.org：该网站提供了大量关于跨文化交流的文章、研究报告和在线课程，可以帮助读者深入了解跨文化交流的理论和实践。

5. www.MindToolsbusiness.com：虽然该网站主要关注商务技能的提升，但它也提供了很多关于跨文化交流的工具和技巧，可以帮助就业时在实际工作中更好地进行跨文化交流。

职场案例故事

F 公司中国区的一位美国籍人力资源副总裁对一位中国员工进行约谈，他认为这位中国员工非常有发展潜力，他想听听这位员工对其未来 5 年的职业发展规划，以及他所期望达到的地位是什么。这位中国员工没有正面回答问题，而是开始滔滔不绝地谈公司未来的发展方向，谈公司的晋升制度，谈自己现在在框架中的地位等。对这位副总裁的提问，他说了半天，也没有正面回答。这位副总裁有些疑惑，不等他说完就急躁起来，因为之前也发生过几次相同的情况。

谈话结束后，这位副总裁不禁对着 HR 主管发牢骚："我无非想了解一下这位员工对未来 5 年发展的规划，究竟想要在公司担任何种职务,却为何得不到确切的答复？"这位美国总裁怎么就那么让人感觉到有压力呢？"被约谈的员工也对 HR 主管大倒苦水。

本案例中跨文化差异在沟通中的影响分析

案中，该副总裁为美国籍，而被约谈的员工为中国籍。显然，对于出生在两个不同国家的人来说，中美两国在思维方式、生活习惯、文化背景、受教育程度、文化差异等诸多方面都存在着显著的差异。正是由于这些文化差异的存在，使得双方在沟通与交流的过程中，产生了一系列的隔阂。

"中国员工答非所问"可能有多种原因

（1）语言不通，对美国副总裁所言原意理解不透彻。中美两国语言天壤之别，而英语背后的文化很难让一个中国人充分理解，这一点我们在学习英语的过程中就能体会得到。例如，"cats and dogs"，本来是"倾盆大雨"的意思，但我们很容易把它理解为"猫狗"的意思。

（2）思维方式明显不同。假设这位中国员工对副总裁的提问进行了直接的正面回答，例如，中方工作人员答道："……我 5 年内想升职到市场部经理。"这样的回答显然有悖于中国人一贯谦逊委婉的心理习惯，而美国人一贯的思维方式就是简洁明了、直截了当。

另外一个方面，这位美国副总裁向这位员工询问了其未来 5 年的发展计划，以及希望在 F 公司担任何种职位。通过个人才能和拼搏得到理想的职位，这与美国一贯重视个人发展的意识形态有很大关系，重视个人利益，带有明显的个人主义色彩。而中方工作人员的回答是重视集体，他首先讲的是公司的一些相关的情况，比如说公司未来的方向，以及在晋升体系上的一些问题，然后才谈到自己在公司目前的职位。强调集体主义，尽量弱化个人的影响和愿望，这是中国人的传统工作思维。

本章思考

1. 规划如何在大学期间提升自己的跨文化交际能力？

2. 反思自己在跨文化交际中对待文化差异的态度和行为，你将如何改进？

3. 如何认识刻板印象？如何克服刻板印象带来的问题？

第十三章　新兴产业发展趋势
及人才需求特点

本章概要

　　在党中央的顶层设计和国家的重大战略引领下，伴随着人工智能、大数据等各种新兴技术的推广应用，电子信息制造、软件与信息技术服务、新材料、新能源、未来空间、未来健康等新兴产业快速崛起，总体上呈现出政策扶持力度不断增强、效益增长速度持续加快、未来发展空间日益扩大等特点，发展前景相当广阔。与此同时，人力资源和社会保障部也陆续公布了智能制造工程技术人员、全媒体运营师、碳汇计量评估师等诸多新职业并制定了相应的标准。

　　当前，上述新兴产业普遍呈现出人才供不应求的趋势，从总体上来看，呈现出需求数量较大、平均薪资较高、地域分布相对集中、技能要求更加新颖等特点。在"新质生产力"理念的指引下，这种趋势必将在未来的一段时间内持续存在并不断强化。这对于新时期的大学生而言，既是良好的机遇也是莫大的挑战。大学生们只有密切关注新兴产业发展动态，了解其对人才的最新技能要求，认真学习并不断提升与此相关的职业技能，才能在未来的求职竞争中立于不败之地，并在中国式现代化建设中做出应有的贡献。

开篇故事

某智能科技有限公司李某原本从事会计电算化工作，自从数字化解决方案设计师作为一个新职业被纳入职业分类大典以后，他就有了一个新的身份——数字化解决方案设计师。他的主要工作内容是利用语音、视觉、大模型、大数据等前沿技术，为各类企业提供数字化解决方案，实现企业数字化转型。

李某从事的职业不仅对于企业提升生产效率和能源利用率、降低运营成本、缩短新产品研发周期等具有非常重要的意义，而且对于个人技能提升、薪酬增长也有着很大的促进作用。以李某所在的公司为例，通过实施数字化解决方案，生产效率提高了31%，运营成本降低了29%，新产品研发周期缩短了37%，能源利用率提高了20%。当然为了做好相关工作，李某需要掌握并不断提升售前技术支持、后端开发、软件实施等多方面技能，其薪资收入也比之前高了2到3倍。

资料来源：央视网新闻频道2024年1月15日新闻："新职业"人才需求超3000万　新职业预计今年一季度发布

近年来，在国家创新驱动发展战略、中国制造2025、数字经济发展规划、加快发展新质生产力等政策的大力指引下，人工智能、大数据、物联网、虚拟现实、网络信息安全、生物育种等各种新兴技术以及音频、短视频、直播等各种新型媒体得到了飞速发展与广泛应用。智能制造、电子信息、新能源、节能环保、电动汽车、新材料、新医药、生物育种等新兴产业也逐渐兴起，与此同时，也涌现了大量新职业及人才需求。自2019年以来，人力资源和社会保障部、市场监管总局、统计局先后对外发布了多批新职业，具体目录如表13-1所示。

表13-1　近五年新职业名称

公布时间	新职业或工种名称
2019年4月	人工智能工程技术人员、物联网工程技术人员、大数据工程技术人员、云计算工程技术人员、建筑信息模型技术员、电子竞技运营师、电子竞技员、无人机驾驶员、数字化管理师、农业经理人、工业机器人系统操作员、工业机器人系统运维员、物联网安装调试员

续表

公布时间	新职业或工种名称
2020 年 2 月	智能制造工程技术人员、工业互联网工程技术人员、虚拟现实工程技术人员、连锁经营管理师、供应链管理师、网约配送员、人工智能训练师、电气电子产品环保检测员、全媒体运营师、健康照护师、呼吸治疗师、出生缺陷防控咨询师、康复辅助技术咨询师、无人机装调检修工、铁路综合维修工、装配式建筑施工员
2020 年 7 月	新职业：区块链工程技术人员、城市管理网格员、互联网营销师、信息安全测试员、区块链应用操作员、在线学习服务师、社群健康助理员、老年人能力评估师、增材制造设备操作员； 新工种：直播销售员、互联网信息审核员、小微信贷员、劳务派遣管理员、泥板画创作员
2021 年 3 月	集成电路工程技术人员、企业合规师、公司金融顾问、易货师、二手车经纪人、汽车救援员、调饮师、食品安全管理师、服务机器人应用技术员、电子数据取证分析师、职业培训师、密码技术应用员、建筑幕墙设计师、碳排放管理员、管廊运维员、酒体设计师、智能硬件装调员、工业视觉系统运维员
2022 年 6 月	机器人工程技术人员、增材制造工程技术人员、数据安全工程技术人员、退役军人事务员、数字化解决方案设计师、数据库运行管理员、信息系统适配验证师、数字孪生应用技术员、商务数据分析师、碳汇计量评估师、建筑节能减排咨询师、综合能源服务员、家庭教育指导师、研学旅行指导师、民宿管家、农业数字化技术员、煤提质工、城市轨道交通检修工

2022 年 9 月 28 日人力资源和社会保障部、市场监管总局、统计局正式发布的《中华人民共和国职业分类大典（2022 年版）》（图 13-1）围绕制造强国、数字中国、绿色经济、依法治国、乡村振兴等国家重点战略，在 2015 年版的基础上新增了智能制造工程技术人员、工业互联网工程技术人员、虚拟现实工程技术人员、连锁经营管理师、供应链管理师、人工智能训练师、电气电子产品环保检测员、全媒体运营师、无人机装调检修工、民宿管家、易货师、带货主播、电子竞技员、碳排放管理员、碳汇计量评估师等诸多新职业。

据人力资源和社会保障部《新职业在线学习平台发展报告》指出，新职业人才需求规模庞大，到 2025 年，预计人才需求超 3000 万。其中，人工智能人才需求近 500 万、物联网安装调试员需求近 500 万、电子竞技员需求近 200 万、数字化管理师人才缺口近 1000 万。另据智联招聘在 2023 中国年度最佳雇主暨中国人力资本国际管理论坛上发布的《2023 雇佣关系趋势报告》，新兴产业动能加速释放，带动相关行业人才需求强劲增长。2023 年 1—6 月，新能源行业招聘职位数同比增速达 36.1%，新制造领域的工业自动化行业招聘职位数同比增速为 6.9%。从数字职业招聘需求占比来看，生产 / 加工 / 制造行业为 17%，能源 / 矿产 / 环保行业为 6.3%。生成式人工智能成为 2023 年一大年度热点，52.5% 的受访者表示会在求职过程中考虑申请与人工智能相关的工作岗位。

图 13-1　《中华人民共和国职业分类大典（2022 年版）》

涌现大量新职业的新兴产业发展趋势如何？这些新兴产业相关人才需求状况及技能要求有什么样的特点？新时期的大学生如何积极投身新兴产业？这些都是值得我们深入思考的问题。

第一节　新兴产业发展趋势

一、电子信息制造业

电子信息制造业包含计算机、通信和其他电子设备制造业以及锂离子电池、光伏及元器件制造等相关领域，是国民经济的战略性、基础性、先导性产业，规模总量大、产业链条长、涉及领域广，是稳定工业经济增长、维护国家政治经济安全的重要领域。近年来，我国电子信息制造业受新冠疫情、国际政治经济形势、产业转型升级等方面因素影响，承受着巨大的挑战和压力，但在各级政府以及行业企业的共同努力下，一直保持着良好的发展势头，具体表现如下。

（一）政策重视程度越来越高

在以习近平新时代中国特色社会主义思想指导下，中央和各地政府均高度重视电子信息制造业发展，在积极鼓励采取措施提振手机、电脑、电视等传统电子消费的基础上，高度重视培育壮大虚拟现实、视听产业、先进计算、北斗应用、新型显示、智能光伏等新增长点，同时也注重努力推动该产业朝着高端化、绿色化、智能化发展，提升对外开放合作水平。2023年9月5日，工业和信息化部、财政部等部门联合印发的《电子信息制造业2023—2024年稳增长行动方案》明确表示要进一步提升高端产品供给能力，不断培育新增长点；持续优化产业结构，加快推进产业集群建设，形成上下游贯通发展、协同互促的良好局面。

各地人民政府也在积极出台各种政策扶持该行业发展，以湖南省为例，在《湖南省电子信息制造业"十四五"发展规划》中明确提到，"十四五"时期将聚焦做强做大信创、新型显示器件、功率半导体及集成电路、智能终端、基础电子元器件产业，力争到2025年，打造国家级电子信息产业集群目标基本实现。其中，全省电子信息制造业主营业务收入突破5000亿元，年平均增长率12%左右。到2035年，把湖南省建设成为国家重要电子信息制造业高地。再如，贵州省在《贵州省"十四五"电子信息制造业发展规划》中提出，到2025年，工业总产值力争达到2000亿元，规模以上工业增加值年均增速10%以上，规模以上企业数量达400户。培育年产值100亿元以上企业5户，上市企业5户，10亿元级的专精特新行业领军和"小巨人"企业一批。规模以上工业企业新产品开发经费支出占主营业务收入的比重提升到2.0%。新增省级以上科技创新平台（制造业创新中心、企业技术中心、重点实验室、技术创新示范企业等）15个。具体详见表13-2。

表13-2 贵州省"十四五"电子信息制造业发展规划主要指标

类别	指标	2025年目标
产值规模	工业总产值	2000亿元
	规模以上工业增加值年均增速	10%以上
	规模以上企业数量	400户

类别	指　标	2025 年目标
企业主体	年产值 100 亿元以上企业	5 户
	上市企业	5 户
创新能力	规模以上工业企业新产品开发经费支出占主营业务收入的比重	2.0%
	新增省级以上科技创新平台	15 个

（二）发展势头越来越好

当前我国电子信息制造业生产稳步恢复，效益逐步回升，投资平稳增长。以 2023 年为例，根据中商产业研究院提供的数据，前三季度规模以上电子信息制造业增加值同比增长 1.4%，增速较 1—8 月份提高 0.5 个百分点。9 月份，规模以上电子信息制造业增加值同比增长 4.5%。电子信息制造业固定资产投资同比增长 10.2%，比同期工业投资增速高 1.2 个百分点。

2024 年继续保持良好发展势头，据工业和信息化部提供的数据，2024 年前两月我国规上电子信息制造业增加值同比增长 14.6%，增加值增速分别比同期工业、高技术制造业高 7.6 个和 7.1 个百分点。其中，手机产量 2.34 亿台，同比增长 26.4%；智能手机产量 1.72 亿台，同比增长 31.3%；集成电路产量 704.2 亿块，同比增长 16.5%；规模以上电子信息制造业实现营业收入 2.14 万亿元，同比增长 8.2%；营业成本 1.89 万亿元，同比增长 7.1%；实现利润总额 418.1 亿元，同比增长 2.1 倍。

拓展阅读

华为发布 2023 年年度报告：整体经营情况符合预期

2024 年 3 月 29 日，华为发布 2023 年年度报告显示，华为整体经营情况符合预期，实现全球销售收入 7042 亿元人民币，净利润 870 亿元人民币。ICT[①] 基础设施业务保持稳健，终端业务表现符合预期，云计算和数字能源业务实现了良好增长，智能汽车解决方案业务开始进入规模交付阶段。华为重视研究与创新，2023 年研发投入达到 1647 亿元人民币，占全年收入的 23.4%，10 年累计投入的研发费用超过 11100 亿元人

---

① ICT 指信息及通信技术，information and communication technology。

民币。

2023年，华为ICT基础设施业务实现销售收入3620亿元人民币，同比增长2.3%；终端业务实现销售收入2515亿元人民币，同比增长17.3%；云计算业务实现销售收入553亿元人民币，同比增长21.9%；数字能源业务实现销售收入526亿元人民币，同比增长3.5%；智能汽车解决方案业务实现销售收入47亿元人民币，同比增长128.1%。

资料来源：华为投资控股有限公司官网，https://www.huawei.com/cn/news/2024/3/huawei-annual-report-2023，2024年4月23日访问

二、软件与信息技术服务业

软件是新一代信息技术（云计算、大数据、人工智能、5G、区块链、工业互联网、量子计算等）的灵魂，是数字经济发展的基础，是制造强国、质量强国、网络强国、数字中国建设的关键支撑。软件与信息技术服务不仅推动着经济社会数字化、网络化、智能化转型升级，还有效促进了我国发展的质量变革、效率变革与动力变革。针对我国产品处于价值链中低端、关键核心技术存在短板、企业软件化能力较弱、融合应用程度不够广也不够深等方面的不足之处，当前国家正在加快实施软件发展战略，不断提升软件产业创新活力，着力打造更高质量、更有效率、更可持续、更为安全的产业链供应链，充分释放软件融合带来的放大、倍增和叠加效应，为构建以国内大循环为主体、国内国际双循环相互促进的新发展格局提供了有力的支撑，取得了较好的成效。具体表现如下。

（一）政策导向越来越清晰

当前，无论是国务院还是各部委以及各地人民政府都高度重视软件与信息技术服务业的发展，工业和信息化部在《"十四五"软件和信息技术服务业发展规划》中明确提出，将要制定125项重点领域国家标准，建成一批高水平软硬件适配中心，形成具有生态影响力的新兴领域软件产品。到2025年，工业App突破100万个，主营业务收入达百亿级企业过百家，千亿级企业超过15家。建设2～3个有国际影响力的开源社区，培育超过10个优质开源项目。建成20家高水平中国软件名园，建成一批国家特色化示范性软件学院。规模以上企业软件业务收入突破14万亿元，年均增长12%以上。

各地政府对该行业的发展也相当重视，例如，2023 年 5 月山西省工业和信息化厅发布的《山西省软件和信息技术服务业 2023 年行动计划》指出，力争实现全省规上软件和信息技术服务业企业主营业务收入突破 85 亿元，软件业务收入突破 65 亿元，全省软件和信息技术服务业优质企业力争突破 95 家。又如，2023 年 9 月河北省人民政府办公厅发布的《关于促进电子信息产业高质量发展的意见》提出，要围绕制造强省、网络强省、数字河北建设，以创新驱动为引领，以集群化发展为重点，以集成电路、大数据等重点产业为突破口，巩固延伸产业链条，引育壮大优势企业，培育发展新动能，打造数字经济新优势。到 2025 年，电子信息产业主营业务收入突破 5000 亿元，形成光伏、大数据 2 个千亿级产业集群；新增 50 家以上省级以上创新平台，行业研发投入强度达到 5%。到 2030 年，电子信息产业取得突破性发展，产业结构和空间布局不断优化，产业规模突破 10000 亿元；研发创新能力持续增强，行业研发投入强度达到 6.5%。

针对具体的信息技术，国家和地方出台了各种各样的扶持政策。以虚拟现实为例，国务院早在 2017 年就印发了《新一代人工智能发展规划》，明确提出，到 2030 年人工智能理论、技术与应用总体达到世界领先水平，成为世界主要人工智能创新中心，智能经济、智能社会取得明显成效，为跻身创新型国家前列和经济强国奠定重要基础。2022 年 11 月 1 日，工业和信息化部、教育部、文化和旅游部、国家广播电视总局、国家体育总局等部门联合印发《虚拟现实与行业应用融合发展行动计划（2022—2026 年）》提出，到 2026 年，虚拟现实产业总体规模力争超过 3500 亿元，虚拟现实终端销量超过 2500 万台，培育 100 家具有较强创新能力和行业影响力的骨干企业。在工业生产、文化旅游、融合媒体、教育培训、体育健康、商贸创意、智慧城市等虚拟现实重点应用领域实现突破。随着 OpenAI 的 ChatGPT 和谷歌的双子座等生成式人工智能工具的推出与应用，2023 年 7 月，国家网信办联合国家发展改革委、教育部、科技部、工业和信息化部、公安部、广电总局发布《生成式人工智能服务管理暂行办法》，明确表示鼓励生成式人工智能技术在各行业、各领域的创新应用，生成积极健康、向上向善的优质内容，探索优化应用场景，构建应用生态体系。支持行业组织、企业、教育和科研机构、公共文化机构、有关专业机构等在生成式人工智能技术创新、数据资源建设、转化应用、风险防范等方面开展协作。2024 年全国两会期间，"人工智能＋"首次被写入政府工作报告，国家明确表示要深化大数据、人工智能等研发应用，开展"人工智能＋"行动，打造具有国际竞争力的数字产业集群（如图 13-2）。可以预见，未来 5 ～ 10 年内人工智能将在推动产业升级、促进新质生产力加快形成等方面发挥越来越重要的作用。

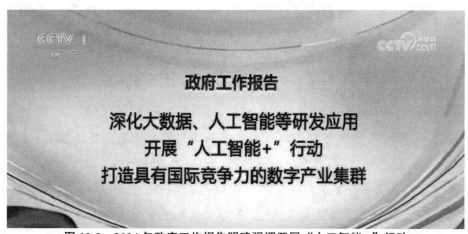

图 13-2　2024 年政府工作报告明确强调开展"人工智能 +"行动

（二）高质量发展不断登上新台阶

2023 年，在国内经济全面恢复常态化运行的背景下，我国软件产业高质量发展再上新台阶。工业和信息化部数据显示，2023 年 1—10 月，我国软件业务收入为 98191 亿元，同比增长 13.7%，较 2022 年同期提升 3.7 个百分点；利润总额为 11426 亿元，同比增长 13.8%；产业结构趋于稳定，信息技术服务收入为 64955 亿元，同比增长 14.9%，高于软件产品 3.5 个百分点，展现出了较快的发展势头。从收入细分情况来看，我国东部地区软件业务收入持续领跑全国，凭借其经济和技术优势，软件业务收入达到 81097 亿元，同比增长 13.9%，主要软件省市如北京、广东、江苏、山东和上海合计软件业务收入占全国比重高达 70.2%，显示出地域集中趋势。中部地区的增长率为 17.8%，在全国范围内名列前茅，正在逐步崛起成为 IT 行业的新兴力量，西部与东北地区的发展潜力也不容小觑。

在基础软件继续飞速发展的基础上，工业软件的发展速度也相当快，与此同时，以大模型为代表的新技术不断开辟软件产业竞争新赛道。国内许多知名公司都在积极开展布局，截至 2023 年 11 月，阿里云推出的魔搭 ModelScope 社区，提供了多个领域预训练模型的在线试用、下载、在线微调与部署等功能，已经吸引了大量的开发者参与，拥有超过 2300 个模型、280 万的 AI 开发者和超过 600 个数据集，并且集合了来自多家顶尖人工智能机构贡献的 900 多个 AI 模型资源，涵盖了广泛的领域和应用类型。百度推出的飞桨 AI Studio 星河社区提供了多个领域的预训练模型、在线试用、在线训练与部署等功能，同样拥有大量开发者与模型库。华为也推出了昇思大模型平台，支持用户在线训练和推理可视化，发展势头良好。

商汤科技的人工智能技术研究

商汤科技是最早布局人工智能基础设施的企业之一，在技术上形成了"SenseCore 商汤 AI 大装置"，打通算力、算法和平台，并在此基础上建立"商汤日日新 SenseNova"大模型及研发体系，以低成本解锁通用人工智能任务的能力，推动高效率、低成本、规模化的 AI 创新和落地，进而打通商业价值闭环，解决长尾应用问题，引领人工智能进入工业化发展阶段。2023 年该企业明确了生成式 AI、传统 AI 和智能汽车等三大业务板块，并以生成式 AI 业务为重点发展方向。得益于各行各业对大模型的训练和 AI 落地应用的广泛需求，商汤科技生成式 AI 业务收入达 12 亿元人民币，实现了同比 200% 的飞速增长，占总收入比例由 2022 年的 10.4% 提升至 34.8%。

三、新材料产业

新材料是指新出现的具有优异性能或特殊功能的材料，或是传统材料改进后性能明显提高或产生新功能的材料，主要包含先进基础材料、关键战略材料、前沿新材料等类别。它们通常处于产业链的中游位置，上游涉及有色金属、化学纤维、树脂、陶瓷、石墨等原材料，下游则涉及光伏、建材、航空航天、新能源汽车、电子电器、医疗器械等诸多领域（如图 13-3），对国家构建新的增长引擎、促进产业转型升级、推动制造业高质量发展等具有非常重要的意义。

近年来，随着大数据、人工智能、超级计算机、量子计算等先进技术的迅速发展，以及基础学科的突破、新技术的不断涌现，全球新材料产业呈现多学科技术交叉、技术融合创新的显著特征。例如，材料基因组、量子化学等方法可为新材料研发提供海量结构化数据，利用人工智能技术可从海量数据中迅速找到材料特性之间的因果关系。与此同时，绿色和可持续发展理念已经成为人类共识，世界各国都将新材料与绿色发展紧密结合，高度重视新材料与资源、环境和能源的协调，推进新材料全生命周期绿色化发展。新材料的作用已逐渐从基础性、支撑性向颠覆性、引领性转变。全球主要经济体都在持续提高新材料研发相关投入，强化新材料产业布局。我国政府也高度重视发展新材料产业，从中央到地方都出台了相应的政策加以鼓励和扶持，取得了良好的成效。

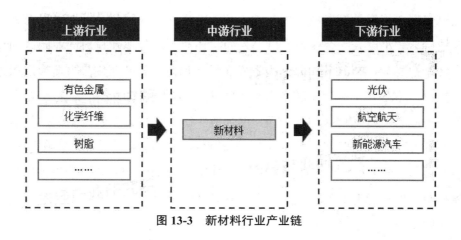

图 13-3　新材料行业产业链

（一）扶持政策持续加码

早在 2012 年，为培育和发展新材料产业，推动材料工业转型升级，工业和信息化部就制定了《新材料产业"十二五"发展规划》，明确指出新材料是材料工业发展的先导，是重要的战略性新兴产业。2021 年，工业和信息化部发布了《"十四五"原材料工业发展规划》，提出要实施新材料创新发展工程，通过突破重点品种、提升公共平台等，实现关键材料保障能力的提升。2023 年 8 月，工业和信息化部联合国务院国资委共同发布了《前沿材料产业化重点发展指导目录（第一批）》，提出积极引导各类市场主体结合实际积极开展技术创新、应用探索和产业布局。2023 年 12 月，工信部发布《重点新材料首批次应用示范指导目录（2024 年版）》，该目录涵盖的 299 种产品不仅展示了材料科学的最新成就，而且强调了生物基材料和环保型材料的重要性。

各地政府也高度重视新材料产业发展，以安徽省为例，2022 年 2 月，制定了《安徽省"十四五"新材料产业发展规划》，明确提出力争到 2025 年，产值规模突破 1 万亿元，新培育 5 家以上国家级创新平台、15 家以上省级创新中心、10 个以上创新联盟等科技创新载体。培育 3 家以上千亿级产值的行业龙头企业、20 家以上百亿级的行业优势企业、30 家以上国家级制造业单项冠军和隐形冠军企业、500 家以上高新技术企业。重点打造硅基新材料、先进化工材料、先进金属材料、高性能纤维及复合材料、生物医用材料 5 大千亿级产业集群，做优做强 10 条百亿级产业链（群），形成特色鲜明、集群发展的新格局。再如，云南省发展和改革委员会与工业和信息化厅于 2022 年 6 月联合印发了《云南省新材料产业发展三年行动（2022—2024 年）》和《支持新材料产业发展的若干政策措施》，提出力争到 2024 年，新材料产业产值达 1800 亿元以上，产业规模实现 3 倍增。打造主营业务收入超 500 亿元的新材料企业 2 家以上，培育新材料专精特新"小巨人"企业 5 家以上。同时还对省内各地新材料产业园区的总产值提出了具体的要求。2022 年 7 月河南省发布了《加快材料产业优势再造换道领跑行动计划（2022—2025 年）》，文件指出到 2025 年，力争构建"454"材料产业高质量发展体系。新材料产业产值突破 1 万亿元，增加值年均增长 18% 左右。形成先进钢铁材料、铝基新材料、尼龙新材料、新型高温材料、超硬材料、新型建材等 6 条千亿级支柱产业链，可降解材料、半导体材料、金属离子电池材料等 30 条百亿级特色产业链，纳米材料、石墨烯材料、增材制造材料、先进复合材料等 4 条前沿产业链。新增国家重点创新平台 10 个以上。

（二）产业规模逐年扩大

华经产业研究院数据显示，近年来我国的新材料产业保持着平稳发展的良好势头，产业规模呈现出逐年扩大趋势，2022 年中国新材料产业总产值约 6.8 万亿元（如图 13-4）。

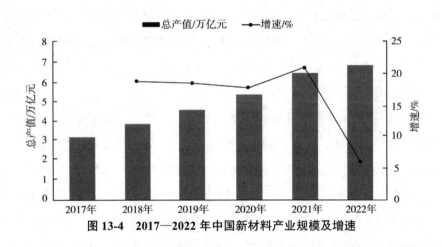

图 13-4　2017—2022 年中国新材料产业规模及增速

2023—2024 年，各类新材料产量普遍继续保持平稳增长。以有色金属为例，根据国家统计局数据，2023 年，有色金属行业工业增加值同比增长 7.5%，10 种有色金属产量为 7470 万吨，同比增长 7.1%，首次突破 7000 万吨。其中，精炼铜产量 1299 万吨，同比增长 13.5%；电解铝产量 4159 万吨，同比增长 3.7%。进出口贸易总额 3315 亿美元，同比增长 1.5%。另以锂离子电池材料为例，根据工业和信息化部电子信息司统计数据，2023 年，一阶材料环节，正极材料、负极材料、隔膜、电解液产量分别达到 230 万吨、165 万吨、150 亿平方米、100 万吨，增幅均在 15% 以上。再以光伏压延玻璃产业为例，根据中国建筑玻璃与工业玻璃协会数据，2023 年累计产量 2478.3 万吨，同比增长 54.3%。2024 年 1—2 月，累计产量 450.9 万吨，同比增长 27.4%。

拓展阅读

新能源材料行业头部企业厦钨新能取得喜人业绩

2024 年 4 月 17 日，厦钨新能（688778）披露年报，其新能源材料行业头部企业去年实现净利润 5.27 亿元，并计划将其中的 2.94 亿元与投资者分享，分红比例高达 56%。2024 年一季度，厦钨新能优势产品销售持续放量，三元材料销量同比增长 249%，钴酸锂销量同比增长 62.50%，稳居市场龙头地位。

在产品研发层面，厦钨新能累计研发投入达到 4.65 亿元，针对低空飞行器、氢能材料等高潜力热门领域推出了一系列高能量密度、高安全性、高性价比的新产品，并逐步推向市场。

展望 2024 年，厦钨新能目标争取净利润比 2023 年有所增长，公司今年一季度经营情况稳健。厦钨新能同日披露的 2024 年一季报显示，公司当期实现营业收入 32.99 亿元，同比减少 8.02%；净利润 1.11 亿元，同比减少 3.71%；扣非后净利润 1.03 亿元，同比增加 4.28%。

从全年规划来看，厦钨新能拟迭代升级高电压钴酸锂、高电压、高功率三元材料、水热法磷酸铁锂等优势产品，突破磷酸锰铁锂、钠电正极材料、全固态电池材料、补锂材料等前沿技术研发与产业化，提前布局未来产品技术、新产品，加快正向研发节奏。厦钨新能同时宣布拟投资 2.78 亿元新建厦钨新能高端能源材料工程创新中心建设项目，本项目建设完成后，将新增中试产能 1500 吨／年。

资料来源：《证券时报》2024 年 4 月 17 日

四、新能源产业

近年来，全球新能源技术水平和经济性大幅提升，风能和太阳能利用实现跃升发展，规模增长了数十倍。全球新增发电量中约 60% 为可再生能源。根据《博鳌亚洲论坛可持续发展的亚洲与世界 2022 年度报告》提供的数据，截至 2021 年 12 月底，全球已有 136 个国家、115 个地区、235 个主要城市和 2000 家顶尖企业中的 682 家制定了碳中和目标，覆盖了全球 88% 的温室气体排放、90% 的世界经济体量和 85% 的世界人口。另据国际能源署发布的《2023年可再生能源》年度市场报告，2023年全球可再生能源新增装机容量比2022年增长50%，装机容量增长速度比过去30年的任何时候都要快。预计未来5年全球可再生能源装机容量将迎来快速增长期。在此背景下，国家高度重视发展新能源产业，积极制定各种政策鼓励企业和居民创新能源开发利用模式，取得了良好的成效，具体表现如下。

（一）国家层面高瞻远瞩

2022年1月，习近平总书记在中央政治局第三十六次集体学习中明确提出，要加大力度规划建设以大型风光电基地为基础、以其周边清洁高效先进节能的煤电为支撑、以稳定安全可靠的特高压输变电线路为载体的新能源供给消纳体系。

同月，国家发展改革委、国家能源局联合制定了《"十四五"现代能源体系规划》，该规划明确提出，要加大能源研发经费投入，不断突破关键技术建设新型电力系统，提高安全高效储能、氢能技术创新能力，加快推广应用减污降碳技术。全面推进风电和太阳能发电大规模开发和高质量发展，优先就地就近开发利用，加快负荷中心及其周边地区分散式风电和分布式光伏建设，推广应用低风速风电技术。在风能和太阳能资源禀赋较好、建设条件优越、具备持续整装开发条件、符合区域生态环境保护等要求的地区，有序推进风电和光伏发电集中式开发，加快推进以沙漠、戈壁、荒漠地区为重点的大型风电光伏基地项目建设，积极推进黄河上游、新疆、冀北等多能互补清洁能源基地建设。积极推动工业园区、经济开发区等屋顶光伏开发利用，推广光伏发电与建筑一体化应用。开展风电、光伏发电制氢示范。鼓励建设海上风电基地，推进海上风电向深水远岸区域布局。积极发展太阳能热发电。

2022年5月，国家发展改革委、国家能源局联合印发了《关于促进新时代新能源高质量发展的实施方案》，明确鼓励通过多种方式创新新能源开发模式并通过建立完善新能源绿色消费认证等方式引导企业利用新能源等绿色电力制造产品和提供服务，鼓励各类用户购买新能源等绿色电力制造的产品。

2024年3月，国家能源局发布《2024年能源工作指导意见》，再次明确强调要加快规划建设新型能源体系，为中国式现代化建设提供安全可靠的能源保障。要持续优化能源结构，风电、太阳能发电量占全国发电量的比重达到17%以上。非化石能源占能源消费总量比重提高到18.9%左右，终端电力消费比重持续提高。要加快培育能源新业态新模式，因地制宜探索实施新能源微电网、微能网、发供用高比例新能源应用等示范工程。

（二）装机容量和发电量增长迅速

近年来，我国新能源发展迅猛，2017 年、2021 年的风电、光伏发电年增长率分别为 17.3%、32.1%。2021 年，全国新能源发电装机容量约占全国电源总容量的 26.6%，其中风电装机容量为 3.28 亿千瓦，光伏发电为 3.06 亿千瓦；全国新能源发电量为 9785 亿千瓦，约占总发电量的 11.7%，其中风电发电量为 6526 亿千瓦、光伏发电量为 3259 亿千瓦；新能源继续保持高利用率水平，风电平均利用率为 96.9%，光伏发电平均利用率为 98%。整体来看，新能源已成为我国的主力电源，部分地区形成了高比例新能源并网格局。新能源在实现高质量跃升发展的同时，呈现出大型荒漠风光基地建设再提速、整县分布式光伏发电项目蓬勃发展、大规模海上风电发展异军突起、新能源参与电力市场化交易工作稳步推进等新的发展动向和趋势。

根据 2024 年 1 月国家能源局发布的数据，2023 年全国太阳能发电装机容量约 6.1 亿千瓦，同比增长 55.2%；风电装机容量约 4.4 亿千瓦，同比增长 20.7%。预计到 2030 年全国新能源装机容量为 12 亿～16 亿千瓦，装机占比为 30%～40%，新能源发电量占比为 17%～25%；新能源逐步成为装机主体，在西北、东北，以及河北、山西、山东、江苏等地优先形成高比例并网格局。

拓展阅读

宁德时代动力电池系统使用量连续 7 年全球第一

宁德时代新能源科技股份有限公司是全球领先的新能源创新科技公司，以可再生能源和储能为核心实现固定式化石能源替代、以动力电池为核心实现移动式化石能源替代、以电动化＋智能化为核心实现市场应用的集成创新为三大发展方向。

2024 年 2 月 23 日，韩国电池和能源研究公司 SNE Research 发布了 2023 年全球动力电池使用数据，宁德时代连续 7 年登顶全球第一。榜单显示，2023 年全球动力电池总使用量约为 705.5 GWh，同比增长 38.6%。其中，宁德时代动力电池使用量达 259.7 GWh，相较 2022 年增长 40.8%，市场占有率高达 36.8%，相较第二名有着近 21% 的差距。这是宁德时代第七年成为动力电池市场的 TOP1。技术为先、创新为王。2023 年，宁德时代作为全球领先的新能源创新科技公司，在技术和产品上双双发力，麒麟电池实现量产、神行超充电池首发上市……2024 年，在全球能源转型的大趋势下，宁德时代将不断突破创新，以前沿科技与创新产品，继续为全球新能源电车伙伴构筑坚实竞争力，推动行业实现高质量发展。

资料来源：宁德时代新能源科技股份有限公司官网，https://www.catl.com/news/7782.html，2024 年 4 月 27 日访问

五、空间产业

近年来，党和国家高度重视空天、深地、深海等领域发展，早在 2020 年 11 月，中共中央发布的《关于制定国民经济和社会发展第十四个五年规划和二〇三五年远景目标的建议》就明确指出，要强化发展空天科技、深地深海、量子信息等多项空间科技前沿领域。从浩瀚太空到万米地井，从冰封极地到大洋深处，我们不断在开展各种新探索，取得了举世瞩目的成就，正在转化为中国经济高质量发展的新动能。具体表现如下。

（一）航天技术走在世界前列

中国航天以航天重大工程为牵引，加快关键核心技术攻关和应用，大力发展航天运输系统、空间基础设施、载人航天、深空探测、发射场与测控、新技术试验、空间环境治理等空间技术与系统，取得了良好的成效。长征系列运载火箭、卫星遥感系统、卫星通信广播系统、卫星导航系统、"神舟""天舟"系列飞船、"天和"核心舱、"嫦娥"系列月球探测器、"天问一号"火星探测器、中国空间站等都圆满完成预定任务。中国在量子技术实用化和产业化方面一直走在世界前列。世界首颗量子科学实验卫星"墨子号"已稳定工作 7 年多。中国科学院院士潘建伟说，中国是唯一一个在两种物理系统都实现量子计算优越性的国家。2021 年，中国成功构建 113 个光子 144 模式的光量子计算原型机"九章二号"；同年，成功研制 62 个比特可编程超导量子计算原型机——"祖冲之号"，此后进一步提升到 66 个超导比特。2023 年，"祖冲之号"研发团队在 66 比特的芯片基础上做出提升，使用户可操纵的量子比特数达到 176 比特。

（二）深潜科技不断飞越发展

中国深潜科技在"查清中国海、挺进三大洋、登上南极洲"的实践中起步，逐渐从浅近海发展到深远海，在深海科学研究、深海运载装备、深海探测技术和深海资源开发利用等方面取得了重大进步。具体体现在以下四方面：第一，"南海深海过程演变"重大研究计划在深海盆洋陆相互作用、边缘海盆地的板缘张裂和气候演变的低纬驱动三个方面取得突破性进展。第二，经过近 20 年的系统部署和持续攻关，中国已经

系统掌握深海能源、材料、结构、控制、导航、通信、传感、作业等关键核心技术。以"奋斗者"号、"海斗一号"、"海燕-X"和"悟空"号为代表的潜水器完成了万米深潜，形成了深渊探测和作业能力。第三，"深海多金属结核采矿试验工程"项目完成千米水深的整体系统联动海试，深海采矿智能化混输装备系统完成 500 m 海试，探索出深海多金属结核采矿的中国方案，支撑深海矿产资源开发走向规模化。第四，积极参与国际大洋发现计划（International Ocean Discovery Program，IODP）、全球海洋观测系统 2030（Global Ocean Observing System 2030，GOOS 2030）战略、国际大洋中脊（InterRidge）计划等国际科技合作计划，设计并领导了南海大洋钻探航次，在气候演变和海盆形成方面提出了自己的新认识。

（三）地下勘探与开发进展顺利

1. 深地资源探采技术遥遥领先

新疆中国石化"深地工程"顺北油气田基地"深地一号"跃进 3-3XC 井，以及中国石油塔里木油田深地塔科 1 井完钻后先后成为亚洲最深井。在新疆塔克拉玛干沙漠腹地，中国首口万米深地科探井正式穿越万米大关；在珠江口盆地，中国发现国内首个深水深层亿吨级油田。

2. 地下空间开发利用发展迅速

"十三五"以来，中国地下空间开发利用持续拓展，利用领域已从停车、轨道交通、市政等传统方向，向废弃矿井的资源化利用、地下储能等新兴发展方向发展。截至 2022 年底，中国城市地下空间呈现"三心六片三轴"的总体发展格局（如图 13-5）。其中，"三心"是指引领全国地下空间高质量发展的三大城市群地下空间发展中心，分别为京津冀城市群、长三角城市群、粤港澳大湾区。"三心"的典型特征是地下空间开发利用，以市场为主导，法治、建设、安全韧性等方面指标均领先全国，是引领全国地下空间高质量发展的第一梯队，是新时期实现"功能复合、立体开发"集约紧凑型发展的重要区域。"六片"是指以各级中心城市为核心，不同规模城市群为主体，呈多元分布的地下空间集中发展片区，分别为粤闽浙沿海城市群、成渝城市群、山东半岛城市群、中原城市群、长江中游城市群、北部湾城市群。"六片"的典型特征是区内城市群承载人口和经济的能力明显增强，各城市通过政府引导和市场力量共同推动地下空间快速发展，地下空间法治管理水平加快提升，地下空间建设规模相对其他区域增长更快，城市群中心城市的地下空间发展较为领先。"三轴"是指中国三条城市地下空间开发利用轴线，分别为沿海、沿长江通道和京广线。"三轴"的典型特征是串联的区域具有较好的地下空间开发利用政策环境，具有城市地下空间持续快速发展动力，市场开放程度也较高，可以更为高效地综合运用政府干预与市场力量的作用来促进地上地下实现一体化发展并形成示范引领作用。新时期国家将按照《中共中央 国务院关于进一步加强城市规划建设管理工作的若干意见》《中共中央 国务院关于建立国土空间规划体系并监督实施的若干意见》等文件要求，统筹协调地上地下一体化发展，按照"降碳、减污、扩绿、增长"的总体要求科学开发地下空间并利用地下空间建设城市综合防灾体系，更好地推进以人为核心的城镇化，使城市更健康、更安全、更宜居，人民群众生活品质更高。

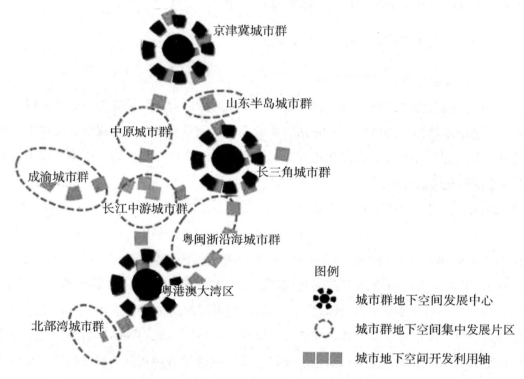

图 13-5　2022 年中国城市地下空间发展格局

拓展阅读

政协委员：加快城市深部地下空间开发利用

随着新型城镇化步伐加快，有限的土地资源供给与不断增长的空间需求之间矛盾日益突出。如今，对于城市发展来说，土地资源的利用范围早已不仅限于平面，而且是立体的。因此，地下空间开发利用在城市发展中的地位和作用日益受到重视。

在未来城市发展中，城市地下空间将扮演重要角色，那么在开发向下生长的"未来之城"的过程中，如何做到对城市空间资源的合理高效利用、有步骤地释放地下空间资源潜力？政协委员表示，首先要完善城市深部地下空间产业发展体系，加快打造深部地下空间原创技术策源地。

近年来，随着地下空间开发热潮的兴起和迅速发展，中国已经成为城市地下空间开发利用大国，在开发规模和建设速度上居世界前列。数据显示，2022年中国新增地下空间建筑面积2.62亿平方米，占同期城市建筑竣工总面积的23%。

政协委员指出，虽然中国已经成为世界上城市地下空间开发速度最快、规模最大的国家之一，但是与欧美、日本、加拿大等发达国家相比，中国城市深部地下空间开发处于初期阶段，很多领域仍处于空白。例如，在城市深部地下开发深度方面，中国目前主要集中在50米以浅的地下空间，发达国家如日本地下空间开发主要集中在50～100米范围，俄罗斯地铁开发深度多在地下100米以深。

深部地下空间开发难度远大于浅层空间，与发达国家相比，中国在韧性防灾等科学理论研究方面还有差距，智能勘察设计关键核心技术和大直径竖井掘进机等关键施工装备等方面需要加强，深部空间的安全运维和系统保障方面需要突破。在城市深部地下空间开发场景方面，中国目前开发场景相对单一，发达国家如芬兰的地下疗养院、挪威的地下体育场馆、英国的地下农业、瑞士的地下研究所等场景相对丰富。

面对当前城市深部地下空间呈现出更深、更大、更复杂的发展趋势，政协委员建议国家有关主管部门面向世界科技前沿，加大国家层面研发布局，发挥新型举国体制优势，重点研发前沿性、紧迫性技术，突破原创性、颠覆性关键技术，打造原创技术策源地，加快形成一批具有全球影响力的原创性技术成果。

针对中国城市深部地下空间的工程装备和材料研发起步较晚，装备和材料性能有差距等问题，政协委员建议国家有关主管部门深入实施高端装备和新型材料科技创新重大专项，加大研发投入，设置专项扶持基金，强化自主攻关研发能力，进一步加快城市深部地下智能勘探、智能建造、智能检测、智能运维等系列化专用装备的设计制造，加快长寿命、高性能、高效修复等新型材料开发，推动自主研发装备和新型材料"应用尽用"，实现装备制造和新材料领域重大突破。

对于如何强化城市深部地下空间应用场景，政协委员认为，要聚焦国家重大战略需求，推动城市地下空间向深层化、规模化、绿色化、智能化方向发展。开发城市深部地下发展空间，加快深地轨道交通、深地物流、深隧调蓄等重大场景建设；开发城市深部既有地下空间，拓展固废封存、空气储能、储气储油储粮等场景建设。建议国家有关主管部门制定相应融资和税收优惠等政策，加快建设一批深部地下空间创新试验场和设施，构建重大场景支撑服务能力。

如何推动城市深部地下空间利用对中国未来经济社会发展具有引领支撑作用？对此，政协委员建议国家有关主管部门出台产业发展支持政策，形成创新链、产业链、资金链、政策链相互支撑，研发、生产、应用一体化发展的创新业态，加大科技成果产业化力度，加快科技创新与金融的深度融合，完善金融支持产业孵化制度建设；鼓励培育和集聚标杆企业，布局深部地下空间示范及产业化项目，促进产业集聚发展。

资料来源：詹碧华：《政协委员：加快城市深部地下空间开发利用》《企业观察报》2024 年 3 月 7 日）

六、健康产业

健康产业是与民生关联的重要产业，涉及医疗、医药、养老、保健、营养、健身、心理、护理、美容、防疫等众多领域，其产业链涵盖农业、工业和服务业。近年来，该产业总体呈现出如下特点。

（一）数字化转型趋势明显

我国健康产业一方面出现了医保全国联网异地报销、线上预约挂号、医院自助咨询、自助挂号缴费、自助查询打印、自助售卖、线上问诊、线上购药、远程手术、大数据精准防疫等新模式和新业态；另一方面也在尝试运用数字技术综合赋能民生、医疗、康养、文旅、交通等各行业领域，探索跨行业数据打通机制，实现不同行业资源的跨界融合和精准利用，取得了较好的成效。

（二）老年健康服务前景广阔

近年来，我国老龄化呈现出数量多、速度快、差异大、任务重的形势和特点。据国家统计局数据，2023 年年末全国 60 岁及以上人口 29697 万人，占全国人口的 21.1%，其中 65 岁及以上人口 21676 万人，占全国人口的 15.4%。另据国家卫生健康委老龄司提供的数据，预计"十四五"时期，60 岁及以上老年人口总量将突破 3 亿，占比将超过 20%，进入中度老龄化阶段。2035 年左右，60 岁及以上老年人口将突破 4 亿，在总人口中的占比将超过 30%，进入重度老龄化阶段。

2023年1月国务院办公厅出台的《关于发展银发经济增进老年人福祉的意见》明确指出要打造智慧健康养老新业态，推广应用智能护理机器人、家庭服务机器人，大力发展康复辅助器具产业。发展抗衰老产业，推动生物技术与延缓老年病深度融合，开发老年病早期筛查产品和服务。

（三）人民群众防病意识逐步增强

《黄帝内经》中有这样的记载："上医治未病，中医治欲病，下医治已病。"近年来，随着经济的飞速发展和人民生活水平的日益提高，人民群众"治未病"意识逐步增强。据《2022职场人健康洞察报告》，职场人对体检重要性的评分高达9.15分，远高于其他各类健康平均期待值。近六成的人认为体检完全不可忽视。体检保持在一年体检一次、半年一次、三个月一次的职场人合计有63.0%，其中一年一次体检为大部分职场人的选择。2021年"双十一"期间，天猫医药健康平台上，中青年体检产品同比增长了230%，体检产品成为"双十一"囤货的新选择。另据《2017—2022年中国健康养生行业市场发展现状及投资前景预测报告》，在中国的养生人群中，18～35岁的人群占比已高达83.7%，养生意识已经在年轻人中深入人心。为了适应这个新趋势，国家发展改革委在2021年发布的《"十四五"生物经济发展规划》中明确提到，要发展面向人民生命健康的生物医药，满足人民群众对生命健康更有保障的新期待。着眼提高人民群众健康保障能力，重点围绕药品、疫苗、先进诊疗技术和装备、生物医用材料、精准医疗、检验检测及生物康养等方向，提升原始创新能力，加强药品监管科学研究，增强生物医药高端产品及设备供应链保障水平，有力支撑疾病防控救治和应对人口老龄化，建设强大的公共卫生体系和深入实施健康中国战略，更好保障人民生命健康。

拓展阅读

平安健康App业绩亮眼　B端市场与家庭医生服务均实现突破

2024年4月，平安健康发布了2023年年度业绩报告，报告显示其在过去一年中取得了明显进步，实现了战略业务的显著增长。

在B端市场，平安健康展现出了强大的竞争实力。数据显示，公司B端业务收入同比增长高达81.2%，达到了10.8亿元，环比增速也达到了40.1%。这一增长不仅进一步巩固了平安健康在B端市场的领导地位，也充分证明了其产品和服务能够满足更多企业的需求。

过去 12 个月内，平安健康在企业员工健康管理服务产品方面的表现尤为突出。企业端服务付费用户数超过了 510 万人，同比增长达到 75%。同时，公司累计服务的企业客户数量也达到了 1508 家，较去年同期增长了 530 家。更为值得一提的是，单客价值（average revenue per user，ARPU）也实现了同比增长 3.6%，显示出客户黏性的进一步提升。

在业务结构的优化方面，平安健康也取得了显著成果。公司通过升级"易企健康"产品体系，完善了"体检＋"及"健管＋"两大解决方案，并推出了"身心体检""健康会员""福利商城"三大核心产品。这些举措使得平安健康能够提供更全面、更精细的服务，满足不同企业的多元化需求。

除了 B 端市场的亮眼表现，平安健康在家庭医生服务领域也取得了重大突破。公司去年将"四医"集中到一个家庭医生入口，推出了"平安家医"王牌医健服务品牌。这一创新举措收获了市场的热烈反响。2023 年，平安健康家庭医生会员覆盖近 1300 万人，家医服务人均使用频次达到 3.7 次，较 2022 年提升了 0.8 次。更令人振奋的是，用户问诊五星好评率超过了 98%，充分证明了家庭医生服务的优质与高效。

家庭医生服务的突破，离不开平安健康对用户需求的深入洞察和精准匹配。公司建立了覆盖 29 个科室约 5 万名内外部医生团队，并围绕 8 大专科建立了 23 个专病中心。这些举措使得家庭医生的理念和服务能够在慢病管理、健康管理、重疾管理等方面全面铺开，为用户提供精准又体贴的医疗服务。

此外，平安健康还借助数智化技术提升了家庭医生服务的效率和质量。公司的"人工智能＋医疗"服务能够保持日更新 1 万条医学知识，覆盖各类疾病和术语。这一技术的运用使得医生在服务流程中能够更快速、更准确地获取信息，提升了医疗服务的效率。

资料来源：中华网，https://digi.china.com/digi/20240418/202404181507369.html，2024 年 4 月 22 日访问

综上所述，未来 5～10 年内，上述相关行业产业发展前景将会相当好，在发展过程中也必然会衍生出大量的人才需求，值得每一位大学生重点关注。

第二节 新兴产业人才需求特点

由于新技术、新设备、新材料、新能源、新媒体等新生产要素的广泛运用，人才需求特点出现了巨大的变化，具体表现如下。

一、人才需求特点

从总体上来看，新兴行业人才普遍呈现出供不应求的趋势，那些切实掌握相关行业与产业所需技能的复合型、创新型人才逐渐成为人才市场的"香饽饽"。

（一）需求数量较大

以虚拟现实技术人才需求为例，统计数据显示，预计至 2030 年，我国对 VR/AR[①]人才的岗位需求将达到 682.26 万个。智联招聘发布的《2022 年元宇宙行业人才发展报告》显示，2022 年 1—7 月元宇宙相关招聘职位数同比增长 16.6%。从行业角度来看，互联网 /IT/ 电子 / 通信行业对此类人才的需求最多，占比高达 73.3%；从岗位类型角度来看，以游戏开发引擎运用、游戏设计开发、VR/AR 软件和硬件研发工程师为主。另以智能制造人才需求为例，据中国电子信息产业发展研究院联合智联招聘发布的《2022 年智能制造人才发展报告》，2022 年智能制造产业用人需求同比增长 53.8%。从行业角度来看，电气机械 / 器材制造（9%）、仪器仪表制造（8.4%）、电子 / 半导体 / 集成电路（7.2%）、计算机软件（7.1%）等行业表现尤为突出。从岗位类型来看，电子 / 电器 / 自动化等岗位招聘量占比超过 20%，电气工程师（16%）、普工 / 操作工（18.3%）等人才需求尤为火爆。

（二）平均薪资较高

以智能制造人才薪资为例，2022 年智能制造相关岗位的平均招聘薪酬为 11505 元 /月，较 2021 年上涨 2.2%。其中，人工智能行业以 16028 元 / 月位列榜首，通信运营和服务次之，平均招聘薪酬为 15923 元 / 月。互联网（15580 元 / 月）、IT 服务（15030元 / 月）、计算机软件（14918 元 / 月）、新能源（13218 元 / 月）、计算机硬件（13198元 / 月）等薪资水平都比较高。软件与信息技术行业部分岗位 2022 年平均招聘月薪相当可观，例如，架构师接近 3 万元，算法工程师约为 2.5 万元，嵌入式软件开发、

---

① VR 指虚拟现实，virtual reality；AR 指增强现实，augmented reality。

Android 工程师、C 语言工程师等岗位接近 2 万元。有些企业或有些岗位员工甚至还可获得期权、企业年金、家人医疗保险 / 基金等特殊的福利。

相关专业本科毕业生进入上述相关产业工作后，通常都可以取得比其他专业学生更可观的薪酬。根据麦可思研究院发布的《2023 年中国本科生就业报告》数据，计算机类专业毕业生起薪保持领先，与此同时伴随着新一代信息技术、智能制造等产业的发展，电子信息类、自动化类等类型专业毕业生起薪增长较快，与计算机类专业的差距不断缩小。2022 届毕业生中，计算机类、电子信息类、自动化类、仪器类专业的月收入排名靠前，如图 13-6。随着新材料、绿色低碳等产业的不断发展以及能源革命的深入推进，相关专业月收入增速较快。

	2022届				2018届	
1	信息安全	7579元		6972元	信息安全	
2	信息工程	7157元		6733元	软件工程	
3	数据科学与大数据技术	7074元		6597元	网络工程	
4	软件工程	7056元		6420元	物联网工程	
5	电子科学与技术	6971元		6387元	信息工程	
6	微电子科学与工程	6889元		6219元	计算机科学与技术	
7	网络工程	6878元		6029元	法语	
8	物联网工程	6870元		5955元	数字媒体技术	
9	电子信息科学与技术	6761元		5872元	微电子科学与工程	
10	自动化	6698元		5848元	通信工程	

图 13-6　2022 届本科毕业生月收入较高的主要专业（对比 2018 届）

（三）地域分布相对集中

以智能制造人才需求为例，2022 年该需求主要集中在东部地区，约占 60%；中部地区、西部地区和东北地区的占比分别为 20%、16% 和 4%。其中，东部地区各省市占比分别为广东（15.9%）、江苏（14.6%）、山东（7.4%）、浙江（6.7%）、北京（6.6%）、上海（5.8%）。值得注意的是，安徽省的增速较为明显，达到了 100.8%。

另以元宇宙人才需求为例（如图 13-7），2022 年 1—7 月，该需求主要集中在北京（21.9%）、上海（11.5%）、深圳（9.3%）、成都（6.9%）、广州（6.3%）、杭州（4.4%）、武汉（3.3%）、南京（3.2%）等新一线城市，其中武汉的增速最快，达到了 65.9%。

图 13-7　2022 年元宇宙人才需求 TOP10 城市

资料来源：基于智联招聘 2022 年在线招聘数据库的数据监测统计分析；智障招聘（www.zhaopin.com）。

（四）技能要求更加新颖

以人工智能训练师为例，该职业要求工作人员使用智能训练软件，在人工智能产品实际使用过程中进行数据库管理、算法参数设置、人机交互设计、性能测试跟踪及其他辅助作业。某大型互联网公司在招聘平台发布的任职要求如下：①了解基本人工智能领域算法，尤其是机器学习方面的算法，对人工智能领域有兴趣。②有人工智能领域产品经理、项目管理或运营从业经历。③具备较强的沟通协调能力、清晰的表达能力和精确化数据分析能力。④本科以上学历，计算机相关专业优先。⑤熟悉对话机器人和自然语言处理技术者优先。上述任职要求中，①和⑤属于新的技能要求。

以综合能源服务员为例，该职业工作人员需要从事客户用能情况诊断，综合能源方案策划，并组织实施和运维管理。其工作任务主要包括：①分析、预测、开发综合能源市场；②对接客户，梳理客户能源使用需求，使用能效诊断技术分析客户用能效率等情况；③调查客户项目外部能源环境；④分析项目的内外部情况及冷、热、电、气等多种能源供应、使用以及能效等状况，策划、制订综合能源利用节能降耗方案；⑤按客户委托，进行项目工程建设的启动、计划、组织、执行、控制管理，验收新投入和检修后的设备；⑥巡视、检查、维护综合能源系统及其附属设备，处理设备异常及故障，填写运行日志和技术记录。当然，不同等级工作人员的技能要求略有差异。例如，初级工的职业技能要求主要包括组织实施、运行维护、安全管理等三项。其中涉及识读风力发电工程系统图、风力发电系统监控平台操作、充/换电系统运行监视与运行操作等都属于新能源领域的新要求，具体详见表 13-3。

表 13-3　综合能源服务员初级工工作要求

职业功能	工作内容	技能要求	相关知识要求
1. 组织实施	1.1 识图	1.1.1 能识读工程系统图； 1.1.2 能核对现场实际与工程系统图是否一致	1.1.1 风力发电、光伏发电、燃气发电、供冷、供热、储能、充/换电等系统设计图标志； 1.1.2 电气、暖通、给排水等系统图表示方法
	1.2 工程施工	1.2.1 能按照施工方案要求施工； 1.2.2 能执行施工现场安全措施	1.2.1 技术交底要求； 1.2.2 材料进场要求和机具应用方法； 1.2.3 工程施工方法； 1.2.4 施工安全工作规程
2. 运行维护（任选2项）	2.1 风力发电系统运行	2.1.1 能进行风力发电系统监控平台操作； 2.1.2 能进行风力发电机组监视与运行操作； 2.1.3 能进行风力发电辅助系统监视与运行操作； 2.1.4 能进行风力发电设备巡视与检查； 2.1.5 能进行风力发电运行日志与运行数据记录	2.1.1 风力发电基本原理及电气运行基本知识； 2.1.2 风力发电场运行规程； 2.1.3 风力发电场安全规程； 2.1.4 风力发电设备巡视与检查程序及注意事项
	2.2 光伏发电系统运行	2.2.1 能进行光伏发电系统监控平台操作； 2.2.2 能进行光伏发电设备监视与运行操作； 2.2.3 能进行光伏发电辅助系统监视与运行操作； 2.2.4 能进行光伏发电设备巡视与检查； 2.2.5 能进行光伏发电运行日志与运行数据记录	2.2.1 光伏发电基本原理及电气运行基本知识； 2.2.2 光伏发电站运行规程； 2.2.3 光伏发电站安全规程； 2.2.4 光伏发电设备巡视与检查程序及注意事项

续表

职业功能	工作内容	技能要求	相关知识要求
2.运行维护（任选2项）	2.3 燃气发电系统运行	2.3.1 能进行燃气发电系统监控平台操作； 2.3.2 能进行燃气发电机组监视与运行操作； 2.3.3 能进行燃气发电辅助系统监视与运行操作； 2.3.4 能进行燃气发电设备巡视与检查； 2.3.5 能进行燃气发电运行日志与运行数据记录	2.3.1 燃气发电基本原理及电气运行基本知识； 2.3.2 燃气发电系统运行规程； 2.3.3 燃气发电设备巡视与检查程序及注意事项； 2.3.4 燃气电站天然气系统安全规程
	2.4 供冷系统运行	2.4.1 能进行供冷系统监控平台操作； 2.4.2 能进行供冷设备、蓄冷装置及管网监视与运行操作； 2.4.3 能进行供冷辅助系统监视与运行操作； 2.4.4 能进行制冷设备及管网巡视与检查； 2.4.5 能进行供冷运行日志与运行数据记录	2.4.1 制冷原理知识； 2.4.2 制冷系统运行规程； 2.4.3 制冷设备、蓄冷装置及管网的巡视与检查程序及注意事项
	2.5 供热系统运行	2.5.1 能进行供热系统监控平台操作； 2.5.2 能进行供热设备监视与运行操作； 2.5.3 能进行供热辅助系统监视与运行操作； 2.5.4 能进行供热系统设备、蓄热装置及管网巡视与检查； 2.5.5 能进行供热运行日志与运行数据记录	2.5.1 供热原理知识； 2.5.2 供热系统运行规程； 2.5.3 供热设备、蓄热装；置及管网的巡视与检查程序及注意事项
	2.6 储能系统运行	2.6.1 能进行储能系统监控平台操作； 2.6.2 能进行储能系统监视与运行操作； 2.6.3 能进行储能辅助系统监视与运行操作；	2.6.1 储能基本原理及电气运行基本知识； 2.6.2 储能系统运行规程； 2.6.3 储能系统安全规程； 2.6.4 储能设备巡视与检查程序及注意事项

续表

职业功能	工作内容	技能要求	相关知识要求
		2.6.4 能进行储能系统巡视与检查； 2.6.5 能进行储能运行日志与运行数据记录	
	2.7 充/换电系统运行	2.7.1 能进行充/换电系统运行监视与运行操作； 2.7.2 能进行充/换电设备巡视与检查； 2.7.3 能进行充/换电系统监控平台操作； 2.7.4 能进行充/换电运行日志与运行数据记录	2.7.1 充/换电系统运行监视与运行操作方法； 2.7.2 充/换电设备巡视与检查程序及注意事项； 2.7.3 充/换电系统监控平台操作方法； 2.7.4 充/换电系统安全规程
3.安全管理	3.1 风险辨识与管控	3.1.1 能进行风险点识别； 3.1.2 能进行作业风险评估； 3.1.3 能制定风险控制措施	3.1.1 风险识别方法； 3.1.2 风险评估方法； 3.1.3 风险控制方法
	3.2 安全工器具使用	3.2.1 能选择与工作内容相关的安全工器具； 3.2.2 能检查与工作内容相关的安全工器具； 3.2.3 能使用与工作内容相关的安全工器具	3.2.1 安全工器具选择方法； 3.2.2 安全工器具保管、送检、使用、报废要求； 3.2.3 安全工器具使用方法
	3.3 应急处置	3.3.1 能自己脱离危险源； 3.3.2 能判断轻度伤员和中度伤员伤情； 3.3.3 能采用心肺复苏法进行现场紧急救护； 3.3.4 能使用灭火器灭火	3.3.1 脱离危险源方法； 3.3.2 判断伤员意识、呼吸、脉搏方法； 3.3.3 心肺复苏法； 3.3.4 消防安全知识和消防器材使用方法

二、技能提升建议

近年来，高校毕业生人数呈现出逐年上升趋势，据教育部统计，2023届全国普通高校毕业生规模达 1158 万人（如图 13-8）。

2023年	1158
2022年	1076
2021年	909
2020年	874
2019年	834
2018年	820
2017年	795
2016年	765
2015年	749
2014年	727
2013年	699
2012年	680
2011年	660
2010年	631
2009年	611
2008年	559
2007年	495
2006年	413
2005年	338
2004年	280
2003年	212
2002年	145
2001年	114
2000年	95

单位 / 万人

图 13-8　历届高校应届毕业生人数（2000—2023 年）

资料来源：国家统计局、教育部

与此同时，高校毕业生就业形势日趋严峻，青年群体的就业问题承受了比较大的压力。据国家统计局发布的数据，2023 年 12 月至 2024 年 2 月，全国城镇不包含在校生的 16 ～ 24 岁劳动力失业率分别为 14.9%、14.6%、15.3%，全国城镇不包含在校生的 25 ～ 29 岁劳动力失业率分别为 6.1%、6.2%、6.4%。然而，有些行业却存在人才供不应求的情形，就业结构性矛盾比较明显。各级政府在引导新质生产力发展的同时，也在积极鼓励企业加强对创新和技术领域的投资，促进新兴产业的发展，开发更多高质量就业岗位，分步破解青年就业难题。作为新时期的大学生，要未雨绸缪，提前做好职业生涯规划，并在此基础上有针对性地提升自身职业技能，增强自身的就业竞争力。

（一）密切关注新兴产业发展动态

为了更好地引领科技进步、带动产业升级、培育新质生产力，从国家部委到各地政府都在积极布局，力争能够把握未来发展主动权，做强创新引擎，培育发展新动能，抢占国际竞争制高点。

国家有关部委对未来产业创新发展相当重视，2024 年 1 月 18 日，工业和信息化部、教育部、科技部、交通运输部、文化和旅游部、国务院国资委、中国科学院等七部门联合印发了《关于推动未来产业创新发展的实施意见》，根据该文件精神，未来我国将重点推进未来制造、未来信息、未来材料、未来能源、未来空间和未来健康六大方向产业发展。打造未来产业瞭望站，利用人工智能、先进计算等技术精准识别和培育高潜能未来产业。

以上海市为例，早在 2022 年 9 月，上海市就发布了《上海打造未来产业创新高地发展壮大未来产业集群行动方案》，根据该文件精神，预计到 2030 年，在未来健康、未来智能、未来能源、未来空间、未来材料等方面的产业产值将达到 5000 亿元左右。为此，上海将成立 5 家左右未来技术学院，培育 15 个左右未来产业创新中心；打造 5 个未来产业集群，建设 15 个左右未来产业先导区，攻关 100 个左右核心部件，推出 100 件左右高端产品，形成 100 项左右中国标准；还将推动 10 家左右领军企业向未来产业布局，发展 20 家左右生态主导型企业，打造 100 家左右企业技术中心，培育 1000 家左右高新技术企业；形成 50 个左右综合性应用场景。到 2035 年，形成若干领跑全球的未来产业集群。

再以江苏省为例，2023 年 11 月江苏省政府印发了《关于加快培育发展未来产业的指导意见》，明确优先发展第三代半导体、未来网络、氢能、新型储能、细胞和基因技术、合成生物、通用智能、虚拟现实、前沿新材料、零碳负碳（碳捕集利用及封存）等 10 个成长型未来产业，谋划布局量子科技、深海深地空天、类人机器人、先进核能等一批前沿性未来产业，初步形成"10 ＋ X"未来产业体系。力争到 2035 年，未来产业成为江苏省现代化产业体系的重要支柱，江苏省成为全球未来产业创新策源地和发展高地。2024 年 2 月，江苏省科技厅、省发改委制定了《加快科技创新引领未来产业发展"5 个 100"行动方案（2024—2026 年）》，围绕前沿技术、示范企业、科创园区等作系列部署。根据该文件精神，江苏将打造"技术策源—应用牵引—企业孵化—产业集聚"的未来产业全生命周期培育体系，抢占未来发展战略制高点。

作为当代大学生，可以通过行业展览会、行业企业调研、入企实习实践、参加专题讲座等多种形式密切关注新兴产业发展动态及其对未来人才的技能要求变化趋势，做好相应的准备。

（二）着力提升新兴产业相关职业技能

新兴产业相关岗位既给人才提供了更多的就业机会、更好的薪资待遇和更广的发展前景，也对人才的职业技能提出了更高的要求。因此，大学生应根据未来的职业目标，着力提升相应的职业技能。

例如，如果有同学希望从事与虚拟现实（VR）相关的工作，可以考虑从以下几个方向进入数字产品制造业：参与 VR 计算机、VR 头盔、VR 眼镜等设备的制造；进入数字产品服务业，开展 VR 计算机、VR 头盔、VR 眼镜等设备批发、零售、租赁、维修等方面业务；进入数字技术应用业，向客户提供虚拟仿真实验、VR 场馆、三维动画等内容设计和创作；进入数字要素驱动业，从事 VR 引擎、人体动作追踪等方面关键技术的研发；进入数字化效率提升业，从事将 VR 技术及相关设备与交通、物流、金融、商贸、影视、农业、采矿、能源等各领域现有设备和操作流程有机融合以便提升其工作效率的业务。

再如，如果有同学今后想要从事与 3D 打印有关的工作，可以从 3D 模型设计、3D 打印设备操作、3D 打印材料三个方向进一步思考，聚焦某一领域还是兼而有之。如果想要聚焦 3D 模型设计方面的工作，则可以着力提升自身 3D 模型尤其是场景模型、物体模型和人物模型设计与评估方面的技能；如果想要聚焦 3D 打印材料方面的工作，则可以从树脂、尼龙、金属、玻璃、不锈钢等材料中选择某一种或几种进行深入研究；如果想要聚焦 3D 打印设备操作方面的工作，则可以从设备参数设置、设备检测、成型监测、后期处理、设备保护等方面着力提升技能。

2024 年 4 月，人力资源和社会保障部、中共中央组织部等九部门印发《加快数字人才培育支撑数字经济发展行动方案（2024—2026 年）》，要求紧贴数字产业化和产业数字化发展需要，用 3 年左右时间，扎实开展多项专项行动，提升数字人才自主创新能力，激发数字人才创新创业活力，更好支撑数字经济高质量发展。国家一方面将重点围绕大数据、人工智能、智能制造、集成电路、数据安全等数字领域新职业，分职业、分专业、分等级开展规范化培训与社会化评价，另一方面也将依托互联网平台加大数字培训资源开放共享力度，加强创新型、实用型数字技能人才培养培训。还将支持建设一批数字经济创业载体、创业学院，促进数字人才在人工智能、信息技术、智能制造、电子商务等数字经济领域创新创业。大学生在认真参与学校专业课程学习和技能提升活动的基础上，也可以此为契机，把握住机遇，根据自身情况踊跃参与到相关技能培训过程中，从而提升自身与新兴产业有关的就业创业技能。

结束语

2023 年 9 月 7 日，习近平总书记在新时代推动东北全面振兴座谈会上明确指出，"积极培育新能源、新材料、先进制造、电子信息等战略性新兴产业，积极培育未来产业，加快形成新质生产力，增强发展新动能"。2024 年 3 月，"新质生产力"被写入政府工作报告中。新质生产力由技术革命性突破、生产要素创新性配置、产业深度转型升级而催生，以劳动者、劳动资料、劳动对象及其优化组合的跃升为基本内涵，以全要素生产率大幅提升为核心标志，特点是创新，关键在质优，本质是先进生产力。它与新兴产业、未来产业密切关联。

未来 5～10 年，新能源、新材料、先进制造、电子信息等新兴产业必将持续快速稳健发展，相关人才需求还将大量增长，对于当代大学生来说，既是良好的机遇，也是不小的挑战。机会总是给有准备的人，当代大学生不仅要善于学习新知识，还要掌握好人工智能、机器人、虚拟现实等新技术，并在此基础上勇敢创新，不断打破先进生产要素自由流动的束缚，只有这样，才能在未来的求职就业竞争中立于不败之地，也才能在中华民族伟大复兴进程中发挥自己的特长和优势，做出应有的贡献。

本章思考

1. 我最感兴趣的新兴产业是哪个？为什么？

2. 在我最感兴趣的新兴产业里，我最想从事的职业是什么？目前我与这个职业的匹配度如何？

3. 为了今后能够顺利进入我最感兴趣的新兴产业，我将要付出哪些努力并力争实现哪些目标？

第十四章　可持续生涯探索与实践

本章概要

新冠疫情的冲击，唤醒了全球对经济增长、环境保护、社会责任与可持续发展问题的广泛关注和深刻认识。中国在这一全人类共同挑战下所表现出来的勇气和担当，是可持续发展理念的最佳实践，也为当代大学生探索可持续生涯规划提供了最佳的实践范例。

可持续生涯规划与探索源于可持续发展全球倡议。本章从联合国可持续发展理念和中国实践党的二十大精神出发，围绕当代大学生生涯规划与探索，从理念、目标、政策、组织和个人等多角度的理论阐述和案例解读，达到以下学习目的：

（1）唤醒当代大学生对可持续经济与社会发展的认知，引导和促进当代大学生开展负责任的可持续生涯规划与探索；

（2）在实践中紧扣"绿水青山就是金山银山"的治国理念，以"双碳"目标作为职业规划、探索、实践的立足点，投身社会责任的实践担当中；

（3）认识与把握全球可持续发展教育理念及创新人才培养和职业发展趋势，培育可持续职业发展素养；

（4）在高质量增长的倡导下成长为一个富有高度社会和环境责任感、高素质的当代大学生和未来职业人士。

开篇故事

尤瓦·尔赫拉利（Yuval Noah Harari）在其著作《今日简史——人类命运大议题》（*21 Lessons for The 21ˢᵗ Century*）的第二章中，以"就业：等你长大，可能没有工作"为题，引出了对未来工作的深刻讨论。他在书中写道：我们完全无从得知2050年的就业市场会是什么样子。人们普遍认为，机器学习和机器人将改变几乎所有的工作，从制作酸奶到教授瑜伽，无一例外。但在谈到这项改变的本质及急迫性时，各家观点却众说纷纭。有人认为，只要10～20年，就会有几十亿人成为经济上多余的存在。但也有人认为，从长远看来，自动化的影响还是会为所有人创造新的就业机会，为社会带来更大的繁荣。[①]

人类社会面临的科技颠覆和生态压力，任何一个国家都无法独立解决这些全球性问题。人工智能（AI）技术正在深刻地改变人类的行为方式并冲击着社会运行的形态。AI技术提供了大量的知识资源和工具，使学习成长曲线更为复杂，要求更注重培养创造性思维和解决问题的能力。AI技术使自动化和机器人在工作场所中得以广泛应用，许多重复性和烦琐的任务可以通过机器人来完成，从而减轻人们的工作负担。此外，AI还可以作为智能助手和虚拟助手，帮助管理日常事务、安排会议等，以提高工作效率。充分利用AI技术和工具成为工作、学习和劳务中不可或缺的技能。而在气候环境问题上，英国央行行长马克·卡尼（Mark Carney）在2018年曾指出：应对气候变化所带来的金融风险存在两个悖论：一旦气候变化成为影响金融稳定的明确且现实的威胁，再想要稳定气候可能为时已晚；而如果向低碳经济过渡过快，反倒可能会严重破坏金融稳定。显然，气候环境问题已经不仅仅是一个气温环保问题，它还关乎金融与经济的稳定。

人工智能、生物科技正在颠覆原有的社会经济结构、教育形态直至工作方式和分配方式。

所以，你准备好迎接这一挑战了吗？什么样的生涯规划才可实现可持续的成长？

---

① 尤瓦尔·赫拉利．今日简史：人类命运大议题 [M]．林俊宏，译．北京：中信出版集团，2018：17.

第一节 可持续发展理念和当代经济社会环境认知

一、可持续发展理念的提出与实践

1.联合国可持续发展目标

联合国于 1983 年成立了世界环境与发展委员会（World Commission on Environment and Development，WCED）并以"持续发展"为基本纲领，经过数年努力，于 1987 年发布《我们共同的未来》报告，正式定义可持续发展为"既满足当代人的需求又不危及后代人满足其需求，并提出可持续发展的模式。继而制定了联合国 17 个可持续发展目标（sustainable development goals，SDGs）。这些目标构成了一个综合性、全球性的框架，旨在指导全球各国在 2030 年前实现经济、社会和环境三方面的可持续发展；旨在构建一个更加公正、包容、可持续的世界，让每个人都能享受到发展的红利。而且，每个目标都承载着人类对于美好生活的向往和追求，是各国共同努力的方向。以下是对这 17 个目标的简述。

（1）消除贫困：确保全球各地的人们都能摆脱贫困，过上体面的生活。

（2）消除饥饿：实现粮食安全，确保所有人都能获得充足、营养的食物。

（3）健康福祉：促进全民健康，提供高质量的医疗服务，减少疾病的发生和传播。

（4）优质教育：确保所有人都能获得包容、公平的优质教育，包括终身学习机会。

（5）性别平等：消除性别歧视，赋予妇女和女孩同等权利，实现性别平等。

（6）清洁饮水和卫生设施：为所有人提供安全、可负担的清洁饮水和卫生设施。

（7）清洁能源：增加可再生能源的比例，减少温室气体排放，实现能源的可持续发展。

（8）体面工作和经济增长：促进可持续的经济增长，创造体面的工作机会，减少失业。

（9）产业、创新和基础设施：建设可持续、包容的工业体系，推动创新和基础设施建设。

（10）减少不平等：减少社会、经济和环境方面的不平等现象，促进社会的公正和包容。

（11）可持续城市和社区：建设安全、包容、可持续的城市和社区，提高居民的生活质量。

（12）负责任消费和生产：推动可持续的生产和消费模式，减少对环境的影响。

（13）气候行动：采取紧急行动应对气候变化及其影响，加强气候韧性。

（14）水下生物：保护海洋和淡水生态系统，实现可持续的渔业和水产养殖。

（15）陆地生物：保护、恢复和可持续利用陆地生态系统，维护生物多样性。

（16）和平、正义与强大机构：促进持久、包容和可持续的和平，为可持续发展提供有力保障。

（17）全球伙伴关系：加强全球合作，推动各国实现可持续发展目标。

这17个目标相互关联、相互促进，共同构成了一个实现可持续发展的全球蓝图。它们不仅关注经济增长，还强调社会公正和环境保护，以实现人类和地球的共同发展。

2.联合国可持续发展实践的意义

可持续发展目标的系列行动，为全球创造新就业机会和劳动力成长做出了重要贡献。首先，可持续发展强调了创新和创业的重要性，鼓励各国政府和企业投资于新技术、绿色产业和可持续发展项目。这些投资不仅促进了经济增长，还为年轻人和劳动者创造了新的就业机会。通过支持创新和创业，可持续发展议程为全球范围内的创新和经济增长注入了新的活力。其次，围绕可持续发展目标的行动，关注劳动者的技能和素质的提高，以适应不断变化的就业市场。通过教育和培训项目，劳动者可以获得必要的技能和知识，从而更容易找到体面工作并实现收入增长。这种对教育和培训的重视有助于减少贫困和不平等，同时提高全球劳动力的整体素质和竞争力。再次，可持续发展行动致力于改善劳动条件和工作环境，保障劳动者的权益和安全。这包括制定和执行劳动法规、促进性别平等和消除童工现象等。通过改善劳动条件，有助于创造一个更加公平、安全和健康的就业环境，为劳动者提供更好的工作保障和收入增长机会。此外，可持续发展目标关注促进包容性增长，确保所有人都能从经济增长中受益。这包括关注弱势群体、减少贫困和不平等现象、促进城乡协调发展等。通过实现包容性增长，减少社会不公和贫困现象，为更多人创造就业机会和体面工作。

3.可持续发展的中国方案

中国作为联合国可持续发展议程重要的倡议者和推动者，为全球创造新就业机会、促进体面工作以及增加收入做出了重要贡献。通过支持创新和创业、提高劳动者素质、改善劳动条件以及促进包容性增长等措施，以中国的力量和解决方案推动全球经济的可持续发展和社会的全面进步。

（1）最大规模的"消除贫困"。我国现行标准下9899万农村贫困人口全部脱贫，832个贫困县全部摘帽，12.8万个贫困村全部出列。为实现这一目标，政府采取了一系列措施：加大对教育的投入，确保每个孩子都能接受良好的教育；通过提供贷款、培训和咨询支持贫困人口开展创业活动；建立健全社会保障制度，保障贫困人口基本权益；加强财富和资源的合理分配，减少贫富差距。

（2）"大众创新、万众创业"促进了经济与就业。中国在"大众创新、万众创业"倡议下，出台落实扶持小微企业发展的各项税收优惠政策，落实科技企业孵化器、大学科技园、研发费用加计扣除、固定资产加速折旧等系列政策，成效显著，市场主体迅猛增长，经济活跃度提高。在各种政策支持和大力宣传下，大量中小微企业快速涌现，市场主体在10年间增加近2倍。各种新产业、新模式、新业态不断涌现，有效激发了社会活力，成为全球经济发展的一大亮点。

（3）"一带一路"倡议带来沿线的共同繁荣。"一带一路"倡议项目涉及基础设施建设、能源开发、贸易往来等多个领域，需要大量的劳动力和技术人才，为青年提供了广泛的就业机会。"一带一路"倡议促进了中国与共建国家之间的经济交流和合作，在这个过程中，各国人员有机会接触到更多的外国文化和思想，拓宽自己的视野，培养跨文化交流的能力，有益于个人发展和未来的职业生涯。"一带一路"倡议还强调和平发展属性，推动构建人类命运共同体的进程，为共建国家带来了丰富的成长机会和发展空间，也更加关注全球性问题，并积极参与推动世界和平与发展的行动。

二、当前经济、社会与环境特点

1. 超竞争格局

美国管理大师达·维尼（Richard A. D'Aveni）将当今世界的竞争格局称为"超竞争"（hypercompetition）格局。"超竞争"的特点与原有依赖经济规模效益的竞争格局不同，新格局源于全球化的竞争和技术创新的加速。按照达·维尼的说法，这是一场技术专利和技术领先的竞争，是资本的竞争。技术创新和资本运营成了"超竞争"环境中必然的战略选择。

从唯物辩证法的观点来看，"超竞争"格局意味着同时存在"超合作"格局。

竞争与合作可以在国家层面发生，也可以在组织间发生，尤其是在市场经济体中企业间的战略竞争。当然，竞争与合作也同样在职业市场的个体间发生。

那么，当代大学生将面临怎样的职业环境？生涯规划的环境探索理论揭示，当代经济社会必然影响其年轻劳动者一代。普遍认为，"超竞争"格局下的数字信息技术创新浪潮的冲击，是当下社会经济科技最深远的影响因素，其塑造了被标识为"千禧一代"和"Z世代"的人，并深刻地影响他们的价值观、工作态度、生活行为，甚至一生的选择。

全球最大的固定收益投资管理机构之一太平洋投资管理公司（PIMCO）认为（2017），人口结构和社交媒体正发生变化："千禧一代"及"Z世代"占主导地位，社交媒体的有效传播塑造了新的消费观、投资的新价值观和社会规范。

2. 逆全球化的冲突与人类命运共同体理念

（1）逆全球化的冲突

联合国可持续发展议程号召国际伙伴关系的全球化、多边化以面对人类的共同挑战。然而，当今社会经济发展中又面临着全球化与逆全球化的冲突。当前世界经济冲突中所呈现的逆全球化的政策冲突，贸易保护主义、技术竞争、地缘政治冲突等，不仅影响了各国的自身利益，也对全球经济的稳定和可持续发展构成了威胁。

逆全球化可能导致外资撤离和贸易壁垒加强，这对全球劳动力市场尤其是新兴市场是一个巨大的打击。发达国家在逆全球化的趋势下，可能会采取更加保护主义的贸易政策，限制进口发展中国家的产品，导致这些国家的出口市场萎缩。同时，外资企业在面临更大的经营不确定性时，可能会减少投资或撤离发展中国家，这将直接影响到当地劳动力的就业机会，加剧就业压力。在全球化进程中，许多发展中国家通过参与国际贸易和吸引外资，实现了经济的快速增长和就业的增加。然而，在逆全球化的背景下，这些国家的经济增长速度可能会放缓，甚至出现负增长，从而导致就业机会减少。

同时，由于发展中国家的劳动力市场往往存在结构性问题，如技能短缺、教育水平不高等，这使得劳动力在面临就业压力时更加脆弱。在全球化的过程中，一些发展中国家的劳动力通过参与国际贸易和外资企业的生产活动，获得了相对较高的收入。然而，在逆全球化的趋势下，这些劳动力可能面临失业或收入下降的风险，从而加剧社会不平等。此外，逆全球化还可能影响发展中国家的教育、医疗等公共服务体系，进一步加剧社会不平等。

逆全球化可能影响到发展中国家的社会稳定和治理。在全球化过程中，一些发展中国家的政府通过吸引外资和扩大出口，实现了经济的快速增长和国家的稳定。然而，在逆全球化的背景下，这些国家的政府可能面临更大的财政压力和治理挑战，从而影响到社会稳定和治理效果。

逆全球化对发展中国家劳动力的冲击是全方位的，需要这些国家采取积极的措施来应对挑战，包括加强国内市场的开发、提升劳动力技能和教育水平、加强社会保障体系建设等。同时，国际社会也应该加强合作，共同推动全球化的健康发展，为发展中国家创造更多的发展机遇。

（2）人类命运共同体倡议

人类命运共同体倡议遵循联合国可持续发展议程，应对逆全球化影响，致力于提供促进经济、就业和收入增长的解决方案。

人类命运共同体倡议促进了各国之间的经济、文化和社会交流。这一理念的提出，反映了人类社会对于自身命运和未来发展的深刻思考和积极探索。人类命运共同体的提出也是基于对当前全球化模式的反思和改进。在过去的全球化进程中，一些国家往往以自身利益为中心，采取单边主义和贸易保护主义政策，导致全球经济的不平衡和不稳定。而人类命运共同体的理念则强调各国之间的相互理解和合作，推动建设开放型世界经济，促进贸易和投资自由化、便利化，有利于实现全球经济的持续健康发展。

人类命运共同体的实践也证明了其有效性和可行性。在全球化的背景下，各国之间的交流和合作日益紧密，人类命运共同体的理念也得到了越来越多的国家和地区的认可和支持。例如，"一带一路"倡议就是人类命运共同体理念在实践中的具体体现之一，它不仅推动了共建国家的经济发展和社会进步，也为构建人类命运共同体奠定了坚实的基础。

3. 可持续发展教育与可持续职业生涯

（1）可持续发展教育

可持续发展教育（education for sustainable development，ESD）[1] 是联合国教科文组织（United Novtions Educational，Scientific and Cultural Organization，UNESCO）教育部门应对地球面临的紧迫和严峻挑战的举措。人类的集体活动已经改变了地球的生态系统，由于这种改变越来越难以逆转，我们的生存似乎处于危险之中。要想在全球变暖达到灾难性程度之前予以遏制，就必须全面解决环境、社会和经济问题。教科文组织的2030年可持续发展教育计划旨在通过个人和社会的改变来实现变革。

作为全球可持续发展教育的倡导者，教科文组织旨在加强各国政府提供优质气候变化教育（climate chomge education，CCE）的能力。其通过创造和分享知识，向其成员国提供政策指导和技术支持，并落实计划的实施。教科文组织鼓励创新举措，通过媒体、网络和伙伴关系增进非正规教育计划。

关键数据显示：47%的国家课程大纲没有提到气候变化问题；尽管有40%的教师有信心开展气候变化认知教学，但仅仅20%能够很好地解释如何采取行动。为此，

---

① 可持续发展教育 | UNESCO，https：//www.unesco.org/zh/sustainable-development/education.

UNESCO 倡议发起了 2030 年可持续发展教育全球网络，截至目前，来自 161 个国家签署通过了关于可持续发展教育的《柏林宣言》，50 个试点国家正准备 2030 年可持续发展教育的国家倡议。在中国，由中国教育部、上海市人民政府主办，上海市教育委员会、联合国教科文组织亚太地区教育局承办了上海合作组织 2021 年世界可持续发展教育大会，并将大会主题设定为"构建包容与公平的优质教育，促进人与自然和谐共生"。可持续发展教育之所以重要，是因为它在全球性问题中发挥着关键作用，能够帮助人们调整价值观，学会与自然和谐相处，并认识到共同责任和行动的重要性，强调尊重人、环境、资源和差异性与多样性，激发人们追求高品质生活的梦想，培养具备创新能力和国际视野的未来领导者，以适应不断变化的社会需求和环境挑战，促进形成可持续的行为习惯与生活方式。

显然，可持续发展教育直接关系到培养迎接未来挑战的人才。当今社会的"超竞争"格局、全球化冲突的环境，使劳动生产力面临着内外部市场的重大不确定。从可持续发展的视野来看，人们在职业生涯历程中面临着评价标准的不断调整与适应，可持续职业生涯概念和实践应运而生。

（2）可持续职业生涯

可持续职业生涯（sustainable career）理念源自可持续发展全球倡议。可持续职业生涯是以可持续目标为指引，不再仅仅局限于职业薪酬、职业晋升的传统职业意义，也拓展到了职业意义、价值感等范畴，是包含健康、快乐和生产力的"以人为本"的职业生涯理念。表 14-1 清晰地阐述了可持续职业生涯与可持续发展的内在逻辑。

表 14-1 可持续职业生涯核心要素的衡量指标举例

核心要素	指标
健康	身体健康（例如生理健康、睡眠质量等）
	心理健康（例如职业倦怠、幸福感等）
快乐	满意度（例如职业满意度、工作满意度等）
	主观职业成功（例如职业成长等）
生产力	工作绩效（例如任务绩效、组织公民行为等）
	可就业能力（例如可雇佣力、工作胜任力等）

资料来源：吴仲达，梁婧涵，陆昌勤.可持续职业生涯：概念、管理策略与研究展望[J] 外国经济与管理，2023，45（6）：78-83.

可持续发展目标无论从体面工作、增加收入、性别平等各方面，都要求组织（政府、企业和机构）不仅要考虑员工的工作绩效提升，还要关心员工的身心健康和幸福感，并提供职业发展机会。而作为个体，则要培养可持续的职业生涯心智模式，以融入社会和环境的可持续发展作为职业生涯规划的要素。

◆ 小贴士

消费包含多个方面，只要略作改变，就能对整个社会产生巨大影响。例如，在每年生产的全部粮食中，有1/3——相当于13亿吨、价值约1万亿美元——最终在消费者和零售商的粮仓里腐烂，或者由于不良的运输和做法而变质，这些问题有时需要企业加以应对。又如，消费者消费了29%的全球能源，并贡献了21%最终产生的二氧化碳排放量。如果全世界人民都改用节能灯泡，将每年节省1200亿美元。

拓展阅读

联合国可持续发展目标之十二是负责任消费和生产。可持续消费和生产旨在"降耗、增量、提质"，即在提高生活质量的同时，通过减少整个生命周期的资源消耗、环境退化和污染，来增加经济活动的净福利收益。这个过程需要多方参与，包括企业、消费者、决策者、研究人员、科学家、零售商、媒体和发展合作机构等。企业可以在以下多个方面为可持续发展目标贡献力量。

（1）优化生产流程：分析生产流程，找出存在的问题和瓶颈，制订改进方案，优化流程，提高生产效率。

（2）加强设备维护和保养：确保设备正常运转，减少停机时间，提高生产能力。

（3）节约用电：使用节能灯具，减少照明设备电耗；充分利用自然光，做到人走灯熄；减少不必要的办公电器和非办公用电。

（4）节约用水：加强用水设备的日常维护和管理，杜绝跑冒滴漏和长流水现象；养成随手关水龙头的习惯。

（5）节约使用办公耗材：推行电子办公，减少纸质公文；节省墨粉等。

（6）提高资源利用率：优化原材料采购管理，选择优质供应商，降低采购成本；加强生产过程中的物料管理，控制物料消耗，减少废品率。

第二节 "两山"理论及"双碳"目标实践

一、"两山"理论及其经济学意义

1."两山"理论

"两山"理论，即"绿水青山就是金山银山"，这一理念强调生态环境保护和经济发展的和谐共生，是新时代中国特色社会主义"五位一体"总体布局中的生态文明建设的重要内容和举措。新时代中国特色社会主义是一个由经济建设、政治建设、文化建设、社会建设、生态文明建设等组成的有机整体，以"两山"理论为核心的习近平生态文明思想是习近平新时代中国特色社会主义思想的有机组成部分。践行"两山"理论对于变革人们的生产生活方式和社会功能起到重要作用，对促进新时代生态文明建设、全面推进新时代中国特色社会主义建设进程具有重要意义。

随着改革开放和市场经济的发展，物质财富空前增长，但由此导致的环境问题也渐趋严重，造成资源能源的浪费、生态环境的破坏，由环境问题引起的群体性事件频发，已严重地威胁到人民群众的生存和发展。"两山"理论是在深刻认识和解决中国现代化进程中日趋严峻的生态环境问题时提出来的，是在面对中国现代化建设难以避免的经济发展与生态环境保护的冲突时提出的解决方案和中国智慧。

在中国，许多地区都在积极地探索与实践这一理论，通过生态文明建设实现乡村振兴。比如，作为"两山"理念发源地的浙江省安吉县余村，在 20 世纪 80 年代中后期曾经历过工业污染的痛苦。然而，自 2002 年起，余村逐步关停矿山，进行生态修复，成功转型为生态游胜地。余村不仅保留了矿山遗址作为警示，还发展了乡愁产业和品牌农业，将"生态资本"转化为"富民资本"。再如，浙江省浦江县新光村曾面临水晶加工行业带来的严重污染问题。自 2013 年开始，新光村进行了水环境综合整治，取缔或搬移了水晶加工点，同时修复了古建筑，实施了多项环境整治工程。如今，新光村已成为全国生态文化村和美丽宜居示范村。这样的村落还有像曾走过"环境让步于经济"弯路的浙江省长兴县新川村，也为各地提供了宝贵的经验。

从全国范围观察，各省各地在不同地区、不同环境下，通过因地制宜地推动绿色发展和生态文明建设，如福建省、江西省这些山区较多省份，村庄依托当地的自然资源和生态优势，发展生态农业、生态旅游等绿色产业，实现了经济发展和生态环境保护的良性循环；贵州省的山区村落利用丰富的森林资源和独特的民族文化，发展生态旅游和森林康养产业，为当地居民带来了可观的收入，也保护了当地的生态环境，实现了经济发展和生态环境。

2. "两山"理论的可持续发展方式

近年来，世界经济发展模式正经历着显著的变化。"两山"理论强调经济发展与环境保护之间的辩证统一关系，其中蕴含着对劳动力、资源利用以及生产方式的深刻思考，体现了可持续发展的探索。

首先，"两山"理论为世界经济发展提供了全新的视角。在全球经济高速发展的同时，环境污染和生态破坏问题日益突出。传统的"先污染后治理"的发展模式已经难以为继。"两山"理论强调生态环境与经济发展的和谐共生，为各国在追求经济增长的同时保护生态环境提供了理论支持。"两山"理论提出的绿水青山和金山银山之间的辩证关系引导人们从劳动生产的角度重新审视自然资源的价值。在传统的经济发展模式中，往往过分追求经济增长而忽视了对自然资源的保护和对环境的改善，往往更侧重于对物质资本和人力资本的投入与产出的分析，而相对忽视了自然资本的重要性。然而，"两山"理论却明确指出，绿水青山作为自然资本，同样可以转化为经济收益，成为推动经济发展的重要动力。"两山"理论倡导通过创新的方式实现经济与环境协同发展，这种理念不仅是对传统经济发展模式的反思和改进，也体现了对自然资源可持续利用的重视。

其次，"两山"理论推动了世界经济发展模式的绿色转型。随着人们对生态环境的重视程度不断提高，越来越多的国家和地区开始采用绿色、低碳、循环的发展方式。这种转型不仅有助于减少环境污染，提高资源利用效率，还能促进经济的可持续发展。"两山"理论强调经济发展与环境保护的协调统一，这对资源配置和生产方式提出了新的要求。在经济发展过程中，需要更加注重对生态环境的保护，采取更加环保的生产方式，减少对自然资源的过度消耗和对环境的破坏。这既有利于维护生态平衡，也有利于提高劳动生产效率和生活质量。

再者，"两山"理论提倡创新生产方式，鼓励发展绿色产业和循环经济，推动经济结构的优化和升级。这些创新的生产方式不仅可以提高资源利用效率，减少环境污染，还可以创造更多的就业机会，提高劳动者的收入水平，也有利于实现经济的可持续发展。

此外，"两山"理论也为全球合作应对气候变化等环境问题提供了契机。面对全球性的环境问题，任何国家都无法独善其身。通过加强国际合作，共同推动绿色发展，各国可以共同应对环境挑战，实现共赢发展。

更重要的是，"两山"理论鼓励企业家精神的形成和创新能力的提升，这是经济活力、经济安全和劳动者可持续成长的关键。在经济发展过程中，需要不断涌现出敢于尝试、勇于探索的企业家人才，他们能够敏锐地捕捉市场需求，提出并实施具有竞争力的创新方案，推动经济的持续增长。

综上所述，"两山"理论为我们提供了一个全新的视角，引导我们在经济发展过程中更加注重环境保护和资源的可持续利用，并强调了创新在经济发展中的核心地位和重要作用。它引导我们不仅要关注经济增长本身，更要注重经济发展的质量和效益，实现经济与环境的可持续发展。

二、"双碳"政策下的职业体验

1. "双碳"目标

"双碳"目标是指中国向全球承诺的减排二氧化碳等温室气体的两个阶段奋斗目标。这意味着中国将在未来的几十年里，采取一系列措施，大幅减少温室气体的排放，同时通过植树造林等方式增加碳吸收，从而实现净零碳排放。这一目标的提出，体现了中国对全球气候变化的积极应对和贡献。

"双碳"目标是国家战略，"双碳"目标的提出，不仅是我国建设良好生态环境、坚持绿色发展的需要，也是我国在国际舞台上的庄严承诺。"双碳"目标不仅是经济、环境问题，而且是国际政治的核心议题之一，甚至牵涉到大国之间的博弈。随着相关国际协定的具体化，我国政府逐步落实有关承诺，"双碳"目标会逐步转化落实到国家战略、法律法规与政策层面。

"双碳"目标体现了国家意志，体现了国家、人民的根本利益，体现了国家承担的国际义务，必将影响整个国家的发展形态、发展方式，其对产业的影响也是全方位的。积极应对"双碳"目标带来的挑战，不仅是产业和企业应当完成的使命，也是每个人应尽的社会责任。

"双碳"产业政策主要聚焦于推动碳达峰碳中和，优化能源结构，促进绿色低碳发展。以下是近期推进的国家政策和行动。

（1）扎实开展"碳达峰十大行动"：这十大行动旨在通过提升碳排放统计核算核查能力，建立碳足迹管理体系，扩大全国碳市场行业覆盖范围。

（2）深入推进能源革命：控制化石能源消费，加快建设新型能源体系，是能源革命的重要目标。这包括加强大型风电光伏基地和外送通道建设，推动分布式能源开发利用，发展新型储能，促进绿电使用和国际互认。

（3）建立统一规范的碳排放统计核算体系：为了更准确地掌握碳排放情况，国家发改委发布了《关于加快建立统一规范的碳排放统计核算体系实施方案》，明确了四大任务，包括建立全国及地方碳排放统计核算制度，完善行业企业碳排放核算机制，建立健全重点产品碳排放核算方法，以及完善国家温室气体清单编制机制。

（4）推广绿色低碳建材和建筑：政策还鼓励发展节能低碳建筑，持续提高新建建筑节能标准，推进超低能耗、近零能耗、低碳建筑规模化发展。同时，推广绿色低碳建材，推动建筑材料循环利用，发展绿色农房，以优化建筑用能结构。

2. 投身"双碳"职业体验

无论是学涯、职涯还是生涯，身处在一个走向"双碳"目标的世界、面向实现"双碳"目标的伟大时代，当代大学生为此要积极投身其中开展职业体验，在体验中探索自身的职业生涯。

（1）增强"双碳"意识。了解"双碳"目标的重要性和紧迫性，认识到个人在推动"双碳"事业中的责任和使命。通过参加科研院所、学校、政策制定部门、社会活动组织的相关讲座、研讨会等活动，深入了解"双碳"的政策背景、实施路径以及个人的职业生涯领域。

（2）学习相关知识。学习能源、环境、气候变化等方面的知识，了解清洁能源、节能减排等技术的发展和应用。通过专业课程、学术文献、网络资源等途径，不断丰富自己的知识储备，为投身"双碳"事业充实自身的专业知识基础和技能。

（3）参与实践活动。积极参与政府、企业、机构的"双碳"实践活动，如节能减排项目、环保志愿服务等，将理论知识与实际操作相结合，提升自己的实践能力和综合素质。

（4）倡导绿色生活。在日常生活中，践行绿色低碳的生活方式，如减少碳排放、节约资源、减少浪费等。通过自身的行动，影响身边的人，共同推动绿色生活方式的普及。

（5）关注政策动态。关注国家及地方"双碳"政策的制定和实施情况，了解政策导向和支持措施。根据个人兴趣和专业方向，选择适合自己的"双碳"领域进行深入研究和探索。

面对"超竞争"格局下的可持续发展问题，面对"双碳"目标的进程，无论你处于人生的哪个阶段，投身"双碳"事业的体验，增强意识、学习知识、参与实践、倡导绿色生活并关注政策动态。通过不断努力和积累，探索与规划可持续职业生涯，为推动"双碳"目标的实现贡献青春力量。

◆ 小贴士

一年人类向大气排放510亿吨二氧化碳！！！那又是谁在为此做出"卓越贡献"呢？

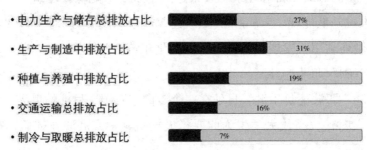

该谁负责？

- 电力生产与储存总排放占比 — 27%
- 生产与制造中排放占比 — 31%
- 种植与养殖中排放占比 — 19%
- 交通运输总排放占比 — 16%
- 制冷与取暖总排放占比 — 7%

资料链接

当前应用较广或者具有潜力的新材料包括以下几种：

（1）节能玻璃：如Low-E节能玻璃，这种玻璃具有优异的隔热性能和透光性，可以有效减少建筑物的能耗。同时，纳米技术在玻璃领域的应用也在不断提升，通过改变玻璃表面的纳米结构，可以进一步提高其隔热、自洁等性能。在建筑领域，确实存在许多新材料可以帮助实现节能减碳的目标。

（2）玻璃纤维复合材料：这种材料由玻璃纤维和树脂组成，具有轻质、高强、耐腐蚀等特点，广泛应用于建筑领域。通过优化设计和生产工艺，可以进一步提高其性能。

（3）生态材料：如竹材、石膏板、草木纤维板等，这些材料以可再生资源为原料，或者在生产过程中减少对环境的影响。它们不仅具有环保性，而且性能优良，可以替代传统的高能耗材料。

（4）高性能混凝土：通过调整原料配比和使用掺合料等方法，提高混凝土的强度、耐久性和耐候性，从而延长建筑的使用寿命，减少维修和重建的能耗。

（5）液体壁纸和天然无水粉刷石膏：液体壁纸是一种水性涂料，具有抗污、防潮、抗菌等特性，而天然无水粉刷石膏则是一种高效节能、绿色环保的建筑装饰抹灰材料。这些材料不仅环保，而且在使用过程中也能有效减少能耗。

（6）智能材料：如形状记忆合金、聚合物发光材料等，它们能对外界环境进行感知并作出相应变化，从而在一定程度上实现节能减碳。

课堂练习

以下哪种低碳生活方式对实现"双碳"目标贡献最大？为什么？（请分组选择并开展班级辩论，辩论中要明确观点、提供翔实可靠数据资料支持并有序发言提问）

A. 步行或骑自行车代替驾车

B. 不使用一次性餐具

C. 减少使用塑料袋

D. 节约用电，减少不必要的能源消耗

第三节　ESG 政策和企业社会责任

一、ESG 提出的背景及其要求

（一）ESG 的历史沿革

ESG 是环境（environment）、社会（social）和公司治理（governance）的缩写，它代表了一种综合性的评估框架，用于衡量企业在这些方面的表现。这是一种不同于传统财务指标的评价体系，它更关注企业在非财务指标维度上的可持续性。

具体来说，环境方面主要考察企业对自然环境的影响，比如能源使用、碳排放等；社会方面则关注企业对员工、客户、社区等利益相关者的影响，包括劳工权益、人权等；而公司治理则涉及企业的决策过程、管理结构、道德行为等方面。

ESG 评估有助于识别和管理潜在的环境和社会风险，减少企业面临的法律、声誉和经济风险，同时也有助于发掘那些关注环境、有社会责任心的企业。因此，ESG 在投资决策和企业经营决策中都扮演着越来越重要的角色。

ESG 是近十年流行起来的新理念，但在这一概念被正式提出之前，现代企业在环境、社会责任和公司治理三个领域已分别有漫长的实践历史，并积累了丰硕的理论成果。2004 年，联合国全球契约组织（UN Global Compact）发布《有心者胜》（Who Cares Wins）报告，首次正式提出 ESG 概念，该报告讨论了如何在投融资活动中融入 ESG 因素，为公司运营融入 ESG 因素给出了指引。

2006 年，由联合国前秘书长科菲·安南（Kofi Atta Annan）牵头发起的"联合国责任投资原则"（United Nations Principles for Responsible Investment，UN PRI）致力于推动各大投资机构在决策过程中纳入 ESG 原则。同年，投资机构高盛发布了一份 ESG 研究报告，将"环境、社会、治理"三个概念整合在一起。至此，由环境（E）、社会（S）和治理（G）因素构成的 ESG 指标成为衡量可持续发展的重要指标，ESG 投资逐渐成为全球主流的投资策略和投资方法之一，且显现出越来越高的重要性。

（二）ESG 带来的挑战和机遇

ESG 对政府、社会机构、企业等组织带来了挑战与机遇，也因此影响了这些组织对待就业、用工的态度和方式，进而影响到整个劳动力市场和劳动力培育领域。

1. 政府职能的转变

从政策层面看，在普及高等教育与就业压力冲击下要求政府职能要顺应时代和市场的变化而调整。ESG（环境、社会和治理）理念的推进有助于政府在面对高等教育普及的社会环境下缓解就业压力。通过政策引导、服务优化、监管评估以及合作协同等多方面的努力，政府可以更好地促进就业覆盖和解决失业问题，为社会的可持续发展贡献力量。

（1）政策引导与制定

绿色就业政策：政府可以依据 ESG 的环境保护要求，制定一系列绿色就业政策，鼓励和支持企业投资于绿色技术和产业，从而创造出更多的绿色就业机会。

社会责任政策：政府可以引导企业承担更多的社会责任，例如，通过税收优惠政策鼓励企业开展公益招聘、扶贫就业等项目，为失业人员提供更多就业机会。

治理改革政策：ESG 的治理要求有助于推动政府优化企业治理结构，通过改革相关政策，提高劳动力市场的透明度和公平性，为劳动者创造更好的就业环境。

（2）服务优化与扶持

职业培训服务：政府可以加大对职业技能培训的投入，提供符合 ESG 要求的培训课程，如环保技能、社会责任意识等，帮助劳动者提升就业竞争力。

就业服务平台：政府可以建立 ESG 导向的就业服务平台，为求职者和企业提供一个信息交流、对接的桥梁，提高就业匹配效率。

创业支持服务：政府可以推出针对 ESG 领域的创业支持政策，如提供创业资金、创业指导等，鼓励更多人才投入绿色、可持续的创业项目中。

（3）监管与评估

ESG 绩效评估：政府可以引入 ESG 绩效评估机制，对企业在环境、社会和治理方面的表现进行定期评估，并将评估结果作为制定和调整就业政策的重要依据。

行业规范制定：政府可以通过制定行业规范，要求企业在招聘、用工等方面遵循ESG原则，保障劳动者的权益和福利。

（4）合作与协同

跨部门合作：政府各部门之间可以加强合作，共同推进ESG在就业政策和服务中的应用，形成政策合力。

社会参与：政府可以积极引导社会组织、企业等各方力量参与到ESG促进就业的工作中，形成政府主导、社会协同的良好局面。

2. 经济波动下企业面对减员减薪的挑战

ESG理念通过强调企业的社会责任、治理水平和可持续发展，可以间接地对企业在经济波动下的用工政策尤其是涉及裁员、减薪或工作调整等行为形成制约，一方面有利于保护劳动者利益，更重要的是能为企业带来长期的经济效益和社会效益。

（1）ESG强调企业的社会责任以创造双赢

ESG并不直接改变企业的减薪裁员行为。减薪裁员是企业根据经营需要、市场环境、经济周期等多种因素做出的决策，这些决策可能受到多种因素的影响，包括但不限于企业的财务状况、市场竞争、行业趋势等。然而，企业在考虑减薪或裁员时，必须充分权衡这些决策可能对员工和社会产生的影响。ESG理念强调企业的社会责任和可持续发展，这可能会在一定程度上影响企业的决策。例如，如果一个企业在ESG方面表现出色，它可能更注重员工的福利和权益，避免无端的减薪和裁员。同时，ESG评级也可能影响投资者的决策，进而影响企业的融资和运营。如果企业能够展现出对员工权益的尊重和维护，这将有助于塑造其良好的社会形象，从而可能减少因减薪或裁员而带来的负面影响。

（2）ESG关注企业的治理水平以提高投资者信任度

良好的公司治理结构有助于建立稳健的决策机制，确保企业在面临经济压力或市场变化时，能够采取更加理性和负责任的决策。通过优化公司治理结构，企业可以更加审慎地考虑减薪裁员等敏感问题，避免盲目或冲动的决策。企业也应该认识到，过度的减薪裁员可能会对员工士气、企业形象等产生负面影响，它可以通过影响企业的声誉、投资者决策等因素，间接地影响企业的决策过程。

（3）ESG理念强调企业的可持续发展以提升劳动生产率

ESG不仅反映了企业和投资的社会责任和道德水准，也影响了企业和投资的长期绩效和风险水平。这意味着企业在追求经济效益的同时，也要关注环境和社会因素，实现长期稳定发展。因此，企业在制定减薪裁员等策略时，应充分考虑这些决策对企业长期发展可能产生的影响，以确保企业的可持续发展。对于企业而言，ESG 的良好管理有助于降低风险、提升声誉、提高经营效率，从而增强其市场竞争力。当企业在 ESG 方面表现良好时，它更有可能吸引投资者和消费者，从而有助于企业的长期稳定发展。

3. 社会组织和机构的作用

立足 ESG，社会组织在促进大学生就业创业方面发挥着积极而重要的作用。社会组织与机构通过教育培训、搭建平台、推广案例、提供实习机会和倡导理念等方式，可以为毕业生提供更多的就业机会和发展空间，同时推动社会的可持续发展。

（1）开展教育培训

社会组织可以联合高校、企业等开展相关的教育培训，帮助大学毕业生了解 ESG 理念和实践，提升他们在环境、社会和治理方面的知识和技能。通过培训，毕业生将更有可能在求职过程中展现出对 ESG 的重视和实践能力，从而增加就业机会。

（2）搭建就业平台

社会组织可以建立就业平台，为大学毕业生提供 ESG 领域的就业信息和机会。通过与 ESG 表现良好的企业合作，平台可以发布相关岗位的招聘信息，帮助毕业生找到与 ESG 理念相符的工作机会。

（3）推广实践案例

社会组织可以收集和整理 ESG 实践案例，向大学毕业生展示 ESG 理念在企业实践中的应用和成效。这些案例可以激发毕业生的兴趣和动力，使他们更加积极地参与到 ESG 实践中来，进而提升他们的职业发展水平。

（4）提供实习机会

社会组织可以与 ESG 表现良好的企业合作，为大学毕业生提供 ESG 实习机会。通过实习，毕业生可以深入了解 ESG 理念在企业中的实际应用，积累相关经验和技能，为未来的职业发展打下坚实基础。

二、提升 ESG 潜力实现企业和员工双赢

员工是企业的重要资产，提升员工福祉不仅是实现 ESG 目标的重要途径之一，也能极大地促进企业的可持续发展。企业以人为本的价值重塑，持续增进员工福祉，将不断创造转型发展的内生动力。德勤中国提出了未来五大资本的可持续模型：生产资本、财务资本、自然资本、人力资本和社会资本。企业要实现可持续发展，必须关注这五种资本的平衡发展。同时五大利益相关方也非常重要，缺一不可，它们分别是员工、

社区、政府、供应链、投资方。

从风险控制降低风险成本来看，企业通过实施 ESG 战略，会更加关注员工的安全与健康，比如改善工作场所的通风、照明和温度控制等条件，降低噪声和污染水平，为员工提供更加舒适的工作环境。这不仅有助于提高员工的工作效率和满意度，还能减少员工因工作环境不佳而产生的健康问题，降低企业用工风险成本。企业积极履行社会责任，关注员工福利和权益，能够增强员工对企业的认同感和归属感。从企业成长来看，以下方面可以提高劳动生产率和增加员工收入。

（1）ESG 所营造的积极文化氛围有助于提升员工的忠诚度和凝聚力，减少人员流动，从而为企业创造更稳定的劳动力队伍。

（2）履行 ESG 可以提升企业的正面形象，有助于吸引更多优秀人才加入企业，为企业的发展注入新的活力。

（3）ESG 实践有助于提升企业的品牌形象和声誉。企业积极践行 ESG 理念，能够赢得社会的认可和尊重，提升企业的品牌形象和声誉，提高市场占有率和渗透率。

（4）增收减支、降本增效的效应。企业通过推广环保理念，开展环保活动，引导员工积极参与环保行动，有助于培养员工的环保意识。这种意识不仅能提醒员工在日常生活中减少对环境的影响，还能促使他们在工作中更加注重节能减排和资源循环利用，为企业实现可持续发展做出贡献。

从宏观环境来看，我国经济正处于从高速增长向高质量发展的结构转型关键期，伴随着"双碳"目标的确立，向绿色低碳全面转型的诉求更为迫切。在此背景下，ESG 既与高质量发展的要求高度契合，也与创新、协调、绿色、开放、共享的新发展理念内在相通。ESG 投资正在以其独特的社会责任属性与投资原则，成为助力推动经济高质量发展、实现国家战略、促进企业健康成长的重要手段。

对企业而言，以 ESG 为工具提升内部管理能力，积极履行环境社会责任，一方面，有利于企业规范治理体系、提升管理水平和竞争能力，树立负责任形象、促进可持续发展；另一方面，在碳关税、金融对外开放的大环境下，能够在一定程度上降低国际贸易壁垒，有利于开展国际业务。

ESG 理念强调企业的环境、社会和治理责任，这促使企业在运营过程中更加注重可持续发展和社会责任。为了实现这些目标，企业可能需要投资于环保项目、社会责任活动和公司治理改善等方面，这些投资将带动相关产业的发展，从而创造更多的就业机会。随着 ESG 理念的普及和社会对可持续发展的关注度提高，越来越多的消费者和投资者开始关注企业的 ESG 表现。这促使企业更加重视 ESG 建设，以提升自身形象和竞争力。为了满足市场需求，企业可能需要招聘更多具备 ESG 知识和技能的员工，从而带动相关就业领域的增长。此外，ESG 实践还可以促进企业创新和产业升级。企业在追求 ESG 目标的过程中，可能会探索新的商业模式、开发新的产品或服务，这将为就业市场带来新的机会。同时，ESG 实践也有助于提升企业的运营效率和风险管理能力，提高企业的竞争力，从而间接促进就业。

◆ 小贴士

在当今时代背景下，越来越多的从业者开始关注与 ESG 相关的知识和技能，也有许多人已经着手准备或正在考取 ESG 证书。

ESG 证书考试旨在测试考生对 ESG 相关知识和技能的掌握程度。持有 ESG 证书意味着持有者具备了一定的 ESG 分析能力。ESG 证书考试通常由相关的专业机构或协会组织，例如金融分析师协会、中国信息协会市场研究业分会等。考试形式可能包括在线测试、案例分析等，具体要求因考试机构和证书种类而异。

比如，由中国信息协会市场研究业分会和中经数（北京）数据应用技术研究院联合组织并颁发证书的 ESG 分析师考试（CPBA ESG 证书考试），并非仅限于 ESG 从业者，还适合包括律师、审计师、金融分析师、客户经理、营销专家、人力资源管理者、供应链运营人员、咨询顾问、项目经理、产品经理等各类职业。

考取 ESG 分析师的优势如下：

（1）提升职场竞争力。掌握ESG知识和技能有助于在环境、社会、公司治理等领域提升个人专业素养，增强应对ESG问题的能力，进而促进事业发展。

（2）提升企业竞争力。持有ESG证书可以作为企业投标材料之一，提升企业在竞争激烈的市场中的竞争力。

（3）拓展职业机会。学习ESG分析师课程可以为个人职业发展打开更多可能性，探索不同的职业方向。

（4）提升就业竞争力。对学生而言，通过学习并取得ESG证书，可以增加求职、留学、考研等方面的竞争优势。

（5）拓展人际关系网络。学习ESG分析师课程将使人有机会接触到更多志同道合的人士，拓展人际关系网络，为未来的职业发展和个人成长创造更多机会。

（6）开展副业。持有ESG证书的人可以为企业提供ESG报告编制和评估服务，也可以与营销领域结合，为企业提供ESG营销方案等服务。

（7）通过学习ESG相关知识，人们可以更好地理解国家的"双碳"政策、国际对气候变化议题的关注，以及绿色环保产品和节能减排等方面的内容，从而更加理性地面对日常生活中的各种选择，避免因信息不足而造成损失。

资料链接

ESG和企业社会责任理念在推动可持续发展的同时，也为产业创新者带来了丰富的市场机会。以下是ESG提供新市场机会的例子：

（1）绿色技术创新：随着社会对环保问题的日益关注，绿色技术成了创业的新热点。创业者可以研发和推广清洁能源、节能设备、废物处理技术等，满足企业在减少环境污染、提高能效方面的需求。

（2）可持续消费品与服务：消费者对可持续产品的需求日益增加，这为创业者提供了广阔的市场空间。比如，开发环保材料制成的产品、推广二手商品交易平台、提供低碳出行解决方案等，都能吸引越来越多的消费者。

（3）社会责任投资与咨询：越来越多的投资者开始关注企业的社会责任和ESG的表现。创业者可以成立社会责任投资顾问公司，为投资者提供专业的ESG评估和投资建议，帮助他们实现投资的社会效益和经济效益的双赢。

（4）社会责任教育与培训：随着ESG理念的普及，企业和社会对ESG人才的需求也在增加。创业者可以开设ESG培训课程或教育机构，培养具备ESG知识和技能的专业人才，满足市场的需求。

（5）社会企业创业：社会企业以解决社会问题为使命，通过商业模式创新实现社会价值的创造。创业者可以关注教育、医疗、扶贫等社会领域，创办社会企业，为社会带来积极影响。

（6）ESG 数据与分析：随着 ESG 信息披露和报告要求的提高，对 ESG 数据的需求也在增加。创业者可以开发 ESG 数据分析工具或平台，帮助企业更好地管理、报告和沟通 ESG 绩效。

综上所述，ESG 理念的推广势必要使一些传统高能耗、污染环境、损害公众利益的企业退出市场。从短期来看，企业关停并转造成了就业的冲击。但长期来看，ESG 却催生了丰富的产业和市场机会。

第四节　高质量增长与高职业素养

一、从高质量发展到新质生产力

1.高质量发展战略

中国经济发展已转向高质量发展阶段，高质量发展战略是经济发展大势的必然历程，也是针对我国发展实际、推动跨越发展的务实举措。在此背景下，政府出台了一系列推动高质量发展的政策，这些政策既是应对经济发展阶段转变的措施，也是为了应对国内外形势的变化。总体而言，有以下几个层面：

（1）推动制造业转型升级：政府鼓励企业提高自主创新能力和核心竞争力，推动制造业向高端、智能、绿色方向发展；同时，加强质量监管和品牌建设，提升中国制造的国际形象和竞争力。

（2）深化供给侧结构性改革：政府通过去产能、去库存、去杠杆等措施，优化供给结构，提高供给质量和效率；鼓励企业创新商业模式和业态，培育新动能，促进经济持续发展。

（3）强创新驱动发展：政府加大对科技创新的投入和支持力度，推动产学研深度融合，加快科技成果转化和应用。鼓励企业加大研发投入，培养创新人才，增强自主创新能力。

（4）推进生态文明建设：政府坚持绿色发展理念，加强生态环境保护力度，推进生态文明建设和可持续发展，鼓励企业采取环保措施和技术创新，实现经济发展和环境保护的良性循环。

（5）优化营商环境：政府持续深化"放管服"改革，优化营商环境，激发市场活力和社会创造力，以加强法治建设为重点，保护企业家合法权益，营造公平竞争的市场环境。

（6）实施区域协调发展战略：政府根据各地区资源禀赋和发展基础条件差异，实施差异化的区域发展战略和政策措施。2014—2019 年，国家陆续出台了《中共中央国务院关于建立更加有效的区域协调发展新机制的意见》《关于依托黄金水道推动长江经济带发展的指导意见》《长江经济带发展规划纲要》《粤港澳大湾区发展规划纲要》等，旨在全面落实区域协调发展战略各项任务，促进区域协调发展向更高水平和更高质量迈进。

（7）加强国际合作交流：政府积极参与全球经济治理体系变革和建设活动，加强与世界各国之间的经贸合作往来关系，积极吸收借鉴国际先进经验的做法，推动自身实现更高质量、更有效率以及更加公平的发展目标。

2. 新质生产力的必然要求

高质量发展目标是更好满足人民不断增长的需要的经济发展方式、结构和动力状态，它是以高效率高效益生产方式为全社会持续而公平地提供高质量产品和服务的经济发展，体现为一个高质量、高效率和高稳定性的供给体系。高质量发展也是经济数据精确、营商环境优化、产品质量保证、资源精准对接与优化配置的增长方式，它强调创新成为第一动力、协调成为内生特点、绿色成为普遍形态、开放成为必由之路、共享成为根本目的。

强调创新成为第一动力，正是新质生产力的重要特征，从经济学的角度来看，它指的是在社会生产过程中出现的新的、具有变革性和创新性的生产力要素或形态。新质生产力主要包括新的科技成果、新的生产工具、新的生产方式、新的管理方法、新的经济模式等，这些都是推动经济社会发展的重要动力。新质生产力的发展能够引领产业结构调整和经济发展方向，推动社会全面进步。高质量发展强调经济发展的质量和效益，而新质生产力则是推动这种发展的核心动力。

现实经济生活中，新质生产力通过引入新的理念、方法和技术，实现生产力质的变革和飞跃的过程。

（1）新质生产力强调科技创新的核心地位。通过引入新技术、新工艺和新设备，企业可以提高生产过程的自动化和智能化水平，降低生产成本，提高产品质量。这种科技创新不仅推动了生产力的飞跃，也为产业升级和转型提供了有力支撑。

（2）新质生产力注重制度创新。通过优化生产关系，完善市场体系，激发市场活力，为生产力的发展提供良好的环境。这包括政策创新、体制创新等多个方面，这些创新为生产力的提升提供了有力保障。

（3）管理创新也是新质生产力的重要组成部分。通过引入先进的管理理念和方法，优化生产流程，提高管理效率，降低生产成本，提升产品质量。管理创新不仅可以激发员工的积极性和创造力，也为生产力的发展注入强大动力。

（4）新质生产力还体现了对非物质资源的重视，如知识、技术和信息等资源。通过有效地开发和利用这些资源，企业能够催生人工智能应用，进一步提升生产力水平，提高劳动生产率，实现可持续发展。

二、新质生产力下的高职业素养教育与人才培养

1. 新质生产力下的创新行为类型

美籍奥地利人、哈佛大学教授约瑟夫·熊彼特（Joseph Schumpeter）在其《经济发展理论》一书中首创性地从经济学角度系统提出了创新的概念和理论，并描述了引入新产品或提高产品质量、采用新的生产工艺和生产方法、开辟新市场、开拓并利用新的原材料和零部件及其来源，以及采用新的组织形式等创新形式，指出创新的目的是获取超额利润。

创新依据其影响度从小到大的两端形成了系列形态：从渐进性创新（或称为连续的小创新）到颠覆性创新（或称为破坏性创新、突破性创新）。在这两端的中间，充满了结构性创新、空缺性创新、专精特创新等不同的强度和影响度的创新阶段，无论创新是在技术、工艺、流程、产品，还是在服务或商业模式的领域，都凸显了其"做得更好"的连续创新特征（如图14-1）。

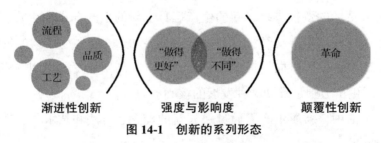

图 14-1　创新的系列形态

（1）在经济发展历程中，颠覆性创新造就了永续发展的"百年老店"，并促进了经济持续发展和繁荣。每次技术革命对产品设计、产品附加值和利润空间的开拓，都

迅速点燃了工程师、企业家和投资者无限的想象力，带来了巨大的财富创造能力。

（2）渐进性创新表现出了"微创新"的特征。"微创新"一词在现代工商业文明中被赋予了工业革命与技术浪潮的内涵，"微创新"也因此与"伟大的产品""风险收益"等经济概念相联系。"微创新"在中国的探索，从现代工业文明和经济管理的视野，也以产业链"微革命""商业重构策略""经营之道"为背景或目的加以阐述。

在观察"微创新"的现象时，《教育微创新：发现细节的力量》一书将"微创新"的概念应用到了教育改革领域，以小见大抒发了新的教育管理的理念，试图阐述教育"微"创新的"大"力量。尽管这仅仅是个别教育管理职能场景下的探索，但足以引发对原本具有工业文明意义的"微创新"的文化思考，以期从文化的视野探索"微创新"教育和人才培养。

2. 新质生产力下的"微创新"教育和人才培养

"致广大而尽精微"正是"微创新"教育所具有的统一体文化活力，也因此重塑了教育理念、重构了教育模式。

（1）从"起点"教育到"过程"教育

"赢在起跑线"的起点教育在教学的发展过程中影响至深，因此也引发了全社会的反思。起点教育误导了教育者对过程的重视，而"望子成龙"道出了不胜枚举的"邻居家的小孩"的例子。

"微创新"的"细微主义"坚持从细微之处、基础之地做应该做、有能力做的事，同时不仅满足于简单"模仿"那些"容易的事"，而且要敢于追求"一点点的不一样"。重复每一天的结果是 $1^{365}=1$；然而，每天仅仅"不一样一点点"，就是 $1.01^{365}=37.8$。"微创新"教育的细微理念，关注的是未来"致广大"的人生。

古人云："读万卷书，行万里路。"过程教育强调在"小进步"中选择成长道路。每天学一点，每年不一样；每年走多点，一生大不同。不同角度的阅读、不同视野的观察、不同路径的探索，在反思中前行，在讨论中突破，这就是"微创新"教育的理念。

在此教育理念下，可探索建立以"认知思考"为主旨的教育培养模式。这不仅包含了知识的学习，更包含了文化和跨文化的认知培养。"温故而知新，可以为师矣。"来自沃顿商学院教授、心理学家亚当·格兰特（Adam Grant）在《重新思考："不知为不知"的力量》中指出，在一个高速变化的不确定时代，需要不断更新认知系统，无论是在个人层面，还是在组织层面和集体层面，都要保持持续学习能力、开放思维能力和重新思考能力。

（2）从"卷"教育到"价值"教育

"卷"教育或许根源于"唯分数"的教育生态，资源的有限性促使了"分数"的竞争，也因此有了"应试"教育和"应试"补习，导致学习者养成了从文字到文字、从公式到公式、从数字到数字的学习体验，完全"卷"在了里面。

"价值理念"的内涵蕴含着"微创新"完成从创新到价值的传递，这种价值是独特的、差异化的甚至是精致的、原创的。这种充满动感的"新"价值创造正是"微创新"教育本应具有的文化根基，也因此向教育提出了更高的要求，即教育应更加重视学习者对社会的价值贡献，这急迫要求教育模式进行改革。

《中庸》云："吾听吾忘，吾见吾记，吾做吾悟！"道出了关注过程的体验式教育的重要性。教育的精髓在于实现外放的"学习转化"（transfer of learning），创造性地解决问题。在此教育理念下，可探索建立以"筑梦造物"为主旨的 MBL（making-based learning）、PBL（project-based learning）、WBL（working-based learning）、DBL（doing-based learning）式的训练、游学、交流等创客教育项目。

（3）从 "应急"教育到 "慢"教育

无论是"起点"教育，还是"卷"教育，"急"是要害。急于成功、急于成才，其结果就是"补短板式"的应急教育，补习、补课、补分数。

"微创新"的"长期主义"蕴含长期持续积累的竞争优势。对企业如此，对教育尤为如此。所谓"百年树人"，长期主义理念下的"慢"教育形成的"长板优势"是"微创新"教育的核心。"慢"教育是"过程教育"和"价值教育"的结果和升华。强调"长期主义""长板优势"教育并非否定补短板，而是对当下扭曲的"卷"教育的纠偏，避免采取短期的"急"行为而牺牲了长期的价值培养。短视的"应急"教育现象反复出现在现代的学校中，比如考证、考级、考研、考公、考评等，为考而考，现实且趋利。在"慢"教育理念下，学校可探索建立以"影响力教育"为主旨的教育模式。

3. 个人可持续成长

在"超竞争"格局下，面临全球化与逆全球化的冲突，作为个体劳动者要实现全面发展，既需要有综合素质，又要把握长远性，树立"长期主义"的可持续成长理念。

（1）强调全方位的身心发展和精神发展。全面发展不仅关注学生的学习成绩和知识技能，还注重培养学生的道德品质、人际关系、心理健康和艺术素养等方面。因此，在个人可持续成长的模式中，学生需要注重自身的全面发展，不仅在学术上取得进步，还要在道德、艺术、体育等方面有所发展。

（2）培养独立思考能力、创新能力、探究能力和实践能力。这些能力对于个人可持续成长至关重要。学生应该学会独立思考，不盲从他人，勇于探索未知领域，同时，要具备创新能力，能够在面对挑战时提出新的解决方案。此外，探究能力和实践能力能够帮助学生将所学知识应用于实际生活中，从而不断提升自己的能力和水平。

（3）注重健康成长和长远发展。在个人可持续成长模式中，学生需要注重培养自己的健康生活方式和积极心态。健康的生活方式包括良好的饮食习惯、充足的睡眠、适度的运动等；积极的心态则能够帮助学生更好地应对挫折和困难，保持积极向上的精神状态。"心理资本"（psychological capital appreciation）概念的提出，历史性地突破了传统"人力资本"和"社会资本"的范畴，是生涯规划中长期全面发展的必然。不再仅仅关注"人出现了什么问题"，而开始考虑如何才能让人达到最佳状态，怎样培养和充分开发人的潜能。[①]

（4）支持学习者探索发现自己的潜力和兴趣，追求自己的理想和目标。积极参与丰富的学习资源探索和实践机会。大学期间，尝试参与各种活动和课程，在活动回顾中与同学、老师或家长交流，听取他们对你的看法和建议，他们可能会发现你未曾察觉的潜能。同时，关注自己的内心感受，保持开放和积极的心态，勇于尝试新事物，当你对某个事物产生强烈的兴趣或好奇心时，那就是一个探索潜力的好机会。

课堂练习

2021年莱迪·克洛茨（Leidy Klotz）作为合作研究团队成员在《自然》期刊的"新闻与观点"版上发表了他们在前沿行为科学领域的研究成果，并以此研究成果写成《减法——应对无序和纷杂的思维法则》（*Substract: The Untapped Science of Less*）一书。该书倡导"减法思维法则"，并借助"减法的力量"去寻求解决方案，总结了减法思维四原则。

（1）思维翻转：在做加法前先尝试用减法，并善用"心理效价"转换。

（2）拓展：既考虑加法也考虑减法，加法和减法是改变事物的两种互补方法。

（3）提炼：拥抱复杂性，但要追求本质；删除细节，把握本质。

（4）坚持：坚持做减法，"少即是多"，减至能激发出喜悦为止。

大学生在校期间积极参与各种实践训练活动，从社团、社会实习到参加各种类型的比赛，这是非常值得倡导的实践学习经历。但同时，也有些学生什么项目都参加，

[①] Fred Luthans, Carolyn Youssef-Morgan, Bruce Avolio. 心理资本：激发内在竞争优势 [M].2 版.王垒，童佳瑾，高永东等译.北京：中国轻工业出版社，2018.

林林总总，有的更是广撒网，被称为"打比赛专业户"。请根据你自己的情况，以"长期主义"的成长为理念，对参加课外实践活动、训练活动做个"减法"。

职场案例

ESG 的全球发展趋势，市场渴求相关人才，与 ESG 相关的人才和工作技能成为一大市场需求，职业岗位包括：

（1）ESG 策略师——主要职责是保证规划发展项目符合环保的理念，并与各部门协调、出谋献策；

（2）碳审计员——主要职责是对碳数据的汇总、数据的应用和分析；

（3）研究分析员——主要职责是通过数据的应用和分析制定政策发展建议；

（4）报告撰写人员——除了文字工作，还要负责与管理层沟通，订立目标和计划等。

本章思考

1. 你如何理解"人类命运共同体"，你会如何践行？

2. 企业要盈利，又要承担社会责任。你认为这两者之间存在矛盾吗？

3. 谈谈你对"长期主义"理念下可持续职业生涯规划与探索的理解。

4. 请依次列出你未来最想进入的三个行业，在各行业中你最想加入的三家企业。在企业中你最关心 ESG 中的哪三项问题？你会采取哪三个行动去践行？

参考文献

陈红，2014. 浅谈 ELF 语境下的大学英语跨文化教学 [J]. 网友世界·云教育（17）：376-376，377.

崔熠峰，2012. 当代世界发展中的多元文化：以社会主义文化为例 [J]. 现代交际（12）：113-114.

谭杰，2007. 跨文化交际中的文化差异因素 [J]. 攀枝花学院学报（综合版），24（5）：53-54，59.

宋淑敏，2011. 国际商务谈判教学中的文化导入 [J]. 中国校外教育（理论）（S1）：1734.

侯晓华，2022. 陶瓷英语翻译人才跨文化能力培养探析 [J]. 淮北职业技术学院学报，21（4）：86-89.

周建华，2018. 新媒体背景下高校思政教育面临的挑战及应对 [J]. 当代旅游（24）：132.

沈霞，2007. 高职学生跨文化交际能力的培养 [J]. 沙洲职业工学院学报，10（3）：25-27.

张英，2020. 培养中学生英语交际能力的方法分析 [J]. 文存阅刊（27）：149.

林黉，2011. 英文原版电影与跨文化交际能力 [J]. 楚雄师范学院学报，26（5）：44-47.

朱运致，赵媛，2014. 外语专业大学生跨文化交际教育的新思考 [J]. 中国大学教学（12）：48-50.

孙华，2023. 共情与融合：中国形象的内容实践：基于可行可爱可敬中国形象的洋葱

模型分析 [J]. 国际公关（1）：195-196.

张岩，2022. 中国出版走出去效果评价指标体系再思考 [J]. 中国出版（22）：54-58.

王易，2022. 推进文化自信自强　铸就社会主义文化新辉煌 [J]. 红旗文稿（21）：25-28.

倪颖军，马陈静，2021. 理念、要求与路径：思想强国视域下对外传播人才培养的三个维度 [J]. 西部素质教育，7（19）：86-88.

李岩松，2009. 高等教育国际合作的新趋势：大学国际联盟的产生及其影响 [J]. 北京大学学报（哲学社会科学版），46（3）：153-157.

王启凤，王志章，张引，2009. 中国和平崛起视角下的国家软实力构建研究 [J]. 云南社会科学（3）：59-63.

顾佳希，2017. 论中西文化差异对跨文化交际的影响 [J]. 北方文学（下旬刊）（9）：145-146.

黎晓曦，2011. 浅析跨文化交际中的中西方语义误解 [J]. 基础教育研究（12）：22-23.

张珏，2023. "一带一路"背景下体育院校大学英语教学中跨文化交际能力培养研究 [J]. 科教导刊（25）：203-205.

秦恒，帅慧苹，陈硕，2023. 跨文化视角下来华留学生的中华文化认同与传播：基于华中地区某高校留学生群体的调查研究 [J]. 湖北开放大学学报，43（3）：49-55.

黄艳丽，2005. 中西方文化差异与社交礼仪 [J]. 邵阳学院学报，4（3）：103-104.

郑军，王红叶，2009. 大学英语教学中的非言语跨文化交际探究 [J]. 江苏科技大学学报（社会科学版），9（3）：90-93.

李轶群，赵丽娜，王耀敏，2008. 论定型观念对跨文化交际的影响 [J]. 长春师范学院学报（人文社会科学版），27（3）：100-102.

居珈璇，2017. 全球化背景下公民素质教育与外语教育的耦合 [J]. 黄冈职业技术学院学报，19（4）：73-75.

张胜华，孙璐，2023. 北京地区高职学生全球胜任力调查分析 [J]. 职业教育，22（10）：7-11.

王少娟，张璟，2022. 讲好中国故事提升我国国际话语权的路径研究 [J]. 国际公关（22）：13-15.

王思蓉，2023. 文化差异对英汉翻译准确性的影响及应对策略 [J]. 英语广场（30）：16-19.

张天龙，陈武，2023. 新闻英语翻译与跨文化意识问题研究 [J]. 新闻研究导刊，14（16）：41-43.

刘格菲，2023. 文化差异对商务英语谈判影响的研究 [J]. 国际公关（20）：56-58.

李翠英，孙倚娜，2006. 大型国际会议中学生志愿者跨文化交际能力分析 [J]. 苏州大学学报（哲学社会科学版），27（5）：21-23，67.

林萍，2018. 英汉道歉语的语用对比分析 [J]. 黑河学院学报，9（1）：139-140.

周娟，于松梅，2016. Coda 的文化优势及潜在心理压力 [J]. 现代特殊教育（20）：77-80.

修晶，2023. 中国武术文化国际传播的挑战与机遇 [J]. 文体用品与科技（12）：49-51.

霍书全，2012. 批判性思维的学科属性及其功用 [J]. 延安大学学报（社会科学版），34（1）：15-20.

尚艳辉，2016. 文化调适能力培养与体验式商务英语教学 [J]. 绍兴文理学院学报（教育版），36（12）：73-76.

陈飞，2021. 新时代大学生职业生涯规划：课程思政版 [M]. 厦门：厦门大学出版社.

李海艳，2021. 生涯导航：唤醒与探索之旅 [M]. 北京：中国纺织出版社.

李文锋，于红芸，2021. 大学生生涯规划与职业发展实训手册 [M]. 济南：山东人民出版社.

石建勋，2012. 职业生涯规划与管理 [M]. 北京：清华大学出版社.

王妍，闫洪雨，孙韬，2022. 职业生涯规划与就业指导 [M]. 苏州：苏州大学出版社.

叶琛琰，2021. 大学生职业发展与就业指导 [M]. 北京：科学出版社.

张羽鹃，陈然，赫广田，2022. 大学生职业规划与就业指南 [M]. 4 版. 北京：石油工业出版社.

李莉，2022. 大学生职业生涯规划 [M]. 北京：北京理工大学出版社.

王波，2016. 大学生职业生涯与就业指导 [M]. 成都：电子科技大学出版社.

丁锴，吴成炎，王钰岚，2022. 大学生职业发展与就业指导·认识职场篇 [M]. 苏州：苏州大学出版社.

程玮，刘鑫，2018. 大学生职业生涯规划与发展 [M]. 北京：科学出版社.

孙官耀，杨菁，2020. 大学生职业规划与就业指导 [M]. 北京：科学出版社.

颜丽，沈睿媛，2023. 大学生职业生涯规划与创新创业教育研究 [M]. 天津：天津科学出版社.

鞠殿民，2019. 大学生职业生涯规划 [M]. 7 版. 西安：西安电子科技大学出版社.

林咏君，2021. 大学生职业生涯规划实用教程 [M]. 广州：华南理工大学出版社.

方立红，2019. 大学生职业生涯规划与就业指导 [M]. 开封：河南大学出版社.

杨秀英，公丕国，2022. 生涯规划与管理 [M]. 北京：北京理工大学出版社.

张文龙，蔡舒，赵建军，2021. 大学生职业生涯规划与就业指导 [M]. 2 版. 镇江：江苏大学出版社.

桑宁霞，2023. 终身学习论 [M]. 北京：科学出版社.

查德·拉特利夫，帕姆·莫兰，伊拉·索科尔，2020. 终身学习：让学生在未来拥有不可替代的决胜力 [M]. 韩小宁，刘白玉，译. 北京：中国青年出版社.

人社部中国就业培训技术指导中心，阿里钉钉，2020. 新职业在线学习平台发展报告 [R].

智联招聘，2023. 2023 雇佣关系趋势报告 [R].

人民数据研究院，趣丸科技，2023. 新青年 新机遇：新职业发展趋势白皮书 [R].

吕冰，2023. 高校毕业生就业新趋势及应对策略 [J]. 中国大学生就业（1）：3-8.

汪文正，2024. 从太空到深海 中国新领域探索跑在前列 [EB/OL]. [2024-04-20]. http://kpzg. people. com. cn/n1/2024/0407/c404214-40210506. html.

叶聪，2022. 深潜科技创新：从点的突破到体系化能力建设 [J]. 前瞻科技（2）：5-8.

宋雅娟，张蕃，2022. 端牢中国饭碗，生物育种能发挥哪些作用 [EB/OL]. [2024-05-08]. https://kepu. gmw. cn/agri/2022-11/23/content_36182801. html.

博鳌亚洲论坛，2022. 可持续发展的亚洲与世界 2022 年度报告：绿色转型亚洲在行动 [R].

国际能源署，2024，2023 年可再生能源 [R].

石文辉，屈姬贤，罗魁，等，2022. 高比例新能源并网与运行发展研究 [J]. 中国工程科学，24（6）：52-63.

灵核网市场研究院，2023. 2017—2022 年中国健康养生行业市场发展现状及投资前景预测报告 [R].

姚建明，2024. 产业观察：数字化转型推动未来健康产业发展 [EB/OL]. [2024-04-18]. http://finance. people. com. cn/n1/2024/0222/c1004-40181501. html.

智联招聘，2022. 2022 年元宇宙行业人才发展报告 [R].

中国电子信息产业发展研究院，智联招聘，2022. 2022 年智能制造人才发展报告 [R].

王伯庆，王梦萍，2023. 2023 年中国本科生就业报告 [R].

人力资源和社会保障部，国家能源局，2024. 国家职业标准：综合能源服务员 [S].

刘禹，2024. 聚焦新兴产业 拓展大学生就业新空间 [N]. 中国教育报，2024-03-15（2）.

汪琳，孙云莉，石鹏，2019. 化茧成蝶 拥抱变化：大学生生涯发展与创新思维 [M]. 厦门：厦门大学出版社.

夏侯建兵，2020.大学生职业生涯规划与就业指导 [M].厦门：厦门大学出版社．

刘建中，2020.大学生职业生涯规划 [M].成都：电子科技大学出版社．

尤瓦尔·赫拉利，2018．今日简史：人类命运大议题 [M].林俊宏，译.北京：中信出版社．

吴仲达，梁婧涵，陆昌勤，2023.可持续职业生涯：概念、管理策略与研究展望 [J].外国经济与管理，45（6）：78-83.

Global Sustainable Development Report（GSDR），2023. Times of crisis，times of change: science for accelerating transformations to sustainable development[EB/OL]. [2024-04-20]. https://sdgs. un. org/zh/goals.

Fred Luthans，Carolyn Youssef-Morgan，Bruce Avolio，2018.心理资本：激发内在竞争优势 [M].2 版.王垒，童佳瑾，高永东，译.北京：中国轻工业出版社．

卡罗尔·德韦克，2017.终身成长：重新定义成功的思维模式 [M].楚祎楠，译.南昌：江西人民出版社．

杜林致，2006.职业生涯管理 [M].上海：上海交通大学出版社．

黄俊毅，卢梅丽，林雪治，2016.生涯规划：探索与管理 [M].厦门：厦门大学出版社．

程社明，2003.人生发展与职业生涯规划 [M].北京：团结出版社．

王莹，2019.大学生职业生涯规划 [M].北京：清华大学出版社．

莱昂纳多·洛斯佩纳托，2020.聪明人的才华战略 [M].符蕊，译.天津：天津科学技术出版社．

杰弗里·H.格林豪斯，杰勒德·A.卡拉南，维罗妮卡·M.戈德谢克，2014.职业生涯管理 [M].王伟，译.北京：清华大学出版社．

罗伯特·里尔登，珍妮特·伦兹，加里·彼得森，等，2018.职业生涯发展与规划 [M].4 版.侯志瑾，等译.北京：中国人民大学出版社．

戴安·萨克尼克，丽莎·若夫门，2017.职业指导：职业生涯规划教程 [M].11 版.中国就业培训技术指导中心，清华大学学生职业发展指导中心，译.北京：中国劳动社会保障出版社．